公共交通系统原理
——规划、运营与实时控制

Public Transportation Systems: Principles of System Design,
Operations Planning and Real-Time Control

[美]卡洛斯·达冈佐（Carlos F. Daganzo）
欧阳彦峰（Yanfeng Ouyang） 著

李 萌　欧阳彦峰　编译

清华大学出版社
北　京

内 容 简 介

本书全面阐述了如何从物理模型视角系统地思考公共交通问题，既为读者提供了解决公共交通系统基本问题的基础理论，又提供了容易应用于现实世界的实用方法。内容涵盖传统的交通方式，如地铁、公交车和出租车，也覆盖了互联网技术和无人驾驶技术发展带来的新型出行服务。本书共 11 章，首先系统介绍了公共交通设计的基本原理、理论、方法和分析工具，从规划、管理和运营三个维度，分析面向不同城市和地区，如何结合其特点设计高效的公共交通系统；然后详细介绍了四种分析工具：时空图、排队图、优化和量纲分析；紧接着介绍了如何基于交通预测来进行规划，包括摆渡车系统、交通廊道、网络系统和灵活公交，内容涵盖规划的基础知识和具体方法。之后介绍了如何在中短期内通过资源管理实现公共交通系统的高效运营，如日常车队管理、司机排班、车辆实时控制以及应对交通拥堵、车辆故障等非常态事件的临时管理措施。最后，本书从经济学的角度详细介绍了如何利用市场机制保障公共交通系统的高效运营。

本书的理念和方法对完善我国公共交通系统具有重大借鉴意义，既可用于教学，又可以为专业人员提供工作思路。

北京市版权局著作权合同登记号 图字：01-2023-0463

本书封面贴有清华大学出版社防伪标签，无标签者不得销售。
版权所有，侵权必究。举报：010-62782989，beiqinquan@tup.tsinghua.edu.cn。

图书在版编目（CIP）数据

公共交通系统原理：规划、运营与实时控制 /（美）卡洛斯·达冈佐，欧阳彦峰著；李萌，欧阳彦峰编译. —北京：清华大学出版社，2023.1

书名原文：Public Transportation Systems: Principles of System Design, Operations Planning and Real-Time Control

ISBN 978-7-302-61558-3

Ⅰ. ①公… Ⅱ. ①卡… ②欧… ③李… Ⅲ. ①公共交通系统—教材 Ⅳ. ①U491.1

中国版本图书馆CIP数据核字（2022）第 142027 号

责任编辑：贾旭龙
封面设计：秦　丽
版式设计：文森时代
责任校对：马军令
责任印制：曹婉颖

出版发行：清华大学出版社
　　网　　址：http://www.tup.com.cn，http://www.wqbook.com
　　地　　址：北京清华大学学研大厦A座　　邮　　编：100084
　　社 总 机：010-83470000　　邮　　购：010-62786544
　　投稿与读者服务：010-62776969，c-service@tup.tsinghua.edu.cn
　　质量反馈：010-62772015，zhiliang@tup.tsinghua.edu.cn
印 装 者：三河市天利华印刷装订有限公司
经　　销：全国新华书店
开　　本：185mm×260mm　　印　　张：21.75　　字　　数：514 千字
版　　次：2023 年 3 月第 1 版　　印　　次：2023 年 3 月第 1 次印刷
定　　价：119.00 元

产品编号：091479-01

编 译 者 序

近年来，持续快速增长的出行需求和私家车数量，显著超过了交通系统建设的步伐，导致中国多个城市交通系统供需失衡，交通拥堵不断加剧，以及交通污染物大量排放。这些都成为困扰"城市病"治理的主要难点。面对城市中有限的道路供给条件，大力发展以公共交通为主体的绿色交通系统是改善交通系统运行状况的重要途径。公共交通以集约利用道路资源的方式，在满足出行需求的前提下能够大幅提升交通系统的运行效率，减少交通拥堵，对中国实现"碳达峰"和"碳中和"目标具有重要意义。面对不同城市千差万别的交通与地理条件，如何提供高效且经济的公共交通服务，需要从理论模型上深刻理解公共交通系统本质，并从技术方法上优化规划、管理和控制方案。当前的公交线网规划运营设计主要采取两类方法：一类是经验法，凭借规划设计人员的经验或参考可借鉴的原型城市等，在满足国家或地方相关标准的前提下，直接寻求类似可行的方案；第二类是软件模型法，通过前期需求调研，依赖仿真或规划设计软件，尝试和遴选可行方案。这两类方法并不一定从公交系统的运营原理出发，难以进行整体系统化的规划和设计并按照实际情况做出有效调整。本书提出了一套全新的公共交通基础物理模型，这套模型可以精准地刻画公交系统运营的原理和本质，使读者在加深理解的基础上能够对各种公交类型、出行需求、技术模式的场景进行量化分析和设计。我国公共交通场景差异大、新技术模式层出不穷，因此书中的先进理念和方法对我国城市交通系统的改善有着重大借鉴意义。

本书的原著作者之一卡洛斯·达冈佐（Carlos F. Daganzo）教授是美国工程院院士，是当今交通学科诸多基础理论的奠基人。达冈佐教授在交通物流领域的研究是开创性的，他的贡献和影响被公认为是持续且巨大的。达冈佐教授的大师级科研成果被广泛引用，且被大量作为经典教科书内容。

2010 年 11 月，达冈佐教授在加州大学伯克利分校编著完成了《公共交通课程笔记》，这一著作对于教育我国的下一代交通工作者，及破解当前我国的城市交通难题有着重要的借鉴意义。从 2013 年开始，本书作者与编译者共同探索并开创了一种全新的教学合作模式，在清华大学开设了"绿色交通系统"的交通专业全英文课程，并结合 2011 年在美国伊利诺伊大学香槟分校开设的"公共交通系统"课程开展教学。两门课程均以达冈佐教授的《公共交通课程笔记》为基础，在学期中安排了中美学生的线上交流环节，以及轮流在中美两地组织的线下公共交通课程项目环节，由互访的中美学生混编的小组共同完成参观交流、分析设计、答辩报告等环节。在课程开展和国际合作交流的过程中，编译者更加坚定地认为，要消化吸收达冈佐教授《公共交通课程笔记》的理念和方法，结合我国国情探索适合我们的公共交通系统，将其翻译成中文是很有必要的。

在达冈佐教授的支持和帮助下，编译者用两年时间，将英文版《公共交通课程笔记》翻译成中文，并于 2017 年 5 月出版其中文版——《公共交通系统规划及运营原理》。在《公共交通课程笔记》完成之后的近十年间，达冈佐教授对公共交通规划与运营有了更深入的思考，与编译者之一——欧阳彦峰合著了英文版教科书——*Public Transportation Systems: Principles of System Design, Operations Planning and Real-Time Control*，在篇幅和内容上有了大量的更新和扩展。在编译这本书期间，编译者与达冈佐教授在旧金山、北京和深圳及线上多次进行交流，围绕着中国的交通场景以及各种新兴的技术模式，如网约车、共享单车和定制公交等进行了深入研讨。

编译者要感谢达冈佐教授对编译工作的开展给予的巨大理解和支持。征得达冈佐教授同意，编译者在翻译过程中围绕我国的公共出行需求特征和技术发展情况增加了少量评论内容，也对本书与我国现状的结合进行了思考和补充。这些新增内容均以"编译者注"的形式标出。本书在翻译过程中还加入了原著最新的 2021 年 7 月的勘误表的内容[①]。同时，为尊重原书，书中的公式、变量以及参考文献等均遵循原书的排版格式。最后，编译者由衷感谢完成基础性工作的清华大学交通工程翻译团队，包括郭娅明、安云龙、汤鹏、王笑颜和马文欣。

由于个人水平有限，本书难免存在疏漏和不妥，恳请读者批评指正。

李萌　欧阳彦峰

2023 年 1 月

于清华园

---

① 请扫描封底下方"文泉云盘"二维码，获取相关资源。

前　言

本书是对加利福尼亚大学伯克利分校公共交通研究生课程讲稿的扩展和更新。2010 版的讲稿标题为"公共交通系统规划及运营管理"（卡洛斯·达冈佐，交通研究所，UCB-ITS-CN-2010-1，2010）。该版本已经在线上发布，可以免费获取。自 2011 年以来，本书作者也一直将这些讲稿作为其每年在伊利诺伊大学香槟分校开设的公共交通本硕联合课程的基础。这项教学工作使得讲稿有了长足的改进。

2016 年，这些讲稿被翻译成中文，并在清华大学等大学中使用。这些讲稿之所以能引起关注，是因为它们支持一个集规划设计、运营和管理于一身的集成方法。这种方法基于物理原理，可以帮助读者全面深入地理解公交系统相比于其他交通模式的性能表现。这些讲稿不侧重于描述已经存在的系统，也不在类似的成功案例基础上进行设计，而是展示如何仅基于相关公交技术的基本经济和运营特征或参数，从头开始为任意区域设计并优化完整的系统；这些基本特征参数包括轨道、车辆和车站的单位成本，以及车辆的速度和容量等。

这种设计方法用处很大，因为它允许设计人员提出以前从未尝试过的概念。值得注意的是，本书作者使用这种方法构想并帮助设计了西班牙巴塞罗那的高性能公交车系统。这个公交车系统现在被称为 Nova Xarxa（加泰罗尼亚语中的"新网络"），目前已几乎部署完毕。Nova Xarxa 与其他公交系统的不同之处在于，它强调高频率、少站点、通过一次便捷的换乘即能完成市区的全部覆盖。这种设计以公交车的成本为用户提供了可与地铁媲美的出行体验。Nova Xarxa 以其非同寻常的特性，吸引了大大超出预期的需求。这个系统中大约 30%的出行包含一次换乘。对于公交车网络，这是闻所未闻的。

巴塞罗那的成功，以及我们在教学中得到的反馈，使作者相信，完善这些讲稿并更广泛地分享它们是有益的。一开始，我们天真地认为这项工作很容易，但我们低估了困难。在之前的讲稿中我们发现了许多疏漏、错误，以及没有解决或完善的话题。由于简单的修补不能令人满意，我们决定编写一个更完整的版本，希望该版本不仅可以用于教学，而且可以为专业人员提供思路，并和现有其他书籍相辅相成。至少，这是我们的目标。

除了大量更新和扩展的规划章节外，本书还新增了对出租车、即时共享乘车和智能车辆共享等新兴公共交通服务的物理原理的讨论；无人驾驶车辆对公交和城市未来的影响；员工和物理设施的管理；实时鲁棒的运行控制方法；量纲分析等基本分析方法（量纲分析是交通书籍中很少涉及但却很实用的内容）；并以对需求弹性、定价、补贴和经济学的讨论作为结语。鉴于本书着重讨论公交供给侧的问题，这个结语的讨论旨在强调供给侧的思想在经济政策分析中的作用。

这本书不是手册，但是我们仍然尽量让它全面且能满足多种需要。本书没有介绍当前业界常用的软件和常规知识原则以概述工程实践的现状，而是提供了一种通用的分析方法，可用于加深读者的理解并帮助解决任何的现实问题。我们通过对各种理想化问题的解决方案和详细公式加以推导来说明这种方法。这些公式定性给出了实际应用中公交系统能提供的服务功能，还揭示了有助于阐明整个公交体系结构的深刻见解。例如，在书中使用的公式，既可以确定最能帮助实际应用获得成功的社会和技术因素，又可以揭示对每种公交技术适用范围的定位。

尽管增加了许多新内容，但本书的结构与原版非常相似，因此仍可以被用于教授高年级本科生和低年级研究生课程。

本书包括三个主要部分。

首先，第一部分介绍公共交通的基础知识和最重要的分析工具（第1～3章），后者对于工科的研究生来说应该已经很熟悉了，但是本书仍然介绍这些内容以满足更广泛读者的需求。

第二部分是有关规划和设计的模块（第4～7章）。该模块相对抽象且独立于具体的公交技术；它解释了一个公交系统如何组织线路和时间表（公众所看到的）以完成时空覆盖。为了达到更好的教学效果，这些想法按照复杂性递增的顺序组织，并使用简单系统的结果作为更复杂系统的基础。第4章讨论摆渡车系统；第5章讨论交通廊道；第6章和第7章讨论服务二维空间的完整系统。

本书的第三部分解释了如何付诸实施规划（第8～10章）。它描述了公交机构为完成宣传中承诺的服务而必须做的工作。其中，第8章和第9章解释了如何管理公交车队和驾驶员实现规划的服务，同时最大化它们的生产力。这些都是中期决策，通常每隔几个月就会更新一次。第10章解释了公交机构必须在控制室中实时做出的短期决策，以保证公交系统在随机延误和其他外部干扰下仍然可以正常运行。虽然这三章都描述了实践的现状，但和本书其他部分一样，其主要目标是解释这些环节"能"怎么做，而不是"现在"是怎么做的。

本书最后给出前面提到的结语（第11章），从供给侧的角度讨论经济学思想。

为了帮助学生，每章末尾都有一系列参考资料和课后作业习题。参考资料是相关的支持或扩展该章观点的阅读材料，而不是详尽的参考书目。课后作业习题的目的是巩固该章的概念。有些题目是该章思想的直接应用，另一些（用星号标记）则扩展这些思想到新的情况。其中四章（第5章、第6章、第9章和第10章）各包括一个小项目，学生可以单独完成，也可以小组完成，以实践该章中所讨论的创造性活动。根据我们的经验，学生从课后习题中获益颇多，但只有小项目能使他们得到类似专业活动的体验。我们的学生对这一点的反应是相当积极的。

本书可以用来教授两类课程。围绕第1～7章展开一门关于公交规划的本科生课程。我们建议平均每两周完成一章，再把学期最后两周的时间用来提高学生对公交"幕后运作"的了解。这最后一块内容可以在学生完成学期论文或小项目期间以研讨会的形式进行。也可以围绕第4～11章展开一门关于公交规划与运营的研究生课程，同样约每两周完成一章。第1～3章作为先修内容和基础，可以布置为独立阅读的材料，或在课堂很快地过一遍。或者，也可以在教后面章节时，仅在需要的地方简要地回顾第1～3章最关键的方法思想。在研究生课程中，也建议用课后作业习题和小项目来补充上课内容。

虽然我们已经尽力消除错误，但经验告诉我们，错误是会出现的。因此，英文版的错误更正将在网上公布,并定期更新①。建议在使用本书作为教学工具之前,先访问这个网站。这个网站还包括小项目的数据集和第 10 章的一个动画展示。课后练习题和小项目的解答不会在网上公布,但会免费提供给认证学校的教授。如果您想获取解题答案,请写信给本书任一作者。在信中请包含您的大学和所属机构,以及一份签名的保密协议,确认该解答仅用于您的教学目的,不会被复制和/或与任何人共享。②

这本书得益于朋友、同事和学生的投入。首先,要感谢 Michael J.Cassidy(加州大学伯克利分校 Horonjeff 教授)和 Josh Pilachowsky(DKS 公司)对大多数小项目的创造性贡献,以及他们使用这些讲稿后根据教学经验提出的许多意见。加州大学伯克利分校前博士生 Vikash Gayah(现在宾夕法尼亚州立大学)、Eric Gonzales(现在马萨诸塞大学阿姆赫斯特分校)和 Josh Pilachowsky 以助教的身份帮助整理了 2010 版的讲稿。随后,Yiguang Xuan 博士、Juan Argote 和 Paul Anderson 也以加州大学伯克利分校的助教身份提出了修改建议,并提供了宝贵的反馈。最近,加州大学伯克利分校的讲师 Lewis Lehe(现在伊利诺伊大学任教)教授了这门课程,并对本书的新增内容提出了宝贵的意见。伊利诺伊大学的研究生和助教,Antoine Petit、Ruifeng She、Zhoutong Jiang、Laura Ghosh 和 Liqun Lu 也对本书正文、小项目和课后习题提供了许多宝贵的意见和反馈。我们向上面所有被提到的人表示衷心的感谢。

最后,也是最重要的,两位作者都非常感谢各自的妻子,瓦莱丽·达冈佐和刘微,感谢她们的耐心和支持。她们不是工程师,但一直是亲切的听众,还帮助提供了真实世界的视角,不仅是关于交通问题。带着很多的爱和感激,作者将这本书献给她们。

---

① 请扫描封底下方"文泉云盘"二维码,获取相关资源。
② 编译者注:英文版的解答已经于 2020 年出版(Petit, Jiang, and She, 2020)。要获得解答,请扫描封底下方"文泉云盘"二维码,获取相关资源。

目 录

第1章 公共交通基础 1
  1.1 公共交通的必要性 1
  1.2 公共交通的期望与挑战 4
    1.2.1 利益相关者及其期望 4
    1.2.2 挑战 7
  1.3 公交系统的基本类型 9
  1.4 成本与服务表现 13
    1.4.1 成本 13
    1.4.2 服务表现 19
  参考文献 21
  练习题 23

第2章 分析工具 24
  2.1 时空图 24
    2.1.1 单辆车 24
    2.1.2 多辆车 27
    2.1.3 建模与分析应用 30
  2.2 排队图 32
    2.2.1 方法基础 32
    2.2.2 数据解释功能：平滑、平均值和 Little 公式 34
    2.2.3 预测延误和排队的发展 36
  2.3 优化 39
    2.3.1 无约束优化 39
    2.3.2 约束优化 43
  2.4 量纲分析 47
    2.4.1 公式验证 48
    2.4.2 基本思想：用无量纲组合重构表达式 48
    2.4.3 应用 50
  参考文献 52
  练习题 53
  附录 2.A 如何确定最大相互无关集 54

第3章 规划——总体思路 ... 57
3.1 规划决策 ... 57
3.1.1 时间范围 ... 57
3.1.2 解决方案的范围 ... 59
3.1.3 建模哲学 ... 60
3.1.4 两步建模方法：整数与连续变量 ... 61
3.2 计算非货币表现输出 ... 63
3.2.1 基于标准的方法 ... 65
3.2.2 拉格朗日方法与基于标准的方法之间的联系 ... 66
3.3 需求内生性 ... 68
3.4 模块化学习规划方法 ... 70
参考文献 ... 71
练习题 ... 71

第4章 规划——摆渡车系统 ... 73
4.1 个体出行 ... 73
4.1.1 恒定的交通需求 ... 73
4.1.2 时变的交通需求——晚高峰通勤 ... 74
4.1.3 自适应的可变需求——早高峰通勤 ... 76
4.2 集体出行 ... 79
4.2.1 恒定的交通需求 ... 79
4.2.2 时变的交通需求 ... 81
4.3 双模式均衡：通过"公交优先"缓解拥堵 ... 83
参考文献 ... 85
练习题 ... 85
附录 4.A 早高峰通勤问题的均衡 ... 87

第5章 规划——交通廊道 ... 90
5.1 初步理解：理想化分析 ... 90
5.1.1 门到门速度的限制：单公交线路的情形 ... 91
5.1.2 通达速度的影响：快慢车分层结构的实用性 ... 94
5.2 单线路公交：分析方法和解决方案的性质 ... 96
5.2.1 假设和初步建模 ... 96
5.2.2 数学建模和解决方案 ... 99
5.3 多个标准 ... 105
5.4 多线路：分层系统 ... 108
5.4.1 建模和分析 ... 108
5.4.2 结果与深刻理解 ... 114

5.5 扩展延伸 116
 5.5.1 两个方向上的不对称 116
 5.5.2 随空间和时间变化的服务 117
 5.5.3 公交车容量的考虑 119
参考文献 121
练习题 121
小项目 1 将慢线公交线路改造为公交快线 125

第6章 规划——网络 128
6.1 理想场景分析 130
 6.1.1 单线路：没有换乘的公交系统 130
 6.1.2 多线路系统：换乘的作用 132
6.2 符合实际的分析：网格系统 135
 6.2.1 广义成本函数的推导 136
 6.2.2 优化和最优解的性质 138
 6.2.3 一般化分析 142
6.3 容量限制：网格系统 143
 6.3.1 载客容量约束 144
 6.3.2 三种容量约束的结合：对城市规模的影响 146
6.4 其他网络结构 147
 6.4.1 轴辐网络 147
 6.4.2 混合网络 152
6.5 实际系统的设计 157
 6.5.1 设计的步骤 157
 6.5.2 实际案例研究 160
6.6 其他问题 163
 6.6.1 不受已有道路限制的公交网络 163
 6.6.2 公交的协同作用和最后一千米问题 164
 6.6.3 内生停站时间和灵活的停靠 166
参考文献 167
练习题 168
小项目 2 设计一个公交网络 173
附录 6.A 线路段上最大流量的下界 175
附录 6.B 分层结构的网格网络 176

第7章 规划——灵活公交 178
7.1 有专职司机的车辆共享：呼叫式出租车和无人驾驶出租车 181
 7.1.1 出租车服务的物理模型：排队模型 182

7.1.2　运营者视角：基于服务标准的系统优化 184
7.1.3　社会视角：与自驾出行和公共出行的比较 185
7.2　无专职司机的车辆共享：单程系统 187
7.2.1　无固定泊位，随需停车系统 188
7.2.2　有固定泊位的系统 189
7.3　匹配拼车和顺风车 192
7.3.1　有或无预约的匹配拼车 193
7.3.2　顺风车 194
7.4　需求响应公交 196
7.4.1　电话约车 196
7.4.2　共享出租车 200
7.4.3　城市交通出行模式对比 202
7.5　具有站点和枢纽的需求响应式公交：小巴服务 204
7.6　技术与公交的未来 208
参考文献 210
练习题 211
附录 7.A　到 n 个随机点中最近点的期望距离 214
附录 7.B　可行匹配的期望比例 215
附录 7.C　当 $m \gg 1$ 时，证明 $T^* \approx c^2/\lambda Rm$ 219

第 8 章　管理——车队 220

8.1　定义 221
8.2　时刻表覆盖：只有一个终点站的公交车线路 224
8.2.1　车队规模：图形分析 224
8.2.2　车队规模：数值分析 226
8.2.3　多种公交类型 227
8.2.4　终点站位置 227
8.2.5　班次分配 228
8.3　多条公交线路的时刻表覆盖 230
8.3.1　靠近停保场的单个终点站 230
8.3.2　离散站点与空驶启发式算法 231
8.3.3　讨论：空驶和资源共享的效果 233
参考文献 234
练习题 235
附录 8.A　证明——后进先出和贪婪策略均使用最少公交车 236
附录 8.B　"车辆路径问题"与元启发式算法 236

第9章 管理——员工配置 243
9.1 介绍 243
9.2 独立的班次 244
9.2.1 最不利的薪酬结构 245
9.2.2 延时加班 245
9.2.3 多种轮班类型 248
9.3 多个公交车班次 250
9.3.1 求解算法 250
9.3.2 成本的下界 252
9.4 员工配置 254
9.4.1 使用在编受薪员工完成轮班 255
9.4.2 应对缺勤 259
参考文献 261
练习题 261
小项目3 车队和人员管理 262
附录9.A 组合多个司机类型以覆盖公交车班次 268

第10章 运营——可靠的公交服务 272
10.1 不可靠性对公交用户的影响 274
10.2 由若干系统组成的系统 278
10.2.1 单智能体系统 279
10.2.2 多智能体的系统 283
10.3 未加控制的公交车运行 284
10.3.1 理想的确定性运行 284
10.3.2 未加控制的公交车运行 285
10.4 按时刻表实施控制 287
10.4.1 由时刻表控制的系统动态 288
10.4.2 设置松弛量和控制点间距 290
10.5 多公交控制策略 292
10.5.1 基本算法 292
10.5.2 鲁棒控制 300
10.6 实际考虑 303
10.7 实地研究与人为因素 305
10.7.1 简单控制：来自 Dbus 的证据（西班牙 San Sebastian） 305
10.7.2 鲁棒控制：来自 OTS 的证据（夏威夷 Honolulu） 310
10.8 补救措施 311
10.8.1 起终点策略 311

10.8.2　加速个别公交车 314
　　10.8.3　更加激进的策略 315
参考文献 317
练习题 318
小项目 4　为缓解公交串车设计控制策略 321

第 11 章　结语——经济和定价 325
11.1　分解 325
11.2　经济 328
　　11.2.1　理想化的运营机构 328
　　11.2.2　现实的机构 329
　　11.2.3　如何鼓励运营机构为公众利益服务 330
练习题 332

第 1 章 公共交通基础

美国公共交通协会在 1994 年《公共交通术语汇编》（*Glossary of Transit Terminology*（1994））中将公共交通定义为："使用公有或私有的公交车、轨道或其他运输工具，向公众或特殊人群提供定期和持续的运输服务。"《韦氏词典》（*Merriam-Webster Dictionary*）将公共交通定义为："使用公交车、轨道列车等运输大量人员的系统。"[①]

无论如何定义，公共交通的基本目标都是高效、经济地将广大乘客从出发地运输到目的地。像所有运输系统一样，公共交通包含时间和空间两个维度。公共交通通过在时空上将乘客集中到共用车辆中以实现其经济性，通过智能时空运营调度提升效率，使乘客得以在城市中快速通行，从而更有效地获得各种机会。

本书围绕这些时空规划的主题，并在后续章节中详细分析。本章为全书铺垫基本概念，介绍基本理念和事实，讨论公交在城市中扮演的角色、其利益相关者、面临的挑战以及可用的技术等。本章内容安排如下：1.1 节利用一个简单的示例探讨公交的作用，说明公共交通如何满足人口密集型城市的基本交通需求；1.2 节讨论公交系统中各利益相关者的期望，以及满足这些期望需要解决的一系列挑战；1.3 节介绍当前的技术，主要关注这些技术的关键特征和相关术语；1.4 节总结这些技术的优缺点。

1.1 公共交通的必要性

美国人口普查局 2010—2013 年的社区调查显示，2013 年美国的汽车保有量达每个家庭 1.8 辆，即截至 2013 年几乎每个美国成年人都拥有一辆汽车。[②]但是，不论汽车保有量的高低，总有一部分人没有机会使用汽车或不具备驾驶技能，这部分公共交通的刚需人群或者被动选择人群，包括低收入群体、残障人群、高龄人士和少年儿童。满足这部分人群的需求是提供公共交通的重要原因，但并不是唯一的原因。

美国人口普查局 2013 年的调查还显示，美国十个最大都市区的中心地区约有 30%的人使用公共交通通勤。[③]这些公交使用者的数量远超前文提到的公共交通被动选择人群的数量。公共交通是否还满足了其他需求？为什么这些人要选择公交呢？

[①] 编译者注：我国建设部在 2007 年颁布实施的《城市公共交通分类标准》CJJ/T114-2007 中将城市公共交通总共分为四个大类：城市道路公共交通、城市轨道交通、城市水上公共交通和城市其他公共交通。其中，城市道路公共交通的定义为"行驶在城市地区各级道路上的公共客运交通方式，称为城市道路公共交通，如公共汽车、无轨电车和出租汽车等"。

[②] 编译者注：相比美国，我国人均汽车保有量较低。截至 2019 年年末，中国民用汽车保有量 2.6 亿辆，人均只有 0.2 辆。虽然中国城市交通发展水平差异较大，但即使在北京市等特大城市中，据北京市统计局发布的报告显示，人均民用汽车也不超过 0.3 辆。

[③] 编译者注：以北京市为例，根据《2019 北京市交通发展年度报告》，2018 年中心城区接近 50%的人使用公共交通（包含公交汽车、地铁和出租车，不含步行）通勤。

这类人群选择公共交通的部分原因是政府为公交提供补贴,可保证公交系统妥善运行,且在成本上比私家车出行更有优势。例如,2016 年 11 月洛杉矶地区选民通过了 0.5%的销售税上调方案,预计未来 40 年内将筹集 1200 亿美元,其中大部分资金将用于扩建洛杉矶的轻轨和地铁(Nelson and Poston,2016)。但为什么政府愿意补贴发展公共交通呢?

一个原因是,有效利用下的公交系统比小汽车更环保。公交车辆可以同时服务很多乘客,减少车辆行驶总千米数,这契合了政府对环境保护的重视。但是,除此之外,还有一个更令人信服的原因。政府从管理经验中总结,公共交通对于人口稠密型大城市的运转至关重要,如果没有公共交通,人们的出行需求会使街道上布满小汽车,造成无法想象的交通拥堵和停车噩梦。

大城市的居民也认识到小汽车只能满足小部分出行需求,因此他们通常会支持公共交通支出(如洛杉矶的例子)。①我们可以系统地理解一个城市没有公共交通的后果。下面用 Newell(1994)里单中心城市早高峰出行的小例子来说明,如果所有出行都由小汽车承担时会出现什么样的情况。

该城市由两部分组成:没有居民区的中央商务区(central business district,CBD)如曼哈顿南部和周边的居住区。工作日期间,所有通勤者的上班时间都几乎一样。图 1.1 中的立方体代表 CBD,假定其覆盖的地表区域为正方形。高峰期所有通勤者都使用如图 1.1 所示的城市街道网络前往 CBD。假设这些通勤者进入 CBD 后可以自由地行驶和停车。然而,CBD 的边界可能成为通勤瓶颈。

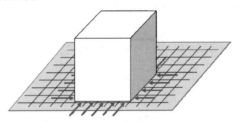

图 1.1 理想化的中央商务区

为了证实这个想法,首先计算交通需求,即希望穿过 CBD 边界的通勤者总数。假设 CBD 的地表区域面积为 A(km^2),其中建筑物所占面积的比例为 p,n 为 CBD 建筑物平均楼层数,人均办公面积 a(km^2),包括按比例分配的公共空间(如楼梯间、走廊和卫生间),满足 $a<A$。通勤者总数可以表示为 pnA/a。

接下来,估算边界的通行能力,即一小时能开车进入中央商务区的最多人数。为此,设相邻城市街道的间距为 s,每条街道单向每小时的最大通行能力为 q,每辆车的平均载客人数为 k。假设 CBD 是正方形,其边界周长为 $4\sqrt{A}$(km),穿过该 CBD 边界的街道总数为 $4\sqrt{A}/s$。因此,一小时内可进入 CBD 的人数最多为 $qk(4\sqrt{A}/s)$。

---

① 编译者注:中国交通运输部根据《交通运输"十二五"发展规划》,决定在"十二五"期间组织开展国家"公交都市"建设示范工程,2012 年交通运输部正式启动国家"公交都市"创建工作,2017 年、2018 年分两批授予上海、南京、北京、广州、深圳等 14 个城市为"国家公交都市建设示范城市"。

通过为公式中的变量赋予合理的数值,可以探索交通需求与通行能力之间的平衡关系。根据美国劳工统计局(U.S. Bureau of Labor Statistics)2016 年的数据,美国人均办公面积约为 200 平方英尺[①]/人,近似取 $a=2\times10^{-5}$(km^2)。在大多数美国城市中,街区的长度在 300~500 英尺,取 $s=0.16$ km。假设双向双车道的街道是合理的,考虑到交通信号灯的影响以及路口左转车与行人的干扰,假设每条车道每小时可以通过约 500 辆车,即 $q=1000$(车[②]/h)。2010 年,在所有私家车类型中,美国的平均车辆载客数约为 1.7(www.BTS.gov),因此可以保守地取 $k=2$。同样,其余参数也取保守值,$A=2$(km^2),$p=0.5$,$n=10$。综合这些数值,CBD 通勤需求是 $\frac{pnA}{a}=5\times10^5$(人),边界道路通行能力为 $qk\left(\frac{4\sqrt{A}}{s}\right)=7.1\times10^4$(人/h)。由于估算的需求是边界道路总通行能力的 7 倍,这意味着高峰期至少持续 7 h,这个时间太长,且不切实际。由此可以证明,人口密集型的 CBD 区域不能仅靠小汽车完成通勤。

面对大规模的全球城镇化进程,特别是在以中国为代表的广大发展中国家里,实际描述超大城市 CBD 特征的 A 和 n 的值应该比上述计算中的假设值大得多。在这种情况下,交通问题将变得更加严重,因为公式显示需求与通行能力的比值[③]与 $n\sqrt{A}$ 成正比。

在这种情况下应该做什么?我们无法轻易更改参数 p、n、A、a 描述的城市结构;也不能持续修建新道路(减少道路间距 s)或拓宽现有车道(增加通行能力 q)。本例中最容易改变的参数是车辆平均载客数 k,而交通需求与通行能力的比值与 k 成反比。使用公交车或更长的轨道交通列车可以显著提升 k 的值,前者可以改变近两个数量级,后者甚至可以改变三个数量级,这会产生巨大的影响。例如,如果进入市区的车辆中有 25%是公交车(乘载 $k=50$ 名乘客),而不是两人乘坐的小汽车,那么平均车辆载客数就会由原来的 $k=2$ 变为 $k=14$,增加到原来的 7 倍。另一方面,公交车占空间较大,可能会对周边的车辆通行能力产生不利影响。考虑到这种影响,在计算通行能力时,我们将每辆公交车等效为两辆小汽车。例如,假设 100 辆车(包括 25 辆公交车)穿越 CBD 边界所需的时间与 25×2+75=125 辆小汽车所需的时间相同。因此,当其中 25%的车辆为公交车时,通行相同数量的车辆所需的时间增加到原来的 125/100=5/4,意味着 CBD 边界的通行能力减少到原来的 4/5。现在,综合考虑交通需求和通行能力的变化,交通需求与通行能力的比值将降低到原来的 1/(7×4/5)。因此,引入公交车可以将出行高峰时间从 7 h 减少到 5/4=1.25(h)。公共汽车让这个例子里的假想城市正常运转;与此同时开车通勤者也受益。

尽管这个例子基于一种非常极端的情况,但它清晰地说明了人口稠密的大城市对公共交通的迫切需要,并且人口越密集、城市越大,问题就越严重。当 A 和 n 很大时,即使大量使用公交车也无法避免出现不可接受的高峰时长。在这些情况下,公交系统需要容量更大的车辆,并拥有隔离路权(如地铁)。

上例中,大多数通勤者都是乘公交车出行的(公交车与小汽车分担比=50:6),公交使用率比前面所述美国大城市的调查数字 30%大得多。出现差异的原因是,该调查结果包括

---

① 编译者注:1 英尺=0.3048 m。
② 编译者注:veh,vehicle,车。
③ 编译者注:即交通饱和度。

各城市中的所有通勤出行，而我们的示例仅考虑目的地为人员稠密的 CBD 里的通勤出行。该示例场景中的公交使用率是接近现实的。以旧金山东湾到旧金山市区的通勤为例，这两个社区由旧金山海湾大桥相连。该大桥承载了所有来自东湾的车流，并通过多个匝道将之分散到旧金山市区；该大桥还承载了湾区轨道快线（Bay Area Rapid Transit，BART）。在高峰期，高速路和 BART 都处于满负荷运行状态。从理论上讲，这座桥有 5 个高速路车道，每小时可以运载约 10 000 辆车，但进入旧金山的所有入口匝道每小时只能通过约 5000 辆车，结果就是这座桥每天早晨都拥堵不堪。因此，旧金山市区的边界通行能力为 5000。相比之下，BART 使用长列车，每列车在高峰期每 3 min 就可以轻松运送 1000 多名乘客。保守计算，每小时可以运送大约 20 000 名乘客，是旧金山高速路边界通行能力的 4 倍。（BART 报告显示，每天整个早高峰期的客流量为 60 000。）因此，从东湾进入旧金山，公交通勤人数与汽车通勤人数的实际比例约为 4:1，比调查中的数字大得多。难以想象，如果没有公共交通，旧金山湾区、曼哈顿、巴黎或上海等社区将会发生什么变化。

从上面的讨论可知，公共交通是有益的，它使高人口密度城市中的长距离出行成为可能，同时减少了运营车辆总数和拥堵。需要强调的是，公共交通显然也使非公共交通出行者极大受益。即使是在以小汽车通行为主的美国，公共交通这种正向的"外部性"也得到了公众的充分认可。根据 2010 年美国的《全国未来交通发展调查》（*Future of Transportation National Survey*），近 60%的美国人认为减少拥堵和帮助城市可持续发展的最好方法就是改善公交系统，并提供更好的步行和骑行环境。

1.2 公共交通的期望与挑战

本节探讨公共交通为不同对象人群提供的服务及面临的挑战。

1.2.1 利益相关者及其期望

与其他任何交通系统一样，公交系统也涉及多种利益相关者。在此，我们把这些利益相关者分为四类：乘客、运营者、整个社区和政府。每类人群都有自己的视角和期望。

乘客通常关心与出行相关的个人体验。尽管他们可能有不同的偏好，但大多数用户都更喜欢可达性好、等待短、换乘少、运行快，且安全可靠的出行方式。调查表明，出行时间的可靠性（到达时间的可预测性）甚至比缩短出行时间还重要。

运营者是指运行公交系统的机构。它们可以是非营利性公共机构或营利性商业机构，无论是哪种机构都应该注重成本管理，这对非营利性机构意味着提升效率，而对营利性机构则意味着降低成本以实现利润最大化。这两类运营者还应该注重提供优质服务，因为这是运营者吸引需求的唯一途径。为了实现这两个目标，运营者应该充分利用他们掌握的所有资源（补贴和票价收入），为公众提供尽可能最好的服务。在这个过程中他们必须做出价值判断，并适当考虑公众压力。例如，相对于大多数用户，运营者可能更需要关注那些服务体验最差的公众群体。

社区包括所有在社会、经济和环境方面受到公交系统外部性影响的人群。这些外部性影响包括拥堵的减少、土地价值的改变、能耗、气体排放、噪声和安全等。小汽车驾驶员（以及公交车乘客）希望拥堵减少，房屋业主希望热点车站附近的房租提高，道路沿线的居民希望噪声、污染和行人交通事故可以减少，社会上很多人希望实现更加绿色低碳的出行。

最后，政府是重要的利益相关者和政策的推动者。从最基本的层面上说，政府是社区的管家，为整个行业制定并监督执行运营安全等多个方面的规定。但是，政府的介入并不仅限于此。除了极少数情况，公共交通一般是不盈利的。因此，政府几乎总是要补贴公共交通的投资成本，通常还会补贴其运营成本。本书第 11 章中会讨论，这样的补贴对于社会是非常有益的。1.1 节中的示例也支持这一观点——交叉补贴鼓励部分小汽车使用者转向公共交通，使得两个出行群体的出行时间都大大降低，因而使拥挤城市中的小汽车使用者也从中受益。对小汽车和公交使用者来说，政府补贴使双方达到双赢，因此非常可取。类似的情况下，"溢价"税也可以实现双赢。在土地所有者的房屋附近修建车站时，可以对其小幅增加征税来补贴车站建设的资金，这种情况也可以实现双赢。在大多数情况下，补贴是合理的，因此政府既是公共交通的监管者也是投资者。在一些国家和地区，政府的作用更为广泛，政府或国有企业可能对公交系统拥有完全的所有权和运营权。

上面的讨论表明，不同利益相关群体的需求并不是完全一致的，甚至可能会产生冲突。因此，我们要重新审视公共交通以下七个关键目标，进一步梳理其与利益相关者之间的关系，同时也介绍一些术语。

（1）可达性。可达性是指（乘客）参与空间上分散在各处的社会经济活动的能力。个人的可达性可以通过计算其从家或工作场所可参与的潜在活动（或机会）的数量来衡量。整个公共交通系统的可达性可以按城市中不同位置可达性的平均值来衡量。为简化起见，假设这些机会按人口密度分布（或均匀分布），从城市的不同地点出发在一定的时间内可以达到的人口（或地区）百分比，可以用来衡量可达性，参见 Vuchic（2005）。可达性的提高可以通过增加社会经济活动的空间密度、或总体上改善交通系统尤其是公交的性能来实现。可达性对公交用户非常重要，实际上，可达性是影响公众对公交看法的最重要因素之一。例如，2010 年美国《全国未来交通发展调查》显示，非公交使用者不使用公交的主要原因有："在我的社区中没有公交"（占非使用者的 47%）和"使用公交到我家或我想去的地方不方便"（占非使用者的 35%）。这两个回应都反映了可达性较低的问题。各国政府和运营者也都将可达性作为公交服务的目标和重要指标。

（2）机动性。将（公交服务的）机动性定义为乘客在单位时间内可以通行的平均距离。机动性显然与可达性有关，因为更高的机动性意味着更高的可达性。例如，在社会经济活动机会在空间中均匀分布的特殊情况下，可达性与机动性的平方成正比。因此，公共交通机动性对用户、运营者和政府都很重要。人们经常将公共交通机动性和小汽车机动性进行比较。影响前者的因素很多，包括发车频率影响等待和换乘时间、站点间距影响步行和乘车时间、公共交通路线的非直线程度及车辆的巡航速度影响乘车时间。和可达性一样，公共交通的机动性指标的提高意味着服务水平有所提高，它在很大程度影响乘客使用公共交通的意愿。在 2014 年，相关机构对 11 842 名受访者开展的出行态度调查（Transit Center,

2014）结果显示，所有年龄段的人都认为较短的出行时间（高机动性）是驱动他们使用公共交通的最重要因素。因此，政府和运营者也都注重提高公共交通的机动性。对于运营者，提高机动性还可以直接带来利益。通过更直接的路线、更快的车辆行驶速度和更少的站点提高机动性，则可以在更短的时间内使运营车辆完成任务，从而提高车辆生产率（见下文），并降低提供公交服务的成本。

（3）车辆生产率。车辆生产率的定义为其服务的乘客距离（服务输出）与车辆运营时间（资源输入）之比。这一指标的物理单位是速度乘以车辆载客数。作为街道使用效率的衡量标准，运营者和政府都应当重视车辆生产率。公交车可以乘载更多乘客，因而通常比私人小汽车具有更高的车辆生产率。高生产率可以确保车辆有效利用空间。运送大量乘客的能力具有重要的影响。回顾图 1.1 的示例，当使用公交车或地铁等高生产率车辆时，高峰持续时间、交通拥堵及其对环境的影响都显著降低。

（4）可靠性。即行程时间的可预测性，对于公交用户来说非常重要。2014 年的出行态度调查（Transit Center，2014）结果显示，各年龄组的被调查者都把行程时间的可靠性与总行程时间一起列为影响出行模式的两个最重要的因素。由于交通拥堵严重影响地面公交模式的可靠性，因此乘客经常选择地铁或轻轨等隔离型公交模式。然而，交通拥堵不是影响可靠性的唯一因素，不良的运营也会严重影响可靠性（例如，不按时间表运行、乘客上车缓慢、维护不及时导致的设备频繁故障以及对意外事故缺乏准备等，这些问题会在本书的后续章节讨论）。设备故障造成的运行中断已成为公交机构需要考虑的主要问题。Smart 等人 2009 年进行的一项调查发现，公交管理者将设备故障列为公交系统运营性能的第五大指标。当然，为了获得良好的整体可靠性，公交机构不仅需要维护好所有设备和基础设施，还需要适当培训操作人员，预留备用司机和车辆，并使用弹性运营控制策略。这些努力都需要在运营期间一直保持。

（5）交通安全、安全保障和舒适度。在乘客出行的每一个环节中，公交服务都应该保证安全（无交通事故）、安保（无犯罪行为）和舒适。这些对乘客来说很重要，不仅适用于车内行程部分，而且适用于车辆以外的行程部分，如到达车站、等待、上车、下车和换乘时。我们自己的非正式调查显示，安全和安保会影响乘客的模式选择，某些乘客（尤其是女性）在夜间更倾向于地面交通而不是在较长的地下隧道中换乘。良好的照明、摄像监控和安全系统都有助于提高安全性。安全和安保对公交机构的员工也很重要。公交舒适度与车内拥挤密切相关，也会影响乘客公交出行模式选择。通常用车内剩余空间和座位衡量舒适度。拥挤不仅引发身体上的不适，还会引发焦虑、压力和缺乏隐私感等形式的心理不适。调查显示，当获得一个座位的概率降到 40%以下时，乘客会开始感到不适（Vovsha et al，2014），而该不适感会影响乘客的路线和出行模式选择（Li and Hensher，2011；Tirachini et al，2013）。其他影响舒适度的因素包括行驶的平稳程度（Castellanos and Fruett，2014）、振动情况（Sekulic et al，2013），以及温度、通风和噪声等周围环境条件（Zhang et al，2014）。公共交通运营机构可以有很多办法改善乘客的安全、安保和舒适度，而政府也可以制定条例鼓励公交运营机构实施相关措施。

（6）可负担性和公平性。对于大多数公交乘客来说，低票价非常重要。在 2009 年美国家庭出行调查中，约 60%的受访者（包括私家车使用者和公交乘客）都认为出行费用是

"大问题",另有30%的人表示这是"中等问题"(Mattson et al,2012)。显然,人们对可负担性的理解取决于他们的社会经济状况,有时还取决于可替代公交的其他交通模式的成本。Taylor 等人(2010 年)的一项调查发现"对于年收入在 15 000 美元以下的人(无论是否残疾),交通不便仍然是一个大问题"。在该调查中,家庭年收入在 15 000 美元及以下的非残疾受访者中,有 26%认为交通不够便利,而收入在 35 000 美元及以上的非残疾受访者中,只有 13%认为交通不够便利。票价对公交运营者同样很重要,因为票价是他们的收入来源。另外,票价收入对政府也很重要,票价收入越高,需要的补贴就越少。运营者和政府都想提高票价,但这对公交用户和受益于公交外部性(减少拥堵)的人却没有好处。这个问题将在第 11 章中详细讨论。无论如何,应该明确的是,公交收费标准的决策是一个敏感的政治问题。票价制定主体需要特别认真细致地考虑以决定如何公平地对待社会弱势群体。

(7)可持续发展。随着全球城市化进程的继续,公共交通已成为城市交通可持续发展的最有效工具,这对于公交用户和非公交用户都有好处。对于同样的出行量,组织良好的公交系统可以:① 减少拥堵;② 加强土地利用,特别是在公交导向型政策(transit oriented development,TOD)的鼓励下;③ 减少噪声、温室气体排放、空气污染和能源消耗(Federal Transit Administration,2010)。在美国,地铁和轻轨平均消耗 1.7~1.8 MJ/人·km 的能量,这比小汽车或私人卡车的消耗率(2.3~2.6 MJ/人·km)低约 30%。就空气污染物而言,公交车每人·km 排放 0.95 g 氮氧化物,1.89 g 一氧化碳和 0.12 g 碳氢化合物,而小汽车相应每人·km 排放量分别为 1.28 g、9.34 g 和 1.3 g(Davis et al.,2009)。此外,TOD 政策成功地加强了土地利用效率,不仅节约了土地,还缩短了人们到达目的地的通行距离。这些效果都很重要,它们在不增加交通需求的情况下改善了可达性。TOD 主要已经应用于欧洲和亚洲的城市(如香港)以及美国的一些主要城市(如波士顿、芝加哥、纽约、费城、丹佛和旧金山湾区)。有关 TOD 的详细讨论,见 Cervero 和 Landis(1997)、Casello(2007)、Ratner et al(2013)。

1.2.2 挑战

前面的小节表明,良好的公共交通是人口密集型城市维持运转的必需品,并且描述了公共交通对各种利益相关者的意义。在这里,我们探讨为实现良好公交服务需要克服的一些挑战,而克服这些挑战需要用到的方法是本书的重点。

第一个挑战关乎经济效益。世界上大多数公交系统都需要某种形式的补贴才能实现财务可行性。考虑到公交的正外部性,至少在理论上补贴是合理的。然而,确定补贴额并确保相关资金来源一直以来都是一个现实挑战。本书不会详细探讨公共交通的融资机制,这个题目更适合于金融和公共政策方面的书。但是本书会研究如何估算不同期望服务水平下所需的成本。因为公共交通需要在服务质量和运营支出之间取舍权衡,这些成本的估计可以帮助决策者编制公共交通的预算并考虑资金来源。这样的成本估计也是非常重要的,毕竟为时空分散的大规模出行需求提供服务是一项复杂且成本颇高的任务。

第二个挑战是公交需求低迷。低需求的问题在于即使车辆近乎空载,提供良好公交服务的成本也很高。在这种情况下，社会可能不愿为使用率低的公交系统提供大笔资金。当这种情况发生时，资金减少导致服务质量下降，从而进一步降低需求，使问题更加严重。最终结果就是公交系统使用率低下，或者公交系统的消失。这种恶性循环被称为"莫林效应"（Mohring effect）（1972），在以小汽车出行为主的低密度城市地区尤为严重，因为在这种运行环境中，公共交通很难提供小汽车能达到的服务水平。美国特别容易受到莫林效应的影响。Kenworthy 等在 1999 年发布的报告中指出，在 1990 年，美国人均开车约 16 045 km，而使用公共交通仅 474 km，不到总里程数的 3%。而欧洲人均开车 6660 km，使用公共交通 1895 km，约占总里程数的 23%。在日本和中国香港，市区人口更密集，公交使用率分别超过 60%和 80%（Kenworthy and Laube，1999）。[①]美国公交使用率低于包括中国在内的世界其他地区，这种状况已经持续几十年了。

低迷的客流量还影响公交的环保表现。客流量高时，公交系统比小汽车每乘客千米消耗的能源少、排放量少，但低迷的客流量会抵消这种优势。在美国，每辆公交车的平均载客量约为 10 名乘客，其平均能耗（2.78 MJ/人·km）比普通小汽车或私人卡车的能耗（2.30 MJ/人·km 或 2.60 MJ/人·km）要多（Davis et al.，2009）。值得庆幸的是，客流量只要稍微增加一些就可以扭转这种负面情况，而当前在环境问题最突出的人口密集型大城市中心区，公交客流量已经较大。

第三个挑战关乎公共交通服务的本质，即要求乘客和车辆都调整其出行路线以将分散的乘客集中到共用的车辆中。因此，即使拥有无限的资源，运营机构也无法提供无限的机动能力。实际上，由于出行需求在时间和空间上分散，公交车辆必须绕道行驶到乘客方便的位置，同时乘客上下车也需要消耗时间。绕道和停车这两个因素增加了乘客的行程时间。后面的章节会提到，在出行距离一定时，乘客行程时间的下限很高，但是良好的系统规划可以使实际行程时间接近这个下限。在美国，公交车的时速约为 17~40 km/h（包括停车），铁路列车的时速约为 30~44 km/h（APTA（American public transportation association，美国公共交通运输协会），2016），而这些数据还不包括绕道延误。停车和绕道导致较长的乘车时间，所以公共交通系统无论规划得如何好，都只能在小汽车提供的直线通行效率低下时（如拥堵和停车位不足时），才对大多数乘客具有吸引力。

尽管在拥堵和停车位不足等情况下，才最需要公交，但在任何情况下，都应该仔细地对公交系统进行规划和管理，以发挥其最大的潜力。本书将扩展讨论以下的典型规划和管理问题：运营者应该如何在给定的预算下优化资源？应该如何在空间和时间上调配资源？是否应该修建车站？车站应该建在哪里？是否应该设置公交路线？应如何规划车辆路线？应该有时间表吗？时间表应该是什么样的？系统设计好后，乘客的体验是怎样的？应如何部署每辆公交车实现公众期望的服务？应该如何为这些公交车安排司机轮班？类似的问题还有很多，但读者应该已经大概明白了公交系统规划和管理的复杂性。因此，这些工作需要系统的处理方法，而这正是本书的重点。

最后一个挑战关乎运营。与上一个挑战类似，这也需要公交运营机构应对。车站的停

[①] 编译者注：根据北京交通发展研究院发布的《2019 北京市交通发展年报》，2018 年北京市中心城区工作日全部出行中（含步行），轨道交通分担 16.2%，常规公交分担 16.1%，小汽车分担 27%。

泊时间和线路沿途交通情况千差万别，所以公交车辆本身无法保证提供规划中规律、可靠的服务。因此，大多数公交系统的运行都需要某种形式的实时控制。这些实时控制通常适用于独立运行的轨道系统，但在其他环境里，即使运营机构付出努力，公交系统服务水平仍会随着时间严重恶化。其原因是，如果一个路线的实时控制允许车辆间隔出现较明显的不均匀，则运营控制的效果会逐渐退化而使车辆间隔变得更加不均匀。运营控制退化的原因是当较大车辆间隔出现后，后续车辆需要接载更多的乘客，从而降低了其运营速度，导致间隔进一步变大。可惜能完全克服这一问题的新控制方法尚未付诸实践，所以这个问题仍然广泛存在，不仅降低了公交系统的可靠性，而且抑制了公交需求。考虑到该问题的重要性，第 10 章将详细介绍公共交通运营控制，包括一些即将出现并有望奏效的解决方案。

1.3 公交系统的基本类型

公交系统有许多不同的类型和形式，以在全世界各城市不同的物理、地理、社会经济和环境条件下提供服务。公交系统的多样性使城市能更好地将它与自身的需求相匹配。鉴于这样的需要，我们应该知道各类公交系统的特点。本书根据以下四个属性对公交系统进行分类：路权、基础设施、车辆、服务类型。

1. 路权（right of way，ROW）

该属性是指公交车辆拥有通行权的路径（或道路）。需要特别关注公交车辆与小汽车、行人、自行车等其他交通方式共享路权的程度，因为共享路权对公交车辆的速度和性能有很大影响。通常来讲，公交车辆与其他车辆的隔离越彻底，其性能越好，但是基础设施的投资成本也就越高。因此，需要仔细权衡适当的路权共享程度。因为其重要性，城市中不同区域里的公交路线可能会使用不同的隔离等级。通常分为三个等级：I 级路权——无隔离；II 级路权——部分隔离；III 级路权——完全隔离。

- I 级路权指公交车辆在城市街道上与其他车辆混合行驶的系统。这是公交车运营最常见的情况。此类路权下的公交服务质量最低，因为车辆会受到周围交通状况的干扰。
- II 级路权指公交车辆在街道上运行，但与其他交通方式保持一定程度路权隔离的系统。这种隔离可以通过设置物理隔离或专用车道使用权（无物理隔离）实现。在无法实现隔离的交叉口，公交车辆可以获得某种形式的优先权。物理隔离允许不易操纵的大型车辆通行，可以提高整个 II 级系统车辆的行驶速度和生产率。II 级路权系统的两个典型例子是轻轨（light rail transport，LRT）和快速公交（bus rapid transit，BRT）。轻轨也称为"电车"或"有轨电车"，使用相对较轻的车辆，在嵌入路面的轨道上运行。快速公交是 LRT 的公交车版本，使用大容量公交车，通常车站间距较大。为了进一步提高车辆生产率，轻轨和快速公交的车站通常配备高出地面的候车平台和售票机，乘客无须上下台阶就能快速上下车，也不会在购买车票时妨碍到其他人。当然，II 级系统的所有基础设施和设备改进都需要较大投资。

❑ III级路权指具有完全隔离路权的地下或高架系统,车辆不与地面交通模式产生相互影响。这个等级的公交模式包括单轨铁路、地铁、自动引导式公交(又称"个人快速公交")和通勤铁路(又称"区域快线"或"市郊铁路")。显然,这个路权等级的系统非常昂贵,但是完全隔离的设置使得设计人员可以配置车站和导轨,使其可使用较长的车辆(可容纳数百名乘客的列车)和很高的行驶速度。如果公交需求很高,这些优势可以充分提高系统的生产率,使成本合理化。

如图1.2显示了这三种路权系统的实例。

(a)I级路权:北京市北辰西路的公交车

(b)II级路权:荷兰阿姆斯特丹市布劳博格(Blauwbrug)桥附近的有轨电车

(c)III级路权:美国芝加哥市西湖(West Lake)路上的地铁

图1.2 路权等级示例

2. 基础设施

基础设施是公交系统的固定部分，包括导轨、车站和其他固定运营设施。导轨是支撑车辆行驶的结构，也是不同公交系统之间差异性最大的基础设施。导轨的主要功能是提供上下竖直方向支撑，部分导轨同时帮助控制车辆在水平面上运动——沿左右横向或前后纵向的运动。

最基本的基础设施，如道路、桥梁或渡口的水体等，仅提供垂直方向的支撑作用，车辆自身须在横向和纵向上引导驾驶。这些现有的基础设施只需要稍稍升级即可为公共交通服务，因而成本最低。它们通常应用于 I 级路权的系统。

同时提供竖直方向支撑和横向引导的导轨也很常见，通常应用于 II 级和 III 级路权系统。它们包括单轨、双轨甚至是空中电车的电缆。这些导轨通常配备附加设备，以帮助推动车辆纵向行驶。对于 III 级路权，推进辅助装置可以嵌入导轨（例如电气系统的高压第三轨、空中电车的第二根电缆或磁悬浮的动力线圈），也可以采用高架电缆形式。嵌入式导轨通常用于地下地铁系统，而高架电缆则常用于地上轨道。高架电缆也用于 I 级路权和 II 级路权的系统（包括无轨电车和有轨电车）。

车站是基础设施中非常重要的一部分，是乘客进出车辆以开始和结束行程，以及中途换乘的位置。车站应为公交车辆和乘客提供通道，为乘客提供舒适感和庇护场所，为候车和上车提供信息和安全、有效的界面。在某些情况下，车站还应提供售票系统。

信息对乘客（尤其是对系统不熟悉的乘客）至关重要。最重要的信息包括路线图和时间表，以及各个路线的上车地点。动态车辆信息（例如预估的到达时间）也很重要，它可以减少乘客的候车焦虑，帮助乘客决定是否要改乘其他路线。日本人发明的一个成本很低但非常聪明的信息系统，能让地铁乘客少走一些路。在每个上车月台上都显示一个表格，引导乘客按照各个目的地车站的重要地标选择车厢，乘客到达目的地车站后，所选车厢将最接近对应地标的出口通道。这个表格有助于指导乘客减少不必要的步行，允许乘客在候车的同时做一些必要的步行以节省总出行时间，同时鼓励乘客搭乘不同的车厢以减少拥挤。在所有的应用场景中，良好的信息服务成本相对都较低，所以应该尽可能为乘客提供这些信息服务。

不同车站的成本和复杂程度差异可能很大。I 级路权系统的车站可以很简单，仅提供一个标明时间表和路线编号的公告牌。III 级路权系统的车站则应是完整的建筑物，包括自动扶梯、大门、步道、月台以及正常运行必需的所有组件。如果要容纳较长的列车、多条路线并允许换乘，这些建筑物就必须修建得足够大。将这些建筑物修建在地下会大大增加成本。大型的换乘枢纽可能比城市街区还要大，而且成本非常高。实际上，对于地铁系统，建造车站的成本可能超过修建导轨的成本。在确定公交系统应拥有的车站数量和规模时，必须认真地分别考虑这些成本。

其他基础设施包括：存放和修理车辆的公交场站、控制中心和运营总部。这些设施在各运营机构之间没有实质差异，因而本书不做过多赘述。

3. 车辆

车辆是公交系统中移动的部分，给乘客提供舒适的乘车环境，并能够在控制下移动。对车辆生产率影响最大的三个因素包括乘客容量、巡航速度及乘客上下车的速度。这三个因素在本书中非常重要。它们的值可以通过不同的技术改变。描述如下。

大多数具有 III 级路权的公交系统，尤其是地铁和 LRT，使用钢制车轮和钢轨降低滚动阻力。车辆通常由电动机驱动，其能源再生制动系统和无齿轮的传动系统可提高能量利用效率。即使在使用化石燃料发电的情况下，其运行时的废气排放也比较低。另外，电动汽车噪声也较小。一些 III 级系统由自动或半自动制导系统控制。其他系统，尤其在丘陵地区，会在坚硬地面上使用橡胶轮胎获得更高的摩擦力。为了方便上车，III 级路权的车辆通常配备宽阔的车门，而车门底部与车站月台等高。

I 级路权系统要求车辆具有更高的独立性，因此常使用内燃机或者混合动力内燃机。但有两个例外：无轨电车（从高架电缆中获取电力）和电动公交。电动公交的运营仍面临挑战，因为如今的电池技术还无法保证续航一整天，所以运营机构需要将充电时间也纳入车辆使用规划中，而这通常会降低车辆的生产率（这个问题也许能在不远的将来解决，如埋设电缆的街道可以给行驶中的车辆进行无线充电，或者快速更换车辆电池）。在当前的技术水平下，I 级系统的车辆仍然需要人类司机控制。在大多数情况下，它们比 III 级系统车辆慢且容量更小。

4. 服务类型

到目前为止，我们描述的公交属性都是关于系统硬件的物理特征。在此介绍的属性描述了公交的服务组织方式。尽管存在许多可能的分类方式，如果依据是否使用固定的站点和路线进行判别，可以把公共交通分为两个主要类别。这两个类别差异非常大，需要用到不同的分析方法，本书后续章节中会分别介绍。

大多数公交系统使用固定的车站、路线和时间表，并公示时间表或服务间隔。这类系统常见于人口稠密的市区，每辆公交车都载有很多乘客。称为"固定路线"系统。固定系统配置可以提高效率。为每个乘客单独提供接送上下车服务会严重耽误已经在车上的乘客的时间，降低车辆生产率。乘客集中到预设的位置一起上下车，可以提高效率并让每辆车运载更多乘客。固定站点起到整合乘客的作用，允许人们在这里聚集成组上下车。固定的路线和时间表还可以让人们提前计划行程。

反之，如果公交服务的区域人口不密集，公交需求少，公交车辆的载客量小，就可以设置不固定的车站和时间表，去乘客所在的地方单独接送他们。这种方式经常应用在农村、远郊区以及需求较低的夜间，或当乘客愿意为接近小汽车服务水平的服务付费时。这种没有固定站点、路线和时间表的运行方式称为"灵活公交"。灵活公交的例子包括出租车服务、共享乘车服务和一些辅助公交形式。Uber、Lyft、Scoop 及国内滴滴等公司的部分服务就属于灵活公交。

当然，固定线路公交和灵活公交这两种形式并非泾渭分明，两者也可以混合使用。有些系统将固定站点和灵活路线结合起来，例如机场巴士（在机场设有一个或多个固定站点，但在服务区域内没有固定站点），以及接驳通勤铁路车站的辅助公交服务。当辅助公交与铁路车同步运行时，也需要有时间表，因此这种混合系统不仅有路线的部分固定，也有时间表的部分固定。

除了上述提到的形式之外，还有很多其他的混合公交服务形式。一些社区，特别是在发展中国家，采用"轮辐式"系统，用"小巴车"或"共享出租车"提供服务。这些系统从中央总站发车,路线固定但是时间表灵活,通常站点也是灵活的。一般来说每辆车载满乘客后就发车。路线可以跨越整个城市,乘客可以将中央总站当作前往其他地点的换乘站。如果城市较大而且有多个中心,也可以使用多个总站。

1.4 成本与服务表现

公交系统的规划涉及路线、车站和车辆三个基本模块。公交规划的目标就是以最优方式选择和整合这些模块。三个模块的单位成本和其他物理特征均有可能影响公交系统的服务表现,因此需要量化这些特征(至少是近似量化),才能在规划中做出比较合理的选择。本节对这些特征进行量级层面的粗略介绍。

对规划和设计最重要的服务表现特征有以下三个。

(1)车辆容量,它直接影响车辆的生产率,如 1.2.1 节所述,车辆生产率将资源输入(车辆数量)与输出(公交服务需求)匹配起来。对于给定数量的车辆,车辆容量越大,可以满足的公交需求就越多。

(2)车辆巡航速度,它与路权、导轨、车辆的组合有关。如 1.2.1 节所述,车辆巡航速度显著影响乘客的出行时间,从而影响机动性和车辆生产率。

(3)车辆在车站的停留时间。该特性取决于许多因素,例如车辆加速和减速性能,但车门打开后乘客在车站上下车的速度是最显著的因素。较高的乘客上下车速度可以减少车辆在车站的停留时间,从而减少总出行时间,提高系统的生产率和乘客的机动性。

在详细展开讨论之前,我们应该意识到,公交系统服务表现越好,潜在的成本就越高,我们始终要在各基本模块的多个选项中做权衡。例如,III 级路权在速度、通行能力和上车速度方面表现出比 I 级或 II 级系统更好的性能,但同时成本也更高。另一方面,与 II 级或 III 级系统相比,I 级系统的公交路线速度慢、可靠性差、生产率低,但基础设施投资却很少,成本也更低。正确权衡利弊的唯一方法就是,在规划过程中仔细考虑关键模块选项的特征。这些特征在很大程度上取决于城市本身,因此下面两个小节只是简要介绍相关内容。我们首先讨论成本,然后讨论服务表现。

1.4.1 成本

公交系统的成本不仅包括与获取路权、建设导轨和车站等基础设施以及购置车辆相关的固定资产成本,还包括与日常运营相关的常态性成本。后者包括员工的薪水和福利、电力和燃油等物资及消耗品的成本。根据 APTA 的数据,在美国,联邦、州和地方政府提供的补贴几乎覆盖了公共交通 100%的固定资产成本以及 64%的运营成本,其余 36%的运营成本从乘客支付给公交运营机构的票价收入中获得。这些数据来自《美国公共交通协会 2015 年公共交通概况手册》(Neff and Williams,2015)。

1. 固定资产成本

表 1.1 列出了 2013 年美国公共交通的资金支出,数据按主要公交模式和资产类型分类,所有数据均来自上文提到的美国公共交通协会概况手册。该手册将固定资产成本定义为

"用于购买设备的费用",这些设备需满足"非消耗性、有形、使用寿命超过一年"的要求[①]。首先,注意成本在路权、基础设施和车辆这三个类别中的分配比例,可以发现,轨道公交的基础设施成本占主导地位。这并不奇怪。轨道公交几乎全是在 II 级和 III 级路权下运行,并配备大型专用车站,所以基础设施成本很高。相反,"所有的公交车"和"需求响应型"模式大部分在 I 级路权下运行,只配备非常简单的车站或者根本不配备车站,所以基础设施的成本较低,而车辆成本占总成本的一半以上。

表 1.1 2013 年美国公共交通固定资产成本

	类 别	所有公交车		重 轨		区 域 快 线		轻轨&有轨电车		需求响应型	
基础设施	导轨/百万美元	215.6	5%	2344.4	38%	1276.9	42%	2569.4	73%	0.0	0%
	车站/百万美元	443.8	10%	1718.5	28%	339.2	11%	307.7	9%	22.4	4%
	管理维护设施/百万美元	756.6	17%	224.6	4%	190.5	6%	130.4	4%	83.9	14%
	小计/百万美元	1416.1	31%	4287.4	70%	1806.6	60%	3007.6	86%	106.3	18%
	直线路线里程/km	428 024		2610		14 389		2553		-	
	车站数量/个	0.5		898.1		88.7		1006.3			
	单位导轨成本/(1000 美元/km)	-		1044		1296		887		-	
	单位车站成本/(1000 美元/车站)	-		1646.1		261.7		346.9		-	
车辆	小计/百万美元	2361.9	52%	441.1	7%	780.2	26%	312.1	9%	412.3	69%
	可用车辆数/车	71 139		10 380		7369		2387		68 559	
	单位车辆成本/(1000 美元/车)	33.2		42.5		105.9		130.7		6.0	
	平均购买成本/(1000 美元/车)[②]	486.8		2254.4		2444.6		3300.0		77.6	
其他	小计/百万美元	746.4	16%	1428.4	23%	437.8	14%	195.1	6%	81.4	14%
	总计	4524.4	100%	6156.9	100%	3024.6	100%	3514.8	100%	600.0	100%

资料来源:Neff and Dickens,2015。

① APTA 概况手册显示,2013 年美国共有 1627 个公交车站,但不包括占大多数的街道停靠站。为了避免混淆,我们在这里省略了公交车站的数量。

② 这些数据基于 2012—2014 年的样本,这些样本包括:长度≥27'6"的标准 2 门公交车;1 层、1 个驾驶室的重轨车辆;2 层、无驾驶室的机车牵引式区域快线车辆;1 层、2 个驾驶室的单铰接式轻轨车辆;长度<27'6"的需求响应车辆(小巴、厢式货车、小汽车、SUV 等)。

表 1.1 还将基础设施成本细分为导轨、车站和管理维护设施等子类。特别注意"单位导轨成本"这一行,指该年导轨的总固定资产成本与单向路线里程数之比。注意,轨道公交系统的单位导轨成本要比公交车系统的成本高出一到两个数量级。例如,I 级路权下公交

---

① 这些固定资产成本是一个财年内的成本,不应将其理解为当年所有投入运营的基础设施的前期建造总支出。相反,这些成本可以粗略表示每年"按比例分摊"的资本支出。

车每年的单位导轨成本几乎可以忽略不计（每年每千米约 500 美元），而轻轨和重轨（主要指地铁）每年的单位导轨成本约为每千米 100 万美元。当需要征用土地或修建隧道时，特别是在地价昂贵的城市里，轨道模式的单位导轨成本可能会进一步增加几个数量级。在欧洲，典型轻轨每千米导轨的前期投入成本约为（2000～3000）万欧元（包括车站），而地铁成本要高得多。在伦敦和纽约，由于高昂的房地产价格和隧道修建费用，地铁的每千米建设成本可能从 1 亿美元到超过 10 亿美元不等（Davies，2012）。

车站呢？它们的成本也因模式而迥异。网络搜索资料显示，美国一个有车棚的简单公交站的成本约为 1 万美元，而实际数值可能在 5000～3 万美元。每年的维护费用在 1 万美元左右，但该费用可由广告收入部分抵消。轻轨和地铁的车站成本要高得多，而且差异性更大。表 1.1 列出了美国轨道车站 2013 年分摊的固定资产成本。每个车站每年的费用在 26 万～165 万美元，费用差异在很大程度上取决于国家、房地产价格和车站规模。例如，旧金山跨海湾站是一个地标建筑，占据了一整个城市街区，据说最初修建时耗资 45 亿美元，每年的摊销成本超过 1 亿美元。在人口密集的大城市，地铁站的费用通常比其他建设费用高得多，见图 1.3 中的成本明细。

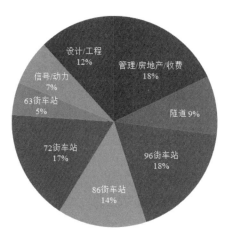 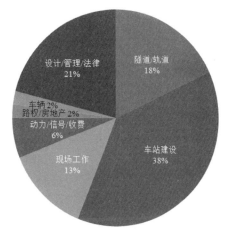

（a）曼哈顿第二大道地铁一期（45 亿美元，1.6 英里①）　　（b）旧金山中央地铁（16 亿美元，4 个车站，1.7 英里）

图 1.3　成本明细

美国的公共交通公司要求车辆供应商公开投标，因此车辆更容易定价。表 1.1 显示了美国代表性公交车辆类型的平均价格，城市公交车的购买价格在 50 万美元左右，有轨电车的购买价格在（220～330）万美元。

2. 运营成本

表 1.2 列出了 2013 年 APTA 提供的美国公交运营成本（按主要公交模式和资产类型划分）。这些成本包括公交运营机构的相关运营费用，以及为系统运营购买的货物和服务，其中包括司机的薪水和福利。

---

① 编译者注：1 mile（英里）=1.609 344 km。

表 1.2　2013 年美国公交运营成本（除另有说明外，单位为百万美元）

类　　型	所有公交车		重　轨		区域快线		轻轨&有轨电车		需求响应型	
车辆运营	10 706.7	52%	3220.4	39%	1905.5	35%	654.6	38%	1560.8	30%
车辆维护	3514.4	17%	1279.5	16%	1109.5	20%	352.7	21%	297.5	6%
其他维护	883.5	4%	2225.6	27%	849.3	16%	303.7	18%	54.7	1%
管理	3176.3	16%	1390.8	17%	886.7	16%	313.9	18%	657.1	13%
外包	2166.5	11%	56.6	1%	700	13%	93.9	5%	2587	50%
总计	20 447.4		8173.1		5451		1718.8		5157.1	
美元/（人·km）	0.57		0.28		0.29		0.43		1.48	

资料来源：Neff and Dickens，2015。

表 1.2 显示了单位人·km 的成本。注意，使用大型车辆的模式，单位人·km 的成本反而较低。尽管这很合理，但单位人·km 的成本并不是衡量成本效益的良好指标，因为它还反映了需求状况，效率高但空载率也高的车辆的单位成本也较高。表 1.2 似乎反映了这种情况，因为所有统计数据都接近或高于 0.26 美元（私家车的单位人·km 成本）[①]。在纽约、巴黎、东京等城市中，大多数时候公交车辆（尤其是地铁）都是满载，单位人·km 成本更低。本书的后面章节会提到，设计中更为通用和有效的指标是每车千米或每车小时的运营成本。

要了解表中公交车相关的统计数据的含义，需要考虑以下情况。美国公交车的运营成本（包括维护、折旧和燃油）约为 2 美元/km[②]；考虑到司机的平均工资和公交车速度，一个司机的成本约为 3 美元/km；因此，每辆公交车的总运营成本约为 5 美元/km。另外，我们可以单独按小时计算司机的成本，因为无论他们是否在驾驶，都必须支付工资。在美国，司机工资的合理范围是 11～30 美元/h，另外还有和工资水平相当的附带福利（见 2016 年劳工局数据）。将表 1.2 最后一行的值乘以车辆平均载客量，可以得到所有公交模式每车千米的运营成本：公交车 6 美元；重轨 7.5 美元；区域快线、轻轨和有轨电车 10 美元；需求响应型车辆 2.3 美元。需要注意，这些是平均值，仅供参考，与个体情况会有出入。例如，列车乘务员的费用（如果有的话）应按列车车厢数量分摊，因此较长的列车通常平均成本较低。

本节最后讨论小汽车。私家车每千米的运营成本较低，只有 0.26 美元。这是否意味着在美国开车要比坐公交车和乘地铁更便宜呢？答案是否定的。首先，0.26 美元是一个平均值，包括农村地区和非高峰时段高速公路上的出行。显然，城市出行，特别是在高峰时段，速度偏低且需要走走停停，其成本更高。此外，0.26 美元不包括白天的临时停车费用和夜间的车库停放费用，这些成本可能会非常高。例如，2016 年，旧金山一个有顶棚的停车位每年成本约为 17 000 美元（按最小 12×22 平方英尺的空间估计，乘以当前每平方英尺每年 66 美元的租金）。因此，单是车库，就可以使市区内开车的成本几乎增加到三倍，在旧金

[①] 根据美国运输部（U.S. Department of Transportation，2016）的数据，2013 年美国拥有和驾驶汽车的平均成本约为 0.368 美元/km；每辆私家车的平均载客量为 1.4 人，每人·km 的平均成本约为 0.26 美元。

[②] 美国国家运输系统中心（Volpe）发布的公交车生命周期模型（Kay, et al 2011）显示，一辆公交车每千米的成本大约为汽油 0.4 美元，折旧 0.5 美元，维护 1.0 美元。

山可以达到每千米近0.76美元,这显然超出了公交的成本。此外,公交用户支付的费用约为公交运营机构运营成本的36%,也就是说,公交车乘客每千米支付约0.19美元,重轨乘客每千米支付约0.09美元。综合考虑所有这些因素后,我们发现,在大多数情况下,乘客乘坐公交车需支付的费用仅占拥有和使用小汽车的费用的一小部分。但是,要使公交真正吸引人,其服务质量必须达到能够与小汽车相当的水平。下一小节将介绍公交最影响服务水平的特性。

根据北京市发展和改革委员会数据(见表1.3和表1.4),如将固定资产折旧费用计算在内,北京市2013年轨道交通平均单次出行成本为8.56元,而2013年北京市轨道交通统一票价为2元,77%的出行成本需要政府补贴;北京市2013年公共汽电车平均单次出行成本为3.46元,而2013年北京市公共汽电车执行分段计价,大部分线路基础票价1元,粗略估计71%的出行成本需要政府补贴。北京市2013年轻轨和地铁的固定资产折旧成本远高于公交车,成本主要体现在车站建设、车辆购置以及电气化配套设施安装,这也是轨道交通比公交车成本高很多的主要原因。北京市2013年轻轨和地铁的运营成本(不含折旧费用)为3.81元/人次,而公交车为3.07元/人次。

表1.3 2013年北京市轨道交通票价成本汇总表

项　　目	总成本/万元	单位成本/(元/人次)	比重/%
一、主营业务成本	1 416 562.34	8.24	96.2
(一)人工成本	278 437.97	1.62	18.9
1. 直接人工成本	195 395.83	1.14	13.3
2. 工资相关费用	12 208.93	0.07	0.8
3. 各项保险及住房公积金等	70 833.21	0.41	4.8
(二)业务成本	265 291.55	1.54	18.0
1. 直接电力费	98 231.09	0.57	6.7
(1)牵引电力费	57 358.89	0.33	3.9
(2)动力照明电费等	40 872.20	0.24	2.8
2. 直接修理费	84 024.77	0.49	5.7
(1)车辆修理费	35 681.94	0.21	2.4
(2)设备修理费	35 552.85	0.21	2.4
(3)设施及其他修理费	12 789.98	0.07	0.9
3. 营运费用支出	53 362.39	0.31	3.6
4. 安检费用支出	29 673.29	0.17	2.0
(三)折旧费用	817 361.41	4.75	55.5
1. 土地、洞体、房屋、建筑物折旧费	271 651.42	1.58	18.5
2. 通用机械动力设备折旧费	21 523.00	0.13	1.5
3. 铁路车辆折旧费	161 491.37	0.94	11.0
4. 仪器仪表自动化设备折旧费	71 692.07	0.42	4.9
5. 供电电气设备折旧费	162 991.63	0.95	11.1
6. 通信信号设备折旧费	111 587.70	0.65	7.6

续表

项 目	总成本/万元	单位成本/(元/人次)	比重/%
7. 线路设备折旧费	838.09	0.00	0.1
8. 人防及工具设备折旧费	14 164.47	0.08	1.0
9. 其他折旧	1421.64	0.01	0.1
（四）递延资产摊销费	55 471.41	0.32	3.8
二、期间费用	55 998.41	0.33	3.8
（一）管理费用	53 991.71	0.31	3.7
（二）财务费用	2 006.70	0.01	0.1
三、成本费用合计	1 472 560.75	8.56	100.0
轨道交通客流进站量/万人次		171 938.12	

资料来源：北京市发展和改革委员会。

表 1.4 2013 年北京市公共汽电车票价成本汇总表

项 目	总成本/万元	单位成本/(元/人次)	比重/%
一、主营业务成本	1 485 592.68	3.09	89.3
（一）人工成本	779 963.20	1.62	46.9
1. 直接工资	549 421.91	1.14	33
2. 工资相关性费用	22 120.78	0.05	1.3
3. 各项保险及住房公积金	196 378.97	0.41	11.8
4. 其他人员工资支出	7157.28	0.01	0.4
5. 其他费用支出	4884.26	0.01	0.3
（二）业务成本	705 629.49	1.47	42.4
1. 行车燃料费	360 641.66	0.75	21.7
2. 电车电力费	4702.89	0.01	0.3
3. 修理费用	107 512.18	0.22	6.5
（1）车辆修理费	13 932.40	0.03	0.8
（2）房屋修理费	5205.07	0.01	0.3
（3）维修材料及其他费用	88 374.72	0.18	5.3
4. 折旧费用	188 360.79	0.39	11.3
（1）车辆折旧费	169 282.88	0.35	10.2
（2）场站折旧费	171 59.18	0.04	1
（3）其他资产折旧费	1918.74	0	0.1
5. 电车线网维修费用	1294.70	0	0.1
6. 营运业务费用	23 442.42	0.05	1.4
7. 营运间接费用	19 674.84	0.04	1.2
二、期间费用	177 627.55	0.37	10.7
（一）管理费用	109 517.60	0.23	6.6
（二）财务费用	68 109.95	0.14	4.1
三、成本费用合计	1 663 220.23	3.46	100
公共电汽车客运量/万人次		480 156.11	

资料来源：北京市发展和改革委员会。

1.4.2 服务表现

影响公交系统服务表现最重要的三个指标是巡航速度、车辆容量和上下车的便捷程度。

将巡航速度定义为车辆在其路权环境中不停站的情况下能够沿导轨维持的速度。I 级和 II 级路权下的巡航速度通常为 20~30 km/h，主要取决于限速和交通量等路权环境。III 级路权系统的巡航速度由车辆和导轨技术决定。城市轨道交通系统通常能达到 50~100 km/h，III 级路权的轻轨系统可达到 30~100 km/h[①]。

在车辆容量方面，提供需求响应型服务的小型客车可乘载约 10~20 名乘客，普通公交车约有 30~40 个座位，铰接式公交车座位数约为普通公交车的两倍。轨道列车和有轨电车车厢有更大的地板空间，可容纳 50~150 名乘客，这具体取决于车辆的长度、宽度及站立乘客的密度。例如，BART 的一节车厢在非常拥挤的情况下最多可容纳 200 名乘客。表 1.5 按座位数和总载客量分别列出了各种车辆的典型载客量。

表 1.5 美国公交车辆特征

服务表现指标	标准公交车	铰接公交车	重轨列车	通勤列车	轻轨列车	需求响应型公交
车辆大小（座位数/总乘客量）	30~47/<93	65/120	31~80/70~227	148~190/148~190	64/125~153	<30/<40
典型上车时间/(s/人)	1.6~8.4	0.9~1.2	1.1~2.6（无台阶）2.9~4.0（有台阶）			-
典型下车时间/(s/人)	1.2~2.0	0.6~0.8	1.4~2.0（无台阶）3.3~4.0（有台阶）			-

资料来源：Neff and Dickens，2015；Kittelson and Associates, et al，2003；2013。

上下车的便捷程度很大程度取决于门的配置及其与车站的关系。乘客通过台阶上车并支付车费大约需要 5 s/人，如果没有台阶则大约只需要一半的时间（Kittelson and Associates, et al, 2013）。乘客下车大约需要 2 s/人。配置多个车门和简化车门附近的客流可以加快上下车的速度。例如，使用不同的车门上下车，或使用宽阔的车门使多个乘客同时进出。如果像 BRT 和 LRT 一样取消上车台阶并在车外支付车费，则可以进一步加快上下车的过程。在这些条件下，如果门很宽，每扇门每秒可以通过 1 名以上的乘客，这在地铁中很常见。

表 1.6 按公交模式列出了 2013 年美国的一些总体统计数据，以说明目前的公共交通情况。前三行表示总供给情况；车辆的服务距离和时间也称为"有收入的服务距离"和"有收入的服务时间"；轨道模式下的"车辆"表示列车车厢；第三行表示轨道列车按车厢数计算的车辆长度。接下来的三行表示乘客的需求特征，第四行和第五行说明，大部分的公交出行需求由公交车和重轨满足，其中公交车满足的需求更多；通勤轨道的平均乘客出行距离最长，因此在乘客出行总距离中也占有不小的比例。该表的最后三行是反映供需平衡的性能指标，第七行显示所有模式的车辆载客数都很低，尤其是公交车和需求响应型这两个模式，但是，这是大多数美国公共交通在低需求密度环境下运营的结果，并不能推广到

---

① 详见 http://www.reconnectingamerica.org/assets/Uploads/bestpractice175.pdf

人口密集的城市和其他国家,第八行列出了平均运行速度,即乘客经历的包括车站停靠时间的车辆平均速度,这个指标取决于车辆巡航速度、车站间距(设计变量)和乘客上车便捷程度这三个系统特征,因此,实际应用中平均运行速度的值不是固定的,而是取决于系统设计,III 级路权模式的平均运行速度比其他模式高,最后一行给出了在美国观察到的实际车辆生产率。车辆容量最大的模式其车辆生产率也最高。车辆生产率的大小同时受系统设计和需求的影响,因此,这些数据仅代表美国 2013 年的情况,不应视为系统设计的最终目标。

表 1.6 2013 年美国公共交通统计数据

	所有公交车	重轨	通勤轨道	轻轨&有轨电车	需求响应型
车辆服务距离/百万千米	3343.9	1084.2	537.4	167.4	2197.4
车辆服务时间/百万小时	161.1	32.6	10.3	7.1	92.2
平均车辆长度/车辆数	-	7.28	6.05	1.92	-
乘客出行次数/百万人次	5330	3817	487	510	223
乘客总出行距离/百万千米	35 646.9	28 976.2	19 225.2	3994.4	3493.9
乘客平均出行距离/km	6.7	7.6	39.4	7.9	15.6
平均车辆载客数/(人/车)	10.7	26.7	35.8	23.9	1.6
平均运行速度/(km/h)	20.8	33.3	52.2	23.6	23.8
车辆生产率/乘客·千米/车·小时	221.3	888.8	1866.5	562.6	37.9

资料来源:Neff and Dickens,2015。

表 1.7 和表 1.8 展示了 2018 年中国公共交通统计数据及北京市公共交通出行特征,总体上我国公交出行仍以公交车为主,和美国相比,北京市平均出行距离相比较长,但平均行程速度较低。

表 1.7 2018 年中国公共交通统计数据

指　标	公共汽电车	轨道交通	出租车
运营车数/辆	565 933	34 012	1 097 237
运营线路总长度/km	876 650	5295	
客运量/万人次	6 356 469	2 127 659	

资料来源:国家统计局。

表 1.8 2018 年北京市公共交通出行特征

方式	平均出行距离/km	平均出行时耗/min		平均行程速度/(km/h)	
	全日	早高峰	晚高峰	早高峰	晚高峰
常规公交	11.0	66.5	67.6	9.7	9.2
轨道交通	17.9	74.9	75.6	15.3	14.4
出租车	9.4	43.2	45.2	11.6	10.3

资料来源:北京交通发展研究院。

注:1. 表中交通方式为一次出行所采用的主要交通方式。其中包括出行两端采用自行车或步行等交通方式的时间。

2. 早高峰时段为 7:00—9:00,晚高峰时段为 17:00—19:00。

参 考 文 献

[1] Bureau of Labor Statistics (2016). Occupational Employment and Wages: 53-3021 (Bus Drivers, Transit and Intercity), May 2016. https://www.bls.gov/oes/current/oes533021.htm. Accessed on September 30, 2017.

[2] Casello, J. M. (2007). Transit competitiveness in polycentric metropolitan regions. *Transportation Research Part A: Policy and Practice*, 41(1), 19-40.

[3] Castellanos, J. C., & Fruett, F. (2014). Embedded system to evaluate the passenger comfort in public transportation based on dynamical vehicle behavior with user's feedback. *Measurement*, 47, 442-451.

[4] Cervero, R., & Landis, J. (1997). Twenty years of the Bay Area Rapid Transit system: Land use and development impacts. *Transportation Research Part A: Policy and Practice*, 31(4), 309-333.

[5] Davies, A. (2012) "Why do subways cost so much more here than elsewhere?" *The Urbanist*. Feb 15, 2012. https://blogs.crikey.com.au/theurbanist/2012/02/15/why-do-subways-cost-so-much-to-build-here-than-elsewhere/. Accessed on October 20, 2017.

[6] Davis, S.C., Diegel, S.W., Boundy, R.G. (2009). *Transportation Energy Data Book*, Edition 28. U.S. Department of Energy.

[7] Federal Transit Administration (2010). "Public Transportation's Role in Responding to Climate Change" https://www.transit.dot.gov/ Accessed on April 29, 2016.

[8] Future of Transportation National Survey (2010). http://t4america.org/maps-tools/polling/2010survey/.Accessed on May 19, 2016.

[9] Kay, M., Clark, M., Duffy, C., Laube, M., Lian, F.S. (2011). *Bus Lifecycle Cost Model for Federal Land Management Agencies: User's Guide*. John A. Volpe National Transportation Systems Center (U.S.), United States Department of the Interior.

[10] Kenworthy, J.R., and Laube, F. B. (1999). Patterns of automobile dependence in cities: an international overview of key physical and economic dimensions with some implications for urban policy. *Transportation Research Part A: Policy and Practice*, 33(7), 691-723.

[11] Kenworthy, J.R., Laube, F.B, Newman, P., Barter, P., Raad, T., Poboon, C., Guia, Jr., B., (1999). *An International Sourcebook of Automobile Dependence in Cities 1960-1990*. University Press of Colorado, Boulder, CO.

[12] Kittelson & Associates, Inc., KFH Group, Inc., Parsons Brinckerhoff Quade & Douglass, Inc., and Hunter-Zaworski, K. (2003) *TCRP Report 100: Transit Capacity and Quality of Service Manual, 2nd Edition*. Transportation Research Board, Washington DC.

[13] Kittelson & Associates, Inc., Parsons Brinckerhoff, Inc., KFH Group, Inc., Texas A&M Transportation Institute, ARUP (2013) *TCRP Report 165: Transit Capacity and Quality of*

Service Manual, 3rd Edition. Transportation Research Board, Washington DC.

[14] Li, Z., and Hensher, D. A. (2011). Crowding and public transport: a review of willingness to pay evidence and its relevance in project appraisal. *Transport Policy*, 18(6), 880-887.

[15] Mattson, J. W. (2012). Travel behavior and mobility of transportation-disadvantaged populations: Evidence from the National Household Travel Survey (No. DP-258). Upper Great Plains Transportation Institute. North Dakota State University. Fargo, ND. http://www.ugpti.org/pubs/pdf/DP258.pdf. Accessed on January 20, 2016.

[16] Mohring, H. (1972). "Optimization and scale economies in urban bus transportation". *American Economic Review* 62 (4): 591-604.

[17] Neff, J., & Dickens, M. (2015). *APTA 2015 Public Transportation Fact Book*. American Public Transportation Association. Washington DC.

[18] Nelson L.J. and Poston, B. (2016) "L.A. voters just showed how frustrated they really are over traffic." *Los Angeles Times*. November 21, 2016. http://www.latimes.com/local/lanow/la-me-ln-metro-tax-vote-20161117-story.html. Accessed on October 22, 2017.

[19] Newell, G.F. (1994). *Lecture Notes on Public Transportation*. University of California at Berkeley.

[20] Ratner, K. A., & Goetz, A. R. (2013). The reshaping of land use and urban form in Denver through transit-oriented development. *Cities*, 30, 31-46.

[21] Sekulić, D., Dedović, V., Rusov, S., Šalinić, S., & Obradović, A. (2013). Analysis of vibration effects on the comfort of intercity bus users by oscillatory model with ten degrees of freedom. *Applied Mathematical Modelling*, 37(18), 8629-8644.

[22] Smart, M., Miller, M. A., & Taylor, B. D. (2009). Transit stops and stations: transit managers' perspectives on evaluating performance. *Journal of Public Transportation*, 12(1): 59-77.

[23] Taylor, H., Krane, D., & Orkis, K. (2010). The ADA, 20 years later. *New York: Harris Interactive* (conducted for the Kessler Foundation and National Organization on Disability).

[24] Tirachini, A., Hensher, D. A., & Rose, J. M. (2013). Crowding in public transport systems: effects on users, operation and implications for the estimation of demand. *Transportation Research Part A: Policy and Practice*, 53, 36-52.

[25] Transit Center (2014). "2014 Mobility Attitudes Survey." http://transitcenter.org/our-work/.Accessed on May 1, 2016.

[26] U.S. Bureau of Labor Statistics, (2016). "Occupational Employment Statistics." http://www.bls.gov/oes/. Accessed on January 20, 2016.

[27] U.S. Census Bureau's 2010-2013 American Community Survey. http://www.census.gov/data/developers/data-sets/acs-survey-3-year-data.html. Accessed on January 28, 2016.

[28] U.S. Department of Commerce (2014). Census Bureau, Population Division, Annual Population Estimates. http://www.census.gov/popest. Accessed on March 15, 2015.

[29] U.S. Department of Labor, (2014). Bureau of Labor Statistics, American Time Use Survey 2013, http://www.bls.gov/tus. Accessed on April 11, 2015.

[30] U.S. Department of Transportation. (2016). Bureau of Transportation Statistics, National Transportation Statistics. http://www.bts.gov/publications/national_transportation_statistics/. Accessed on June 11, 2016.

[31] U.S Department of Transportation, (2011) National Household Travel Survey: Summary of Travel Trends. http://nhts.ornl.gov/2009/pub/stt.pdf. Accessed on June 11, 2016.

[32] Vovsha, P., Marcelo, G. S. O., & William, D. (2014). Statistical analysis of transit user preferences including in-vehicle crowding and service reliability. Proceedings of 93rd Transportation Research Board Annual Meeting, Washington DC, United States of America.

[33] Vuchic, V.R. (2005). *Urban Transit Operations, Planning and Economics*. John Wiley & Sons. ISBN 978-0471632658.

[34] Zhang, K., Zhou, K., & Zhang, F. (2014). Evaluating bus transit performance of Chinese cities: Developing an overall bus comfort model. *Transportation Research Part A: Policy and Practice*, 69, 105-112.

练 习 题

1.1 选择一个公交系统（例如，你家乡的公交系统），完成以下任务。

（1）收集以下基本信息：① 公交系统服务区域的地理信息、人口分布和人口统计信息；② 公交系统的类型（例如，路权和车辆类型、动力来源和控制方法等）；③ 路网的几何形状和其他运营服务特征（例如，路线总里程、年成本、车辆服务距离、乘客出行距离、收入和客流量等）。

（2）是否有新闻媒体报道该城市/城镇的公交系统？主要议题或关注点是什么？

（3）定性讨论如何改善这个城镇的公交系统。假设由你做决策，你会考虑哪些可能的选项？请简要回答。

1.2 世界上许多城市都有中央商务区（CBD），其外围是环形放射状的路网。假设某城市有一个圆形的 CBD，半径为 r（$r>0$），办公楼（n 层）的占地面积占 CBD 区域总面积的比例为 p。每个员工的平均办公面积为 a、街道间距为 s、街道通行能力为 q、车辆载客数为 k，假设都取 1.1 节中示例的值。给定这些信息，估算通勤需求（通勤人数）和 CBD 边界道路通行能力（通勤人数/h）。然后，给出高峰持续时间与 r、n 和 p 的关系。

1.3 自动驾驶公交的概念一天比一天接近现实。你认为这种新兴技术对当前公交系统的运营、成本和性能有何影响？请简要讨论。考虑不同的场景，例如，① 所有车辆都支持自动驾驶和联网的未来世界；② 自动驾驶车辆与常规车辆共存的过渡阶段。

第2章 分析工具

本章介绍贯穿本书的四种分析工具,这些工具非常基础,也常用于研究其他交通系统。已经熟悉这些概念的读者可把本章作为参考,或者跳过熟悉的部分甚至整个章节,这样做不会影响整本书的连贯性。为了便于选择性阅读,这四种分析工具分别在以下四个部分独立介绍:2.1节介绍时空图,2.2节介绍排队图,2.3节介绍一些优化概念,2.4节介绍量纲分析。

2.1 时空图

时空图是一种图形工具,在交通领域中被用于研究相关对象(车辆或乘客等)在一维通道上的运动。本章后续的讨论以车辆为例进行介绍,但分析过程对于其他对象是通用的。接下来的各个段落简要讨论:① 如何以数学方式记录和表示单个车辆(对象)的运动;② 如何描述多个车辆的共同运动和相互作用;③ 如何利用时空图建模和分析问题。

2.1.1 单辆车

研究公交系统时,车辆在一维通道上运动的情形比较常见。这可以是严格物理意义上的一维运动,例如火车沿其轨道运动;也可以是逻辑意义上的一维运动,例如某公交车服务某条特定线路。在这两种情况下,都可以随时间记录车辆在一维通道上的行进距离,进而确定车辆的位置。车辆是实体,因此只需要记录某个特定点(例如车辆的前保险杠)的信息,其结果可以绘制为时空曲线(见图2.1),该曲线叫作轨迹,整个图叫作时空图。轨迹可以表示为数学函数 $x(t)$,返回每个时刻 t 的车辆(前保险杠)位置 x。

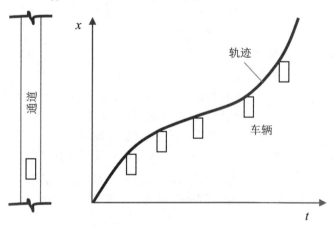

图 2.1 时空图中的车辆轨迹

车辆轨迹中包含车辆运动的所有相关信息。例如,曲线任意时刻 t 的斜率(曲线一阶导数 d$x(t)$/dt）代表在通道上运行的瞬时速度 $v(t)$，二阶导数 d$x^2(t)$/dt^2 代表加速度 $a(t)$[①]，如图 2.2 所示。轨迹 A 表示车辆沿 x 正方向以恒定速度行驶；轨迹 B 表示车辆沿 x 负方向加速；轨迹 C 表示车辆先沿 x 负方向减速，直到完全停止，然后沿 x 正方向加速。轨迹可以表示为数学函数，这样可以方便使用数学方法处理，但是并非每条曲线都是轨迹，实际的轨迹必须是时间的连续函数。图 2.2 中的曲线 D 和 E 不可能是轨迹，曲线 D 具有不连续性，它表示车辆瞬间改变了位置，这在当前的技术手段下无法完成；曲线 E 不是函数，不满足任意时刻 t 都只返回单个位置的条件，这在物理上是不可能的。

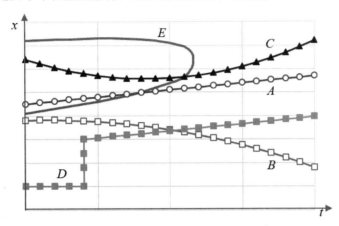

图 2.2　有效轨迹和无效轨迹示例

在实际应用中，有时需要从不完全的信息中得出车辆的轨迹。例如，通过初速度和减速的加速度，可以得到一列火车停车所需的距离。这些分析运用了物理定律，其中牛顿第二定律可以将车辆加速度表示为车辆质量、发动机牵引力、制动阻力、气动阻力、滚动阻力和坡度上的重力拉力的函数。由于车辆、司机、道路及周围环境可能随时间和空间发生变化，并且部分受力（如空气阻力）受车辆速度影响，因此在实际应用中瞬时加速度通常被表示为空间、速度和时间的数学函数 $a(x,v,t)$。

一旦确定了加速度函数，就可以运用运动学微分方程得到车辆轨迹。例如，如果除了加速度函数之外，还已知 $t=0$ 时车辆的初速度和初始位置 $\{v(0),x(0)\}$，可以通过求解以下两个常微分方程得到轨迹 $x(t)$：

$$a(x,v,t) = \mathrm{d}^2(t)/\mathrm{d}t^2, v(t) = \mathrm{d}x/\mathrm{d}t$$

在所有情况下，上述常微分方程都可以通过差分的方式找到数值解。当加速度函数很简单时，也可以得到解析解。有兴趣的读者可以参考 Mannering 与 Kilareski（1990）或者 Daganzo（1997）著作中的相关章节以获取更多详细信息。

运用这些运动学方程，可以得出公交车辆在车站停靠时的延误公式（延误在这里指车辆由于停车经历的额外行驶时间），图 2.3（a）显示了典型轨迹，可用于展示推导公式的过程。延误是两条虚线之间的水平间隔，包括三部分：减速损失时间、停车时间（乘客上

[①] 结合通道的几何形状（如每个 x 的三个地理位置坐标），可以将这些速度标量和加速度标量转换为速度矢量和加速度矢量，这有助于全面了解车辆的三维运动情况。

下车）和加速损失时间。

通过对加速度恒定的运动方程的分析，可以得到：如果巡航速度为 v，车辆加速度为 a^+，那么加速的持续时间为 v/a^+，加速距离为 $v^2/2a^+$。如果车辆一直保持巡航速度匀速行驶，则行驶 $v^2/2a^+$ 的距离只需要 $1/2v/a^+$ 的时间。因此，如图 2.3（a）所示，由于不能瞬时加速而引起的延误为 $v/2a^+$。同样，如果车辆以 $a^- > 0$ 的加速度减速，则由于减速引起的延误为 $v/(2a^-)$。所以，在车站的总延误为：$v/2a^- + v/2a^+ +$(停车时间)。轨道系统巡航速度高、加速度低、乘客上车快速，因此延误公式前两项的值通常接近第三项的值。公交车系统延误公式的前两项要小得多。

如图 2.3（b）所示，在整个路线上，车辆每离开一个车站，都会经历加速→匀速→减速→停车的循环。每一次循环都会引起上述延误，增加车辆的行驶时间。后面的章节会使用这个公式，建立公交车行驶时间的模型，并预测其平均速度，也称为运营速度。

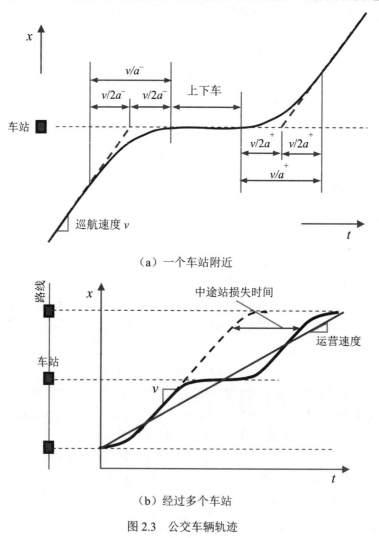

(a) 一个车站附近

(b) 经过多个车站

图 2.3 公交车辆轨迹

在某些情况下（例如诊断系统的问题时），我们可能不考虑任何模型而只想记录车辆的运动情况,例如直接通过实地观察构造车辆轨迹。在公交车辆配备车辆自动定位系统(automatic vehicle location,AVL)时,这很容易实现,因为这些系统会定期向控制中心报告每辆车的位置和时间戳,也就是时空图上的一个点。现代 AVL 系统可以几秒就刷新一次,获得的单个公交车的时空点都在其轨迹上,而且这些点的距离非常近,因此可以用连续曲线将这些点连接起来(可用线性插值法),得到一条近似的轨迹(见图 2.4(a))。

如果没有车载传感器,则可以在车辆行驶路径上(如车站)使用固定观测点(或检测器)得到近似轨迹。这些观测点记录了每辆车到达观察点的时间及车辆 ID(identity document,编码)。通过观测点的位置和时间戳,可以得到特定 ID 的时空点。综合所有观测点的数据,将具有相同 ID 的点沿时间轴的正方向用直线连接起来,可以得到车辆的近似轨迹。图 2.4(b)显示了这个过程,其中深色小圆圈代表观测点观察到的公交车。尽管这种方法技术含量和准确性较低,但得到的轨迹足以满足公交设计和分析的需求。

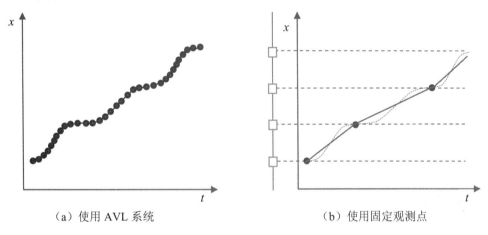

(a)使用 AVL 系统　　　　　　　　(b)使用固定观测点

图 2.4　通过实地观察构造公交车辆运行轨迹

2.1.2　多辆车

对每辆车重复使用前一小节中的方法,可得到多条轨迹,将这些轨迹绘制在同一张图上可以表示车辆的集体运动(见图 2.5)。这种简单的图表包含了车辆集体运动的所有相关信息,可以揭示并量化车辆间复杂的相互作用,并推导车辆集体运动的动力学方程。后面的章节会讲到,这种相互作用通常涉及连续车辆之间的时空间隔,而时空图可以清晰地表示这些间隔。本小节说明如何用时空图确定时空间隔和其他关键性能指标,并揭示它们之间的相互关系。

首先,考虑固定观测点(如车站乘客)的观察角度。从这个角度,沿着时空图上的水平线,可以得到一个重要的性能指标,公交车[①]连续到达车站的时间间隔。如图 2.5 所示,除了第一辆和最后一辆,所有公交车都有两个间隔:与前车的间隔和与后车的间隔。为了区分这两者,将公交车与前车的间隔称为"车头时距",与后车的间隔称为"后向车头时距"。图中标出的两个车头时距对应于轨迹加粗的公交车。后面的章节会讲到,车头时距

---

① 在本章中,"公交车"一词通常被用作任何公共交通系统车辆的代称。

直接影响乘客体验和运营机构的运营成本，对公交系统非常重要。

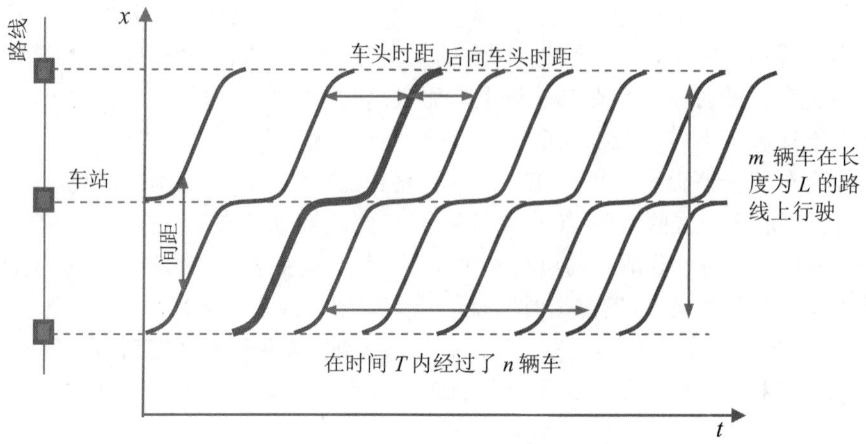

图 2.5 车头时距、间距、流量和密度

同样从固定观测点的角度，我们通常想知道一段时间内的服务频率，即观察到的公交车数量 n 与观察期 T 的比值 n/T（见图 2.5），也称为"公交车流量"。如果观察期从某辆公交车即将到达之前开始，在另一辆公交车即将到达之前结束（见图 2.5），则 T 等于观察到的所有车辆的车头时距之和。这意味着服务频率的倒数 T/n 是平均车头时距。如果观察期与公交车的到达时间不同步，但包含了足够多的车头时距，那么这种关系也是（近似）正确的。练习题 2.1 会探讨这种近似的精度。

客流量（在观察期 T 中观察到的乘客数量 N）对公交系统也很重要。直观来看，客流量是公交车流量 n/T 与公交车中平均乘客数 N/n 的乘积：$(n/T)(N/n)=N/T$。

时空图还清楚地表达了其他角度观测的系统评价指标。例如，在某一确定时刻，可以把公交系统看作一张照片，这对应于时空图中的一条竖线。在这种情况下，轨迹之间的竖向间隔是一个与距离相关的量，称为间距。在竖向长度 L 内的车辆数 m 与长度 L 的比值 m/L，称为"密度"（见图 2.5），其单位是车辆数/距离。如果竖向长度刚好代表一整条公交线路，那么 m 是所有运行中的公交车数量。最后，和车头时距一样，一定距离上的平均间距约等于密度的倒数。

时空图还揭示了以上两种评价指标之间的关系，考虑一个闭环公交线路，例如从路线的端点 A 到端点 B，然后再返回端点 A。图 2.6 所示的时空图从概念上表示了一条这样的路线。路线长度为 L，A 点被复制为点 A′，表示路线在距离 L 之后又返回到 A 点。图中还显示了端点 B，并且省略了中间站。

图 2.6 中的斜线代表公交车行驶轨迹，这个平滑轨迹没有画出车辆在中间站的停顿时间。该曲线的斜率是运营速度 $\bar{v}$。假设所有车辆运营速度相同，车头时距均等，那么这些斜线是平行等距的。每条轨迹在 A′点结束，同时从 A 点重新开始并继续，因为车辆到达A′意味着返回了 A。

图 2.6 可以说明平均车头时距、服务频率与平均间距、密度、车队规模、路线长度和运营速度之间的关系。例如，考虑由第二条轨迹上部和从第一条轨迹上端出发的虚线所形

成的直角三角形，可以得到：间距=车头时距×$\bar{v}$，可以重新写为(车头时距)$^{-1}$=$\bar{v}$×(间距)$^{-1}$，或者等效的：流量=$\bar{v}$×密度。读者可能已经知道这是交通流理论里的基本关系之一。

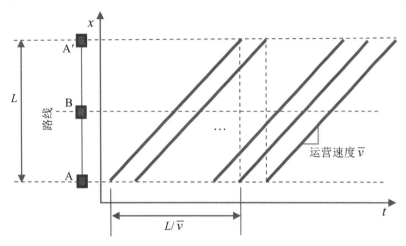

图 2.6　闭合环线上行驶的车辆

接下来，考虑由整个第一条轨迹和从图 2.6 中第四条轨迹底部出发的虚线形成的直角三角形。这个三角形的底边长度是车辆往返时间 $L/\bar{v}$，在这段时间间隔后，第一辆车已经返回，可以再次出发。因此，车队规模等于三角形底边包含的发车数量，即 $L/\bar{v}$ 与车头时距之比。这个结果对于公交系统的设计和运营非常重要，运用我们已经得到的关系，车队规模可以由以下四种不同的公式表达。

$$车队规模=L/(\bar{v}×车头时距)=L/间距=密度×L=(发车频率)×L/\bar{v} \tag{2.1}$$

时空图还可以定性说明可达性的相关特征。瑞典地理学家 Torsten Hägerstrand 以引入"时间地理学"而闻名，其中就使用了时空图。同样，使用时空图形象地说明开车出行与乘公交出行的利弊，进而拓展 1.1 节的相关讨论。图 2.7 的纵轴表示一个虚构的线性城市的一部分，以及相关地铁路线及车站。两条平行的斜线是地铁的轨迹，乘客只能在轨迹与对应于车站的水平虚线的交点处乘坐地铁，这妨碍了乘客的机动性。

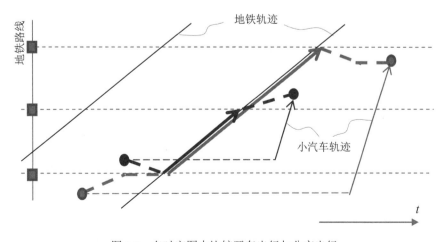

图 2.7　在时空图中比较开车出行与公交出行

为了说明如何影响机动性，考虑图 2.7 中两条门到门的乘客轨迹（由加粗的折线表示）。右上角曲线结束处的粗点表示乘客期望的行程终点及到达时间，左下角的粗点表示乘客出发的时间和地点。乘客轨迹的实心箭头部分表示其在站点间乘坐地铁的部分，虚线表示地铁外的出行部分。这些虚线的水平部分表示等待，倾斜部分表示步行，注意步行部分的斜率相对较小。

接下来，将以上结果与开车的轨迹比较。开车的轨迹由连接相同起点和终点的细折线表示。每个轨迹的实线部分表示车内行程，速度相对较高，水平虚线部分表示车外等待（在此示例中，假设起点和终点可以停车，因此步行距离为 0）。与公共交通不同，开车只需上车前在起点等候，且车外等候时间非常长，乘客可以利用这段时间工作或者娱乐。因此开车是更加方便的选择。此外，如果开车，乘客可以选择早一点出发，这样可以在路线中间的任何地点停留一段时间，最后仍能按时到达终点，这种灵活性使开车出行具有吸引力。但是我们应当意识到上述情景对于开车是有利的。如果停车位有限，交通拥挤不堪，开车的优势就会大大降低，因为这种情况下开车需要相当长的等待（停车）和步行，小汽车的速度也可能比地铁慢。此外，在当今汽车技术下，汽车司机必须专注于驾驶，而公交乘客则可以利用车内时间做些其他事情。显然，有些情况下公共交通更好，另一些情况下则开车更好。但是，从方法论的角度来说，在比较这两种交通方式时，时空图可以形象地查看环境、停车规定、车站间距、车头时距和运营速度等的作用。

2.1.3 建模与分析应用

时空图不仅可用作可视化工具，还可以用来解决问题。它对研究多辆车在共享路权下的调度方式特别有效。本小节用一个例子来说明这一过程。在该例中，客运和货运列车共用一段无侧线的单轨铁路，如图 2.8 所示。

假定两种类型的列车都沿相同的方向行驶，但客车速度更快，优先级更高。显然，为了避免冲突，两种类型的列车在单轨段的上游应该协调发车。接下来，我们说明如何用时空图设计良好的时间表，并与客货分离的双轨铁路比较服务效率。

图 2.8 中共用轨道长度为 $L=60$ km。客车的速度为 $v_1=120$ km/h，货车的速度为 $v_2=60$ km/h。安全起见，客车与前车的间距必须至少保持在 $s_1=22.5$ km，货车与前车间距至少保持在 $s_2=15$ km

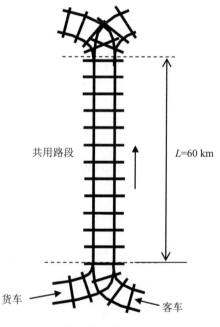

图 2.8 客车和货车的轨道共用段

（这些间距是假设值，在实际应用中，间距会受列车长度、速度变化、反应时间和减速距离等的影响）。假设客车必须每 $H=2$ h 发车一次，货车可以灵活调度。下面解决以下问题。

（1）如果客车在分离的双轨铁路上运行，货车的最大流量是多少？

（2）如果没有客货分离，货车的最大流量是多少？

（3）如果想增加货车的最大流量，客车应当提速还是减速？v_1 降低到 90 km/h 时，货车的最大流量是多少？

从问题 1 开始。如果客车在分离的轨道上行驶，则只需考虑货车。所有货车的速度相同，可以保持 s_2=15 km 的间距，转换为车头时距有：s_2/v_2=15/60=0.25 h，对应于 4 车/h 的最大货车流量。

接下来，考虑问题 2。由于涉及两种列车类型，绘制一个时空图，如图 2.9 所示。高优先级客车的轨迹（出发时间为 0:00:00 和 2:00:00）是预先确定的，因此提前将它们绘制在图上。两条轨迹的斜率均为 v_1=120 km/h，水平间隔为 H=2 h。绘制货车的轨迹。由于第一列货车的速度比前面客车的速度慢，因此当货车刚开始进入共用轨道时，二者的距离最近。客车开出 s_2 之后，货车可以立即发车，此时的车头时距为 s_2/v_1=0.125h=7.5 min。因此，货车可以在 0:07:30 第一次发车，后面的货车与问题 1 相同，可以每隔 0.25 h 发车一次。第六辆货车在到达共用段终点前与 2:00:00 出发的客车的间隔小于规定距离，所以只能发 5 列货车。这种限制每 2 h 重复一次，因此每天货车的最大流量为 5/2=2.5 车/h。与分离轨道相比，每天发出的列车减少了 37.5%。

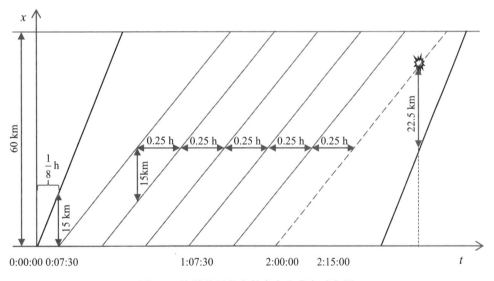

图 2.9 轨道共用段上的客车和货车时空图

为了回答问题 3，我们根据问题的参数推导了一个通用公式。利用时空图的几何特性可以很容易推导出这个公式（但用其他方法可能会非常困难）。感兴趣的读者可以通过所述几何特性验证下述公式的正确性。货车的最大（小时）流量为：

$$\frac{1}{H}\left\lfloor \frac{H + L\left(v_1^{-1} - v_2^{-1}\right) - (s_1 + s_2)v_1^{-1} + s_2 v_2^{-1}}{s_2 v_2^{-1}} \right\rfloor$$

其中 $\lfloor \cdot \rfloor$ 是向下取整操作符。分析表明，如果 $L > s_1 + s_2$，向下取整操作符中的项会随

着 v_1 的增加而减小，如果 $L<s_1+s_2$，则该项会随着 v_1 的增加而增加[①]。在例子中 $L=60>s_1+s_2=37.5$，因此，减少 v_1 可以增加货车的最大流量。实际上，公式和时空图都表明，当客车减速至 90 km/h 时，货车的最大流量会增加到 3 车/h。

2.2 排 队 图

时空图可以详细说明车辆在共享路径上共同运动的很多细节信息。这对于诊断问题和解决问题，都是非常可取和实用的。但是，在很多实际情况下，由于缺少检测器，可能无法获得详细的时空图。就像图 2.4（b）那样，观测点之间的车辆轨迹不得不通过粗略的插值补充。如果车辆不沿一维通道运动，时空图也不适用。所幸很多实际问题在不给出详细车辆轨迹的情况下也可以回答。本节讨论的排队图这种简单的工具经常应用于上述情况。接下来例子给出了基本的思路，更详细的介绍可参见 Newell（1982）。

假设一个管理机构很快会开始运营新的停车场，该停车场有很多相互交叉的通道和数百个停车位。该运营机构希望在互联网端和城市各处的可变信息牌上都实时显示可用停车位的数量。显然，对于这个问题，用时空图表示车辆轨迹既不切实际，也没有必要。该机构完全可以在每个停车位中安装一个传感器检测是否有车辆停放，并由此显示可用停车位的数量。还有一种成本更低的方法，停车场根据摄像头或票根，可以得到车辆 ID 及车辆的进出时间，进而追踪停车场中的车辆。更简单的方式是，不需要记录车辆 ID，直接记录进入停车场和离开停车场的车辆数。在这种情况下，如果给定初始可用停车位的数量，那么任意时刻可用停车位的数量都等于初始值减去当前时刻车辆的到达数再加上离开数。因此，只需要两个观察点和一个简单的计算规则就足以回答当前的特定问题。

排队论就建立在这一思想之上。它使用简单的图表表达用户（如到达停车场的汽车）到达等候区后的累计数量和延误，直到它们通过特定服务设施地点（如停车场出口）。很多公共交通系统的组成部分都可以用排队论建模。不同系统中，用户可以是乘客或公交车。乘客作为用户的例子包括售票亭、单个的公交车、公交车站和地铁月台。公交车作为用户的例子包括交通信号灯和多条线路共享的公交车站。

本节余下的内容分为三个部分。首先介绍排队图基础及其与时空图的关系，然后讨论如何使用排队图解释数据（如停车场应用），最后介绍如何将排队图用于预测和建模。

2.2.1 方法基础

假设在等候区中有两个观察者：上游观察者 A 和下游观察者 D。观察者 A 记录所有到达等候区的用户，观察者 D 记录所有离开的用户。双方在 $t=0$ 时同时开始记录，而且有初

[①] 时空图可以说明原因。从几何上可以看到，当 v_1 增加时，第一列货车的车头时距（在轨道共用路段起点处）减小，而最后一列货车的后车头时距（也在轨道共用路段起点处）增大。这两个车头时距都是浪费掉的时间。从几何关系上看，第一列货车对应的车头时距的减小量与 s_2 成正比，最后一列货车对应的后车头时距的增加量与 $L-s_1$ 成正比（两者的比例系数均为 $1/v_1$）。因此，对于 $L>s_1+s_2$，浪费的时间的增加量一定超过减少量，v_1 增加时，这种现象更严重。当 $L<s_1+s_2$ 时，结论正好相反。

始用户积累。观察者 A 记录随时间变化已到达用户的总数,并把这个数值加到初始值中,该总和记为 $A(t)$,其在时间-数量平面上的表达称为累积到达曲线 A。图 2.10 展示了一个初始累积为 0 的示例。观察者 D 记录离开用户的总数,但不把这个数值加到初始值中。与之类似,将计数结果记为 $D(t)$,其在时间-数量平面上的表达称为累积离开曲线 D。然后将该曲线 A 和曲线 D 绘制在同一张图表上。如果用户在等候区中不会自发产生或消失,则在任意时刻 t,系统中的用户数量用 $Q(t)$(队列)可表示为:$Q(t)=A(t)-D(t)$,即曲线 A 和 D 之间的竖直距离。

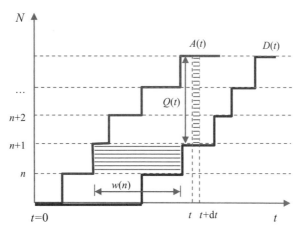

图 2.10 排队图:用户计数随时间的变化

图 2.10 还巧妙地表示了一段时间内所有用户的总等待时间。如图 2.10 所示,曲线 A、D 和竖直时间切片$(t, t+dt)$包围的区域面积 $Q(t)dt$,是用户在$(t, t+dt)$时间间隔内的总等待时间。接下来,将所有连续的切片放在一起,可发现任意两条竖直线(对应于两个观察时刻)和两条曲线围成的区域面积(即积分$\int_t Q(t)dt$)是两次观察时刻之间的总等待时间。

如果客户以 FIFO(first in first out,先进先出)的顺序离开等候区,排队图会提供更多信息。FIFO 很常见,例如,当等候区是无法超车的路段时,就会自动发生 FIFO。但这绝不是普遍的,服务多个互连线路的列车站台就是一个反例(先进入站台的列车不一定先出发)。FIFO 的属性很有用,因为第 n 个到达的用户与第 n 个离开的用户一定具有相同的 ID,即当 $N=n$ 时,曲线 A 和曲线 D 对应的时刻分别代表同一个用户 n 到达和离开的时间。因此,这个用户的等待时间 $w(n)$,即纵坐标 n 处的水平间隔(见图 2.10)。这个几何关系可以写为数学公式 $w(n) \equiv D^{-1}(n) - A^{-1}(n)$,其中上标"-1"表示反函数。

图 2.10 还清晰地说明了多个用户的总等待时间。曲线 A 和曲线 D 每次突变都跃升一个用户的高度,因此图 2.10 底部的阴影矩形区域也可以表示 $w(n)$。因此,曲线 $A(t)$、曲线 $D(t)$ 和任意两条水平线(对应于两个不同用户)围成的总面积(即积分$\int_n w(n)dn$)就是这两个用户之间多个 FIFO 用户的总等待时间。

在适合使用时空图的应用中,也可以使用排队图说明固定地点观察到的总计数据。在图 2.11 中,上部是一个时空图,包含几个途经三个车站的公交车轨迹。如果要研究这些车辆在中间站点经历的延误，也就是从 A 点到 D 点这部分的延误，可以在 A 点和 D 点放置假想的观察者，并绘制一个 AD 段的排队图，图 2.11 的下方显示了这个结果。当公交车经过时空图中相应观察者的位置时，排队图中的相应曲线跃升 1 个单位。通过去除与当前问题无关的诸多信息，排队图更加简洁明了地显示了想要的信息。注意，它仅用两条曲线就清楚地表示单个公交车的延误以及它们的统计分布。

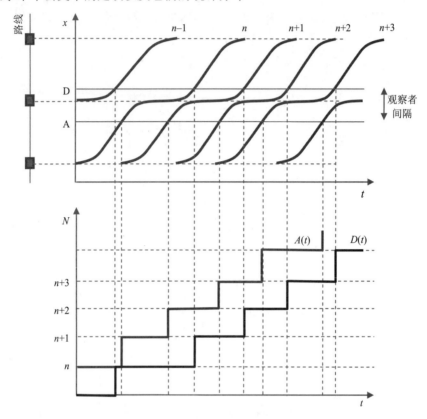

图 2.11　时空图和 FIFO 下的排队图（无超车）

尽管排队图与时空图之间存在这种简洁的关系，但值得一提的是，排队图可应用于二维和三维等侯区，例如整个城市和多层车库，这样的区域无法用时空图建模，排队图更适用。在第 7 章中，排队思想将被广泛用于二维服务区域中空闲和繁忙出租车累积数量的建模。

2.2.2　数据解释功能：平滑、平均值和 Little 公式

现实世界的应用通常涉及大量用户与较长时间段。在这种情况下，我们通常需要能描述系统中所有用户行为的统计数据，而不是每个用户的详细信息。所以像图 2.12 那样，用平滑曲线近似分段的曲线 A 和曲线 D 是比较合理的。通过平滑曲线，可以运用微积分和简单的公式近似计算面积。例如，平滑的曲线 A 和曲线 D 斜率是有限的，这个斜率代表用户瞬时的到达率和离开率。同时可以用曲线导数计算斜率。在图 2.12 中，两个曲线的斜率先增加然后趋于平缓，表示了短暂的需求爆发过程。

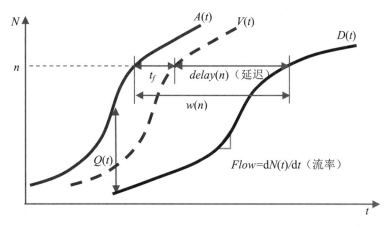

图 2.12　平滑的到达和离开曲线

注意，图 2.12 有三条累积曲线，这是因为用户在系统中花费的时间通常可以分为两部分：在没有其他用户干扰的情况下穿过等候区所需的时间，以及其他用户干扰导致的额外时间，这种额外时间称为延误，通常用作评价指标。图 2.12 中间的曲线 $V(t)$ 用于从总时间中分隔出延误。称为虚拟到达（或虚拟离开）曲线，是因为它表示假想的、在没有其他用户干扰、每个用户都可以尽快通过等候区的情况下，在系统出口观察到的到达和离开数量。因此，在任意给定时刻，曲线 V 和 D 之间的竖直间隔表示被延误的用户数。因此，曲线 V、曲线 D 和两条竖直线（对应两个不同时刻）围成的区域面积就是在这段时间间隔内所有用户的总延误。

如果系统是按 FIFO 顺序服务的，并且所有用户都可以在相同的时间 t_f 内穿过等候区（例如图 2.11 公交站的例子），那么虚拟曲线 $V(t)$ 可以表示单个用户的相关信息（t_f 下标 "f" 取自交通流理论中不受拥堵状态影响的通行时间，称为自由流（free-flow）时间）。如图 2.12 所示，在纵坐标 n 上画一条穿过到达曲线的水平线，在到达曲线与该水平线交点右边 t_f 时间单位处标记一点，这一点就是与用户 n 对应的 V 点，该点与离开曲线之间沿水平线的间隔就是延误。所有用户的 t_f 都相同时，可以像移动刚性实体一样将曲线 A 向右平移 t_f 个时间单位，得到虚拟到达曲线，可以将其写为数学表达式 $V(t)=A(t-t_f)$。最后，曲线 V、曲线 D 和两条水平线（对应两个不同用户）围成的区域面积就是这两个用户之间所有用户的总延误。

在许多公共交通应用中，最小通过时间 t_f 可以忽略不计。在这些情况下，$A(t) \cong V(t)$，不需要引入虚拟曲线。本节其余部分按这种情况处理，只使用曲线 A 和曲线 D。否则，这里基于曲线 A 和曲线 D 的结果应该仅适用于计算总等待时间[①]。

排队论中有一个简单且实用的结果——Little 公式（Little，1961），涉及排队图的三个时间平均量：平均用户数 $\bar{Q}$、平均到达率 λ 和平均等待时间 $\bar{w}$。其最终结果是：

$$\bar{Q} = \lambda \bar{w} \tag{2.2}$$

该公式在观察期开始和结束时系统内没有用户的情况下是严格准确的。

---

① 如果要得到延误公式，在本节之后的讨论中，用 V、延误和剩余排队分别代替 A、等待时间和排队。

下面简要证明这个结论。考虑图 2.13，观察期从 t_0 到 t_1。系统在开始和结束时都没有用户，即使不是按 FIFO 顺序，从 t_0 到 t_1 的所有用户都得到了服务。总等待时间是曲线 $A(t)$ 和 $D(t)$ 之间的阴影面积：$\int_n w(n)dn \equiv \int_t Q(t)dt$。根据定义，观察期内按各个时刻平均的排队长度是阴影面积与观察期持续时间之比，可以表示为：$(t_1-t_0)\bar{Q} = \int_t Q(t)dt$。同样，平均等待时间 $\bar{w}$ 满足：$(n_1-n_0)\bar{w} = \int_n w(n)dn \equiv \int_t Q(t)dt$。因此，平均排队长度和平均等待时间有如下关系：$(t_1-t_0)\bar{Q} = (n_1-n_0)\bar{w}$，将两边同时除以 (t_1-t_0)，得到：$\bar{Q} = [(n_1-n_0)/(t_1-t_0)](\bar{w})$。根据定义，中括号里的量是平均到达率 λ，因此，$\bar{Q} = \lambda\bar{w}$。

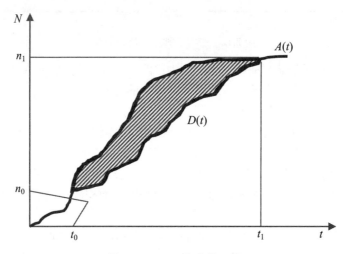

图 2.13 Little 公式的证明

如果观察期开始和结束时系统内的用户数量远小于系统服务的客户总数，或者在较长观察期内系统处于稳定状态下，该公式也近似适用。如果到达和离开曲线随不同的日期随机波动，那么这个公式也适用于多天的平均情况。讲述随机过程的相关书籍可以解释这个逻辑。

最后，在等候区是一维的特殊情况下，Little 公式可以简化为交通流关系：流量=速度×密度，以及对应公交系统的式（2.1）。考虑一段长度为 L 的公交线路，所有公交车的速度均为运营速度 $\bar{v}$，并且在稳定状态下长时间观察该段路线。在这些条件下，Little 公式成立。接下来注意以下几点：① 公交车在该段路线上花费的平均时间为 $\bar{w}=L/\bar{v}$；② 平均到达率 λ 等于固定观察点观察到的流量（频率），因此 λ=流量；③ 系统中平均公交车辆数为 $\bar{Q}$=密度×L。接下来，用①、②和③中等式的右边部分替换 Little 公式中的三个变量，得到：密度×L=流量×$L/\bar{v}$。消掉两边的 L，重新排列各项，可以得到如下的基本关系：流量=速度×密度。

2.2.3 预测延误和排队的发展

到目前为止，只介绍了排队图如何作为一种工具用于解释系统数据和计算性能统计，但排队图还可以用作建模工具。本小节说明在用户到达过程和用户处理机制均已知时，如何使用排队图预测系统变化；也就是说，在给定到达曲线 $\{A(t), \forall t\}$ 的情况下，如何确定相应的离开曲线 $\{D(t), \forall t\}$，以及 2.2.2 节中讨论的所有性能指标。

排队机制是一种规则。在这种规则下，给定到达曲线和离开曲线的历史记录，在任何给定时刻，都可以确定接下来的一段时间内可以服务的用户数量。有很多类型的服务设施，例如，每次处理一个用户的单个服务设施（如旋转门）；并行处理用户的多个服务设施（如机场的摆渡车）；甚至是批量处理用户的服务设施（如车站的火车和公交车）。此处介绍单个服务设施和一种简单的批量处理服务。对于所有类型的服务设施，处理思路都是相似的，因此，本书中出现的其他服务设施类型会在需要时进行介绍。

接下来考虑单个服务设施，例如旋转门和单通道瓶颈。这些系统每次处理一个用户，处理率尽可能快但不会超过一个最大值。这个最大值称为服务率 μ。服务率是服务设施的属性，可能随一天中不同的时间而变化。假设服务率是已知的，服务设施的工作方式如下：如果有排队，则服务设施以服务率处理用户，直到排队清空为止（排队长度不能为负值）；若没有排队，且到达率不超过 μ 时，服务设施以到达率处理用户，而排队长度保持为 0；当到达率第一次超过服务率后，服务设施以服务率处理用户，并且开始形成排队。

这个规则由以下常微分方程表示。

$$\frac{dD(t)}{dt} = \begin{cases} \mu(t) & ,\text{若} D(t) < A(t) \\ \min[\mu(t), dA(t)/dt] & ,\text{若} D(t) = A(t) \end{cases} \quad (2.3)$$

式（2.3）不考虑 $D(t) > A(t)$ 时的情况，因为这种情况不会出现。还要注意，如果给定初始排队长度和到达过程，可以根据这个规则，通过不断迭代时间，构造出满足 $D(t) \leq A(t)$ 的离开曲线。

当服务率与时间无关时，可以通过特别简单的图形构造得到曲线 D。借助图 2.14 对此进行说明。该图展示在假想高峰时间，单个服务设施系统的排队变化情况。其中到达率先增加后减少。假定系统最初没有排队，初始到达率低于服务率。为了构造 D，从初始情况开始，此时系统中没有排队，所以微分方程的第二个式子适用，由此可以得到 $dD(t) = dA(t)$，离开曲线与到达曲线重合。这种情况一直持续到图中 $t = t_0$，$dA(t)/dt > \mu$ 第一次出现时。t_0 之后，离开率提高到等于服务率，并且形成排队，此时微分方程的第一个式子适用。在这种情况下，服务率与时间无关，所以离开曲线是斜率为 μ 的直线。当离开曲线在时间 t_2 再次与到达曲线重合时，排队状态结束，此后微分方程的第二个式子再次适用。也就是说，一旦排队清空，曲线 D 就会与曲线 A 重合。

即使到达曲线有多个高需求时段，也可以快速构造排队图，并按照前面小节中的方法解释结果。排队图还清晰地表示了最大排队长度 Q_{max}，如图 2.14 所示，在某一时刻 t_1，到达曲线的斜率等于 μ，此时系统具有最大排队长度。如果系统是 FIFO 的，在排队长度为 $Q(t)$ 时到达的用户，其等待时间为 $Q(t)/\mu$。因此，如图 2.14 所示，当用户在排队最长时到达系统，该用户的等待时间最长：$w_{max} = Q_{max}/\mu$。

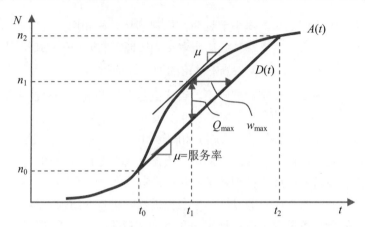

图 2.14 单服务设施系统中不同到达率的排队情况

在公交应用中，批量服务设施也广受关注。一个典型的例子是公交线路处理在车站等候的乘客。在这种情况下，服务机制由公交车到站时间序列和各个公交车的容量（可用乘客座位）序列确定。如同我们期待的那样，大多数时间里，乘客都在等待，离开率是 0。但公交车到站时，上车的最大乘客数量受到公交车容量的限制，乘客上车之后离开曲线会发生跃升，跃升的高度等于上车乘客的数量。如果这个跃升后离开曲线不超过到达曲线，则跃升高度等于公交车上可用容量，这种情况表示部分乘客无法上车；反之，离开曲线就直接跃升到与到达曲线重合。显然，如果给定到达曲线、初始排队长度和服务机制，很容易就可以绘制出排队图。

图 2.15 表示了在用户到达率恒定（$dA(t)/dt = \lambda$），而且公交车容量足够的特殊情况下的结果。如图 2.15 所示，在长度为 T 的时间段的开始和结束时都没有排队，而且刚好各有一辆公交车到达。因为给定了第一辆公交车的到达时间，因此服务机制与 T 内的车头时距序列 $\{H_1, H_2, \cdots, H_N\}$ 有关，满足 $T = \sum_{i=1}^{N} H_i$。由于公交车容量充足，离开曲线每次都直接跃升到到达曲线。

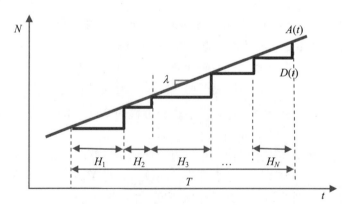

图 2.15 批量服务设施系统的排队图

显然，该系统是 FIFO 的，因此单个乘客的等待时间是曲线 A 和曲线 D 之间的水平间隔。据此，在公交车刚刚离站之后到达的乘客，需要等待之后的一整个车头时距，而在公交车刚刚到站之前到达的乘客则不需要等待。与之前一样，乘客总延误是两条曲线之间的面积，即图中所有三角形面积的总和。每个车头时距都对应一个三角形，第 i 个三角形的高度为 λH_i，三角形面积总和为 $\sum_{i=1}^{N}\frac{1}{2}\lambda H_i^2$。由于时间 T 内服务的乘客总数是 $\lambda T=\sum_{i=1}^{N}\lambda H_i$，所以每位乘客的平均等待时间为：

$$\bar{w}=\sum_{i=1}^{N}\frac{1}{2}\lambda H_i^2 \Big/ \sum_{i=1}^{N}\lambda H_i=\sum_{i=1}^{N}H_i^2 \Big/ \left(2\sum_{i=1}^{N}H_i\right)$$
$$=\frac{1}{2}E[H^2]/E[H]=\frac{1}{2}(E[H]+Var[H]/E[H]) \qquad (2.4)$$

其中符号 $E[\cdot]$ 和 $Var[\cdot]$ 代表样本平均值和样本方差。式（2.4）已广为人知，但排队图可以让人更清晰地理解这个公式。

如果到达过程随机但平稳，这个表达式给出多次随机实现的平均等待时间。有关更多信息，请参阅 Newell（1982）、Daganzo（1997）或其他有关随机过程的书籍。最后，注意式（2.4）中的方差项不可能为负，因此，如果 $E[H]$ 保持不变，那么当 $Var[H]=0$（所有的车头时距相等）时用户的平均等待时间最小。这是公共交通服务需要保证规律性和可靠性的重要原因之一。

2.3 优化

时空图和排队图是描述性工具，可以帮助我们认识和预测很多可能的问题。但是，在整本书中，我们还需要找到最好的解决问题的办法，比如确定良好的系统设计和运营方案等，这就需要优化工具。

典型的优化问题是指，在一些限制条件的约束下，最大化或最小化一个多变量函数的值。这些变量称为决策变量，对应于解决当前问题的现实决策，可以限制为整数，也可以取实数。本书不涉及整数优化，因此本节仅介绍实数变量的情况。

用向量表示决策变量：$\boldsymbol{x}\equiv(x_1,x_2,\cdots,x_n)$，一般的优化问题可以表示为：

$$\max（或\min）\quad f(\boldsymbol{x})$$
$$\text{s.t.}\ g_j(\boldsymbol{x})\leqslant 0,\forall j=1,2,\cdots,J$$
$$h_k(\boldsymbol{x})=0,\forall k=1,2,\cdots,K$$

要优化的函数 f 称为目标函数，下面的等式和不等式是约束条件。这种类型的问题在运筹学领域中被称为数学规划。本节介绍其相关的重要概念。2.3.1 节研究没有约束的特殊情况，2.3.2 节研究一般情况。

2.3.1 无约束优化

如果 $f(\boldsymbol{x}^*)$ 是 $f(\boldsymbol{x})$ 在所有 $\boldsymbol{x}$ 处的最大值（最小值），那么实数函数 $f(\boldsymbol{x})$ 在 $\boldsymbol{x}^*$ 处有无约束的全局最大值（最小值），即对任意 $\boldsymbol{x}\in\mathbb{R}^n$，有 $f(\boldsymbol{x})\leqslant f(\boldsymbol{x}^*)$（或 $f(\boldsymbol{x})\geqslant f(\boldsymbol{x}^*)$）。

同样，如果 $f(x^*)$ 是 $f(x)$ 在 x^* 某个邻域内的最大值（最小值），则 $f(x^*)$ 是局部最大值（最小值），即存在标量 $\varepsilon \geq 0$，对任意满足 $|x-x^*| \leq \varepsilon$ 的 x，有 $f(x) \leq f(x^*)$（或 $f(x) \geq f(x^*)$）。其中 $|\cdot|$ 表示欧几里得范数，也可以使用其他范数。从这些定义中可以得出，任何有限的全局最优值一定也是局部最优值，但反之不成立。

本书有时会处理这样的问题：目标函数 $f(x)$ 仅定义在各变量皆取正值的象限，只有该开集内的正实数解才有物理意义。读者可以自行证明，如果简单地将 $\mathbb{R}^n$ 替换为 $\mathbb{R}_+^n$，那么上述定义也适用，并且整个小节的逻辑仍然成立。因此，下面所有即将介绍的方法也适用于这种问题。

我们通常想找到全局最优解。本书的大多数问题通常会出现含有二次可微的目标函数，对此微分是强大的求解工具。但是，微分仅适用于确定局部最优解。另一方面，由于全局最优解也是局部最优解，因此在实际应用中，可以运用微分找到许多局部最优解（也可能是全部的局部最优解），然后再从这些解中找最好的解，得到的结果即（或接近于）全局最优解。运用微分方法需要求解一组方程式，所有局部最优解必须满足这些方程式表示的必要条件。

显然，一个点是局部最优解的必要条件是：沿任何方向向量 d 偏移离开 x^* 微小的距离，目标函数都不可能改进。微积分告诉我们，沿任意方向的改进率都是该方向向量 d 与目标函数梯度（偏导数向量）的内积。因此，使用单行矩阵表达向量，且用 ∇ 表达梯度，这个内积可表示为 $d\left[\nabla f(x^*)\right]^T$，其中，$\nabla f(x) = \left(\dfrac{\partial f}{\partial x_1}, \cdots, \dfrac{\partial f}{\partial x_n}\right)$。

d 是任意矢量，并且可以取相反的符号。对于任意 d，使目标函数无法改进的唯一可能就是 $\nabla f(x^*) = 0$。这就是局部最优必要条件，也称为驻点条件或一阶条件。

所有最大值点、最小值点、拐点和鞍点都满足这个条件，所以这些驻点中只有一部分是局部最优解，仅有一阶条件是不够的。因此，需要额外的分析去除所有伪驻点，再验证保留下来的点是否是局部最优解。当函数无上下界时，需要仔细考虑无穷大点。例如单变量函数 $f(x) = x\sin(x)$，有无穷多个局部最优值，但在正负两个方向上都无界。

在某些情况下，分析结果显示某函数只有一个局部最优解，那么它也是全局最优解。这种函数称为单峰函数，特例包括凹函数（用于最大化）或凸函数（用于最小化）[①]。如果可以确定一个函数是单峰的，那么要找到全局最优解，只需找到局部最优解即可，这种情况在本书中比较常见。

下面给出一个 x 是标量 x 的示例。该情况下，一阶条件为 $f'(x^*) = 0$。图 2.16 显示了这样一个函数，其中有三个点满足一阶条件。显然，只有一个点是局部最优解。为了保证这个点确实是最优解，需要额外检查一个涉及二阶导数 $f''(x^*)$ 的二阶条件。显然，如果 $f''(x^*) < 0$（图 2.16 中左边的点），那么 x^* 是最大值点；如果 $f''(x^*) > 0$（图 2.16 中中间的点），那么 x^* 是最小值点；如果 $f''(x^*) = 0$（图 2.16 中右边的点），那么无法确定，需要再检查高阶导数。

---

① 如果函数上连接任意两点的直线段都完全位于该函数上方（下方），则称该函数为凸函数（凹函数）。

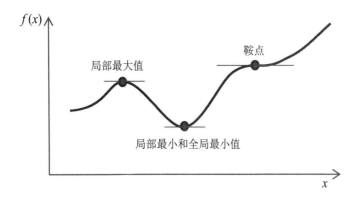

图 2.16　一维情况的局部最优解、全局最优解和鞍点

【例 2.1】这里考虑一个本书中会反复出现的最小化问题。它最初是在库存补给的背景下提出的，因此通常被称为广义最优订货量（generalized economic order quantity，GEOQ）问题。我们需要最小化函数：$f(x) = Ax^k + Bx^{-m}$，其中实数参数 $A,B,k,m > 0$，$x \in \mathbb{R}_+^n$。从一阶条件开始，即 $f'(x) = kAx^{k-1} - mBx^{-m-1} = 0$，得到的单个驻点为 $x^* = (Bm/Ak)^{\frac{1}{m+k}}$，目标值为 $f(x^*) = (1+m/k)(m/k)^{-\frac{m}{m+k}} A^{\frac{m}{m+k}} B^{\frac{k}{m+k}}$。无穷大点和 $x = 0$ 的极限点处，目标值为正无穷大，所以两者都不是最小值。因此，上面得到的驻点是唯一可能的局部最小值点。如果能证明这个点是局部最小值点，那么它也是全局最小值点。

为了检查它是不是局部最小值点，需要检查目标函数的二阶导数，即：

$$f''(x^*) = Ak(k-1)(x^*)^{k-2} + Bm(m+1)(x^*)^{-m-2} = (m+k)(Ak)^{\frac{m+2}{m+k}}(Bm)^{\frac{k-2}{m+k}} > 0$$

这表示 x^* 确实是局部最小值点，因此是全局最小值点。在 $m = k = 1$ 的特殊情况下，通常被称为 EOQ（economic order quantity，最优订单量）问题，全局最优解可简化为 $x^* = (B/A)^{\frac{1}{2}}$，$f(x^*) = 2(AB)^{\frac{1}{2}}$。

对于多变量情况，二阶条件涉及二阶偏导数矩阵，称为 Hessian 矩阵：

$$H(x) = \begin{bmatrix} \dfrac{\partial^2 f(x)}{\partial x_1^2} & \cdots & \dfrac{\partial^2 f(x)}{\partial x_1 \partial x_n} \\ \vdots & \ddots & \vdots \\ \dfrac{\partial^2 f(x)}{\partial x_n \partial x_1} & \cdots & \dfrac{\partial^2 f(x)}{\partial x_n^2} \end{bmatrix}$$

目标函数在驻点附近的二阶泰勒级数展开表明，如果某点的 Hessian 矩阵是正（负）定的，那么该点为局部最小值（最大值）[①]。如果 Hessian 矩阵是不定的，那么驻点为鞍点。

---

① 矩阵形式下的泰勒级数展开式为：$f(x) \approx f(x^*) + 1/2(x - x^*)H(x^*)(x - x^*)^T$，其中使用行向量表示法，上标"T"表示转置。由于 $\nabla f(x^*) = 0$，所以省略一阶项 $(x - x^*)[\nabla f(x^*)]^T$。现在回忆一下线性代数，对于对称矩阵 H，如果对于任意非 0 行向量 d，二次型 dHd^T 是正（负）的，那么 H 就是正（负）定的。因此，如果 Hessian 矩阵是正（负）定的，那么在 x^* 的小邻域中有 $f(x) \geq f(x^*)$（$f(x) \leq f(x^*)$）。

在其余情况下（例如，Hessian 矩阵是半正定或半负定的），如果不检查更高阶的偏导数，就无法对驻点进行分类[①]。

【例 2.2】 考虑双变量函数：$f(x_1, x_2) = x_1 + x_2 + 8x_1^{-1}x_2^{-1}$，在 $x_1, x_2 > 0$ 条件下最小化。一阶条件为 $\frac{\partial f}{\partial x_1} = 1 - 8x_1^{-2}x_2^{-1} = 0$，$\frac{\partial f}{\partial x_2} = 1 - 8x_1^{-1}x_2^{-2} = 0$，得到的单个驻点为 $x_1^* = x_2^* = 2$。为检查它是不是局部最小值点，需要导出 Hessian 矩阵，$\boldsymbol{H}(x_1, x_2) = 8x_1^{-2}x_2^{-2}\begin{bmatrix} 2x_2/x_1 & -1 \\ -1 & 2x_1/x_2 \end{bmatrix}$，在 $x_1^* = x_2^* = 2$ 处求值，结果为 $\boldsymbol{H}(x_1^*, x_2^*) = \frac{1}{2}\begin{bmatrix} 2 & -1 \\ -1 & 2 \end{bmatrix}$。各阶主子式为 1 和 3/2，所以矩阵是正定的。因此，这个唯一的驻点就是最小值点，相应目标值为 $f^* = 6$。由于零点和无穷大点处都有 $f = \infty > 6$，可以得出结论，上面得到的解是全局最优点。

这个例子说明多变量优化可能有些烦琐。但本书中的很多问题可以用条件分解法更方便地解决，这种方法通过单变量问题的嵌套找到全局最小值。这个过程在双变量情况下最容易解释，它包括两个单变量问题。全局最小运算具有嵌套属性：$\min_{x_1, x_2}\{f\} = \min_{x_1}\{\min_{x_2|x_1}\{f\}\}$。第一步将其中一个变量，如 x_1，当作参数，然后求解内层单变量问题 $\min_{x_2|x_1}\{f\}$。这个条件解是一个含参函数，我们将其目标值记作 $f^*(x_1)$，其最优值点记作 $x_2^*(x_1)$，求解外层问题，即最小化 $f^*(x_1)$，然后将求得的 x_1^* 代入条件最优解的公式中，得到最终的 x_2 解。

【例 2.2（续）】 用条件分解法最小化函数 $f(x_1, x_2) = x_1 + x_2 + 8x_1^{-1}x_2^{-1}$。注意，固定 x_1 的内层问题是关于 x_2 的 EOQ 优化问题，根据例 2.1 的公式可以立即得到其全局最小值为：$x_2^*(x_1) = \sqrt{8/x_1}$，$f^*(x_1) = x_1 + 2\sqrt{8/x_1}$。需要找到 $f^*(x_1)$ 关于 x_1 的全局最小值，并将结果代入上述表达式。$f^*(x_1)$ 是一个 GEOQ 形的表达式，因此再次使用例 2.1 的公式，可以得到 $x_1^* = 2$。与之前的结果一致，可发现：$x_2^* = 2$，$f^* = 6$。

这个方法可以用于任意数量的变量，每个变量使用一个嵌套。例如三个变量的问题就可以看作三个单变量问题的嵌套序列，这种情况在本书的后面会出现。但是，在某些情况下，方程式非常复杂，无法获得简单的解析解。

这时，也可以用数值迭代法确定驻点，并通过逐步减小目标值求解最小化问题，或通过逐步增加目标值求解最大化问题。因为最大化问题可以通过更改目标函数的符号转换为最小化问题，所以在此只介绍最小化问题的求解过程。最简单的方法之一是梯度下降法（最速下降法）。我们发现函数 $f(x)$ 的值在负局部梯度 $-\nabla f(x)$ 的方向下降最快，即对于某个小

[①] 矩阵的特征很容易检查。例如，由线性代数可知，如果 $\boldsymbol{H}$ 的所有特征值均为正（负），那么 $\boldsymbol{H}$ 正（负）定。如果特征值符号不同，那么矩阵是不定的。如果特征值非负（非正），那么矩阵为半正（负）定。矩阵特征也可以通过检查各阶顺序主子式来确定。如果它们都是正（非负）的，则矩阵是正定（半正定）的。如果第一个主子式是负数，其余主子式符号交替出现，那么矩阵是负定的。如果前面所说的这种模式成立但某些值是 0，那么矩阵是半负定的。如果两种模式都不成立，并且没有 0 值，那么矩阵是不定的。

标量 $\varepsilon \to 0^+$，当前解可以更改为

$$x^{\text{new}} = x - \varepsilon \nabla f(x) \tag{2.5}$$

由于 ε 非常小且为正值，新点应满足 $f(x^{\text{new}}) \leqslant f(x)$ [①]。从任意初始点 $x^{(0)}$ 开始，重复使用式（2.5）构造序列 $\{x^{(0)}, x^{(1)}, x^{(2)}, \cdots\}$，步长序列为 $\{\varepsilon^{(0)}, \varepsilon^{(1)}, \varepsilon^{(2)}, \cdots\}$。递归表达式为

$$x^{(k+1)} = x^{(k)} - \varepsilon^{(k)} \nabla f(x^{(k)}), k = 0, 1, 2, \cdots$$

由于步长很小，可以得到 $f(x^{(0)}) \geqslant f(x^{(1)}) \geqslant f(x^{(2)}) \geqslant \cdots$，因此序列 $\{x^{(k)}\}$ 可以不断改进目标函数，通常会收敛到某个局部最小值。

在最速下降法中，$\varepsilon^{(k)}$ 的值可以是固定的，也可以随迭代次数 k 的变化而变化，但是下一个解对应的点应该始终在负梯度方向上。只是这种方法通常收敛非常缓慢。现在已经开发出收敛更快的方法，使用二阶导数优化下降方向。二阶导数既可以根据解析式推导得到，或通过数值计算估计，也可以根据之前的梯度历史数据间接推断。后面这些策略统称为共轭梯度法，比最速下降法高效得多。任何情况下，所有下降方法的思想都是相同的，即每次对目标函数改进一点，直到目标值变化很小或不变为止，这通常意味着已经接近局部最优解。

2.3.2 约束优化

接下来回到一般问题。不失一般性，只考虑最小化问题。

$$\min \ f(x)$$
$$\text{s.t.} \ \ g_j(x) \leqslant 0, \forall j = 1, 2, \cdots, J$$
$$h_k(x) = 0, \forall k = 1, 2, \cdots, K$$

求解函数最大化问题，只需改变其符号，再求最小化问题。

求解包含约束条件的问题，需要引入一些新概念，并稍微更改一下对最小值的定义。满足约束条件的 x 值称为可行解，所有可行解的集合 $\Omega = \{x \in \mathbb{R}^n | g_j(x) \leqslant 0 \forall j = 1, 2, \cdots, J; h_k(x) = 0 \forall k = 1, 2, \cdots, K\}$，称为可行域。如果在所有可行解 x 中，$f(x^*)$ 的值最小，即如果 $f(x) \geqslant f(x^*)$ 对任意 $x \in \Omega$ 都成立，那么 x^* 是全局最小值点。同样，如果 x^* 是可行解，并且 $f(x^*)$ 是 x^* 的一个小可行邻域中的最小值，即如果存在一个标量 $\varepsilon \geqslant 0$，使得对任意满足 $|x - x^*| \leqslant \varepsilon$，且 $x \in \Omega$ 的 x，都有 $f(x) \geqslant f(x^*)$ 成立，则 x^* 是局部最小值点。与无约束情况相同，任何一个有限的全局最小值也一定是局部最小值。

求解包含约束条件的问题，还需要修改最优解条件。如果存在一个从可行点 x 发出、与方向向量 d 相切、且在可行域内的无穷小弧，则从点 x 出发的方向 d 是可行方向。直观地看，d 指向可行域内部或与可行域边界平行。因此如果 x^* 是局部最小值点，那么不存在从 x^* 处出发的可行下降方向，否则可以沿着 x^* 附近的可行相切弧线进一步减小目标函数

[①] 得到这个结果的过程如下：利用式（2.4）将 f 在点 x 附近一阶展开：$f(x^{\text{new}}) \approx f(x) + (x^{\text{new}} - x)[\nabla f(x)]^{\text{T}} = f(x) - \varepsilon[\nabla f(x)][\nabla f(x)]^{\text{T}}$，$[\nabla f(x)][\nabla f(x)]^{\text{T}}$ 是梯度元素的平方和，因为 $\varepsilon[\nabla f(x)][\nabla f(x)]^{\text{T}}$ 为非负数，所以 $f(x^{\text{new}}) \leqslant f(x)$。

值。基于此，将点 x 处的一阶条件或驻点条件定义为：① x 是可行解；② x 没有可行目标下降方向（或每个可行方向上目标函数都不下降）。

2.3.1 节中的迭代下降法在稍作扩展后可以用于查找到满足上述条件的点。当使用计算机程序时，这种方法尤其好用。这种方法与原来的不同之处主要在于，需要确保每一步都只考虑可行下降方向和可行点。下面讨论这种解法的分析思路。

首先，考虑只有等式约束的情况，通过微积分中的拉格朗日乘子法，可以将条件约束问题转化为无约束问题。这个方法引入乘子集 $\lambda := \{\lambda_k\} \in \mathbb{R}^K$，定义以下增强的目标函数（称为拉格朗日函数），其中 x 和 λ 为决策变量。

$$L(x, \lambda) = f(x) + \sum_{k=1}^{K} \lambda_k h_k(x)$$

这个问题没有条件约束，2.3.1 节中讨论的所有解析求解方法和数值求解方法都可以用来解决这个问题。

无约束拉格朗日问题的一阶条件如下。

$$\frac{\partial}{\partial x} L(x, \lambda) = \nabla f(x) + \sum_{k=1}^{K} \lambda_k \nabla h_k(x) = 0, \tag{2.6a}$$

$$\frac{\partial}{\partial \lambda_k} L(x, \lambda) = h_k(x) = 0, \forall k = 1, 2, \cdots, K \tag{2.6b}$$

可以证明，满足以上条件的所有点 x 也都满足原问题的一阶条件[①]。因此，这个方程组可用于查找局部最优点。但是，反之不一定成立。若约束条件中含有"病态"函数形式，会使驻点（甚至是局部最优点和全局最优点）不一定满足拉格朗日一阶条件。所以，这些点在解拉格朗日方程时就会被漏掉。幸运的是，本书涉及的问题所对应的数学规划模型满足一些适当的规则性条件，不会出现这种病态[②]。因此，在应用中，拉格朗日公式和原公式是等效的。

满足一阶条件的拉格朗日乘子值也叫"影子价格"。影子价格表示将相应约束条件的右边项增加一个小量 δ（即约束条件从 $h_k(x) = 0$ 变为 $h_k(x) - \delta = 0$）时最优目标值的下降率[③]。

接下来将这些思想推广到不等式约束问题。不等式约束的情况比等式约束更复杂，因为无论不等式是否起到约束作用，都可以实现局部最优。如果约束在某个点 x 上起到作用，某些方向上的小扰动可能会满足约束条件，而相反方向上的扰动可能不满足约束条件。如

---

① 显然，结论成立，因为这就是第二组拉格朗日方程式（2.6b）规定的。需要证明，如果拉格朗日一阶条件成立，那么 x 的每个可行方向都不会下降。证明过程如下，将第一个方程的两边同时乘以可行向量 d，由于 d 是可行的，所以 $d[\nabla h_k(x^*)]^T = 0, \forall k$，约束条件的梯度中所有项都被消掉，方程式简化为 $d[\nabla f(x^*)]^T = -d \cdot 0$，显然结果为 0，这意味着可行方向 d 一定不是下降的。

② 如果所有约束都是线性的，就不会出现这种病态情况。如果可行点上所有约束梯度都是线性无关的而因此非 0，这种情况也不会出现。解释这些需要一些专业细节知识，这里不再赘述。

③ 将第一个约束更改为 $h_1(x) - \delta = 0$，最优决策变量发生 x 的变化。因为新、旧最优解都必须是可行的，并且约束中的 $h_k(x)$ 项增加 $\nabla h_k(x^*)[\Delta x]^T$，可以得出第一个约束满足 $\nabla h_k(x^*)[\Delta x]^T = \delta$，其余约束满足 $\nabla h_k(x^*)[\Delta x]^T = 0$。类似地，由 Δx 引起的最优目标值的变化为 $\Delta = \nabla f(x^*)[\Delta x]^T$。将拉格朗日方程式（2.6b）乘以 Δx 可以得到：$\nabla f(x^*)[\Delta x]^T + \sum_{k=1}^{K} \lambda_k \nabla h_k(x^*)[\Delta x]^T = 0$，即 $\Delta + \lambda_1 \delta = 0$，$\lambda_1 = -\Delta/\delta$。

果约束没有起到作用,任何方向上的(小)扰动都满足约束条件。

用图 2.17 中的单变量例子对此进行说明。可行域 Ω 是由两个不等式约束定义的一维区间。由于问题是单变量的,所以每个点上只有两个搜索方向——向左和向右。点 A 位于 Ω 内部,因此没有约束起作用,也就没有搜索方向限制。所以,其一阶条件与无约束问题相同。(点 A 满足一阶条件和二阶条件,所以是局部最小值点。)但在边界点 B 上,不等式约束之一是起到约束作用的,限制了可行方向集。因此,在这种情况下,只能考虑这个有限方向集。(B 点可以向左发生扰动,但不能向右发生扰动,由于唯一可行的方向是上升的,所以该点是局部最小值点。)

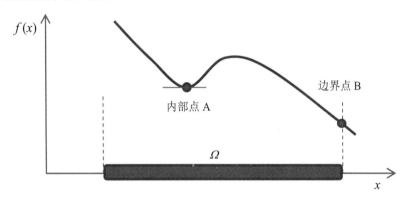

图 2.17 约束条件下的局部最优点

以上内容说明一般问题的一阶条件需要表明所有不等式约束的状态(起/不起约束作用)。Karesh-Kuhn-Tucker(KKT,用人名命名的定理简称)条件用一种特殊方式处理这些约束,将拉格朗日一阶条件推广到一般问题。接下来定义 KKT 条件。

如果存在常数 $\mu_j \geq 0, \forall j$, $\lambda_k \in \mathbb{R}, \forall k$,使得下列方程成立:

$$\nabla f(x^*) + \sum_{j=1}^{J} \mu_j \nabla g_j(x^*) + \sum_{k=1}^{K} \lambda_k \nabla h_k(x^*) = 0 \tag{2.7a}$$

$$g_j(x^*) \leq 0, \forall j = 1, 2, \cdots, J \quad 且 \quad h_k(x^*) = 0, \forall k = 1, 2, \cdots, K \tag{2.7b}$$

$$\mu_j g_j(x^*) = 0, \forall j = 1, 2, \cdots, J \tag{2.7c}$$

$$\mu_j \geq 0, \forall j = 1, 2, \cdots, J \tag{2.7d}$$

则点 x^* 处 KKT 条件成立。式(2.7a)和式(2.7b)与等式约束问题的拉格朗日条件式(2.6a)和式(2.6b)有相似的形式和功能。与等式约束情况一样,式(2.7a)的左边项是拉格朗日函数关于 x 的梯度,而该拉格朗日函数为

$$L(x, \mu, \lambda) = f(x) + \sum_{j=1}^{J} \mu_j g_j(x) + \sum_{k=1}^{K} \lambda_k h_k(x)$$

式(2.7b)重新表述了原约束。

现在的不同之处在于添加了式(2.7c)和式(2.7d),用于区分约束是否起到约束作用(如图 2.17 中的示例)。式(2.7c)称为互补松弛条件,如果不等式约束具有一定的松弛度(没有起到约束作用,$g_j(x^*) < 0$)。那么 $\mu_j = 0$,这就消掉了式(2.7a)中的相应项,所以这个约束不影响最终结果(如图 2.17 中点 A 所示)。但是如果约束条件起到约束作用,

那么 μ_j 可以取非负值，使得 $\nabla f(x^*)$ 非 0 且仍满足式（2.7a）（如图 2.17 中点 B 所示）。

上述直观描述与事实吻合。如果 KKT 条件在 x^* 点成立，那么 x^* 满足局部最优解的一阶条件[①]，这就是KKT条件的重要性所在。但是，与等式约束情况相同，反之不一定成立。另一方面，如果问题的约束条件满足之前提到过的规则性条件（本书中所有问题都满足规则性条件），就不会出现病态问题。因此在本书中，KKT 条件是约束优化问题的一阶条件。

以下两个例子说明了KKT条件如何处理起到约束作用和未起到约束作用的不等式约束。

【例 2.3】最小化凸函数：$f(x)=x^2-4x$，线性约束：$g(x)\equiv x-5\leqslant 0$。在可行区间内绘制函数图像，可以得到该问题的最小值点：$x^*=2$，约束条件没有约束力，且 $\mathrm{d}f(x)/\mathrm{d}x=0$。接下来说明 KKT 条件如何找到这个解。由于没有等式约束，所以没有乘子 λ。所有可行解须满足 $x<5$ 或 $x=5$。如果 $x<5$，不等式约束不起到约束作用（$g(x)<0$），根据互补松弛条件式（2.7c），$\mu=0$。因此，条件式（2.7a）简化为 $\mathrm{d}f(x)/\mathrm{d}x=0$，有唯一解 $x^*=2$，因为 $x^*<5$，所以它是可行解。剩下的情况，当 $x=5$ 时，$g(x)=0$，约束条件是起到约束作用的，有 $\mu\geqslant 0$。对于 $x=5$ 和 $\mu\geqslant 0$，由式（2.7a），有 $\mathrm{d}f(x)/\mathrm{d}x+\mu\mathrm{d}g(x)/\mathrm{d}x=0$。但是，对于 $x=5$，$\mathrm{d}f(x)/\mathrm{d}x=6$，$\mathrm{d}g(x)/\mathrm{d}x=0$。所以，式（2.7a）不成立，因此 $x=5$ 不是局部最优解。

【例 2.4】假设同一个目标函数：$f(x)=x^2-4x$，使用更严格的约束以最小化：$g(x)\equiv x\leqslant 0$。同样，在可行区间内绘制函数图像，可以得到在区间上界 $x^*=0$ 处存在唯一的局部最小值点。重复上例的过程，检查约束起作用的点和约束不起作用的点的 KKT 条件。在约束不起作用情况下（$x<0$），有 $\mu=0$。由式（2.7a），有 $\mathrm{d}f(x)/\mathrm{d}x=2x-4=0$，唯一解 $x=2$ 不满足条件 $x<0$，所以该解无效。在约束起到作用的情况下，只有一种可能（$x=0$），根据条件式（2.7c）和式（2.7d）有 $\mu\geqslant 0$。对于 $x=0$，式（2.7a）简化为：$-4+\mu=0$，有 $\mu^*=4$。由于 $\mu^*\geqslant 0$，所以解 $x=0$ 有效。这与函数图像显示的结果一致。

使用迭代算法通常可以得到满足KKT条件的数值解。但是，在某些情况下，也可以得到封闭形式的解析解。这些解析解能揭示解的特性，如下例所示。

【例 2.5】2.2.3 节表明，如果在时间 T 内有 N 辆公交车到达车站，在这段时间内乘客到达率恒定，那么当公交车到达的车头时距相等时，式（2.4）中的乘客总等待时间达到最小值。KKT 条件可以提供另一种证明方式。为了说明这一点，将求解最优车头时距的问题重新表述为以下数学规划。

[①] 将式（2.7a）两边同时乘以任意可行方向 d，不失一般性，假设起到约束作用的不等式编号为 1, 2, $\cdots$, J'。由于 $d\left[\nabla h_k(x^*)\right]^\mathrm{T}=0$，等式约束项被消掉，同样由于 $\mu_j=0$，没有起到约束作用的不等式项也被消掉，所以可以得到 $d\left[\nabla f(x^*)\right]^\mathrm{T}+\sum_{j=1}^{J'}\mu_j d\left[\nabla g_j(x^*)\right]^\mathrm{T}=-d\cdot 0=0$。为了不违反（2.7b），约束不等式的可行方向必须指向 $g_j(x)$ 不下降的方向，所以对于每个有约束力的不等式，可行方向必须满足 $d\left[\nabla g_j(x^*)\right]^\mathrm{T}\leqslant 0$。此外，根据式（2.7d），$\mu_j\geqslant 0$，所以前面公式的 $\sum_{j=1}^{J'}\mu_j d\left[\nabla g_j(x^*)\right]^\mathrm{T}\leqslant 0$。要消掉这个级数，须有 $d\left[\nabla f(x^*)\right]^\mathrm{T}\geqslant 0$，这意味着方向 d 不是下降的。由于 d 是任意可行方向，所以这个结果满足一阶驻点条件。

$$\min \sum_{i=1}^{N} H_i^2$$
$$\text{s.t.} \sum_{i=1}^{N} H_i = T$$
$$-H_i \leq 0, \forall i = 1, 2, \cdots, N$$

目标函数是车头时距的平方和，与总等待时间成正比。第一个约束条件表示车头时距的个数为 N，剩下的约束表示车头时距是非负的。目标函数有下界，所以这个数学规划有一个全局最小值。

对于这个问题，KKT 条件为：

$$2H_i - \mu_i + \lambda = 0, \forall i = 1, 2, \cdots, N \qquad (2.8\text{a})$$

$$\sum_{i=1}^{N} H_i = T \qquad (2.8\text{b})$$

$$-H_i \leq 0, \forall i = 1, 2, \cdots, N \qquad (2.8\text{c})$$

$$\mu_i \geq 0, \forall i = 1, 2, \cdots, N \qquad (2.8\text{d})$$

$$\mu_i H_i = 0, \forall i = 1, 2, \cdots, N \qquad (2.8\text{e})$$

注意，$H_i = T/N$，$\mu_i = 0$，$\lambda = -2T/N$（对于所有 i）是满足这些条件的一个解。接下来证明这是 KKT 方程的唯一解，从而一定是全局最小值。

证明：要证明唯一性，只需证明任何有两个不同车头时距的解都必定会违反 KKT 条件。为了确保不失一般性，设较大的车头时距下标为 $i=1$，有 $H_1 > H_2 \geq 0$。有两种情况：$H_1 > H_2 > 0$ 或 $H_1 > H_2 = 0$。接下来证明这两种情况都会违反 KKT 条件。如果 $H_1 > H_2 > 0$，根据式（2.8e），有 $\mu_1 = \mu_2 = 0$，没有 λ 可以使 $i=1$ 和 $i=2$ 同时满足条件式（2.8a），所以违反了 KKT 条件。如果 $H_1 > H_2 = 0$，那么 $\mu_1 = 0$，根据式（2.8a），有 $\lambda = -2H_1$，假设 $H_1 > 0$，所以 $\lambda < 0$。按照式（2.8d），有 $\mu_2 \geq 0$，假设 $H_2 = 0$，所以对于 $i=2$，式（2.8a）的左边项一定是非 0 负数。所以，这种情况也违反了 KKT 条件。

需要强调的是，本小节中讨论的所有条件、方法和算法都只能得到局部最优解。因此，如最后一个例子所示，需要额外的分析确定全局最优解。幸运的是，在两种常见的问题（凸规划和几何规划）中，每个驻点都是全局最优解，所以没必要再进行额外的分析。这两种问题在本书中很常见。凸规划是最小化问题，其中目标函数是凸函数，可行域也是凸的（连接可行域内任意两点的线段都完全位于可行域内）。由一组线性约束定义的可行域是凸的，因此，具有凸目标函数和一组线性约束的最小化问题（如例 2.5 中的问题）是凸规划。几何规划是一个只有"小于或等于"的不等式约束和非负决策变量的最小化问题，其中目标函数和所有约束条件的左边项都是有正系数的多项式。例 2.1 中的 GEOQ 问题就是一个几何规划。要了解更多有关凸规划和几何规划的详细信息，请查阅有关优化的书籍。

2.4 量纲分析

本章已经介绍的工具可以提供描述问题和解决问题的确切答案，但是量纲分析不同，它只能缩小可能答案的范围。这种聚焦通常会产生有价值的结论，可以为寻找确切答案提供基础。

量纲分析基于这样一个思想，即每个物理量都有可以用某种单位制表示的量纲。例如，加速度的量纲为（距离/时间^2），可以用 m/s^2 等单位表示。量纲分析还基于这样一个思想，即任何有意义的物理关系都必须独立于单位制而成立。这意味着，任何这样的物理关系中，所有变量都必须使用相同的单位制，并且保持量纲一致，即相加、相减或相比的所有项都必须具有相同的量纲。除此之外，量纲分析还有很多其他含义，本节的其余部分将对此进行详细说明并加以应用。2.4.1 节说明如何用单位验证公式的正确性，2.4.2 节介绍量纲分析的基础，2.4.3 节介绍一些应用。

2.4.1 公式验证

假设已经得到了与多个物理量 $\{x_1, x_2, x_3, \cdots\}$ 相关的模型，有公式 $x_1 = F(x_2, x_3, \cdots)$ 或隐式方程 $f(x_1, x_2, x_3, \cdots) = 0$。如果表达式要在所有单位制下均成立，那么其中相加、相减或相比的所有项都必须有相同的单位，否则，当单位变化时，这些项可能会不成比例地变化，从而违反方程式。类似地，非线性函数的自变量和因变量必须是无量纲的。所以，在建模过程中，应始终检查模型中所有公式的量纲一致性，这样做通常可以发现逻辑错误，并及时纠正。

作为示例，回顾前文 2.1.3 节结尾得出的表达式。在与客车（时间表固定）共用单轨段的情况下，货车可能的最大流量公式可以写成如下的隐式形式：

$$qH - \left\lfloor \frac{H + L(v_1^{-1} - v_2^{-1}) - (s_1 + s_2)v_1^{-1} + s_2 v_2^{-1}}{s_2 v_2^{-1}} \right\rfloor = 0 \tag{2.9}$$

其中，q 表示货车流量。变量和常量的单位规定如下：货车流量 q（火车/h）、车头时距 H（h/火车）、长度 L（km）、间距 s_1（km/火车）、间距 s_2（km/火车）、速度 v_1（km/h）、速度 v_2（km/h）、$(v_1^{-1} - v_2^{-1})$ 的单位是 h/km，$(s_1 + s_2)$ 的单位是 km/火车。为检查量纲一致性，需将方程式中的量替换为相应单位，并验证相比、相加和相减项的单位是否相同。在这个例子中，从下取整操作符号中的参数开始，可以得到：

((h/火车)+(km/火车)(h/km)−(km/火车)(h/km)+(km/火车)(h/km))/((km/火车)(h/km))

这个表达式保持量纲一致且最终结果无量纲。这个表达式是非线性函数（下取整操作）的参数，因此无量纲是必要的且合理的。由于下取整操作的结果也是无量纲的，接下来可以将完整的式（2.9）左边项写为：

(火车/h)(h/火车)·(无量纲)

同样也是量纲一致的。尽管量纲一致并不能完全证明这个方程式是正确的，但如果不一致就一定有错误，这种方法可以帮助发现此类错误。

2.4.2 基本思想：用无量纲组合重构表达式

量纲也可以用于重组和简化公式。建议将量纲正确的公式写为变量的无量纲组合形式，称为"无量纲组合"。例如，式（2.9）中的组合 $\{\pi_1 = qH, \pi_2 = L/(v_1 s_1), \cdots\}$。对任意给定问题，可以用多种方式创建无量纲组合，因此用无量纲组合重新表述公式的形式不是唯一的，但是，重新表述的表达式通常比原始表达式更紧凑、更易于理解。有兴趣的读者可以对式（2.9）尝试这种方法，参见练习题 2.9。

直觉上，任何适当问题的解、有意义的公式或物理定律，都可以用无量纲组合的形式来表达。这种想法是量纲分析基本定理的核心，这个定理使用了另外一个概念——相互无关组合。如果在一个无量纲组合的集合[①]中，任何元素都不能表示为其他元素的幂次之积，那么这些无量纲组合是相互无关的。例如，式（2.9）中变量构成的无量纲组合 $qH, v_1/v_2$ 和 $(qH)(v_2/v_1)^2$ 不是相互无关的，因为第三个可以通过第一个与第二个的-2 次方相乘得到，即 $(qH)(v_2/v_1)^2 = (qH) \times (v_1/v_2)^{-2}$。

定理 2.1（Buckingham π 定理）。任何含有 p 个变量 $\{x_1, x_2, \cdots, x_p\}$ 的物理定律都可以表示为一个隐函数，包含由这些变量构造成的 k 个相互无关的无量纲组合 $\{\pi_1, \pi_2, \cdots, \pi_k\}$，即：

$$f(\pi_1, \pi_2, \cdots, \pi_k) = 0 \tag{2.10}$$

证明过程可参见 Johnson（1944）。

接下来研究用无量纲组合重新表述一个表达式的好处。为了表述更加清晰，我们使用一个较简单的公式，它表示摆渡系统中运营机构和用户的总成本，在该系统中乘客到达率和车头时距恒定。公式中的变量为：乘客到达率 λ（人/h），观察时间 T（h），公交车发车数量 N[无量纲]，乘客等待的时间价值 α（\$/人·h），公交车发车成本 β（\$）。根据 2.3.3 节，单位观察时间内乘客的平均等待时间为 $\lambda T/(2N)$，因此单位观察时间内用户和运营机构的总成本 z（\$/h）为：

$$z = \alpha\lambda\frac{T}{2N} + \frac{\beta N}{T} \text{ 或隐式 } \alpha\lambda\frac{T}{2N} + \frac{\beta N}{T} - z = 0 \tag{2.11}$$

式（2.11）的单位为（\$/h），涉及 6 个不同的变量。接下来用无量纲组合重新表述这个表达式，以下是其中一种可能的表述。首先，将式（2.11）两边同时除以一个单位为（\$/h）的常数 $(\alpha\beta\lambda)^{\frac{1}{2}}$，这样方程的三个项都是无量纲的，把每一项定义为一个无量纲组合。对于第二和第三项，有：

$$\pi_1 = N\left(\frac{\alpha\lambda}{\beta}\right)^{-\frac{1}{2}}\frac{1}{T}, \quad \pi_2 = z(\alpha\beta\lambda)^{-\frac{1}{2}} \tag{2.12}$$

注意，第一项的无量纲组合不是独立的，因为它等于 π_1 的倒数乘以 1/2。因此，我们也用 π_1 来表示第一项，最后有：

$$f(\pi_1, \pi_2) := \frac{1}{2}\pi_1^{-1} + \pi_1 - \pi_2 = 0 \tag{2.13}$$

这是式（2.11）的 Buckingham π 公式表达。

重新构造的表达式要简单得多，与原来的六个变量相比，只涉及两个变量（无量纲组合），因此它更加清晰。可以在 (π_1, π_2) 平面上绘制一条曲线，以表示这个问题的所有解，而式（2.11）是不可能做到这一点的。

---
① 编译者注：这个集合构成代数意义上的一个群。

这个重新表述的表达式非常有用。即使不参考隐式方程，仅研究无量纲组合本身就可以得出重要的结论。当无量纲组合的形式很简单，而隐式方程形式复杂甚至未知时，这种重新表述的公式就尤其有用。我们可以利用以下事实从无量纲组合本身得到结论：任意更改某问题的解原来包含的变量，只要这些更改使无量纲组合保持不变，更改后的变量也一定是该问题的一个解。

为了更好地理解，让我们回到前面这个例子。虽然隐式方程很简单，但在此不使用个方程。根据式（2.12），如果将 N 和 z 的值变为原来的两倍，将 λ 的值变为原来的四倍，所有无量纲组合的值保持不变。从物理上讲，这意味着如果需求增加到原来的四倍，发车数量增加到原来的两倍，总成本一定会翻倍。这个结论的突出特点在于它仅来自对量纲的分析，即仅需要分析无量纲组合的结构，而无须参考隐式方程。

即使对于非常困难的问题，总可以根据问题中涉及的变量和参数的量纲定义其解的无量纲组合的结构，这一点我们很快就会看到。因此，量纲分析提供了一种即使无法精确解决问题，也能得出结论的方法。下一个小节会讲到，量纲分析有时可以帮助我们找到这类问题的一般近似解。

2.4.3 应用

本小节说明量纲分析如何帮助我们解决（至少是部分解决）问题，甚至是非常难的问题。如果问题描述中给出的数据足以找到未知答案（否则任何方法都没用），那么我们说这个问题是"适当的"。我们需要找到问题陈述中变量（即数据和未知量）之间的函数关系。

Buckingham π 定理并未说明如何找到式（2.10）中的那些无量纲组合。但有一个通用方法。为了说明这个方法，要定义一个重要的概念。如果对应一组变量的无量纲组合的集合不能再添加任意一个其他无量纲组合而仍然保持它们的无关性，那么这个无量纲组合的集合就是最大的相互无关集（也称最大无关集、最大集）。最大无关集可以通过尝试的方式确定，也可以用附录 2.A 中的系统方法确定。

在给出方法之前，需要了解对应于同一组变量的所有无量纲组合之间的关系。附录 2.A 表明，这些无量纲组合都可以唯一地表示为一个量纲系统中的向量，这些向量形成线性向量空间。附录 2.A 还显示，无量纲组合之间的乘法、除法和幂运算实际上是其量纲向量的线性组合。另外，相互无关的无量纲组合对应于相互无关的向量，并且最大相互无关集和该线性空间的基之间存在一一对应关系。接下来可以介绍方法了。

推论 2.1：任何最大相互无关集都可以用作 Buckingham 函数式（2.10）中的参数。

证明：量纲向量构成线性向量空间，因此任何量纲都可以表示为任意基向量的线性组合。由于无量纲组合和基向量之间存在一一对应关系，前面的叙述表明通过变量间的乘法和幂运算，可以将任何无量纲组合集表示为任意最大集的函数。尤其是，如果令 π_B 为 Buckingham π 定理中的无量纲组合集，π_M 是最大相互无关集，那么可以将前者表示为后者的函数，即 $\pi_B = F(\pi_M)$。将这个表达式代入式（2.10）中，可以得到 $f(F(\pi_M)) = 0$，这是 π_M 的隐函数，表明任何最大无关集都可以用作 Buckingham π 函数中的参数。

推论 2.1 表明，只要找到一个最大集（任何最大集都可以），并将其用作式（2.10）中的参数，就可以将问题表示成无量纲组合的形式。接下来用两个例子来说明。

【例2.6】（Little 公式——随机情况）

本例说明在用户随机到达和随机等待的特殊情况下，量纲分析如何帮助我们认识式(2.2)。问题表述如下："用户到达满足泊松过程，到达率为 λ（数量/时间），单个用户的等待时间是独立且按负指数形式分布的随机变量，均值为 $\overline{w}$（时间）[①]，求等候区的平均用户数 $\overline{Q}$（数量）[②]。"

第一步需要确保这个问题是适当的。注意，已知的信息足以建立仿真模型并得出答案。此外，如果仿真时间无限长，那么无论初始条件如何，都会产生相同的结果，因此答案应该是唯一的。鉴于以上分析，一定存在一个表达式，将 $\overline{Q}$ 与问题中其他两个变量联系在一起，因此这个问题是适当的。

第二步是找到最大无关集。对这三个变量和两个量纲的分析表明，只能构造一个独立的无量纲组合，即 $\lambda\overline{w}/\overline{Q}$。

最后一步是表示和分析 Buckingham 公式：$f\left(\dfrac{\lambda\overline{w}}{\overline{Q}}\right)=0$。如果用 r_i 表示 f 的第 i 个（未知）根，那么对于某组（未知）根，公式可写为：$\dfrac{\lambda\overline{w}}{\overline{Q}}=r_i$。该公式的解是唯一的，所以只能有一个根 r。最终，有 $\overline{Q}=\lambda\overline{w}/r$。

量纲分析无法确定 r 的值，但已将原问题简化为确定单个常数值的问题。这样，只需要分析问题的一个例子就可以估计该常数的值。例如，对 $\lambda=1$ 和指数分布的等待时间 $\overline{w}=1$ 进行长时间的仿真，记录仿真的 $\overline{Q}$ 值，就可以通过 $\dfrac{\lambda\overline{w}}{\overline{Q}}\equiv r$ 估计 r 的值（应当接近于 1）。这样可以确定，得到的近似公式对原始问题的所有实例均成立。

【例2.7】 共享车辆的重新分布

一家交通运输公司在停车点提供共享车辆，这些停车点在面积为 S（距离）^{2} 的市区内均匀分布，密度为 δ（1/距离^2），其中 $\delta S \gg 1$。在夜间，这家公司重新分布车辆，以均衡各停车点的车辆数，这个过程中使用的算法可以最小化总的移动距离 L（车辆数·距离）。白天，各个停车点车辆的净变化量呈正态分布，均值为 0，方差为 σ^2（车辆数^2）。各个停车点车辆变化量之间相互独立，且总是小于每天开始时该点的车辆数。要找到一个近似公式，将 L 表示为 S、δ 和 σ^2 的函数。

这个问题是适当的，根据给定的信息，对任何参数集，都可以建立一个仿真模型回答这个问题[③]。而且，期待不同的仿真模型运行给出类似的答案，所以应该找一个单值函数形式的结果。

[①] $\overline{w}$ 的单位不是（等待时间/数量），因为如果改变乘客数量的单位，也不会改变 $\overline{w}$ 的数值。例如按每十人一组计算乘客组数，每位乘客的平均等待时间仍然保持不变。

[②] 根据排队论，这个问题的设定是一个 $M/M/\infty$ 队列。Little 公式对这类问题是成立的。

[③] 这假定任意均匀分布的停车点都可以用于仿真，因为它们都产生相似的需求。由于停车点数量非常大，所以这是近似合理的。

接下来继续执行第二步。从四个变量 $\{S,\delta,\sigma,L\}$ 和两个量纲 {车辆数，距离} 中，可以轻易确定两个相互无关的无量纲组合 $\{\pi_1=\delta S,\ \pi_2=L/(\sigma\sqrt{S})\}$。注意，也可以构造其他无量纲组合，但是它们全都可以表示为这两个无量纲组合的组合，它们和这两个无量纲组合不是无关的。因此，可以得出结论，上述得到的无量纲组合集是最大相互无关集。接下来可以应用推论 2.1，有：

$$f(\delta S, L/(\sigma\sqrt{S})) = 0$$

因为解是唯一的，且未知量 L 仅出现在第二个参数中，所以第二个参数一定是第一个参数的函数[①]，用函数 F 表示为：

$$L/(\sigma\sqrt{S}) = F(\delta S)$$

或者

$$L = \sigma\sqrt{S}F(\delta S)$$

尽管尚未确定 $F(\cdot)$ 的确切形式，但这个结果已经很有用了。例如，对于任意 δ 和 S，L 总是与 σ 成正比。如果这个公司想将现有服务拓展到更大区域，但是停车点数量保持不变，那么重新分布车辆所需的移动距离将增加 $(\sigma\sqrt{S})_\text{新}/(\sigma\sqrt{S})_\text{现}$。

如有必要，可以为其单个参数选取几个（如十个）代表值进行仿真，以近似确定函数 F。这样就已经完整地解决了这个问题。相比之下，如果没有量纲分析，则需要将 L 视为三个独立自变量的函数，对这些变量代表值的所有可能组合进行 10^3 次仿真才能得到答案。这样不仅费力，生成的结果图表也不太直观。

这两个例子的共同点是，最大集中无量纲组合的数量等于变量数减去量纲数。这在通常情况下是成立的，但并不总是成立的。幸运的是，有一个简单的公式可以确定一个问题最大集的大小，它可以告诉我们什么时候停止寻找最大集。附录 2.A 给出了这个公式，以及系统的方法确定最大集。

参 考 文 献

[1] Daganzo, C.F. (1985). "The uniqueness of a time-dependent equilibrium distribution of arrivals at a single bottleneck." Transportation Science. 19(1) 29–37.

[2] Daganzo, C.F. (1997). Fundamentals of Transportation and Traffic Operations, Pergamon-Elsevier, Oxford, U.K.

[3] Daganzo, C.F. (2005), Logistics Systems Analysis, 4th Ed., Springer-Verlag, Berlin Heidelberg.

[4] Johnson, W.C. Mathematical and Physical Principles of Engineering Analysis. New

---

① 因此，最好尽可能让待求未知量只出现在一个无量纲组合中。

York McGraw-Hill, 1944.

[5] Little, J. D. C. "A proof for the queuing formula: L = λW". Operations Research 9 (3): 383–387, 1961.

[6] Mannering, F., Kilareski, W., Principles of Highway Engineering and Traffic Analysis. John Wiley and Sons, New York, NY. First edition, 1990.

[7] Newell, G.F. Applications of Queueing Theory, 2nd ed. Chapman & Hall, London. 1982.

练 习 题

2.1 连续到达车站的公交车之间，车头时距相互独立且均匀分布，均值为 h，方差为 σ^2。假设固定观察者在任意时间段 T 内观察到 n 辆公交车到达（$n \gg 1$）。观察者认为平均车头时距的估计值为 T/n。这个估计值有偏差吗？估计值的方差是多少？如 T（和 n）趋于无穷大会怎样？

2.2 推导 2.1.3 节共享轨道上最大货车流量的公式。

2.3 在区域路线{A-B-C; C-B-A}设计一个双向公交车服务方案。车头时距均匀，但在路段 A-B-A 和路段 B-C-B 上不同。A-B-A 路段上的服务频率是 12 辆/h，B-C-B 上是 8 辆/h，因此，一些公交车需要在 A 和 B 之间来回穿梭，而其他公交车需要在完整路线（A-B-C-B-A）上运行。公交车可以在 B 停留任意长的时间，以保证可以从 B 向两个方向按均时距发车。如果 A-B、B-A、C-B 和 B-C 的行程时间均为 30 min，请绘制出一组符合上述要求（车头时距均匀）的公交车轨迹。需要确定每辆公交车在 B 处的延误，以及来自 A 的车辆到达 B 处后，是继续向 C 行进，还是返回 A 点。你的方案共需要多少辆公交车？

2.4 （来自 Gordon Newell）假设在校园和市中心之间有两辆摆渡公交车（无协调地）运行。其中一辆可载 20 人，往返时间为 8 min（包括上下客时间），另一辆可载 25 人，往返时间为 10 min。市中心公交站一直有乘客排队，校园公交站乘客到达率为 2 人/min。如果任何时刻公交车都不空闲，请确定：

（1）从市中心到校园的客流量。

（2）从校园到市中心的客流量。

（3）从校园到市中心公交车的平均载客量。

如果一定要市中心到校园的公交车发车车头时距相等，那么只需速度较快的公交车减速。你认为这种策略可以减少乘客从校园到市中心的平均等待时间吗？

2.5 早高峰期间，某地铁站的乘客到达率为 3 人/s。在 $t=0$ 时，乘客 A 加入了入口外一个长度为 200 英尺，有 100 名乘客的队列。这个队列中的人按 1s/人进入地铁站。确定以下内容：

（1）乘客 A 的排队时间。

（2）乘客 B 在 $t=20$ s 时加入队列，确定该乘客在进入车门之前需要走的距离。假设队列中相邻乘客之间的间隔保持不变。

2.6 找到以下问题中 s 的最优值，其中，$\alpha, \beta, \gamma > 0$。

$$\min \quad \alpha/s + \beta s$$
$$\text{s.t.} \quad 1/s \leqslant \gamma$$
$$s \geqslant 0$$

2.7 *（EOQ 问题的鲁棒性）讨论如下形式的优化问题：

$$z^* = \min\{z = Ax^n + Bx^{-m} : 0 < x \leqslant \infty; m, n > 0\}$$

其中，z 是成本，x 是设计变量，在 x^* 处有最优解。说明实际成本 z_a 与设计变量 $x_a(x_a \neq x^*)$ 之间的关系。使用无量纲变量 $\Delta \equiv z_a/z^*$ 和 $\delta \equiv x_a/x^*$，找到 Δ 与 δ 的函数关系，并对不同的 n 和 m 值绘制函数图像。讨论设计变量偏离最优解时成本的敏感性以及常数 n 和 m 的影响。

附加分：找到相对误差 $(\Delta - 1)$ 的简单形式，用 $(\delta - 1)$ 表示，其中 $\delta \approx 1$。

2.8 在二维平面上，某个服务的用户需求均匀分布，密度为 λ（需求/时间·面积）。服务设施按均匀空间点阵分布，每个设施的服务区域形状相同，大小（A）也相同，并划分这个平面。服务单位需求的成本与客户和设施之间的欧几里得距离成正比，比例系数为 c（费用/距离）。

（1）用量纲分析表示服务单位需求的平均成本与 A 和 λ 的关系。

（2）如果建造一个设施的摊销成本为 f（费用/时间），推导最优 A 的解析公式。

2.9 （生成最大无关集的多种方法）式（2.9）表示了最大货车流量 q 与客车车头时距 H、共享轨道长度 L、客车速度 v_1、货车速度 v_2、客车间距 s_1 和货车间距 s_2 之间的关系。

（1）写出所有变量的量纲向量。找到一组可用于重写式（2.9）的无量纲组合，写下每个无量纲组合的结构向量和量纲矩阵，计算这些无量纲组合的量纲向量。用这些无量纲组合来表达式（2.9）。

（2）找到可用于简化式（2.9）的最大无关集。可以用尝试的方法，也可以使用附录 2.A 中介绍的方法，用这个最大集重复（1）的分析。

（3）你能找到其他可以简化式（2.9）的最大无关集吗？该集与（2）中得到的集有什么关系？

 附录 2.A　如何确定最大相互无关集

本附录表明，如果变量 $\{x_1, x_2, \cdots, x_p\}$ 包含 d 个独立量纲 $\{\alpha_1, \cdots, \alpha_d\}$，用这组变量构造的无量纲组合集，可以构成一个有限维线性向量空间。这个空间的每个点都是无量纲组合（反之亦然），而这个空间的基对应于最大集。本附录还给出确定这些基的方法。

定义：

（1）组合 g 是系数为 1 的变量单项式，由一个 $(1 \times p)$ 的向量 $\boldsymbol{e} = (\cdots, e_i, \cdots)$ 列出了其中各变量的指数，称为该组合的结构向量，有：

$$g \equiv \prod_{i=1}^{p} x_i^{e_i} \tag{2.A1}$$

（2）量纲组合 $D(g)$ 是系数为 1 的量纲组合单项式。$(1 \times d)$ 的向量 $\boldsymbol{a} = (\cdots, a_j, \cdots)$ 列出

了量纲的指数，称为该组合的量纲向量，有：

$$D(g) \equiv \prod_{j=1}^{d} \alpha_j^{a_j} \tag{2.A2}$$

（3）每个变量都是一个基本组合，有各自的量纲向量。变量 x_i 的量纲向量表示为 $\boldsymbol{m_i} = (\cdots, m_{ij}, \cdots)$，有：

$$D(x_i) \equiv \prod_{j=1}^{d} \alpha_j^{m_{ij}} \tag{2.A3}$$

所有变量的向量 $\{\boldsymbol{m_i} : \forall i\}$ 已知。整合这些量纲向量的 $(d \times p)$ 矩阵 $\boldsymbol{M} = (\cdots, \boldsymbol{m_i}^{\mathrm{T}}, \cdots)^{\mathrm{T}}$ 叫作问题的量纲矩阵。

（4）如果组合集中任何一个组合都不能表示为其他组合的幂次之积，那么这个集中的组合是相互无关的。

根据定义 1，两个组合之间的乘法和幂运算可以像下面这样用结构向量重新表述：

（1）组合的幂运算可以转换为其结构向量的标量乘法运算。根据式（2.A1），对于任何常数 z，有：$g^z \equiv \prod_{i=1}^{p} x_i^{ze_i}$。

（2）组合的乘法运算可以转换为结构向量的加法运算。根据式（2.A1），两个组合乘积的结构向量是它们的结构向量的和。

此外，分析定义 1、2、3 和属性（1）和（2），有：

（3）量纲集合中的组合相互无关，当且仅当它们的结构向量线性无关。

（4）基于一组变量的所有可能的组合的量纲向量构成了线性向量空间 V。

注意一个组合的量纲是根据其变量的量纲计算得出的，公式为：

$$D(g) \equiv D\left(\prod_{i=1}^{p} x_i^{e_i}\right) = \prod_{i=1}^{p} D(x_i)^{e_i} \tag{2.A4}$$

这个公式有点抽象，这里只是重申一下它的作用。例如，组合 $g = vt^{-1}$ 由变量 v 和 t 构成。假设问题的独立量纲为(距离)和(时间)，变量 v 和 t 的量纲分别为((距离)(时间)$^{-1}$) 和 (时间)。接下来应用式（2.A4）：$D(g) \equiv D(v^1 t^{-1}) = D(v)^1 D(t)^{-1} = $ (距离/时间)^1(时间)$^{-1}$ = (距离)(时间)$^{-2}$。

在这个特例中，结构向量为 $\boldsymbol{e} = (1, -1)$，量纲向量为 $\boldsymbol{a} = (1, -2)$，问题的量纲矩阵为 $\boldsymbol{M} = \begin{bmatrix} 1 & -1 \\ 0 & 1 \end{bmatrix}$，这三个向量/矩阵满足以下关系：$\boldsymbol{a} = \boldsymbol{eM}$。接下来证明这个关系是普遍成立的。

定理 A2.1：若一个组合的结构向量为 $\boldsymbol{e}$，那么其量纲向量为 $\boldsymbol{a} = \boldsymbol{eM}$。

证明：根据式（2.A2）和式（2.A4），有：

$$D(g) \equiv \prod_{j=1}^{d} \alpha_j^{a_j} = \prod_{i=1}^{p} D(x_i)^{e_i} \tag{2.A5}$$

在这个表达式中用式（2.A3）的右边项替换 $D(x_i)$，有：

$$\prod_{j=1}^{d} \alpha_j^{a_j} = \prod_{i=1}^{p} \prod_{j=1}^{d} \left(\alpha_j^{m_{ij}}\right)^{e_i} = \prod_{j=1}^{d} \prod_{i=1}^{p} \alpha_j^{e_i m_{ij}} = \prod_{j=1}^{d} \alpha_j^{\sum_{i=1}^{p} e_i m_{ij}} \tag{2.A6}$$

比较第一项和最后一项的指数，有 $a_j = \sum_{i=1}^{p} e_i m_{ij}$，即 $\boldsymbol{a} = \boldsymbol{eM}$。

这个定理通过简单的矩阵乘法就可以从组合的结构向量中推知其量纲向量，而且所有无量纲组合（量纲向量为0的组合）都可以表示为齐次方程的解：
$$eM = 0 \tag{2.A7}$$
即，表示为 M 的左零空间，用 $S \subset V$ 表示。

由线性代数中秩—零化度定理可知，S 的维度为 $p-rank(M)$。另外，可以用高斯消元法等标准方法确定 S 的基。这就解决了我们的问题，因为 S 的基（根据定义）是极大线性无关向量的集合，集合中的向量对应的无量纲组合也就是最大无关集（属性III）。

总结：以上所有内容可简述为：要找到最大集，需要写出问题的量纲矩阵 M，找到式（2.A7）的 $p-rank(M)$ 个独立的解，每个解向量的元素都是最大集中相应无量纲组合里的变量的指数。

回顾2.4节的例2.6和2.7，说明以上内容。

【例A2.1】 这个问题包含 $p=3$ 个变量 $\{\bar{Q}, \bar{w}, \lambda\}$ 和2个量纲（数量）、（时间）。这些变量的量纲为：$\bar{Q}$[数量]、$\bar{w}$[时间]、λ[(数量)(时间)$^{-1}$]。因此，依照变量和量纲的上述顺序，问题的量纲矩阵为：

$$M = \begin{bmatrix} 1 & 0 \\ 0 & 1 \\ 1 & -1 \end{bmatrix}$$

很容易看出 $rank(M) = 2$，因此式（2.A7）只有3-2=1个独立解。读者可以验证(−1,1,1)是一个解。相应的无量纲组合是：$\pi = (\bar{Q})^{-1}(\bar{w})^1(\lambda)^1 = \lambda\bar{w}/\bar{Q}$。这是例2.6中通过启发式方法得到的最大集。

【例A2.2】 这个系统包含 $p=4$ 个变量 $\{S, \delta, \sigma^2, L\}$ 和2个量纲：（数量）、（距离）。这些变量的量纲分别是：[(距离)^2]、[(距离)$^{-2}$]、[(数量)^2]和[数量·距离]。依照上述顺序，问题的量纲矩阵为：

$$M = \begin{bmatrix} 0 & 2 \\ 0 & -2 \\ 2 & 0 \\ 1 & 1 \end{bmatrix}$$

同样，很容易得到 $rank(M)=2$。因此，式（2.A7）只有4-2=2个独立解。这两个解分别是：$(1,1,0,0)$ 和 $(-\frac{1}{2}, 0, -\frac{1}{2}, 1)$，对应于例2.7中的最大无关集 $\{\pi_1 = \delta S, \pi_2 = L/(\sigma\sqrt{S})\}$。

第3章 规划——总体思路

公交系统规划属于长期规划,且其规模通常较大。公交系统规划包括对公交组成要素及其时空组织的选择,例如公共交通技术、覆盖的服务区域范围、停靠点、公交路线的布局,以及公交车的发车频率或时刻表。这些决策的实施成本很高,无法经常更改,所以公交系统规划是战略层面的长远决策。它从根本上决定了公交所有者、运营机构需要承担的基础设施成本和运营成本,同时定义了出行者采用公交方式出行的可达性和机动性。由此可见,公交系统的规划是十分重要的。

要实现良好的交通规划,不仅要有完善的工程技术,而且要了解它所服务的社区及其出行需求。尤其要基于良好的交通预测进行规划,包括在规划范围内有多少人使用公交系统,以及他们的出行需求随时间和空间变化的特性。由于所规划的系统本身也可以导致新需求的产生,因此预测本身有一定难度。由于在规划中要做多个较为复杂的决策,整个规划部分将分为五个章节:本章(第3章)介绍一些基础知识,之后四章(第4~7章)介绍规划的方法。当然,要成功运行公交系统,还需要解决短期战术层面和运营方面的问题,其中包括:车队日常管理、制订司机排班计划,以及实时控制车辆以应对运营扰动。鉴于这些问题的特性及重要性各不相同,有关规划的章节中不探讨这些内容,而是在本书的后续部分进行详细研究。

本章使用了3个小节介绍基础知识。3.1节讨论一些全局性问题;紧接着的两个小节讨论技术细节:3.2节展示了公交规划时,系统设计对系统表现的影响;3.3节展示了如何在系统设计影响需求的情况下处理需求。本章结尾小节(3.4节)简短地描述了第4~7章的组织。

3.1 规划决策

本节讨论全局决策,特别是讨论如何确定规划的时间范围、解决方案的范围以及建模原理。本节将论证规划如何使覆盖的时间范围要长,解决方案的范围要广,还提出了制定规划的两个阶段:首先进行大致规划,然后再辅以精细调整。

3.1.1 时间范围

人们普遍认为,公交系统在其整个生命周期中的成功与否和它所服务区域的社会经济活动以及土地利用密切相关。所谓的"以公交为导向的"发展或社区活动的出现,可以证明这种观点的普遍性。在公交导向下,公交车站附近的城市土地利用与公交系统同步进行规划(Curtis 等,2009)。但是大多数情况下,公交系统需要根据给定的城市结构进行设计。尽管这种设计方式并不是很理想,但在以下情况下,该设计方式仍然可以为社会带来良好的影响：①可以大致估计出整个规划期内的需求，并且②规划期长度与系统的寿命相当。3.3 节讨论③，这里关注②，尤其是如果规划期选择得太短，结果可能会令人失望。

由于决策者（有时公众也如此）往往更偏好简单的事物、渐进式的改变、低成本和灵活的解决方案，因此通常会采用较短的规划期。在最坏的情况下，运营机构可能会以短视的方式逐步改进公交系统，例如，只对出行需求的即时变化或投诉做出回应，而不考虑长期发展目标。相对于系统生命周期而言，管理者的任期较短鼓励了这种类型的短视，因为决策机构通常由公务员组成，他们需要在较短的任期内取得有利的政绩。

在此，我们以一个例子来说明短视的可怕后果，以及为什么要避免短视。如果需求随着时间的推移逐渐且无限期地增加，那么与有远见的设计相比，只考虑短期收益、逐步追求最优设计的结果更差。下面这个例子简要说明了这一点。

假设有一个虚构的城市，人们出行只有两种模式：私家车和公交。出行的需求率随着时间的推移而逐渐增加，必须定期考虑如何最好地满足人们的出行需求。在每个管理任期的起始时间，决策者考虑三种不同的选择：投资地铁、投资私家车的基础设施或什么都不做。前面两种投资具有以下特性。

私家车基础设施：可连续拓展服务能力（如拓宽道路），每单位服务能力的成本是 c_g。

地铁：具有不可分割但非常大的服务能力，整体成本为 c_0。

决策的目标是提供足够的服务能力以在每个管理任期都满足当前的需求。第 i 个管理任期结束时的预期需求率记为 α_i。在每个决策瞬间，决策机构必须选择是否投资大量资金 c_0 用于隧道和地铁轨道的建设，以其巨大的运载服务能力应对可预见未来的所有需求；或在每个任期中逐步扩展道路基础设施服务能力，仅足以勉强满足该任期结束时增长后的需求量。

如果决策机构每次都选择投资私家车的基础设施建设，那么第 i 个任期的增量投资成本为：$c_i = c_g(\alpha_i - \alpha_{i-1})$。并且，如果假设 c_0 足够大（使得 c_i 总是小于 c_0），那么每个周期选择扩建私家车基础设施的成本都比建地铁的成本低。因此，如果成本是主要决策因素，短视的决策机构则会在每个周期都选择投资私家车的基础设施建设。该决策过程在多个任期内产生的累计成本如图 3.1 的阶梯形线所示。

图 3.1 表明，如果需求无限期地持续增长，那么私家车基础设施的累积支出最终将在某个周期 i^* 内超过地铁的支出；并且支出会在之后的周期继续产生。如果决策者的视野长于 i^* 周期，就该选择总投资成本更低的地铁。

当然，现实中的决策机构并不完全是短视的，一些决策者使用财务工具按时间分摊成本，进而避免掉入该例子中的陷阱。但是要取得决策的成功，他们还必须具有长远的眼光，这一点非常重要。具有长期影响的规划通常应同时具有较长的规划期和长远的眼光。

在进行长远决策时，应该注意公交系统在较长时间内可能创造新的需求。决策者在制定规划目标时，应该认识到这种潜在的需求，甚至应该利用这种需求。这一思路将在 3.3 节进一步讨论。

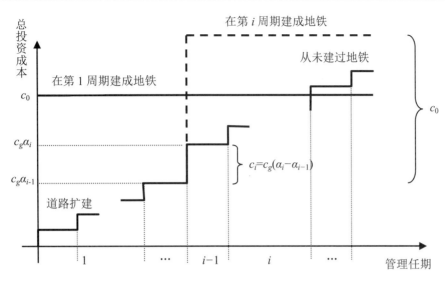

图 3.1　各决策周期的交通基础设施投资比选（道路扩建与地铁为例）

3.1.2 解决方案的范围

在公交规划中，应始终尝试评估尽可能广的候选解决方案集，并找到方法比较这些方案。建议从"空白板"开始评估广泛的解决方案集，使用数学方法缩小比选范围，并确定最终方案。

在许多实际案例中，某城市问题的解决方案是通过考察其他城市应对类似问题的成功方案，并根据自身情况进行调整确定的。快速公交（Bus Rapid Transit，BRT）的概念就是通过这种方式获得认可和应用的。这种形式的公交车最早在巴西的库里蒂巴（Curitiba）实施，具有专用车道和车外售检票的方式，现在快速公交已扩展到世界各地。它的优点是以较低的成本提供类似地铁的服务体验。因此，它在最重视成本的应用场合中很受欢迎。快速公交之所以风靡全球，是因为这种成功是可以复制的，而复制其他城市的成功是尝试新事物的保险方法。

尽管借鉴并调整其他地方的解决方案是切实可行的，但它也有一个缺点：如果有问题的城市与供借鉴解决方案的模板城市没那么相似，则可能没有可以直接复制的适用模型。即使相似的城市很多，解决方案的可选择范围也受限于其他地方过去的尝试。因此，解决方案集的范围仍然比较窄。

本书将展示如何从空白板开始，系统地组织通用公交系统的构成要素（车辆类型、导轨类型等），以建立一个最能满足当前实际情况的系统。我们称其为空白板方法。空白板方法使城市能够提出从未在任何地方尝试过的创新解决方案。该方法的主要优点是，通过探索较大的解决方案空间，很可能会提出更好的解决方案。在大空间上进行系统的搜索可能是困难的，但是可以像 3.1.3 节所述那样克服这一障碍。更严重的问题是，如果解决方案与其他现有系统的区别很大，公交机构就无法借鉴其他地区的经验。但是潜在的利益可能远远超过随之而来的风险。采用空白板方法创造的巴塞罗那（Barcelona）高性能公交系统就是一个很好的例子，它还吸引了意想不到的高需求（Badia 等，2017）；详细内容参见 6.4.2 节。

3.1.3 建模哲学

尽管空白板方法和比较法在技术上存在很大差异，但两者都使用了图 3.2 左侧显示的流程步骤，主要区别出现在第三步和第四步，空白板方法更广泛地生成和评估替代方案。下面详细介绍这些步骤。

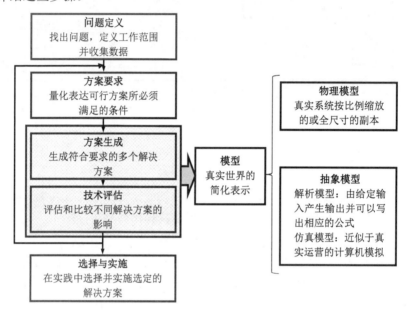

图 3.2 典型的规划流程和模型

在问题定义步骤中，决策机构通常与公众合作，考虑当前的问题并定义规划工作的范围。理想情况下应使用数据量化这些问题，因为这将有助于更好地制定规划目标并为评估提供可靠的基准。例如，在一个正在改造公交系统的城市中，人们可能希望量化其人口分布、出行需求、公交系统及其当前性能的信息，其中公交系统信息应包括系统的全部产出和相关成本。

在方案要求步骤中，政策制定机构确定可行方案需要满足的约束条件，并设置项目总体目标。例如，目标确定为尽可能降低服务区域中的平均门到门出行时间，约束定为项目的预算。这一步可能更多地取决于政治管理目标，而不是技术上的考量，但它是规划的基础。

接下来的两个步骤基于以上信息且技术性较强：第一步生成一系列有效候选方案，第二步是逐一评估这些方案。比较法对已有系统方案进行的修改，选项较少，因此可以全面、详细地评估每种解决方案。通常要尝试提出各种解决方案，然后使用计算机仿真模型进行系统性评估或验证。

在空白板方法中，不列举候选解决方案。它们是由数学公式间接定义的。这些数学公式指定公交系统使用的基本构成要素的数量和类型，以及它们的组织形式。通过引入必要的等式或不等式约束，可以排除构成要素的不可行组合。约束条件之所以有用，是因为由它们定义的可行域包括了所有可能的系统方案，因此得到的解决方案范围是最广泛的。为了评估这些解决方案，将政策目标进行量化建模表达可以达到的目标水平与各构成要素之间的关系。然后，把这些等式组合成一个最大化或最小化的目标函数。接着，将所有公式组合到在第 2 章中介绍的数学规划模型中，并对它进行求解以获得最优解。这项任务通常比较复杂，因此最终结果通常只是近似最优的。

在比较法和空白板方法中，替代方案的生成和选择过程都涉及模型的搭建。图 3.2 右边的方框强调了这一点。模型是对现实世界的抽象，可帮助规划人员和工程师避免进行昂贵且效率低下的全尺寸实地试验。物理模型是按比例缩小的真实世界的副本，仅用于替代方案的评估，例如测试真实场景下的某个方案的通信和控制形式，或者在示范项目中演示新的运营概念。

抽象模型与讨论的方法更相关，它是现实世界的数学表达。在办公室中使用计算机、纸和笔就可以完成相关运算。抽象模型可分为解析模型和仿真模型两类。解析模型是一组公式，这些公式大致描述了当变量值设为代表真实世界和系统相关特征的值时，系统的工作方式，通过输入相关的数据进行计算，可以回答有关实际系统的问题。仿真模型是系统的计算机化副本，用数字化的代理和交互规则模拟真实世界。通过输入相关数据运行仿真，可以迅速回答有关实际系统的问题。

通常，仿真模型能比解析模型产生更好的近似值，但是更难于理解和优化。相比之下，解析公式可以一目了然地揭示变量之间的关系（例如在量纲分析中，见 2.4 节），可以转化为数学规划模型，用于比选择无限多的解决方案，以及确定最优方案。基于这些原因，解析模型非常适合于空白板方法。相比之下，当只有几个方案选项需要比较的时候，仿真模型就会有很大优势，因而仿真模型更适用于比较法。

第五步是解决方案的最终选择和实施。涉及决策机构的选择，并且可以是最后一步操作。有时分析得到的所有解决方案都无法被接受，因此必须重新回到"画板"上。这就是为什么该流程图包括一个反馈回路的原因。如果某些利益相关者改变了主意，或在制定方案要求时没有正确传达或理解他们最初的某些愿望，则可能发生这类失败。

由于本书的重点在空白板方法上，而它在很大程度上依赖于解析模型，因此现在引入一些有关建模的其他想法。

3.1.4 两步建模方法：整数与连续变量

公共交通规划问题大都非常复杂，公式只能估算其大致表现。然而，数学公式还是非常有用的，因为它们使分析人员能够探索无限多的可能解决方案。为了解决这个两难的境地，这里使用在物流系统规划中应用的两步建模方法，参见 Daganzo（1991）的第 1 章。第一步利用解析公式的优势，第二步减少它的不准确性。下面更详细地说明该方法。

第一步是草图规划。在此阶段，真实世界在某种程度上被理想化，并通过易于处理的公式将其表示为数学规划。这使我们能在很大的范围里详尽地探索可能方案并确定最优方案；参考 Daganzo（2012）的讨论。然后，将得到的解决方案视为一种概念，考虑在理想化过程中忽略的所有细节，以使其适用于现实世界。这是第二步微调步骤的目的。微调阶段尝试调整解决方案的概念，以符合现实世界的所有细节，接着通过详细的仿真进行评估。该步骤既重要且耗时，但是很直观。因此，本书的第4~7章将专注于讨论第一个步骤，即草图规划步骤。这一步骤及其重要，因为它探索很大范围里的解决方案；这个步骤也具有挑战性，因为必须要建立易于处理而且准确的数学模型。

事实证明，在准确性和易处理性之间总要权衡取舍。如果重点是准确，则必须使用非常详细的、具有许多输入数据和许多决策变量（整数和实数）的模型。不利的一面是，由此产生的数学规划模型非常复杂，并难以求解，乃至无法确定所得出的解是否有用。从本质上分析，困难在于尽管解决方案的可行域被非常精确地描述，但无法在其中进行有效的搜索。

如果用实数变量代替整数变量，就好像该数量是连续的一样，就会更容易处理。例如，可以将某公交走廊上的车站数视为一个实数变量，然后在实际操作中使用与所获得的解最接近的整数。在这种类型的"连续近似"下，数学规划模型通常有一种可以通过数值算法有效求解的形式。如果用实数变量近似整数变量不会引入大的误差，那么这种方法就特别有用。感兴趣的读者可以参考 Ansari 等人（2018）的文献综述。

考虑到这些因素，本书的数学规划模型中描述公交车、车站和路线等数量的所有决策变量都将被视为实数变量。当问题的解涉及的整数变量远比1大（经常发生）时，该方法特别有效。下面的例子解释得更清楚。

【例3.1】某公交公司想确定在给定预算下要购买多少辆面包车和小型公交车，以最大化其载客量（座位·km/min）。已知每辆公交车的容量为22人，成本为2.1货币单位。每辆面包车容量18人，价格为1.9货币单位。接下来，分别求解预算为2和200货币单位的情况。

如果预算为2货币单位，用 x 表示公交车数量，用 y 表示面包车数量，则数学规划模型为：

$$\max \quad \{z=22x+18y\}$$
$$\text{s.t.} \quad 2.1x+1.9y \leq 2$$
$$\text{且} \quad x, y \geq 0$$
$$x, y \in \mathbf{Z}_+ \text{(整数集)}$$

这是一个整数规划。它的求解很简单，因为只有两个可行的(x,y)点：$(0,0)$和$(0,1)$。因此，最优解显然是：

$$x^*=0, \quad y^*=1 \text{ 和 } z^*=18$$

接下来，使用两步建模方法在草图规划步骤中将决策变量视为连续变量。连续化建模是通过从原来模型中删除最后一个约束获得的，这样该问题就变成了线性规划问题，因此可以被轻松解决，如在(x,y)平面上绘制可行域，然后在其三个角点处评估目标函数。读者可以验证最优解是：

$$x^*=0.952, \quad y^*=0, \quad z^*=20.95$$

但是，该解决方案只是一个概念，因为实际上 x 和 y 必须是整数。为了将其变成实际可用的解，需要进行微调。对于这种连续近似的问题，将所有非整数变量四舍五入到最接

近的整数,同时保证解的可行性。在例子中,预算约束阻止了向上取整,因此经过微调的解是:

$$x^*=0, y^*=0, z^*=0$$

注意,这比最优解决方案差很多。这种严重误差的出现只是因为在微调步骤中对解的调整与调整前的数值相比较大;调整前的最优值变大时,误差变小。

在考虑大预算情况之前,了解如何在真正的最优值未知时评估微调解决方案的质量很有用。为此,借助两个事实:① 第一个步骤的目标函数值是真实最优值的上限,因为它解决的是原问题的松弛版本;② 微调解的目标值是一个下限,因为它是原问题的可行解。因此,第一步和第二步目标之间的差异是一个最优性间隙,它限制了所得出解决方案的误差。在刚刚求解的问题中,最优性间隙为100%。最优性间隙很大是因为它来自两个较小数字之间的小差异。

设预算为200货币单位,以分析规模更大、更现实的问题。求解以下模型:

$$\max \{z=22x+18y\}$$
$$\text{s.t. } 2.1x+1.9y \leqslant 200$$
$$\text{且 } x, y \geqslant 0$$
$$x, y \in \mathbf{Z}_+(\text{整数集})$$

通过在二维表格(如电子表格)中枚举所有可行解并评估其目标值,可以在几分钟内求解此问题。唯一的最优解是:

$$x^*=95, y^*=0, z^*=2090$$

去掉整数约束,得到线性规划模型并执行草图规划步骤。和以前一样,在可行区域的三个角点处评估目标值并得到:

$$x^*=95.2, y^*=0, z^*=2095$$

最后,通过将决策变量向下取整对解进行微调。结果是:

$$x^*=95, y^*=0, z^*=2090$$

此解恰好与真正的最优值匹配,因此误差为0。但这只是巧合,在大规模的问题中很少出现。更相关的一点是,对于这种规模的预算,两个解的目标值一定会很接近。可以通过最优性间隙认识到这一点,对于给定的预算 B,最优性间隙不可能超过最大可能目标值改变(即22)与最小的可能最优解的比率。后者不小于在使用最大数量的公交车且不使用面包车的情况下获得的可行解的目标值,即 $22\lfloor B/2 \rfloor \approx 10B$($B \gg 1$)。因此,最优性间隙不可能大于 $22/(10B) \approx 2/B$。因此,预算越大则车辆越多,最优性间隙也越小。在这个特定的例子中,最优性间隙是 0.24%=5/2095≈1/400,确实低于估计的上限 2/B=2/200。

这一结果说明,将不可分割的较大数量视为实数变量时,在优化中只会出现很小的误差。在本书中将多次进行这样的处理,因为这种简化具有非常明显的实用优点。

3.2 计算非货币表现输出

公交规划涉及多种效益之间的权衡,这些效益以货币性单位或非货币性单位衡量,而且通常会影响不同的利益相关者。本节探讨如何在草图规划步骤的优化框架中实际考虑这些条件。

公交规划的核心问题之一是在运营机构成本和用户服务水平（Level Of Service，LOS）之间进行权衡。后者受非货币性数量（如距离和时间）的影响。更具体地说，设想一个由一条公交线路服务的线性城市，如图 3.3 里的时空图所示，图中的细线表示乘客希望的行程轨迹，粗线是一辆公交车的轨迹，在特定的时间点停在两个相邻的站点。虚线表示公交可以提供的服务与某乘客希望的出行之间的差距[①]。图 3.3 显示，为了克服这些差距，这位乘客必须比其希望的时间更早离开，步行一段距离抵达出发站，然后在公交车到站后再次步行，最终比希望的时间更晚到达。其他乘客可能不得不以类似的方式进行调整，也可能需要乘坐其他公交车（图中未标出）。

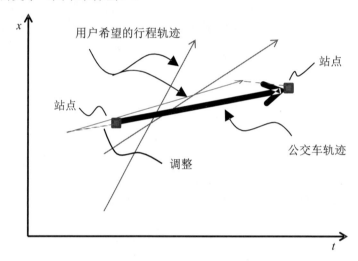

图 3.3　线性城市中的行程轨迹（时空图）

观察图 3.3 还可以发现，使用更多的公交车（例如，提供更多的粗箭头）和提高公交车运营速度可以减少出行时间的损失，人们将有更多、更好的出行选择。这两项改进都会增加运营机构的成本，所以很显然运营机构成本与用户行程时间、距离之间存在折衷。在不同利益相关者及不同输出表现之间做权衡是所有公交规划的核心工作。

正如 3.1 节所强调的那样，规划的主要目的是找到服务某需求目标的最优方案，而这个需求目标应该已经在规划过程的"方案要求"步骤中确定[②]。规划的功效是通过同时考虑用户得到的服务水平和运营机构/社会的成本量化评价的。在此过程中，公交系统关于用户及运营机构的所有输出，都必须使用相同的成本单位表示。成本单位可以是货币单位、时间单位或其他单位，而且收益可以通过更改符号转化为成本。

为了量化目标函数中的服务水平，我们定义了所谓的"广义成本"或负效益，这个定义可以应用于个人，也可以应用于集体。例如，对于体验到服务时间 T 和票价 $ 的个人，广

---

① 编译者注：并非实际轨迹。
② 3.3 节和第 11 章解释了为什么这样的处理对设计来说是非常理想的（并且合理的）。

义成本可以是：

$$广义成本 = \beta_T T + \beta_\$ \$$$

系数 β_T 和 $\beta_\$$ 因个体而异。运营机构的广义成本由其不同输出的系数量化。显然，因为很多个体具有不同的系数，并且运营机构有自己的考虑，因此很难客观地为目标函数选择合适的成本系数代表所有利益相关者的希望。这些系数必须由决策机构在规划过程的"方案要求"阶段中确定。

让事情变得更加复杂的是，公交系统还涉及对于非使用者的外部性效益和成本，例如减少拥堵、能源消耗、污染和噪声，人们对这些外部性的评估方法也有不同的意见。这些评估为决策过程注入了另一种主观因素，也应在"方案要求"阶段得到解决。

显然，良好的规划必须考虑所有效益输出，而不仅仅是部分输出。如果可以为所有输出确定合理的权重，则可以以很直接的方式实现这一目标，因为综合了所有输出的广义成本公式将根据决策机构的希望量化规划的有效性。然后，如果可以找到一个规划决策变量的函数表示广义成本，则可以在无约束条件下通过最小化该函数确定最优规划。此方法称为拉格朗日方法，在下文中详细阐述。

在实践中，决策者可能更容易确定每个（或某些）输出可以接受的下限或上限；然后将这些界限设置为规划的标准。正如下面所展示的，规划问题将采用带约束优化问题的形式，我们将其称为（基于）"标准"的方法[①]。本小节的其余部分将更详细地描述这个标准方法，然后说明其与拉格朗日方法的关系。这两种方法通常会产生相同的规划。

3.2.1 基于标准的方法

（基于）标准的方法的目标是选择最经济的但是满足一组设计标准的规划。为了说明这一点，暂时假设一个规划中的公交系统产生以下四个效益输出变量，而括号中的内容确定了设计标准。

T——门到门时间；不利的效益（不超过 T_0）。
E——消耗的能量；不利的效益（不超过 E_0）。
M——机动性；有利的效益（至少 M_0）。
A——可达性；有利的效益（至少 A_0）。

使用符号 $\$$ 代表成本，可以将基于标准的优化问题构建为以下数学规划模型。

数学规划（mathematical programming，MP）：$\min\{\$: T \leqslant T_0; E \leqslant E_0; M \geqslant M_0; A \geqslant A_0 \cdots\}$

注意，每个标准都可以定义为一个不等式，将输出的效益值限制到规定的标准。

为了简化符号，并将公式广义化，将在基于标准的数学规划 MP 中用 y 表示所有货币和非货币的输出向量。因此，对于本例有 $y = (\$, T, E, M, A)$。另外，设置向量为 x，它包含所有的规划设计变量（例如包含所有路线图和时刻表）。同时，假设系统服务需求已经给定，记为 a。

[①] 编译者注：这里的"标准"是指在约束中使用效益标准。本书把本方法简称为标准方法。

我们可以合理地认为，输出向量 y 是 x 和 α 的函数，也就是说根据给定的设计和给定的需求，系统将按照预计的方式运行。考虑到这一点，令 F_m 为表达 y, x 和 α 之间关系的函数，也就是 $y=F_m(x,\alpha)$，其中下标 m 代表某种特定的公交模式，这里假设可以通过建模确定这个函数。

然后，寻找在不违反约束的条件下使得 y 中的 $\$$ 分量最小的 x 值，得到的结果是最优设计 $x^*(\alpha)$。如果实现该设计，将得到输出向量 $y^* = F_m(x^*(\alpha),\alpha)$。将 y^* 与 α 的关系表示为 $G_m(\alpha)$。此函数表示当需求为 α 时，模式 m 可以实现的最优效果。本书比较不同模式下的 $G_m(\alpha)$。接下来，比较该标准方法与拉格朗日方法。

3.2.2 拉格朗日方法与基于标准的方法之间的联系

基于标准的方法和拉格朗日方法密切相关。读者可以回想 2.3.2 节，如果在一个优化问题的拉格朗日函数中选择最优影子价格作为权重（拉格朗日乘子），那么以拉格朗日函数为目标函数的无约束问题的一阶最优条件，就与原约束问题的 KKT 条件相匹配。因此，无约束优化（对应于拉格朗日方法）产生的结果与约束优化（对应基于标准的方法）产生的结果是相同的。这种等效性使我们可以灵活地选择最适合现有信息的方法。如果所有权重都已知，建议使用拉格朗日方法。如果知道所有输出的设计标准，则选择标准方法；如果某些输出的权重已知，而其余部分的设计标准已知，则可以混合使用两种方法。

下面这个简单的例子更具体地表明了上述想法，特别是它显示了拉格朗日方法和标准方法之间的关系。假设有一个非常简单的公交系统，所有用户和车辆的行程端点都在相同的两个点上。唯一的设计变量是发车频率。假设单位时间的出行者需求不随时间变化。那么对于这个简单的示例，只有两个变量：

x——发车频率（唯一设计变量，单位以公交车/h 表示）

α——需求（唯一需求变量，单位以 pax/h 表示）[①]

假设希望在满足出行者出行时间标准的条件下，最小化运营成本。因此，从标准方法开始。为 F_m 的两个分量分别推导公式。这些输出应表示为本项目全生命周期内的总和，或者如果项目无限期，考虑稳态下单位时间的输出。由于需求是固定的，还可以将单位时间内的总输出分摊给在此时间内使用该系统的出行次数（固定的），即每次出行的输出平均值。读者可以验证这个例子的结果与用其他两种输出度量得到的结果是相同的。

首先，考虑成本的组成。假设每次发车的成本为 c_f 货币单位，包括一次往返的车辆运营成本、折旧费用和司机工资。由于单位时间的调度成本和旅客行程次数分别为 $c_f x$ 和 α，每次乘客行程分摊的成本为：

$$\$ = F_m^\$(x,\alpha) = c_f x/\alpha \ (\$/\text{pax})$$

上标 $\$$ 表示分量的类型。

将车内时间和车外时间综合起来分析出行者的行程时间。假设车内时间固定为某个值

[①] 本书中，需求将通过运输系统服务的出行者出行数进行量化。它的度量单位是出行者一次出行，通常用单词出行者"passenger"（简称"pax"）或出行"trip"表示。

t。为了估计车外时间,假设车头时距是恒定的,取值为$1/x$,同时公交运营机构不发布车辆到达时刻表。此外,假设人们在目的地有预约,为了确保准时到达,他们必须给自己留出多余的时间。在这些假设下,如果出行者在行程时间上增加一个车头时距的时间冗余,则可以保证满足预约时间,即他/她比预约时间提前$t+1/x$时间单位到达出发站[①]。因此,对于每位出行者,$T=t+1/x$。现在,由于t是固定的,且与x无关,可以忽略t,仅考虑车外延迟。有:

$$T = F_m^T(x,\alpha) = 1/x \text{ (h/人)}$$

完成这个建模后,再构建基于标准的数学规划模型。如果适当选择货币单位使得$c_f=1$,问题将退化为:

$$(MP) \min\{x/\alpha : 1/x \leq T_0\}$$

要求解该问题,注意其目标函数是增函数。因此,该问题的解应该是可行的x的最小值。还应注意约束条件仅定义了x的下限,因此它必须在达到最优解时起到约束作用。因此,求得的解是:

$$x^* = 1/T_0$$

将其代入目标函数中,每次乘客出行的最优货币成本为:

$$\$^* \equiv G_m^\$(\alpha) = 1/(\alpha T_0)$$

将上述方法与拉格朗日方法进行比较。回想一下,拉格朗日方法涉及为时间延迟选择影子价格β来形成一个广义的成本函数,然后在无约束的情况下使其最小化。对于我们的问题,广义成本规划(generalized cost programming,GCP)表达式为:

$$(GCP) \quad \min_x\{\$+\beta T \equiv x/\alpha + \beta(1/x)\}$$

将其与第2章中定义的线性规划(linear programming,LP)问题的拉格朗日方程比较,即:

$$(LP) \quad \min_x\{\$+\beta(T-T_0) \equiv x/\alpha + \beta(1/x) - \beta T_0\}$$

注意,GCP和LP仅相差一个常数项$-\beta T_0$。因为只要求出最优的x即可,所以该项可以忽略不计。通过简单的代数运算,(这两个问题的)最优值为:

$$x^* = \sqrt{\alpha\beta}$$

证明存在一个值β,使得拉格朗日方法的最优解等于基于标准的方法的解,因而证明这两种方法是等效的。如2.3.2节中所述,这个固定的β值应该使MP的约束$1/x \leq T_0$起到约束作用,即通过求解$1/\sqrt{\alpha\beta}=T_0$得到β,求得的结果是$\beta=(1/T_0^2)(1/\alpha)$,将其代入拉格朗日解中,可发现$x^*=1/T_0$和$\$^*=x^*/\alpha=1/(\alpha T_0)$,与基于标准的方法的解一致。

更为通用的结论是,拉格朗日方法里,某系统输出(本算例中的时间)在目标函数里的权重大小变化时,这个系统输出也相应变化。当系统输出等于标准方法中相应的标准时,两种方法的解就会匹配。总的来说,这个结论是正确的。这表明使用具有适当权重的拉格朗日公式可以解决由标准方法定义的问题。正如在2.3.2节中所示,可以不断调整权重直到

---

① 第4章将更详细地讨论出行者的车外时间以及提前到达目的地可能的惩罚。

满足互补松弛条件，直到找到唯一的正确权重，如本例所示。在本书中，使用这种拉格朗日方法经常可以获得与该例类似的闭合解析解。

总而言之，可以使用两种非常相似的方法获得草图规划，并且这两种方法都可行。它们的主要特征如下。

1. 标准方法：min{ $ s.t. $T \leq T_0, E \leq E_0 \cdots$ }

这种方法以货币成本最小化为目标，同时考虑对系统效益输出的约束，例如行程时间和能耗。如果已知系统输出的设计标准，则该方法是适用的。通常，如例所示，约束在最优解处会起到约束作用，即 $T=T_0, E=E_0 \cdots$

2. 拉格朗日方法：min { $\$(x,\alpha)+\beta_T(T(x,\alpha))+\beta_E(E(x,\alpha))+\cdots$}

当各种系统效益输出的影子价格已知时，该方法以最小化总广义成本为目标。拉格朗日方法也可以用于求解基于标准的问题，因为当选择合适的影子价格($\beta_T, \beta_E \cdots$)时，它会产生与标准方法相同的解。由于拉格朗日方法比标准方法简单，在本书中更常用。

3.3 需求内生性

到目前为止，假设需求 α 是给定的，并求解"标准"问题或拉格朗日问题。在这种情况下，最小化出行者和运营机构的总成本等于最大化出行者和运营机构的总收益，或者如果将外部性包括在运营机构成本内，则总的社会收益也将最大化。质疑者可能说确定需求是不现实的，因为最终实现的出行需求取决于系统自身的设计。这个主题将在第11章中详细进行讨论。在这里，如果可以正确预测出需求，并将其固定在该水平，那么使用固定需求的方法获得的最优设计，与考虑需求的弹性和内生性所得到的最优设计是相同的。下面使用基于标准的方法说明这一点，但拉格朗日法也可以得到相同的结果。更多信息和扩展请参考 Daganzo（2012）。

假设除了需求 α 和系统设计 x 之外，同时寻找出行者须支付的最优价格（票价）p。为方便起见，下面的表述中还介绍了价格 p 和出行时间 T 给各类人群带来的负效用 π。内生需求下，标准方法的建模是：

$$\max \quad S(\pi,\alpha)-\$(x,\alpha) \quad \text{（社会福利减去运营机构成本和外部性）}$$
$$\text{s.t.} \quad T(x,\alpha) \leq T_0 \quad \text{（系统性能标准）}$$
$$\alpha = D(\pi) \quad \text{（内生需求函数）}$$
$$\pi = G(p,T) \quad \text{（负效用）}$$

目标函数是每个人的出行带来的社会总收益 S 与社会成本 $\$$ 之间的差。后者包括运营机构的货币支出和非货币外部成本。S 和 $\$$ 均以货币/天为单位表示[①]。收益 S 显然取决于出行人数 α 和他们所体验的负效用 π。从逻辑上讲，运营机构的成本和外部性取决于系统的设计方式 x 及使用该系统的人数。

[①] 由于需求是内生的，因此无法将这些项按比例分配给每个乘客出行。

约束以向量形式表达，向量中的元素对应于不同的出行者人群。第一个约束条件是需要满足的出行时间标准，合理假设出行时间是交通系统的设计和出行需求的函数。第二个约束以常见形式表达以负效用作为输入的出行需求函数。第三个约束表明票价和出行时间如何转化为负效用。注意，向量 T、T_0、α 和 π 具有相同的维度，每个元素对应一个出行人群。假定 p 也具有相同的维度，但是 x 的维度与它们不相关。

此表述中的假设并不苛刻，因此该表述应该是相当一般适用的。我们寻找模型的最优值 $(x^*, \alpha^*, p^*, \pi^*)$。要证明如果已知 α^*，则可以视其为常数，并且在确定 x^* 时可以忽略最后两个约束。这个结论并不显然（或不一定正确），因为最后两个方程将 α 和 T 关联起来。但如果做出两个额外的假设，则可以证明上述结论是正确的。

首先，假定出行需求函数是可逆的，即对于任何 α，总是存在唯一一组能产生 α 的负效用。该假设通常情况下都成立而不具有限制性。该假设使我们可以用反需求函数代替第三个方程：

$$\pi = V(\alpha)$$

第二个假设的限制更大，假定负责该系统的运营机构具有足够的定价灵活性，从而能够通过操纵票价 p 产生任何所需的一组负效用 π。① 例如，如果该机构能够对每个不同的出行人群应用不同的价格，就会发生这种情况。例如针对不同的起终点对收取不同的公交票价。从数学上讲，这意味着负效用函数 G 本身是可逆的，可以用反函数代替：

$$p = P(\pi, T)$$

现在可以证明结果，使用反函数改写内生需求函数如下。

$$\max\{S(\pi, \alpha) - \$(x, \alpha)\}$$
$$\text{s.t.} \quad T(x, \alpha) \leqslant T_0$$
$$\pi = V(\alpha)$$
$$p = P(\pi, T)$$

注意，价格 p 仅出现在最后一个约束的左侧，因此该公式对于 (x, π, α) 的任何值都是可行的。所以，刻画价格的公式可以从该模型中删除；可以只使用前三个式子求解 (x^*, π^*, α^*)，所示如下。

一旦给定 α^*，最优负效用 π^* 由第三个约束给出，就确定了目标函数的第一项。因此，如果给定 α^*，则可以忽略目标函数第一项以及第三个约束。而通过解决剩下的问题找到最优设计 x^*：

$$\max\{-\$(x, \alpha^*)\} \Leftrightarrow \min\{\$(x, \alpha^*)\}$$
$$\text{s.t.} \quad T(x, \alpha^*) \leqslant T_0$$

注意，这是具有固定需求的基于标准的方法。

如果最优需求未知，则可以分为两个阶段求解。首先，将需求视为参数，并找到每个固定需求 α 下的标准问题的最优解，记录为两个函数 $\$^*(\alpha)$ 和 $x^*(\alpha)$，这些函数可以通过解析方法或数值方法求出。然后，将 $\$^*(\alpha)$ 代入内生需求下的数学规划模型并求解。注意，这样做之后，第一个约束是冗余的，因为 $x^*(\alpha)$ 可以满足它。并且最后一个约束是 p 的定义，也

---

① 有关放松该假设的详细说明参见第 11 章。

是冗余的。因此，可以删除这两个约束，所以只需要求解以下问题。

$$\max\{S(\pmb{\pi}, \pmb{\alpha}) - S^*(\pmb{\alpha})\}$$
$$\text{s.t.} \quad \pmb{\pi} = V(\pmb{\alpha})$$

尽管从技术上来说，解这个问题很简单，但是确定社会效益函数 S 很难，甚至充满争议。因此，在这里不再讨论第二步。该问题更适合在经济学和公共政策课程中进行讨论，不过第 11 章中将再次回顾这个问题。然而，政府部门往往会基于社会愿景，指定公交系统将来要服务的目标需求，从而消除这种经济分析的必要。然后，公交系统设计人员的工作就是应用标准方法（或拉格朗日方法）找到满足目标需求的最优设计。最后一步，政府部门应采取必要步骤（如设定票价）以确保最终达到目标需求。

本节最后提出两个与需求有关的其他想法。

（1）数学模型中的需求向量 $\pmb{\alpha}$，票价向量 $\pmb{p}$ 和设计向量 $\pmb{x}$ 可以对应长期的情况，因此，可以分析得出分阶段进行的设计和定价规划。但是稍后书中会介绍，最优解 $S^*(\pmb{\alpha})$ 和 $\pmb{x}^*(\pmb{\alpha})$ 通常对 $\pmb{\alpha}$ 不太敏感，因此，单阶段规划可以有效地满足多年的需求。

（2）虽然只需要大致的目标需求就可以获得相对合理的设计和价格规划，但是对未来的愿景是指导这一过程的基础。

3.4 模块化学习规划方法

由于本书希望启发读者理解公交规划机理并掌握相关方法，所以第 4~7 章将以模块化的方式组织，从简单的系统开始积累知识，然后再分析更复杂的系统。这个复杂度是由服务空间区域的类型决定的，如图 3.4 所示。我们将从服务两点（零维区域）的摆渡车开始，然后分析服务一维走廊的系统，最后分析服务二维区域的网络。以下是后面几章知识体系的路线图。

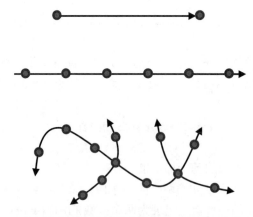

图 3.4　空间维度不断增加的公交系统：摆渡、走廊和网络

（1）第 4 章　摆渡车系统。本章假设人口集中在两个点，即起点和终点，出行需求在空间上不需要整合。在这种情况下，集体运输只涉及时间方面的整合，因为个人会调整出

发时间，以匹配公交车辆从共同起点到共同终点的出发时刻表。

（2）第 5 章　走廊。本章假定人口沿走廊分布，所有出行需求和公交服务都在一个维度里。这样，时空上需求的整合是必要的，因为个人必须前往空间上分布的车站，在那里他们可以选择乘坐不同出发时间的公交车辆。

（3）第 6 章和第 7 章　城市。这两章分析最常见的情况，即所服务的人口分布在二维区域。这样必须在设计公交服务时考虑如何使用多条路线覆盖二维空间。路径规划元素的引入增加了系统的复杂性。路径绕行会同时影响公交乘客和他们乘坐的公交车辆。由于该主题涉及面很广，因此分为两章，第 6 章讨论具有固定路线的公交系统，第 7 章讨论具有灵活路线和/或灵活时刻表的系统。

参 考 文 献

[1] Ansari, S. Basderea, M., Li, X., Ouyang, Y., Smilowitz, K. (2018) "Advancements in continuum approximation models for logistics and transportation systems: 1996 - 2016." *Transportation Research Part B*, 107: 229-252.

[2] Badia, H., Argote-Cabanero,J. and Daganzo, C.F. (2017) "How network structure can boost and shape the demand for bus transit." *Transportation Research Part A* 103, 83-94.

[3] Curtis, C. & Renne, J. and Bertolini, L. Eds.) (2009). *Transit Oriented Development: Making It Happen*. Ashgate Publishing, Farnham, United Kingdom.

[4] Daganzo, C.F. (1991) *Logistics Systems Analysis*. (Chapter 1). Springer-Verlag, Berlin.

[5] Daganzo, C.F. (2012). "On the design of public infrastructure systems with elastic demand." *Transportation Research Part B*, 46: 1288 – 1293.

[6] Daganzo, C.F., Gayah, V.V. and Gonzales E.J. (2012) "The potential of parsimonious models for understanding large scale transportation systems and answering big picture questions" *EURO J. of Transportation Logistics* 1, 47-65.

练 习 题

3.1 *考虑一个简单的点对点摆渡车服务，乘客的到达率恒定为 α（乘客/h）。运营机构确定车辆发车频率 $x>0$（公交车/h）和票价 $p \geq 0$（\$/人）。每次发车的成本为 c_f 货币单位，与车上的乘客人数无关，对于某个常数 t，包括等待时间在内的乘客总出行时间为 $t+1/x$；并且乘客总的负效用假定为 $\pi=p+t+1/x$（即用户的时间价值为"1"（\$/h））。假定需求随着负效用的增大成单调下降趋势，并且满足：当 $\pi \geq D$ 且常数 $D>0$ 时，$\alpha=0$；当 $\pi<D$ 时，$\alpha=1/(\pi-t)$。

（1）写出消费者剩余的表达式。（回顾经济学知识，这是消费者愿意支付的总金额与他们实际以市场价格支付的总金额之差。）

（2）将社会福利函数表示为乘客的消费者剩余与运营机构收取的票价之和。用闭合解析解表示结果。

（3）如3.3节所述，写下内生需求下设计问题的数学模型；得出最优发车频率 x^*，票价 p^* 和相关的乘客到达率 α^*。以解析解的形式表示所有结果。

（4）假设已经正确预测了最优需求 α^*，写下固定需求下设计问题的数学模型，能得到最优发车频率和票价吗？将它们与（3）部分的答案作比较。

（5）假设在（4）部分中对最优客户到达率的猜测是错误的，实际使用了 $\alpha^e=(1\pm\varepsilon)\alpha^*$。当 $\varepsilon=10\%$、20%、50%、100%时，系统设计（发车频率）的百分比误差是多少？对于票价来说呢？

3.2 *本章讨论了与管理任期相关的短视弊端，并提到可以使用随时间分摊成本的金融工具缓解这种弊端。基于此，请重新思考问题3.1并执行以下操作。

（1）假设在管理任期 i 中的客户到达率是完全无弹性的（即假设 $p=0$），并且随 i 线性增加（即存在 $k>0$，有 $\alpha(i)=ki$），推导使周期 i 中系统乘客和运营成本最小化的最优发车频率。当 i 趋于无穷大时，整个系统的性能将如何变化？

（2）如何修改（1）部分的目标函数以纳入长期愿景？

（3）哪些现有社会或政治机制能鼓励决策者制定长远规划？能提出新的想法吗？

第 4 章 规划——摆渡车系统

本章是学习规划公交系统四章中的第一章。这几章以模块化的方式组织，从简单的系统开始，以复杂的系统结束。本章将关注连接单个起点和单个终点的交通系统。对于这种摆渡车系统，唯一的规划决策是在时间方面的：时刻表。其基本问题是，探讨系统的车头时距应如何随时间变化以满足出行需求。第 5 章和第 6 章介绍空间的概念，每章增加一个维度：第 5 章研究一维系统（走廊），其中除时刻表外，还必须确定站点之间的间距；第 6 章是涵盖整个城市的完整二维系统，在其中还必须确定路线的数量，以及如何布置和连接这些路线。第 7 章介绍最复杂的二维系统。它描述灵活的公交系统，该系统可以自适应运行，无须路线或时刻表，例如出租车、小型公交车和其他需求响应运输系统。

除了提供摆渡车系统的调度方案外，本章还介绍个体和集体出行在不同类型条件下的理想化模型，并借此比较两种模式的经济性。在这两种模式下，都首先考虑需求和服务条件与时间无关的情况（即在时间上都是不变的），然后研究条件随时间变化的情况。本章将说明个体出行和集体出行模式的行为有很大不同。对于给定的道路尺寸，个体出行模式的通行能力是固定的，而集体出行模式的通行能力可以通过调度更多和更大的车辆进行调整。以下事实体现了这两种模式之间的根本区别：由于道路拥堵，个体出行方式在需求上表现为规模不经济，集体出行则具有显著的规模经济性。

为了系统地探讨这些特征，本章的内容安排如下：4.1 节考虑了个体出行模式，即驾驶私家车出行的方式；4.2 节研究了集体出行模式，包括调度方案。最后，4.3 节描述了个体和集体出行模式共存并且存在竞争时的情况。尽管这里所有结果都是使用第 3 章的拉格朗日方法推导得出的，但标准方法也是同样适用的（参考作业 4.1）。

4.1 个体出行

本节考虑连接单个起终点（origin–destination，OD）对，并允许单个出行者的私家车从一端行驶到另一端的交通道路。我们探讨需要提供多大的道路通行能力。该问题在以下三种需求场景下进行研究：4.1.1 节研究给定的恒定需求，4.1.2 节研究给定的时变需求，4.1.3 节研究自适应的可变需求。

4.1.1 恒定的交通需求

本小节讨论交通需求为恒定的简单场景。由于需求是恒定的，为了使出行具备可行性，道路在其最严重的交通瓶颈处的通行能力 μ（出行/h）必须超过或等于给定的需求 λ（par/h），否则交通延误将无限累加。假设提供道路的成本与通行能力成正比，比例常数为 c_g（为提供单位通行能力按时间均摊的货币花费，可以验证其单位为 \$/出行），一次出行行程的运营成本（包括车辆折旧成本）记为 c_f（$/出行）。

根据这些假设，每次乘客出行行程的货币成本为：

$$\$ = \frac{c_g \mu}{\lambda} + c_f \tag{4.1}$$

假设在需求不超过道路通行能力的情况下，交通拥堵可以忽略不计，因此乘客行程的延误是关于通行能力 μ 的函数。

$$T = \begin{cases} 0 & \mu \geq \lambda \\ \infty & \text{其他} \end{cases} \tag{4.2}$$

以上两个公式能够确定在满足任意的延误标准 $T \leq T_0$ 下应提供的最优通行能力。从 $\$$ 的表达式中可发现，应该选择最小的可行 μ。而 T 的表达式表明（对于所有 T_0）当且仅当 $\mu \geq \lambda$ 时，μ 是可行的。显然，最优通行能力为 $\mu^* = \lambda$。由此得出，综合基础设施和车辆运营成本的每单位出行最优货币支出为：

$$\$^* = c_g + c_f \tag{4.3}$$

对于 μ^*，有 $T^* = 0$。因此，综合货币支出和延误的最优广义成本 $z^* = \$^* + \beta T^*$（其中 β（$/时间）是给定的正常数）为：

$$z^* = \$^* + \beta T^* = c_g + c_f \tag{4.4}$$

注意，式（4.3）和式（4.4）都与 λ 无关，因此在上述的理想化情况下没有出现规模经济；即单位时间的总成本以每单位时间 $\lambda(c_g + c_f)$ 增加。乘客数量翻倍时，总运输成本也同样翻倍。对于早高峰和晚高峰时出行需求随时间变化的情况。在这些情况下，$T^* \neq 0$ 且 z^* 要更大，因此仍然无法达到规模经济。

4.1.2 时变的交通需求——晚高峰通勤

前面一节假定需求是恒定的，因此只要通行能力与需求匹配，就不会出现延误。但实际上，出行需求在一天中的 $[0, \tau_D]$ 时间范围内会上升和下降，因而会出现延误。本节将把 4.1.1 节的分析扩展到更加现实的情况，类似晚高峰的情况。出行需求率被假定为关于时间的已知函数 $\lambda(t)$，它可以暂时超过固定的道路通行能力 μ。

为了简化说明，将每天的需求理想化为仅包括一个（而不是两个）高峰期，如图 4.1（a）所示。该图显示了一条假想的虚拟到达曲线 V，该曲线给出了虚拟到达乘客的数量（#）与时间的关系。该图还显示了平均需求率 $\bar{\lambda}$，以及高峰期间的最大需求率 λ_m。注意，本节讨论的场景 $\lambda_m \geq \bar{\lambda}$，对于前面一节的恒定需求系统，需求率在一天当中不会波动，因而 λ_m 等于 $\bar{\lambda}$。

现在考虑在不同 μ 值情况下，乘客离开曲线 D 及平均延误 $T(\mu)$ 与 μ 的关系。该函数如图 4.1（b）所示。在 $\mu < \bar{\lambda}$ 时，延误函数无限大，因为这么小的通行能力无法满足每天的需求，因此，排队队列将日复一日地稳定增长。另一方面，如图 4.1 所示，如果 $\mu \geq \lambda_m$，排队队列将根本不会出现，并且 $T(\mu) = 0$。在中间范围 $\mu \in [\bar{\lambda}, \lambda_m]$，持续时间有限的排队队列会短暂出现——这种情况如图 4.1（a）所示。该图表明，当 μ 值在这个中间范围内时，$T(\mu)$ 随 μ 单调递减（因为随着 μ 的增加，曲线 V 和 D 之间的面积减小）。因此，延误的最大值一定

在这个范围内的 $\mu=\bar{\lambda}$ 处实现,而这个值为 $T(\bar{\lambda})$。图 4.1(b)下方图的实线显示了 $T(\mu)$ 的总体变化趋势。

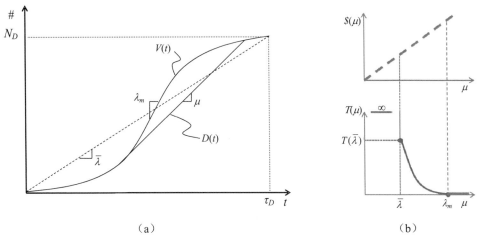

图 4.1 晚高峰通勤的排队分析

下例展示了在简单情况下如何推导 $T(\mu)$ 的表达式。读者阅读时即使跳过该例,也不会影响阅读的连贯性。

【例 4.1】$T(\mu)$ 的解析表达式。考虑具有两个需求时段的分段线性乘客到达曲线:高峰时段的需求率 λ_p,持续时间为 τ_p(h);非高峰时段的较低需求 λ_o,持续时间为一天里的其余 $\tau_o \equiv \tau_D - \tau_p$。图 4.2 显示了这个场景的累积需求曲线。尽管只显示了对应一天的曲线,但在时间轴的前后两个方向上都可以把它重复很多天。

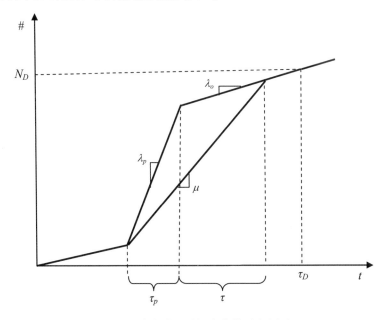

图 4.2 晚高峰随时间变化的需求例子

注意 $\bar{\lambda} = N_D / \tau_D = \dfrac{1}{\tau_D}(\tau_p \lambda_p + \tau_o \lambda_o)$ 和 $\lambda_m = \lambda_p$。要推导的公式仅对 $\mu \in [\bar{\lambda}, \lambda_p]$ 有效。对于此范围内的 μ，排队队列将在下一个高峰时段开始前消散，如图 4.2 所示，队列长度不断减小的持续时间 τ 满足：

$$\tau_p \lambda_p + \tau \lambda_o = (\tau_p + \tau)\mu, \quad 其中 \mu \in [\bar{\lambda}, \lambda_p]$$

从而得出 $\tau = \tau_p(\lambda_p - \mu)/(\mu - \lambda_o)$，由此可写出曲线 V 和 D 之间的三角形面积：

$$面积 = \frac{1}{2}(\tau_p + \tau)\left[(\lambda_p - \mu)\tau_p\right] = \frac{1}{2}\tau_p^2(\lambda_p - \lambda_o)\frac{(\lambda_p - \mu)}{(\mu - \lambda_o)}, \quad 其中 \mu \in [\bar{\lambda}, \lambda_p]$$

因为该面积表示每天的总延误，可以将平均延误 $T(\mu)$ 写为上述表达式与每日总需求 $(\bar{\lambda}\tau_D)$ 的比值：

$$T(\mu) = \frac{1}{2}\tau_p^2(\lambda_p - \lambda_o)(\bar{\lambda}\tau_D)^{-1}\frac{(\lambda_p - \mu)}{(\mu - \lambda_o)}, \quad 其中 \mu \in [\bar{\lambda}, \lambda_p]$$

注意，此表达式如预期随 μ 单调递减。

现在，考虑广义成本 $z(\mu) = \$(\mu) + \beta T(\mu)$。此处，除了将系数 λ 替换为 $\bar{\lambda}$ 外，$\$(\mu)$ 的表达式仍为式（4.1）。$\$(\mu)$ 由图 4.1（b）上方的虚直线表示。$z(\mu)$ 是两部分图形上虚线和实线的总和。如图 4.1 所示，要找到对应某个 $\mu = \mu^* \geq \bar{\lambda}$ 的最小成本：$z^* = \min_\mu \{z(\mu) : \mu \geq \bar{\lambda}\}$。因为 μ^* 和 z^* 与曲线 V 的线型相关，所以不一定寻求 z^* 的解析解。找到最优成本的上下界的方式很简单，如下文所示。

为了获得最优成本的下界，可以忽略目标函数中的非负项 $\beta T(\mu)$，将模型写为 $z^* \equiv \min_\mu \{z(\mu) : \mu \geq \bar{\lambda}\} \geq \min_\mu \{\$(\mu) : \mu \geq \bar{\lambda}\} = \$(\bar{\lambda}) = c_g + c_f$。注意这是与式（4.3）相同的结果。对任何可行的 μ，原目标函数值都是最优解的上界。选择 $\mu = \bar{\lambda}$，得到 $z(\bar{\lambda}) = \$(\bar{\lambda}) + \beta T(\bar{\lambda})$。因此，有 $z^* \leq \$(\bar{\lambda}) + \beta T(\bar{\lambda}) = c_g + c_f + \beta T(\bar{\lambda})$。将该上下界组合到一起得到：

$$恒定需求下的费用 \equiv c_g + c_f \leq z^* \leq c_g + c_f + \beta T(\bar{\lambda}) \tag{4.5}$$

在上面的公式中，假设 T 为出行者的平均延误。如果假设 T 是经历最差的出行者的延误，再次进行分析，函数 $T(\mu)$ 会改变，但下界保持不变。事实上，从推导中应该可以清楚地看到，这个下界对所有合理定义的 T 都是有效的。这证明了无论选择哪种评价标准，同与需求恒定的情况相比，含有高峰的时变需求只会增加系统成本，因此仍然没有规模经济效益。

4.1.3　自适应的可变需求——早高峰通勤

假设需求曲线不仅是时间相关的，而且还是内生的，该假设使这个问题更一般化。和上一小节一样，考虑持续时间为 τ_D 的一个时间段（天），但是需求来自类似早高峰通勤的条件。假设恰好 N_D 个出行者有严格的上班时间，并且每天重复同样的行程。因此，平均需求率是 $\bar{\lambda} = N_D / \tau_D$。

假定这些人各自选择他们虚拟到达瓶颈处的时间,以最小化在车中等待和在终点处等待(开始工作)的时间之和,但是他们的需求曲线未知。在这种情况下,确定通勤延误时间与瓶颈通行能力的关系会更加困难。为此,首先根据 Vickrey(1969)中介绍的思路确定虚拟到达曲线,然后参照小节进行经济学分析。

假设交通瓶颈为先进先出模式,出行需求通过通勤者希望离开瓶颈的时间累积曲线表征,称为"希望"曲线 W。为简单起见,假设 $W(t)$ 为 Z 形,以 λ_w 的斜率从某个特定时间的零值上升到 N_D;参见图 4.3 的虚线。

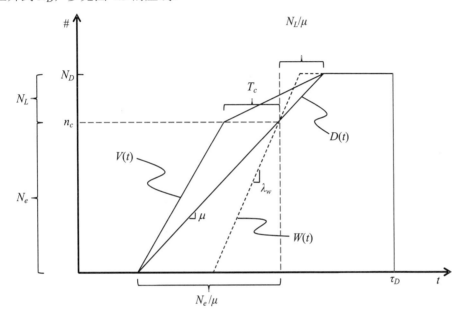

图 4.3　Vickrey 平衡下的排队分析

如果希望曲线的最大斜率 λ_w 小于瓶颈通行能力 μ,那么所有乘客都可以在所希望的时间通过瓶颈,不会出现延误;即 V、D 和 W 曲线重合。因此,如果 $\mu \geqslant \lambda_w$,每个通勤者的平均延误为 $T(\mu)=0$。另外,如上一小节所述,如果 $\mu < \bar{\lambda}$,则 $T(\mu)=\infty$。

但是,如果 $\mu \in [\bar{\lambda}, \lambda_w)$,就会存在有限的延误,并且与上一小节的情况类似,该延误随 μ 递减。(直观上一定会存在延误,如果斜率 λ_w 超过通行能力,曲线 D 和 W 将不重合,并且某些通勤者不得不早于或晚于他们所希望时间离开瓶颈,这些通勤者就要调整到达时间进行补偿,从而造成延误。)

要了解这种调整造成了怎样的后果,需要知道乘客如何衡量排队时的等待时间与在终点处的等待时间。为了分析方便,假设每位乘客把提前到达终点一个单位时间的惩罚等同于排队延误的 e 个单位时间。同样,通勤者把在终点"迟到"的一个单位时间的惩罚等同于排队延误的 L 个单位时间。常数 e 和 L 是无量纲的,而且满足:

$$e \leqslant 1 \leqslant L$$

假设通勤者试图将排队延误和早/晚到达终点的惩罚之和降到最低,称为"综合延误"。出于这些考虑,我们会寻找一组"均衡"的到达时间,在这种情况下,任何通勤者都无法通过改变自己的到达时间减少其综合延误。然后将该均衡延误作为 μ 的函数进行评估。正如 Vickrey 所述，把研究限制在均衡条件下，在这种均衡中，通勤者到达瓶颈的顺序与希望离开的顺序相同。

图 4.3 显示了给定 W 情况下曲线 V、D 的一种均衡模式。注意，有一位临界的通勤者，在到达和离开瓶颈的顺序中编号为 n_c，他没有早到也没有迟到，因而其总成本是在队列中的排队延误 T_c。（注意，离开曲线 D 与 W 相交点的纵坐标为 n_c。）所有在 n_c 之前到达瓶颈的通勤者都在希望离开时间之前离开瓶颈。这些（早到）通勤者的数量记为 N_e，有 $N_e \equiv n_c$。所有在临界通勤者之后到达瓶颈的通勤者都在其希望离开时间之后离开瓶颈。将 N_L 定义为这些（晚到）通勤者的数量。由于共有 N_D 个旅客，因此下式总是正确的。

$$N_e + N_L = N_D$$

附录 4.A 证明了在均衡状态下，虚拟到达曲线 V 是分段线性的，如图 4.3 所示，并且有：

$$T_c = \frac{N_D Le}{\mu(L+e)}; \quad N_e = \frac{LN_D}{L+e}; \quad N_L = \frac{eN_D}{L+e} \tag{4.6}$$

该结果与 λ_w 的值无关（只要满足 $\lambda_w > \mu$），或更一般来讲，与曲线 W 的形状无关。读者还可以验证几何关系，由于没有早到或迟到，临界通勤者在其当前到达顺序下的综合延误为 T_c，与他选择在排队开始或结束时到达的综合延误相同。（注意，选择在排队开始时到达瓶颈的综合延误是 $eN_e/\mu \equiv T_c$，而选择在排队消失时到达瓶颈的综合延误为 $LN_L/\mu \equiv T_c$。）实际上，可以很容易地看出，无论选择在排队开始和排队消失两点之间的任何时间到达瓶颈，其经历的综合延误都保持不变。而如果在排队存在的时间区间之外到达瓶颈，则延误会更高。附录 4.A 显示，所有其他通勤者也都满足其当前延误成本，因此整个系统处于平衡状态。

现在计算所有通勤者的平均综合延误 T。为此，首先要计算总延误，计算方法是将总排队（曲线 V 和 D 之间的面积）、因提前到达产生的总惩罚（系数 e 乘以 $D>W$ 时曲线 D 和 W 之间的面积）及因迟到造成的总惩罚（系数 L 乘以 $D(t)<W(t)$ 时曲线 W 和 D 之间的面积）相加得到。通过图中各个相关三角形的面积，可以轻松获得这三项加和的简单公式。结果与 N_D 之比就是每人的平均综合延误 $T(\mu)$。

$T(\mu)$ 是 μ 的递减函数。这个结论在希望曲线是阶跃函数（$\lambda_w = \infty$）的特殊情况下是最容易看到的，因为这种情况下所有通勤者都是相同的，每个人都会经历相同的综合延误。因此可以用临界通勤者的综合延误 T_c 表示 $T(\mu)$，然后利用式（4.6）的第一个等式，得到：

$$T(\mu) = [N_D Le]/[\mu(L+e)] = [Le\tau_D \bar{\lambda}]/[\mu(L+e)] \tag{4.7}$$

注意，该表达式可以进一步简化为：

$$T(\mu) \approx e\tau_D \bar{\lambda}/\mu, \quad \text{如果 } L \gg e \tag{4.8}$$

还要注意式（4.7）和式（4.8）与 μ 成反比。

回想一下，这些观察结果适用于 $\mu \in [\bar{\lambda}, \lambda_w)$。对于更小的 μ 值，成本是无限大的；对于更大的 μ 值，成本是 0。完整的 $T(\mu)$ 函数绘制在图 4.4 下方图中。将之与图 4.1（b）进行比较，注意到此时 $T(\mu)$ 在区间的两端都不连续，而不仅是下端不连续。上端的不连续现象很有趣，这意味着存在内生需求的情况下，当明显有排队存在时，可以稍微增加通行能力，第二天所有排队都将神奇地消失。

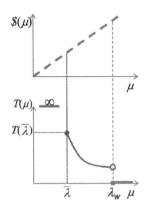

图 4.4 早高峰通勤的系统成本

现在,已知瓶颈通行能力对平均综合延误的影响,从而可以对通行能力做出明智的决定。如上一小节所述,仍希望最小化广义成本 $z(\mu)=S(\mu)+T(\mu)$,并寻找 $z^* \equiv \min_\mu\{z(\mu):\mu \geq \bar{\lambda}\}$。尽管 $T(\mu)$ 的具体形式与上一小节的形式略有不同,但是关于 z^* 上下界的分析同样适用,因此,在这种情况下,依然有:

$$\text{恒定需求下的费用} \equiv c_g + c_f \leq z^* \leq c_g + c_f + \beta T(\bar{\lambda}) \tag{4.9}$$

相对于上一部分,唯一变化的是 $T(\bar{\lambda})$ 的值,现在恰好是:$Le\tau_D/(L+e)$。同与恒定需求下的情况相比,成本继续上升,并且规模经济效应仍然没有出现。

4.2 集 体 出 行

本节使用 4.1 节中的方式分析公共交通。在此过程中,要优化调度方案里的车头时距,并确定相对应的广义成本。集体出行展现出规模经济效益,这是令人振奋的。

4.2.1 恒定的交通需求

现在,考虑在现有道路上提供的从单个起点到单个终点的摆渡车服务。唯一的规划任务是确定车头时距。假设车辆足够大,可以带走所有发车前已经出现的乘客,并定义以下变量:H 发车的车头时距(h);c_g 均摊的基础设施建设成本($/h);$c_f$ 均摊的每次派遣车辆的运营成本($/发车);需求 λ(人/h)。

每位乘客行程的平均货币成本 $ 是每小时总成本 c_g+c_f/H 与该小时内服务的乘客出行行程数量之比,即:

$$\$ = \frac{c_g + c_f/H}{\lambda} \tag{4.10}$$

假设服务是准时可靠的,并评估系统中乘客体验到的平均车外延误 T(忽略起点和终点之间的行驶时间,因为它对于每个乘客来说是相同的,并且不在控制范围内)。大多数情况下，此延误与车头时距成正比。例如，如果人们在终点没有预约并且不知道服务时刻表，那么他们只会在起点经历延误，而此情况下的乘客平均等待时间为 $T=\frac{1}{2}H$ 时间单位，或者最糟糕的情况下，乘客的等待时间为 $T=H$。当然，如果乘客知道时刻表，就根本不用等待。

表 4.1 的上半部分总结了这些结果。下半部分描述了乘客在终点处有不可错过的预约的情况。这种情况下，乘客必须提早到达终点，因此他们到达终点后会要等待一段时间。如果不知道时刻表，则所有乘客都必须做最坏的打算，包括总时长 H 的缓冲时间。他们会在起点等待一段时间，在终点等待剩余的时间。因此，所有乘客在起点和终点的总等待时间都为 H。相反，如果知道时刻表，他们就能及时赶上最晚的可行摆渡车，并且只在终点等候预约。这部分等候时间取决于他们约会的时间和时刻表的同步性。因此，对于平均情况，$T=\frac{1}{2}H$；对于运气最差的乘客，$T=H$。

表4.1 不同情况下每位乘客平均和最坏情况下的等待时间

乘客类型		等待时间（平均，最坏）	
		在 起 点	在 终 点
在终点没有约会	时刻表未知	(H/2, H)	(0, 0)
	时刻表已知	(0, 0)	(0, 0)
在终点有约会	时刻表未知	在起点和终点	
		(H, H)	
	时刻表已知	(0, 0)	(H/2, H)

在下述对乘客行程的分析评估中，假设的场景是乘客不知道时刻表，并且在终点处没有预约的情况。从而：

$$T = H/2 \tag{4.11}$$

在其他场景下（包括人们对起点和终点的延误赋予不同时间价值的情况），只需要改变 H 的系数；因此，下面得出的结果在定性上是相似的。特别地，正如在 Vickrey 模型中假设的那样，人们一般赋予在终点的等待延误 T_D 较小的惩罚，等效于长度为 eT_D 的一般等待时间，其中 $0<e<1$。该转换可以应用于表4.1 的所有条目。例如，如果人们在终点处有预约，但时刻表未知，乘客平均等效总等待时间为 $(1+e)H/2$，而运气最差的乘客等效总等待时间仍为 H，前者在行程的两个端点处平均分配了等待时间，而后者将全部等待时间花费在起点上。如前所述，这些场景下，只有 H 的系数发生变化。

现在综合式（4.10）和式（4.11），使用 β 将时间延误转换为货币成本，并将广义成本 $z(H)$ 写为：

$$z(H)=c_g/\lambda+(c_f/\lambda)/H+\beta H/2 \tag{4.12}$$

注意，这是关于 H 的经济订货批量模型（EOQ）表达式。因此，$z(H)$ 在 $H^*=(2c_f/\lambda\beta)^{1/2}$ 达到最小，有：

$$z^*=c_g/\lambda+(2\beta c_f/\lambda)^{1/2} \tag{4.13}$$

该表达式表明，与个体出行不同，集体出行最优的广义成本随着需求的增加而趋于 0[①]，即集体出行有很强的规模经济效益。产生这种结果的原因是，随着需求的增加，对于给定的调度次数，更多的人可以将其行程整合到同一辆车上。车辆载客量的增加使得人均货币成本降低了。同样，需求随时间变化时，也有类似的经济性。

4.2.2 时变的交通需求

需求随一天内的时间变化时，如何最好地进行系统排班并估计其广义成本。和上一小节一样，假设只有一次高峰期，车辆具有无限的容量，并且需求是给定的[②]。并且假设车辆运营成本与发车次数成正比，同时仅在实际运营服务时才会产生车辆和司机的成本[③]。

为了使这些想法更具体，在此使用类似图 4.2 的分段线性需求曲线，如图 4.5 所示。和以前一样，每天分为两段：持续 τ_p 的高峰期，需求率为 λ_p，持续时间为 $(\tau_D-\tau_p)$ 的非高峰期，需求率为 λ_o。用 N_D 表示一天中的乘客行程总次数，用 N_p 表示高峰期的行程次数，用 N_D-N_p 表示剩余的非高峰期内的行程次数。

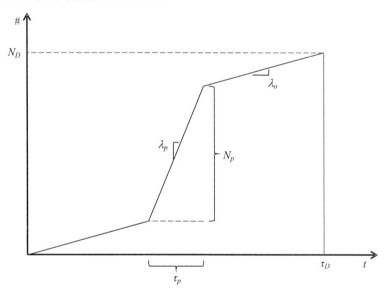

图 4.5 时变交通需求下的集体出行

应该看到，在高峰时段和非高峰时段使用不同的车头时距是符合逻辑的。因此，要同时寻找高峰时段车头时距 H_p 和非高峰车头时距 H_o。目标是将全天（包括所有乘客和所有

---

① 实际上，因为公交车的容量有限，并且增加该容量的成本不为 0，z^* 会下降到一个大于 0 的较小值。为了验证这个结论，读者可以重复式（4.11）的推导，假设车辆调度的成本随需要搭载的乘客数量而增加，例如取线性函数 $c_f = c_0 + c_1(\lambda H)$，其中 c_1 是在原来分析中假定为 0 的常数。
② 在当前的分析框架中，没有考虑拥堵。也就是说，每个乘客都可以按自己的希望登上公共汽车，不会受到其他乘客的影响。因此，由于乘客不必调整出发时间争夺最好的一班公交车，所以上述"给定需求"的假设同时适用于早晚通勤的情况。
③ 尽管可能违反直觉，但该假设对于工资和车辆成本计算都是合理的。正如将在第 8 章和第 9 章中看到的那样，如果摆渡车系统是较大的公交系统的一部分，并且司机和车辆可以跨线重新分配，那么通过良好的管理策略，司机和车辆的闲置时间都可以减少到几乎为 0。

车辆）的总成本降到最低。这个问题可以写为如下所示的，以 H_p 和 H_o 为决策变量的数学规划模型。

$$\min\{\text{道路成本}+\beta(\text{总等待时间})+c_f(\text{调度车辆数})\} \equiv$$

$$\min\left\{c_g\tau_D + \beta\left(\frac{1}{2}H_pN_p + \frac{1}{2}H_o(N_D-N_p)\right) + c_f\left(\frac{\tau_p}{H_p} + \frac{\tau_D-\tau_p}{H_o}\right)\right\} \quad (4.14)$$

在上文中，道路基础设施的成本是恒定的，因此在确定车头时距时可以忽略不计。再次假设乘客平均在起点等待半个车头时距的时间，而在终点无须等待。注意，目标函数可以分解为两部分，每个部分仅包含两个车头时距变量中的一个，并且每部分都是 EOQ 形式。因此，使广义成本最小化的车头时距是：

$$H_p^* = \sqrt{\frac{2c_f\tau_p}{\beta N_p}} = \sqrt{\frac{2c_f}{\beta\lambda_p}} \quad (4.15a)$$

$$H_o^* = \sqrt{\frac{2c_f(\tau_D-\tau_p)}{\beta(N_D-N_p)}} = \sqrt{\frac{2c_f}{\beta\lambda_o}} \quad (4.15b)$$

这是最优的调度方案。通过以下方式可以将其推广到实际应用中。

（1）可以将一天（或一周）划分为多个具有不同需求率的时段（例如高峰时段、非高峰时段、周末、晚上）。然后，通过重复以上推导，使用式（4.15）中每个时段的平均需求为该时段确定一个不同的车头时距。

（2）如果给定的需求曲线是连续的，则应用分段线性曲线对其进行近似，然后使用方法（1）。这个曲线近似即使不精确，结果也很好。参见作业 4.4。

（3）如果每天的累积需求曲线是随机变化的，则可以证明，对于任何给定的时刻表，许多天里发生的延误的平均值等于直接用平均需求曲线计算得到的延误；参见作业 4.5。因此，可以使用该平均需求曲线并应用过程（2）。

如果车辆载客量有可能超过车辆容量，则需要对上面这些调度分析方法进行修正。确定性需求下的修正可以利用第 2 章中的排队图思想进行推导。它们可以包含一个约束，要求所有公共汽车必须在起点搭载所有排队的乘客，参见作业 4.6。在随机需求下，可以使用平均需求量作为近似，然后对方法进行类似的修正①。

在所有情况下，一旦得到时刻表，就可以计算最终成本。在具体情况下，在目标函数中代入式（4.15a）和式（4.15b）并将结果除以 N_D，可以得出每个乘客行程的平均广义成本 z^*；即：

$$z^* = \left[c_g\tau_D + \sqrt{2\beta c_f}\left(\sqrt{\tau_pN_p} + \sqrt{(\tau_D-\tau_p)(N_D-N_p)}\right)\right]/N_D \quad (4.16)$$

有趣的是，在不改变峰值特征（即不更改高峰和非高峰时间段的持续时间，并保持相同的高峰需求比例 $r \equiv N_p/N_D$）的情况下，观察增加 N_D 时式（4.16）的走向。这个改变和调整缩放图 4.5 的纵轴是一样的。为了探讨需求变化的影响，可以在式（4.16）中用 rN_D 替换

---

① 使用动态优化可以对该情况进行精确的处理，但是这样做得到的时刻表太不固定，公众难以记住，边际收益也太小，因此实际中很少这样做。

N_p，并注意 N_D 对结果表达式的影响。很容易看出，新公式包含与 N_D 成反比的一项和与 $\sqrt{N_D}$ 成反比的一项。换句话说，一项与平均需求 $\bar{\lambda}=N_D/\tau_D$ 成反比，一项与它的平方根成反比[①]。因此，本问题继续表现出规模经济效应。

个体出行和集体出行之间还有另一个重要区别。事实上，即使需求在整段时间内的分布不同，只要 N_D 给定，最优的每日总成本 z^*N_D 不会有太大变化。例如，假设 τ_D=24 h，并且 30%的行程发生在一天 24 h 中的 4 h（即峰值较大）。如果使用虚拟值 N_D=10 次，并使用 $c_g\tau_D=10$，且 $\sqrt{2\beta c_f}=1$，可发现该时变需求下的广义总成本为：
$$10+1\left(\sqrt{4\times 3}+\sqrt{(24-4)(10-3)}\right)=25.30$$
使用相同的逻辑，如果 N_D=10 次出行在整个 24 h 内均匀分布，则广义总成本为：$10+(24\times 10)^{1/2}=25.49$。

注意，这里两个结果的差异很小，而且高峰期的存在实际上降低了社会成本，这与个体出行模式是正好相反的！在集体出行模式下，车辆容量大不会导致拥堵，且可以调整交通服务以适应需求，所以相对差异才这么小。上面差异的微小程度表明，我们可以在研究集体出行服务系统的空间布局时，假想需求是恒定的，而不必考虑实际上时变需求下的最优时刻表。本书中将重复使用这种简化方式。

4.3 双模式均衡：通过"公交优先"缓解拥堵

本节分析在双模式（既有私家车又有公交车）下提供公交服务的效果。在这种情况下，某些人乘私家车出行，其他人则乘坐公交，同时乘客可以选择采用哪种模式出行。本小节分析改进其中一种模式对整个系统产生的影响。

为了简明扼要，假设系统具有 N_D 个相同类型的出行者，这里仅研究早高峰的通勤场景。尽管出行者总数一定，但是出行者可以根据广义成本（货币成本+时间延误）选择使用不同的模式。这些选择到达纳什均衡时，出行者应该不再有改变模式选择的动机。这可能分为两种情况：① 如果两种模式同时有人使用，那么这两种模式的广义成本相同；② 如果仅有一种模式被人使用，那么其广义成本等于或低于无人使用的模式的成本[②]。此处的情况②没有研究价值，因为它类似已经研究过的单一模式。因此，我们将只关注情况①。

为了解决这个问题，需要将公交和私家车的广义出行费用表达为其乘客数量的函数。为了具有足够的普遍性，允许使用固定的公共交通补贴和私家车税（如以停车费的形式）。使用符号 C 代替 z 表示乘客支付每次行程的广义费用，这其中还要考量补贴和收费。

对于私家车，用固定项 $c_f^{(car)}$ 包括所有货币成本和固定的自由流行驶时间（不考虑拥堵），加上一个基于式（4.8）由私家车数量计算的综合延误可变项。因此，私家车成本函数为：
$$C^{(car)}(N^{(car)})\equiv c_f^{(car)}+\beta e\tau_D\bar{\lambda}^{(car)}/\mu=c_f^{(car)}+\beta eN^{(car)}/\mu \qquad (4.17)$$

[①] 这与式（4.13）非常相似。实际上，读者还可以验证，如果没有峰值（$\tau_p=N_p=0$），那么式（4.16）将退化为式（4.13）。
[②] 这两个条件构成了所谓的 Wardrop 第一原理（Wardrop 和 Whitehead，1952 年）。

对于公交，有固定项 $c_f^{(transit)}$ 和由式（4.11）给出的延误分量。与 Vickrey 模型一致，现在假设乘客在终点有预约，并且折减提前到达的等待成本。那么，公交出行成本函数为：

$$C^{(transit)}(N^{(transit)}) \equiv c_f^{(transit)} + \beta\gamma H \quad (4.18)$$

其中，如果时刻表已发布，则 $\gamma=e/2$，否则为 $(1+e)/2$，参见式（4.11）之后的讨论。

注意，只有私家车的成本函数取决于该模式下出行者的数量。

假设情况为①，可以通过令式（4.17）和式（4.18）的右边部分相等，并求解 $N^{(car)}$ 得到均衡状态下各个模式的用户数量。因为式（4.18）的右边是固定的，所以它是每个处于均衡状态的人的最优成本。

该想法如图 4.6 所示。它显示了两个成本曲线系列（用于公交和私家车），表达了它们在不同条件下的广义成本。递增线对应于"私家车"，水平线对应于"公交"。水平线和斜线的交点表示一个均衡状态，它的横坐标为 $N^{(car)}$，纵坐标为每个人的广义成本。

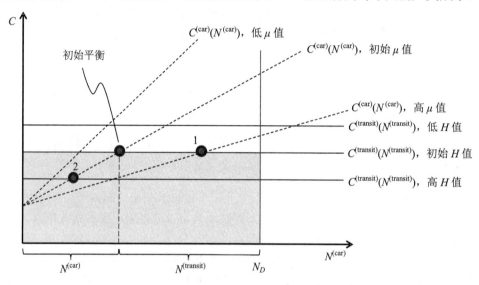

图 4.6　私家车出行和公交出行之间的成本比较与需求均衡

假设私家车和公交系统最初由图中标记为"初始"的两条曲线描述，并考虑增加街道通行能力（例如使用更智能的交通信号系统）是否是最好的选择，或者也可以选择用相同数量的投资为公交乘客提供补贴。假定投资很小，所以投资后，这两种出行模式都会有人继续使用。

如果扩大街道通行能力 μ，斜线式（4.17）的斜率将下降，将获得一个新的均衡点"1"。实际结果是增加了私家车用户的数量，而没有改善任何人的广义成本。现在如果改为提供公交补贴，降低式（4.18）中的 $c_f^{(transit)}$ 值，则会降低水平线，所以新的平衡点变为"2"，表明公交吸引了更多的乘客，而且降低了每个人的成本①。产生这种结果的原因是，转乘公交的乘客腾出了足够的道路空间，使私家车司机的体验也得到了改善。

---

① 实际上，公交平均成本随着乘客数量的增加而略有增加，因为公交车的容量有限，并且可能会变得拥挤，而且道路上也可能会挤满了公交车。但是，由于公交车的乘客必须足够多才会出现这样的效果，因此，在更实际的图 4.6 中，公交曲线的斜率总是比私家车曲线的斜率小得多。所以，定性的结果与图 4.6 中所示的效果基本相同。

鉴于此，应该把钱花在哪里？本书 1.1 节已经给出了这个问题的答案（补贴公交），并指出公交支出对于拥堵城市的正常运转不仅仅是可取的，而是必不可少的。

参 考 文 献

[1] Daganzo, C.F. (1985). "The uniqueness of a time-dependent equilibrium distribution of arrivals at a single bottleneck." *Transportation Science*. 19(1) 29–37.

[2] Daganzo C.F. and Garcia, R.C. (2000). "A Pareto improving strategy for the time-dependent morning commute problem." *Transportation Science*. 34(3) 1–9.

[3] Vickrey, W.S. (1969). "Congestion theory and transportation investment." *The American Economic Review*, 59(2) 251–260.

[4] Wardrop, J.G. and Whitehead, J.I. (1952). "Correspondence. Some theoretical aspects of road traffic research." ICE Proceedings: Engineering Divisions 1(5): 767.

练 习 题

4.1 在本章中，通过最小化服务的广义成本（表示为单位时间运营机构成本和出行者成本的加权总和 $z(\mu)=\$(\mu)+\beta T(\mu)$）优化出行服务的容量/通行能力 μ。此方法遵循第 3 章中讨论的"拉格朗日方法"的思路。现在，使用第 3 章的"基于标准的方法"针对以下场景进行分析。确定容量 μ，使得在保证服务水平 $T(\mu)$ 满足标准 $T_0>0$ 的同时，运营机构的 $\$(\mu)$ 最小。讨论是否存在规模经济效益。
（1）恒定需求下的个体出行。
（2）时变需求下的个体出行。
（3）自适应需求下的个体出行。
是否可以通过优化车头时距 H，对有单个高峰期的集体出行进行同样的分析呢？

4.2 4.1.3 节中介绍的希望曲线允许通过瓶颈的人们有不同的目的地。这种情况下，在制定希望曲线时应考虑从瓶颈到目的地的行程时间。请为一个无名小机场的安全检查站建模。假设在这个机场，有 100 名乘客想要在早上 8:00 到达飞往芝加哥航班的登机口，另外 200 名乘客希望在早上 8:15 到达飞达拉斯航班的登机口。假设所有乘客都必须经过同一个安检点，并且从安检点到这两个登机口的行程时间分别是 10 min 和 5 min。绘制关于这个安检点的希望曲线。

4.3 4.2 节中，关于时变需求下的摆渡车服务的讨论集中在平均乘客的成本。如果重点放在运气最差的乘客上，结果将如何改变？

4.4 *对于 $t\in[6:00,12:00]$，乘客按照时变到达率 $\lambda(t)=600/t$ 到达繁忙的摆渡车站。6:00 时车站是空的。给定以下参数：均摊的道路费用 c_g=1 \$/h、调度费用 c_f =10 \$/发车、乘客的时间价值 β=10 \$/h。进行以下操作。

（1）绘制随时间推移的累积需求曲线 V，找到三个分段线性函数 $\tilde{V}_i(t)$，分别具有一个、两个和三个线性部分（$i=1, 2, 3$），使得每种情况下 $\max_{t\in[6,12]} |V(t)-\tilde{V}_i(t)|$ 最小。

（2）设计每种情况的最优车头时距 $H_i(t)$，然后比较结果。

（3）讨论近似曲线的精度对车头时距设计和相关系统成本的影响。

4.5 *一个在大学校园内的摆渡车站，乘客在晚高峰时段的到达率 $\lambda_p = 50$ 人/h，在一天其余时间里的到达率（上午 6 点至半夜 12 点）为 $\lambda_p = 30$ 人/h。高峰的到来和持续时间随着不同日期而改变。在一半的时间里，高峰持续时间从下午 2 点到下午 6 点，而在其他的几天，高峰时间则从下午 4 点持续到晚上 7 点。公交运营机构希望每天提供时变的车头时距以达到相同的服务水平。系统参数如下。均摊的道路成本 $c_g = 1$ \$/h、调度费用 $c_f = 10$ \$/发车、乘客的时间价值 $\beta = 10$ \$/h。完成以下任务。

（1）分别绘制两类日子各自的累积需求曲线；找到从长远来看使整个系统的总成本降至最低的最优车头时距设计。

（2）绘制两类日子的平均累积需求曲线；根据该平均累计需求曲线确定最优车头时距设计；将此结果与（1）中的结果进行比较。

（3）基于以上分析的结果，讨论随机需求波动对车头时距设计的影响。

4.6 *式（4.14）与式（4.15）的推导假设公交车辆始终有足够的容量为所有候车乘客提供服务。公交车的容量受限时，可以采用两种策略。

（1）需求波动是暂时且分散的时候，公交运营机构可以允许一些乘客被滞留，以确保车头时距的规律性。根据这种策略，推导一个数学优化模型，最小化系统总成本。使用一个恒定的车头时距作为决策变量，并考虑滞留乘客的额外延误。

（2）需求提高到在策略（1）下导致长时间的系统过饱和时，最好让车头时距随时间变化。基于这一点，研究在车辆容量有限的情况下应如何更改多车头时距优化数学模型和求解过程式（4.14）与式（4.15）。

4.7 *证明：在 Vickrey 均衡下，对于迟到的人，瓶颈处的累积虚拟到达曲线 $V(t)$ 也是分段线性的。

4.8 *如果希望曲线 W 高度非线性，以至于曲线 D 和 W 之间有多个相交点，如何修正求解 Vickrey 均衡的方法？

4.9 本问题研究在早高峰期间双出行模式的效益。假设某城郊居民区有 $N=15\,000$ 名在中央商务区工作的通勤者。他们希望到达中央商务区的时间从上午 8:00 至上午 9:00 均匀分布。前往 CBD 的所有私家车都必须通过通行能力为 $\mu=10\,000$ 车/h 的一座桥梁，但上下游的道路通行能力足以满足任何需求，不会造成延误。假定所有通勤者将排队延误的时间价值定为 $\beta=15$ \$/h，并且开车的自付费用为 $c_d=2$ \$/行程。

（1）最初，上班的唯一方法是开私家车。使用 Vickrey 的早高峰通勤模型，设早高峰通勤单位时间早到惩罚是排队延误的 $1/2(e=0.5)$，并且迟到是不可接受的($L=\infty$)，请按比例绘制典型一天的排队图。并在该排队图中显示出最大排队（注意，可以忽略自由流出行时间，请解释原因）。总的广义成本和每个通勤者的平均总成本是多少？市政府为缓解交通拥堵并降低早高峰通勤的成本，正在考虑启动快速渡轮服务，必须让多少名在上午 8:00 至上午 9:00 之间均匀分布的通勤者（n）转乘渡轮服务才能消除桥梁瓶颈造成的延误？

（2）将渡轮旅客的平均广义成本写为以下各项的表达式：渡轮的出发时距 $h \ll 1$ h/行程，渡轮码头的基础设施分摊在一个通勤时间段[①]。（假设：票价反映了渡轮的费用；渡轮载有（1）部分中确定的 n 个通勤者；对乘客而言，除去等待延误后的轮渡出行时间与除去拥堵延误的驾车时间相同；相邻渡轮的出发时距很短，以至于乘客无须查看时刻表；轮渡上的座位数总是超出需求。）

（3）如果 c_f=10 000 \$/时间段，c_v=1000 \$/行程，并且所有渡轮的运营成本都将作为票价转嫁给渡轮乘客，那么 h^* 等于多少时会最小化渡轮乘客的平均时间成本？每个渡轮乘坐者的平均费用是多少？与现在不再拥挤的桥梁上的自驾旅客的平均费用相比如何？谁的体验更好？现在早上通勤的所有人的总费用是多少？

（4）*如果通勤者可以自由选择出行方式，那么（3）部分的解可以算是均衡解吗？如果回答为"否"，请提出一种收费和渡轮票价政策，以使上面设想的解也是均衡解。讨论出行模式间交叉补贴的作用。

（5）*加分题：确定是否可以通过更改 n 降低总的广义成本。

附录 4.A　早高峰通勤问题的均衡

假设函数 $V(t)$、$W(t)$、$D(t)$ 是可逆的，并使用 $V^{-1}(n)$、$W^{-1}(n)$、$D^{-1}(n)$ 表示它们的反函数。假设"先希望，先入，先出"（first wish，first in，first out，FWFIFO）规则，则这些函数表示广义出行者 n 到达、希望离开和实际离开瓶颈的时间。还假设曲线 W 为具有单个峰的 S 形，参见图 4.A1。

如果没有出行者可以单方面找到另一个更低成本的到达时间，也找不到满足 FWFIFO 的均衡，就说系统达到了均衡。一种获得均衡的公式的便捷做法是，把 $V(t)$ 在时间 $t=V^{-1}(n)$ 处（即通勤者 n 到达时）的斜率定义为 $V'(n)$，参见图 4.A1。

首先，观察临界乘客，该乘客目前经历了 T_c 的延误，但是没有早到/迟到的惩罚。然后看看为什么其他到达时间对于该乘客来说是无差异的。如果该乘客单方面决定与任意一个较早的通勤者 $n<n_c$ 同时到达（见图 4.A1）并遵循相同的时刻表，那么该乘客的排队延误减少为 T，而早到惩罚增加为 $W^{-1}(n_c)-D^{-1}(n)=(n_c-n)/\mu$。（注意，新的早到时间不是 $W^{-1}(n)-D^{-1}(n)$）。在寻找的均衡下，临界乘客做出的这个改变应该对该乘客是无差异的[②]。为此，早到惩罚抵消了排队时间的减少，即 $T_c-T=e(n_c-n)/\mu$。现在求解 T，发现：

$$T=T_c-\frac{e}{\mu}(n_c-n)，\quad 对于\ n<n_c$$

[①] 编译者注：每天有一个早高峰通勤时段上的费用为 c_f \$/时间段，每次渡轮出发的可变成本 c_v \$/行程。

[②] 严格来说，只要新的广义成本不小于 βT_c，临界旅客的均衡就成立。但是，我们预期将成功找到临界乘客采取任何单方面改变都真正"无差异"的均衡。

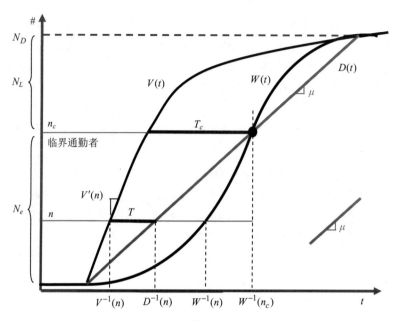

图 4.A1　临界通勤者 n_c 的出行机会

这表明对于所有 $n < n_c$，T 随 n 的变化是线性的，这表示曲线 V 的相应分支也必须是线性的。如果想知道原因，注意 $V^{-1}(n)=D^{-1}(n)-T$。因此，曲线 V 的反斜率 $dV^{-1}(n)/dn$ 与 T 以及离开曲线的反斜率相关：即 $dV^{-1}(n)/dn=d[D^{-1}(n)-T]/dn=1/\mu-e/\mu$，这是一个常数。因此，可以写出：

$$V'(n) = \mu/(1-e)，对于 n < n_c \tag{4.A1}$$

同样的逻辑表明，如果临界通勤者决定遵循某个迟到通勤者 n 的出行时刻表，在这里 $n_c < n \leqslant N_D$，那么 V 曲线的相应分支仍然是线性的，但是斜率现在是：

$$V'(n) = \mu/(1+L)，对于 n > n_c \tag{4.A2}$$

由于给出了这些斜率，一旦找到拐点的位置（即 $n_c \equiv N_e$ 和 T_c 的值），就可以完全确定曲线 V。通过强制曲线 V 与曲线 D 相交于排队开始和结束的两个点来实现。（这确保了临界乘客没有动力在排队期间之外出行。）可以使用已知的曲线斜率找到这些值，或者更容易的方法是确保在两个极端点的综合延误 N_e/μ（排队开始点的早到惩罚）和 N_L/μ（排队结束点的迟到惩罚）与 T_c 相等。即：

$$T_c = \frac{N_e e}{\mu} \text{ 和 } T_c = \frac{N_L L}{\mu} \tag{4.A3}$$

将上述两个等式与下面这个式子结合起来[①]。

$$N_e+N_L=N_D \tag{4.A4}$$

---

① 在本章中，我们隐含地假设所有考虑范围内的出行者在早高峰时段都会经历一些延误，因此 N_D 是已知的。对于一般的 $W(t)$，某些"非高峰"出行者可能根本不会遇到延误。尽管依然可以认为只有第 (n_c-N_e) 和第 (n_c+N_L) 个旅客之间的那些旅客才会经历一些延误，并且这 N_e 个早出发者和 N_L 个迟出发者分别以 N_e/μ 和 N_L/μ 的持续时间占据瓶颈，但 N_D 的值不是预先知道的。因此，必须结合 n_c、T_c、N_e 和 N_L 的值来一起确定 N_D。这五个未知数可以通过关系式 $W^{-1}(n_c-N_e)+N_e/\mu=W^{-1}(n_c)$ 和 $W^{-1}(n_c)+N_L/\mu=W^{-1}(n_c+N_L)$，以及式（4.A3）和式（4.A4）来一起求解得出。

得到答案：

$$T_c = N_D \left(\dfrac{\dfrac{1}{\mu}}{\dfrac{1}{L}+\dfrac{1}{e}} \right) = \dfrac{N_D L e}{\mu(L+e)}; N_e = \dfrac{L N_D}{L+e} \text{ 和 } N_L = \dfrac{e N_D}{L+e}$$

得出的曲线 V 如图 4.A2 所示。我们已经证明它满足临界乘客的均衡条件。现在仍然需要证明它也满足所有其他通勤者的均衡条件。

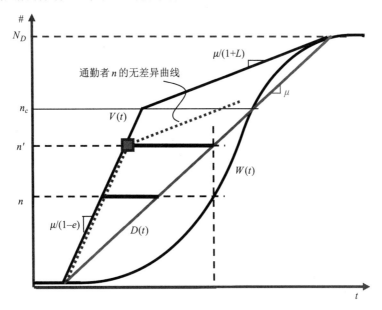

图 4.A2　任意通勤者 n 的出行机会

为此，假设任意一名早到通勤者 $n \leqslant n_c$，如果这位通勤者跟随另一名通勤者出行，研究这位通勤者广义成本的变化。为此，假设通勤者 n' 的实际离开时间正是 n 希望离开的时间，用一个正方形标记其到达时间，如图 4.A2 所示。注意 $n \leqslant n' \leqslant n_c$。注意，如果通勤者 n 跟在通勤者 n' 之后（即在正方形点处到达），那么这名通勤者只会经历排队延误。推导式（4.A1）和式（4.A2）时，可看到临界通勤者 n_c 对在 V 上所有点到达都是无差异的。同样的分析表明通勤者 n 对在图中虚线上的任意点到达是无差异的，该虚线表示的虚拟到达曲线与曲线 V 平行但是在正方形标记处发生弯折。注意曲线 V 上的所有点都不会在该无差异曲线的右边。因此，通勤者 n 改到任何位置到达都不会产生更短的排队时间。由于该通勤者无法改善自己的成本，可得出结论，V 是所有满足 $n \leqslant n_c$ 的通勤者的一个均衡。

同样的分析表明，V 是所有满足 $n \geqslant n_c$ 的通勤者的均衡，因此 V 是所有通勤者的均衡曲线。更多相关信息，见 Daganzo（1985）及 Daganzo 和 Garcia（2000）。

第 5 章 规划——交通廊道

本章探讨服务交通廊道的公共交通系统的组织和性能,其中乘客行程的起点和终点散布在廊道上。本章的分析允许多条公交线路共存,例如提供快线服务和普通线路服务,但是这些公交线路都是在廊道这一条共用路径上,并使用一组给定的车站。

公交廊道规划任务的挑战性要比规划摆渡车大得多,因为现在不仅要在时间上而且也要在空间上整合乘客出行。分析也更加复杂,因为除了设计时间表之外,还必须选择公交站的位置。乘客等待时间不再是唯一受设计影响的指标,因为公交站的数量和位置会影响乘客的步行/通达时间和公交车的运营速度。

廊道规划任务比较复杂,所以枚举所有可能的场景和方案是不切实际的。因此,本章将介绍一种通用分析方法,用该方法分析一些基本场景。本章末的作业题介绍了一些其他场景供读者分析。希望有兴趣的读者不仅可以领悟公交系统的基本规律,并且能够培养出分析任何问题的必要技能。

本章从最简单的想法开始,逐步走向复杂问题。5.1 节提供对公交廊道的初步理解;通过使用高度理想化的模型,既可确定一些能提高服务性能的因素,也探索了服务散布于廊道的人群时所面临的挑战。5.2 节放宽了模型中的理想化假设,并更接近实际地研究了同质乘客需求下单公交路线的基本场景。该节利用第 3 章介绍的基于"标准"的数学规划方法及拉格朗日法求解考虑单个服务标准的模型。5.3 节探讨如何处理多个服务标准。最后两节将基本场景下的想法进行扩展,其中 5.4 节考虑多条公交线路,5.5 节考虑了乘客需求非同质的情况。

5.1 初步理解:理想化分析

廊道带来的新挑战是,为了成组地服务乘客,必须将他们集中在离散的空间位置(公交站点)上,以便公交车在这些位置停下来接送这些乘客。在公交车外的时候,乘客以较低的速度(例如通过步行或骑自行车)聚集到站点。在公交车内的时候,乘客的速度也有限,因为公交车必须在每个站点停靠。这两个因素限制了公交能提供的门到门速度[①]。

鉴于这些局限性,并且为了在介绍设计方法之前设定合理的目标期望,本节通过一个极其理想化的的模型量化门到门的速度并剔除其他因素的影响。假设一条无限长的同质廊道,时空上均匀分布的恒定需求由一条或多条公交线路提供服务。这些线路在时空上也是同质的:固定的站点间距与固定的车头时距。接下来,在最有利的假设下给出门到门速度的公式,其中 5.1.1 节考虑单公交路线廊道,5.1.2 节考虑快线和普通线公交共同组成的多线路廊道。

---

① 编译者注:乘客从起点到终点的平均速度。

5.1.1 门到门速度的限制：单公交线路的情形

图 5.1 绘制了理想化公交廊道的一部分。假设服务是双向的，并且乘客按照与行程一致的方向乘车[①]。路线站点间的距离为 s。要寻找一个计算公式，在最有利的假设下预测不同出行长度下公交运营速度和出行者门到门速度。这些假设乐观得有些不切实际，但它们将给出一个不依赖于需求或其他参数的通用公式。

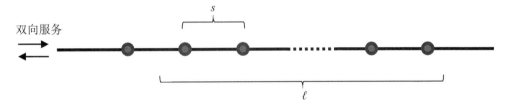

图 5.1 理想化的公交廊道

本节有以下的假设。
- 乘客行程起点沿着廊道均匀分布。
- 公交服务的车头时距 $H \approx 0$，所以乘客在站点无须等待。
- 公交车的车门可以迅速打开和关闭，乘客上下车不花费时间。
- 公交车的最高速度 $v_{max} = \infty$。

尽管有这些极为有利的条件，但仍然存在两个限制条件。
- 乘客通达车站的速度是有限的（步行时速度 $v_a \approx 1$ m/s）。
- 车辆的加速度/减速度也是有限的（考虑乘客的舒适度，$a_0 \approx 1$ m/s²）。

本节使用这些假设推导公交运营速度和乘客门到门出行时间的公式。针对运气最差的乘客而不是平均情况的乘客来评估门到门出行时间，从而避免考虑起点和终点的空间分布，从而使结果更为通用。并且，定性而言，这两种情况的结果是相似的。

首先，考虑运营速度 v_v。它是站点间距 s 和车辆在站点间最快行驶所需时间 T_s 的比值。由于 $v_{max} = \infty$，并且加速度极限与减速度极限相同，为了达到 T_s，车辆应如图 5.2 所示，在离开某个站点后以最大加速度加速，在到达站点间的中点时切换为以最大减速度减速。站点间车辆的轨迹可分解为两个长度为 $s/2$、持续时间为 $T_s/2$ 的对称部分。此外，由于加速度是恒定的，因此它们满足 $s/2 = a_0(T_s/2)^2/2$（参见第 2 章）。有：

$$T_s = 2\sqrt{\frac{s}{a_0}} \tag{5.1}$$

由此可以得到公交运营速度。

$$v_v = \frac{s}{T_s} = \frac{\sqrt{sa_0}}{2} \tag{5.2}$$

[①] 下面的推导过程将表明本节的结论也适用于单向服务的线路。

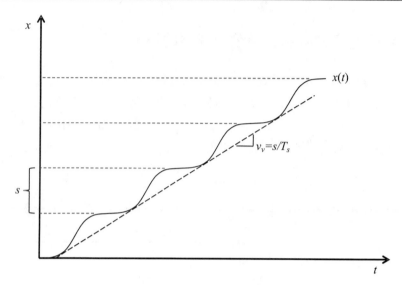

图 5.2　显示加速和减速循环的公交车轨迹图

注意，v_v 随站点间距的平方根增加，所以紧密的站点间距意味着较慢的运营速度。还要注意，该公式不涉及车辆技术，只与乘客舒适度参数 a_0 有关。因此，车辆技术无法改变公式的结果。

把注意力转移到乘客的门到门速度上。为此，假设人们步行到最近的车站，并且行程长度在 $[0, \ell]$ 上连续分布。和以前一样，只专注运气最差的乘客。现在，读者可以验证：如果 ℓ 不是 s 的倍数，那么对于任何间距 s，总会有一个运气最差的乘客需要在起终点行走 s 距离，然后再乘公交行驶 $s\lceil \ell/s \rceil$ 的距离[①]。结果，该乘客的总通达时间为：

$$T_a = \frac{s}{v_a} \tag{5.3}$$

乘车时间为：

$$T_r = \frac{s}{v_v}\left\lceil \frac{\ell}{s} \right\rceil = 2\sqrt{\frac{s}{a_0}}\left\lceil \frac{\ell}{s} \right\rceil \geqslant \frac{2\ell}{\sqrt{sa_0}} \tag{5.4}$$

式（5.4）的第二个等号来自式（5.2），最右边的不等号来自去除向上取整函数。我们鼓励读者验证，如果 ℓ 是 s 的倍数，此公式是严格相等的。因此，式（5.4）是一般化的结果。很容易看出，如果 $s \ll \ell$，则式（5.4）的右侧不仅是一个下界，而且是一个很好的近似值。现在，将此近似值与式（5.3）结合起来，得出门到门的总时间。

$$T = T_a + T_r \approx \frac{s}{v_a} + \frac{2\ell}{\sqrt{sa_0}} \quad 对于 \quad s \ll \ell \tag{5.5}$$

---

① 要看到这一点，请按如下步骤绘制一个运气最差的乘客的行程图：（1）其行程起点在两站点之间的中点向左侧偏移无限小量 ε 之处，（2）行程长度为 $y = s\lceil \ell/s \rceil + 2\varepsilon$，其中 ε 为无限小量。由于 ε 小到可以忽略不计，并且 ℓ 不是 s 的倍数，它符合 $y \in [0, \ell]$，因此该行程长度满足先前假设的前提。现在，从绘制的行程图中可以注意到，乘客在行程的两端都需要往出行相反方向走，在公交车上乘坐了 $\lceil \ell/s \rceil$ 个间距，并且起点和终点都在车站之间。因此，总通达（步行）距离为 s，总乘车距离为 $s\lceil \ell/s \rceil$。

回顾第 2 章，可以发现上式是关于 s 的 GEOQ 表达式。这意味着存在一个 $s^*>0$ 使式（5.5）全局最小，而且可以使用优化的一阶条件写出解析解。可以直观理解这个优化问题：如果 s 趋于无穷大，则乘客通达（步行）时间趋于无穷大，因此 T 是无穷大的；如果 s 趋于 0，则乘车时间趋于无穷大，因此 T 仍然是无穷大的。显然，s 必然存在某个最优中间值。如 2.3.1 节（示例 2.1）所示，形如 $z = Ax^k + Bx^{-m}$ ($k, m>0$) 的 GEOQ 问题的最优解为 $x^* = (Bm/Ak)^{\frac{1}{m+k}}$，$z^* = (1+m/k)(m/k)^{-\frac{m}{m+k}} A^{\frac{m}{m+k}} B^{\frac{k}{m+k}}$。如果用式（5.5）中的相应系数替换 GEOQ 表达式中的 A、B、k 和 m，就能找到式（5.5）的最优值。结果是：

$$s^* \approx \left(\frac{v_a^2 \ell^2}{a_0}\right)^{\frac{1}{3}} \tag{5.6}$$

$$T^*(a_0, v_a, \ell) \approx 3\left(\frac{\ell^2}{v_a a_0}\right)^{\frac{1}{3}} \tag{5.7}$$

现在，用 ℓ 除以式（5.7），得出运气最差的乘客的最大门到门速度。

$$\hat{v} \approx \frac{\ell}{T^*} = \frac{1}{3}(\ell v_a a_0)^{\frac{1}{3}} \tag{5.8}$$

注意，只有当 $s^* \ll \ell$ 时，即仅当 $\ell \gg v_a^2/a_0$ 时，式（5.6）～式（5.8）才是正确的。但是，由于 v_a^2/a_0 的实际值的数量级与 1m 相当，因此实践中任何合理的乘客行程的长度都可以轻松满足此要求。此外，式（5.6）～式（5.8）是很一般化的结果。例如，即使它们是根据运气最差的乘客推导的，但如果需求是均匀分布的，该结果也能定性预测平均情况的乘客[①]。

这里要观察哪些变量出现在上面公式中（哪些变量没有出现），以及出现的变量对结果的影响。有趣的是，出现在式（5.6）～式（5.8）中的所有变量都与乘客特性有关，而与车辆技术无关。因此，就像运营速度的情况一样，式（5.8）给出单一公交线路的交通廊道门到门出行速度的上限。最优站间距式（5.6）随 ℓ 的 2/3 次方增加，而门到门速度式（5.8）随 ℓ 和 v_a 乘积的 1/3 次方增加。

现在将一些数值代入式（5.8）中以量化这些结果，并观察门到门速度随行程长度的变化。给定参数 $v_a=1$ m/s，$a_0=1$ m/s^2，结果如图 5.3 所示，可以看到这条曲线的增长率迅速下降。总体的数值结果是令人失望的，特别是考虑到已经做出了各种非常有利的假设[②]。速度偏低的主要原因是公交对乘客的空间整合要求乘客步行完成最后一千米。由于人们走得较慢，因此站点间距必须设置得很近，而这会降低车辆的运营速度。显然，如果可以提高通达车站（步行）的速度，门到门的速度也会提高。下一节探讨如何使用公交实现这一突破[③]。

[①] 在考虑平均乘客时，唯一的实质区别是平均通达时间是式（5.3）预测的最差时间的一半。也就是说，如果 v_a 的值加倍，则此表达式也能给出相同的结果。由于除了 v_a 之外推导没有其他改变，因此在平均乘客情况下，用 $2v_a$ 替换 v_a 之后，也可以使用式（5.6）和式（5.7）。

[②] 如果对不拥挤的道路上的私家车模式做类似的有利假设，则在所有 ℓ 下它们的运营速度都将接近它们本身可以达到的最大速度，也就是说要比公共交通好得多。原因是私家车模式不需要较大的通达（步行）位移，这是一个很大的优势。

[③] 尽管理论上也可以通过使用自行车实现这一突破，但问题会变得复杂，因为不适合假设所有乘客都可以骑自行车。

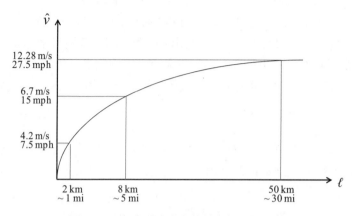

图 5.3　理想交通廊道上的最大门到门速度

5.1.2　通达速度的影响：快慢车分层结构的实用性

式（5.6）揭示了长距离出行将受益于较长的站点间距，而短距离出行将受益于较短的站点间距。在乘客行程长度差异较大的情况下，可以设置一条覆盖所有站点以服务短距离出行为目的的慢线公交和一条跳过部分站点以服务长距离出行的大站快线公交。如果这样做的话，长距离出行的乘客可以使用慢线公交为快线公交提供接驳。这样事实上也达到了利用公交本身提高乘客通达速度的目的。乘客因此将享受更高的门到门速度。

本小节的假设与上一小节相同，探索这种多层级服务可以达到的门到门速度。假定两条线路都是双向的，乘客选择快慢线间的换乘站点以最小化慢线上的出行时间，在必要时会选择反向乘车。如上所述，对长度为 ℓ 的行程进行分析，并假设线路的设计已经为运气最差的乘客提供最佳服务。图 5.4 显示了多层级结构的设置。注意，需要确定两个站间距：s_0（慢线）和 s_1（快线），其中 $s_0 \ll s_1$。

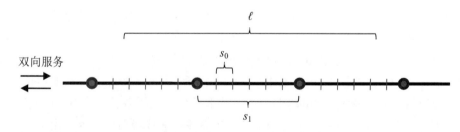

图 5.4　理想的快慢车多层级结构的公交廊道

存在两种通达速度：通达慢线站点的速度，其值已知并表示为 v_w（下角标表示"步行"）；通达快线站点的速度 v_a，其值需要推导且取决于站点间距。这里的策略是，根据站点间距计算 v_a，再将快线系统视为通达速度为 v_a 的单线路公交系统。

给出 v_a 的表达式。如图 5.4 所示，运气最差的乘客将分别在快车站点间的中点开始和结束行程。假设换乘所需的时间刚好等于 $s_0/(2v_w)$，即从起点步行到最近的慢线公交站点的时间。在此假设下，从起点到换乘站点的第一段慢线公交行程可被视为长度为 $\ell=s_1/2$ 的单线路行程。相对称的，从快线站点到终点间的最后一段行程也可以做相同的处理。因此，

在快线站点间距为 s_1 时的最优慢线站点间距（表示为 $s_0(s_1)$）由 $\ell=s_1/2$ 时的式（5.6）给出。其结果是：

$$s_0(s_1) = \left(\frac{v_w^2 s_1^2}{4a_0}\right)^{\frac{1}{3}} \tag{5.9}$$

同样，通过将 $\ell=s_1/2$ 代入式（5.8），可获得最优快线通达速度 $v_a(s_1)$。因此，有：

$$v_a(s_1) = \frac{1}{3}\left(\frac{s_1}{2} v_w a_0\right)^{\frac{1}{3}} \tag{5.10}$$

计算出乘客通达快线站点的速度后，可将式（5.5）中的 v_a 替换为式（5.10）的右侧部分，从而得出以 s_1 为变量的多层级公交的最优门到门时间。结果为：

$$T(s_1) = \left[3\times 2^{\frac{1}{3}}(v_w a_0)^{-\frac{1}{3}}\right]s_1^{\frac{2}{3}} + \frac{2\ell}{\sqrt{a_0}} s_1^{-\frac{1}{2}} \tag{5.11}$$

针对 s_1 对式（5.11）进行优化。注意，该表达式是 GEOQ 公式，通过和之前一样的操作会得出[①]：

$$T^* \approx 5.3\left(\frac{\ell^4}{a_0^3 v_w}\right)^{\frac{1}{7}} = 5.3\, a_0^{-\frac{3}{7}} v_w^{-\frac{1}{7}} \ell^{\frac{4}{7}} \tag{5.12}$$

最后，用行程长度 ℓ 除以式（5.12）得出门到门速度为：

$$\hat{v} \approx 0.19\, a_0^{\frac{3}{7}} v_w^{\frac{1}{7}} \ell^{\frac{3}{7}} \tag{5.13}$$

将式（5.13）与单线路系统的式（5.8）进行比较，会得到一些有意思的结果，此时要将式（5.8）中的 v_a 替换为 v_w。式（5.13）中步行速度的幂次较小，多层级公交系统适合于低步行速度的场景，在步行速度较高的情形则不具优势。与式（5.8）相比，式（5.13）中行程距离 ℓ 的幂次更高，因此对于长距离行程，多层级系统优于单线路公交，对于短距离行程情况则相反。还要注意，应该存在使两者相等的临界行程距离，图 5.5 定性显示了两者的关系。图 5.5 中所示关系表明，长途行程多的大城市可以从两层级叠加的公交系统中受益：站点间距大的长途地铁或者通勤列车可以提供快线服务，而由普通公交组成的慢线网络可以服务短途行程或为快线提供接驳服务。

但是有个地方需要我们警醒。取图 5.3 中的数值（$v_w=1$ m/s，$a_0=1$ m/s^2），图 5.5 的两条曲线在 $\ell^*=393.7$ m 处相交，行程距离大于这个值时，多层级系统的速度很快变得更高。由于大多数行程距离都超过了这个临界行程距离，结果似乎表明公共交通部门应始终使用多层级系统以取得更好的收益。但是，事实并非如此。我们的分析使用了非常有利的假设来推导速度的上界（不是近似值），这些假设对于多层级服务特别有利，因为换乘造成的额外等待时间被设为 0，并且还允许快线公交在相距较远的站点间以不合理的高速行驶。这些假设对多层级系统更有利。但是，另一方面，更准确的分析也会支持我们的结论，即某种形式的多层级系统可以更好地服务长途行程。另外，在现实生活中也有很多线路公交廊道，当然它们只有在交通廊道足够长以服务长途旅行时才会存在。以下各节将介绍分析

[①] 鼓励读者使用 GEOQ 公式求得 s_1^*，然后分别使用式（5.9）和式（5.6）得到 s_0^* 和 s^* 以验证 $s_0^*<s^*<s_1^*$。

更接近实际的单线路公交系统和多层级公交系统有方式与工具。接下来，首先分析单线路公交系统。

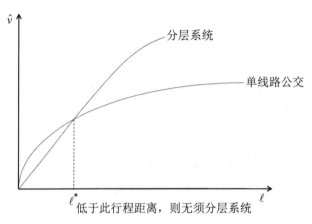

图 5.5 公交廊道中分层系统和单线路公交的最大运行速度

5.2 单线路公交：分析方法和解决方案的性质

本节的分析结合 5.1 节和第 4 章的思想，并综合考虑时空上的整合。除 ℓ 外，其他两个重要的需求端变量也会影响廊道系统的结构：需求发生率 λ，以及"用户的时间价值" β。5.2.1 节描述了这些假设及这些假设如何影响乘客在公交车外的行为。5.2.2 节介绍设计方法和解决方案。

5.2.1 假设和初步建模

假设公交廊道无限长，出行需求的起点在整个线路上均匀分布，并且在所有起点上产生的行程长度具有相同的分布。还假设整个廊道都提供相同的公交服务，并且每辆公交车都有足够的容量承载公交需求。这种对称设定非常有用，因为如 5.1 节所述，这些假设允许仅用少量变量就可以定义和解决设计问题。

但为了使模型更为符合现实，本小节将 5.1 节中的三个有利假设替换为以下内容。

（1）公交车的巡航速度是有限的，即 $v_{max}<\infty$。巡航速度定义为公交车如果无须停靠车站能达到的平均速度。例如，没有专用车道的公交车的 $v_{max} \approx v_{auto}$。假设站点之间的距离足够使车辆达到其巡航速度。如图 5.6 所示，两个站点之间的公交车轨迹可以分为三个阶段：加速阶段，持续时间为 $t_{(a)}$，其轨迹是凸的；线性的巡航阶段；减速阶段，持续时间为 $t_{(d)}$，其轨迹是凹的。在本节以及本书后续的模型中，公交车的轨迹由图中的分段线性虚线近似，好像车辆可以瞬间加速一样。注意，该理想化的轨迹的行进部分的持续时间为 s/v_{max}，与站点间距成正比，而其静止部分的持续时间则为常数 $[t_{(a)}+t_{(d)}]/2$。① 将静止部分时间（代表加速

---

① 在 2.1.1 节中，两个水平部分的长度等于加速和减速阶段相应时间的一半。

和减速过程的损失时间）作为一个定值加到每个站点的实际停车时间中。这种理想化的好处非常明显，免去了引入加速度/减速度参数的必要，并能简单地表达公交车行驶时间和站点间距之间的关联。

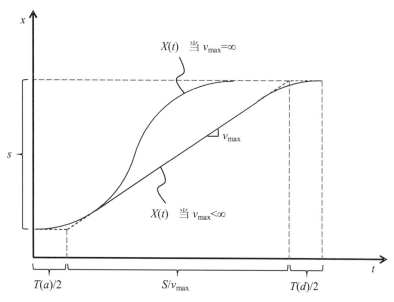

图 5.6　站点之间的公交行驶轨迹：新旧假设对比

（2）公交车辆需要在站点停车一段时间 $t_s>0$。除了刚才提到的由于加速和减速而损失的时间 $[t_{(a)}+t_{(d)}]/2$ 外，停车时间还包括开关车门的固定时间及门打开状态下的可变时间部分，而后者取决于上下车乘客的数量和类型。

（3）所有的公交车的车头时距相同，$H>0$。由于假设了廊道和公交服务是同质的，即在廊道任何地方的车头时距都是相同的。也就是说，所有公交轨迹相互沿着时间方向平移对称。

简化公交车行进和停车时间的意义重大，基于此可将公交车在多个站点间的行驶时间表示为仅取决于行进距离的固定行进时间部分，和仅取决于乘车总人数及停靠站点总次数的可变时间部分的加和，而与乘客和站点在空间上的分布无关。例如，如果所有站点的停车时间大致相同（例如车门很宽的地铁），可以得出：

$$时间 = (距离)/v_{max} + (站点数目)t_s \tag{5.14}$$

$$平均步调^{①} \equiv 1/v_v = 时间/距离 = 1/v_{max} + (站点数目/距离)t_s \tag{5.15}$$

此外，基于上述所有假设，一条线路的组织可以完全由两个决策变量定义：站点间距 s 和车头时距 H。图 5.7 显示了一些与可能的设计 (s, H) 相对应的公交车轨迹。对每个站点的停车时间进行平滑处理后，这些轨迹由直线表示，其斜率即是运营速度 v_v。

另外，图 5.7 还对比了采用公交和自驾两种模式从坐标原点出发的可达性。深色阴影表示通过公交可以到达的时空区域，浅色阴影表示私家车的额外可达区域。注意，公交的

---

① 步调是速度的倒数。

可达时空区域是汽车区域的子集。但也并非总是如此，读者可以验证如果 $v_v > v_{auto}$（在拥堵的城市中有可能发生），则存在私家车无法到达，但公交车可以到达的时空区域。读者可以想象一下两个可达区域如何随 s、H 和公交运营速度变化。这样的思考是有启发性的。很明显，增加 v_v 并缩短 s 和 H 能提升公交的可达性。

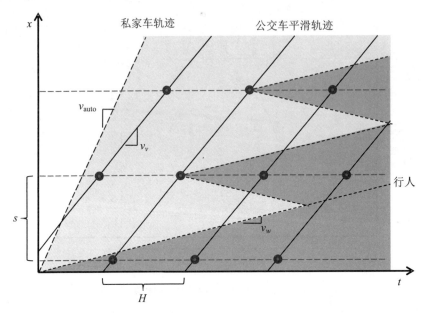

图 5.7　与汽车相比，公交车轨迹及其提供的可达性

这样的时空图还能帮助我们弄清楚，如果乘客知道时间表，即知道图 5.7 里圆点的分布，会决策选择向哪个方向步行到上车站点。为了阐明这个想法，图 5.8（a）显示了两名乘客（小黑点）步行可达的时空区域。这些区域包含了他们可以选择的公交出发站。从图 5.8 中可以看出，如果乘客的目标是赶上尽可能早的公共汽车，那么这两名乘客（小黑点）将朝相反的方向行走，并登上同一辆公共汽车。

这样的推理也可以识别每次公交停站的"集水区"，即在该公交站使用该趟公交车出发的所有乘客起点所占的时空区域。图 5.8（b）假设人们步行选择最近的站点，示例说明了粗点表示的那次公交停站的服务区。

由于这个问题是平移对称的，因此每次公交停站的服务区是一个镶嵌图块，即如果在每个公交停站点重复此图块，则这些图块将不重复地分割整个 (t, x) 平面。还要注意，无论乘客使用哪种策略选择公交出发站，只要所有乘客都使用相同的策略，这个结论都成立。因此，在所有情况下，图块的面积都等于 sH（距离·时间）。图块的形状还可以用于计算所有乘客的平均步行和等待时间。例如，如果假设乘客的行程起点在时空区域均匀地分布在所有点上，且乘客不知道车辆时间表，则平均步行距离就是图块中所有点到经过车站的水平虚线的平均纵向距离。在以下示例中。[①]

$$平均步行距离 = s/4 \tag{5.16}$$

---

① 在其他策略下，例如，如果乘客希望赶上最早的火车，结果将有所不同。但是，如果 $v_v \gg v_w$，则差异很小。

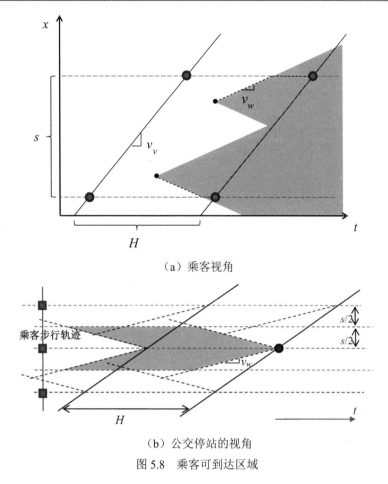

（a）乘客视角

（b）公交停站的视角

图 5.8 乘客可到达区域

在相同的假设下，最大步行距离为 $s/2$。同样，可以通过绘制乘客的步行轨迹确定其到达站点的时空点，然后估算该时空点与公交车出发点之间的水平距离，从而获得乘客的等待时间。对于本例，在考量所有乘客后可以得出：

$$平均等待时间 = H/2 \quad (5.17)$$

最大等待时间是 H。这些结果不出意外地与第 4 章表 4.1 第一行的结果一致。

5.2.2 数学建模和解决方案

本小节有两个目标：① 介绍基于合理假设的公交问题的建模处理方法；② 揭示解决方案的性质。为了实现目标，假设车辆足够大，且乘客可以快速上下车，这样车辆就永远不会满载，并且可以将停站时间 t_s 视为固定值。本小节要找出：① 长度为 ℓ 的行程的门到门时间不超过 T_0，且成本最小的设计；② 使总广义成本最小的设计。证明这两个方法能得出相同的结果，并且第二个过程更加直观和深刻。在这两种设计过程中，决策变量均为站点间距 s 和车头时距 H。

在需求方面，已知每一个方向上单位距离的平均乘客生成率 λ（行程/时间·距离，称为需求密度），乘客通达（步行）站点的速度 v_a。行程长度的分布也是给定的。但不指定某个具体分布,因为它对建模不产生影响。

在供给方面,已知交通部门为车辆和基础设施支付的单位成本。本书所有规划章节中都将使用这些单位成本,因此需要进行一些讨论。对于车辆,单位成本应同时考虑其机械成本和人力成本。在机械方面,成本包括车辆的折旧、运营和维护。假设此成本仅在车辆行驶时才产生,并且与距离成正比,单位成本记为 c_m($/车·km)[①]。该单位成本可以通过①车辆成本及其在整个生命周期的预期维护和运营成本之和,减去任何残值,除以②报废前的预期总里程数来大致估算。在人力方面,假设驾驶人员的费用与工作小时数成正比,单位成本为 c_t($/车·h)。该单位成本是①车辆司机的工资、福利和管理费用之和,与②司机实际从事驾驶的平均时间的比值[②]。

从上面分析可以得出,公交车在行驶和停站时,单位成本的积累速率不同。停站时,车辆单位成本仅为 c_t($/车·h),而在行驶时单位成本为:$c_d \equiv c_m + c_t/v_{max}$($/车·km)。这个表达式中的第二项使用了巡航速度 v_{max}。注意,停站(在站点)的成本是 c_t 和 t_s 的乘积,用 $c_s \equiv c_t t_s$($/车·停站次数)表示。常数 c_t、c_d 和 c_s 将在模型中反复使用。

基础设施成本的一部分来自道路/轨道和站点。两者都计折旧、维护和运营费用。假设道路/轨道的成本与其长度成比例,而单位成本为恒定的 c_g($/时间·距离),而单个站点的单位成本为 c_r($/时间),概念类似租金。第 1 章中的数据可以为这些参数的数值提供一个大概的数量级参考。

1. 基于标准的问题:解决方法

本节基于标准的设计问题说明如何获得最优设计。基于标准的设计方法之所以吸引人,是因为无须特别了解需求,就可以进行设计。设计的目标是使公交系统的运营成本(它受需求影响相当小)最小化,同时满足与需求分布无关的服务水平标准。

为了说明这一理论,假设出行距离为 ℓ 的乘客在终点没有预约,且不知道时刻表,将保证该乘客在最差的情况下门到门出行时间达到某标准。该标准可写为 $T(\ell) \leqslant T_0$,其中 $T(\ell)$ 表示运气最差的乘客行程距离为 ℓ 的出行时间。注意,ℓ 和 T_0 均为政策变量。设计目标是使每单位廊道长度每年的车辆和基础设施总成本最小。由于需求密度 λ 是固定的(可能未知),因此也可以最小化该总成本与 λ 的比值,而该比值可以更直观地解释为每次行程(每位得到服务的乘客)的平均成本,表示为$[成本/乘客]或[费用/行程]。因此,设计问题可以表示为以下两个优化问题之一。

$$\min_{(s,H)}\{\$: T(\ell) \leqslant T_0\} \quad (每次行程的运营成本) \qquad (5.18a)$$
$$\min_{(s,H)}\{\lambda\$: T(\ell) \leqslant T_0\} \quad (单位时间和单位廊道长度的成本) \qquad (5.18b)$$

下面,必须找到由决策变量表示的$和 $T(\ell)$ 的表达式。

通过计算任意一个(重复出现的)镶嵌图块内积累的成本(见图 5.9),然后将结果除以其中的客户数量 λsH,就可以得出$的公式。由于图块包含一辆行驶距离为 s 并在行进方向停站一次的公交车,因此,相应车辆成本应计为 $c_s + c_d s$。另外,道路/轨道和站点在每个

[①] 假设车辆折旧仅在行驶时发生,这是合理的,因为一般公交车都被频繁使用。第 1 章包含有关各种成本的粗略信息。在具体情况下,运营机构会有更准确的数字。

[②] 后续有关车辆和人员管理的章节会表明,如果对司机进行适当的管理,则他们的空闲时间很短。因此该假设是合理的。

图块内运行 H 时间。因此,该图块对应的基础设施成本为 c_rH+c_gsH。图块中的总运营费用为 $c_s+c_d+c_rH+c_gsH$[①]。最后,用运营成本除以 λsH 得到式(5.18a)的目标函数:

$$\$ = \frac{c_s}{\lambda sH} + \frac{c_d}{\lambda H} + \frac{c_r}{\lambda s} + \frac{c_g}{\lambda} \qquad (5.19)$$

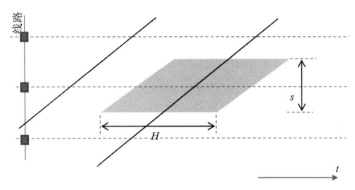

图 5.9 时空图中的基本分析单元

注意,式(5.19)中需求 λ 仅作为常系数 $1/\lambda$ 乘在整个目标函数上,因此需求在式(5.18b)的目标函数中实际根本没有影响。

最差情况下门到门出行时间 $T(\ell)$ 的公式较容易。该时间包括三个部分:① 乘车行进时间,可由式(5.14)得出,其中使用 ℓ 表示距离,ℓ/s 表示停站次数;② 步行/通达时间,对于运气最差的乘客此值大约为 s/v_a,因为其行程的两端都步行最大距离;③ 在最差情况下乘客需要等待 H 时间(参见表 4.1,由于没有预约,等待的时间全部发生在起点)。从而:

$$T(\ell) \approx \frac{\ell}{v_{\max}} + t_s\frac{\ell}{s} + \frac{s}{v_a} + H \qquad (5.20)$$

注意,此表达式中出现的唯一需求端参数是通达(步行)速度,它的值很容易估计。因此,可以在不甚了解需求的情况下找到优化问题的解。

至此,我们完成了数学建模。即使做出不同的假设,例如考虑系统的平均性能,或为等待、步行和行驶时间设置不同的权重,这个分析过程也是相似的,而最终的式(5.19)和式(5.20)只会略有不同。例如,如果用乘客的平均(而不是最差的)服务体验定义标准,只需将式(5.20)中的步行距离项从 s/v_a 更改为 $s/(2v_a)$,将等待时间项从 H 更改为 $H/2$。

接下来,求解这个问题。为此,注意观察式(5.19)和式(5.20),其中式(5.18)中的不等式约束应该在最优解处起到约束作用,否则仍可以稍微增加 H 来减少目标函数值。因此,可以将此问题视为纯等式约束问题,使用拉格朗日乘子法求解。

选择式(5.18a)作为优化问题,其拉格朗日函数包括式(5.19),以及式(5.20)与拉格朗日乘子 β[\$/时间]的乘积。将含有相同决策变量的项写在一起,并忽略 $-\beta T_0$ 这一常数项(见 3.2.2 节),即可得到截断的拉格朗日函数。

---

① 在进行此类推导时为了防止出现错误,建议在每个步骤中检查量纲一致性;请参阅 2.4 节。注意这里得出的方程在量纲上是正确的。

$$z = \$ + \beta T(\ell) = \frac{c_s}{\lambda s H} + \left(\frac{c_d}{\lambda H} + \beta H\right) + \left(\frac{c_r + \lambda \beta \ell t_s}{\lambda s} + \frac{\beta s}{v_a}\right) + \left(\frac{\ell \beta}{v_{\max}} + \frac{c_g}{\lambda}\right) \quad (5.21)$$

现在分析式（5.21）。注意，第一个括号项仅包含变量 H，第二个括号项仅包含变量 s，最后一个括号项为常数项。使得该目标函数全局最低，并且使得 $T^*(\ell) = T_0$ 的拉格朗日乘子 β 记为 β^*。在找到它之前，检查目标函数是否可能存在多个局部最小值。在这里，式（5.21）中的决策变量以几何规划类型多项式的形式出现，正如在第 2 章中所述，它一定具有唯一最小值。因此，如果给定问题的参数值，则可以使用数值搜索方法（例如，2.3.1 节中的最速下降法）找到对应任何拉格朗日乘子 β 的全局最小值。改变 β 并重复搜索，直到成功找到使 $T^*(\ell)$ 等于 T_0 的解 s 和 H。

或者，由于式（5.18）仅涉及两个决策变量，可以以式（5.19）为基础制作电子表格，并在决策变量组合不满足约束时将其目标函数值设置为无穷大，从而找到最优解。如果问题包括更多约束，也可以这样的处理：当不满足任何一个约束时，式（5.19）的值都设置为无穷大。例如，如果给定的 (s, H) 组合产生的车辆载客量可能超过车辆的容量 C，则需要写出额外的约束。在这种情况下，可能要将车辆载客量表达为 (s, H) 的公式，并排除使其大于 C 的决策变量组合。[①] 练习题 5.2 提供了一个相关的例子。

设计标准和拉格朗日方法的等效性和解释：通过最小化拉格朗日函数式（5.21）对基于标准的问题进行求解，而该拉格朗日函数以成本为单位，其中 β 是将时间转换为金钱的"时间价值"。如果这个问题有可行解，则 β 存在一个可推算出来的实数值。即对于任何可行的政策变量组合 (ℓ, T_0)，都有对应的 (ℓ, β) 产生相同的解。因此，在知道两种选择所对应的解空间相同的情况下，决策者可以指定行程长度和服务时间标准 (ℓ, T_0) 或行程长度和时间价值 (ℓ, β)，而得到同样的结果。使用哪种选择取决于决策者的喜好，相对而言，指定 (ℓ, β) 更方便，因为它会产生无约束的优化问题，并且在某些情况下更容易解释结果。

截断的拉格朗日函数式（5.21）是平均运营成本和最差情况下乘客成本的组合。在此场景中，它的物理含义并不清晰。如果为乘客定义平均意义上的服务标准，其中 ℓ 表示所有乘客的平均出行长度，则 $T(\ell)$ 是所有乘客的平均门到门服务时间。被截断的拉格朗日函数 $\$ + \beta T(\ell)$ 则是每次出行产生的广义社会成本之和。这意味着分析平均情况时，截断的拉格朗日函数可以解释为广义的社会成本。反过来说，最小化广义社会成本的问题等价于解决基于平均乘客门到门时间标准的优化问题[②]。

2. 解的性质

在此，假设决策者想要在给定的时间价值 β 下最小化平均情况下的广义社会成本，即在评估时同等地考虑所有用户。因此，ℓ 现在是所有乘客的平均行程长度，还假定已经给定了 λ 值。这三个参数显示了公交廊道所在城市的某些特征，其中 λ 与人口密度相关，β 与城市富裕程度有关，ℓ 与城市大小有关。下面的分析说明了最优设计及其广义成本的各个组成部分

[①] 作为练习，读者可以验证预期的公交车载客量公式为 $\lambda H \bar{\ell}$，其中 $\bar{\ell}$ 为平均行程长度。（提示：可以使用第 2 章的 Little 公式，将公交车视为"等候区"。）在实际应用中，也可以为公交车的容量预备一定冗余，以应对需求的随机波动。

[②] 这个特定问题下 T_0 作为设计服务标准对应所选的 β。

是如何取决于这些需求端参数的。

下面使用与前面基本相同的情景设置,不同之处在于这里专注于平均情况下的乘客,同时假设乘客在终点有预约且不知道时刻表。显然,因为运营成本$保持不变,所以式(5.19)仍然成立。为了简化说明,在此重点关注在混合路权中运行的公交系统,并忽略道路和车站的成本,令 $c_g = c_r = 0$。现在考虑所有乘客的平均出行时间 T,从式(5.16)可以看到,起点部分的平均通达(步行)时间为 $s/(4v_a)$,行程两端的总通达(步行)时间为 $s/(2v_a)$。由于乘客仅在起点等候,因此平均总等待时间为与式(5.17)相同的 $H/2$。最后,由于平均乘车时间的表达式与之前相同,因此只要将最后两项的系数变为½,T 可以继续由式(5.20)的右边给出。结合$和$T$的表达式,可以得出每次出行的广义成本。

$$z = \$ + \beta T = \frac{c_s}{\lambda s H} + \left(\frac{c_d}{\lambda H} + \beta \frac{H}{2} \right) + \left(\frac{\beta \ell t_s}{s} + \frac{\beta s}{2v_a} \right) + \left(\frac{\ell \beta}{v_{\max}} \right) \quad (5.22)$$

此表达式的前两项是运营成本($),其他项为用户成本($\beta T$)。以时间为单位(即不考虑 β),第三项表示乘客的等待延误(waiting delay,WD),第四项和第五项表示乘客在行进时的延误(moving delay,MD),第六项是移动行程长度可能的最短时间,称为"长途运输"时间(line-haul,LH)。

尽管式(5.22)的最小值不能以解析公式给出,但可以找到一个简单的表达式给出下界,也可以找到相当接近的上界。由于式(5.22)中的所有项均为正,因此如果忽略第一项,就可以获得下界。这一项对应车辆一次停站的成本,一般相对较小,然后最小化下面的截断后的表达式:

$$\left(\frac{c_d}{\lambda H} + \beta \frac{H}{2} \right) + \left(\frac{\beta \ell t_s}{s} + \frac{\beta s}{2v_a} \right) + \left(\frac{\ell \beta}{v_{\max}} \right) \quad (5.23)$$

由于前两个括号内的项均是经济订货批量问题(EOQ)的形式,它们可以各自优化并得出解析解。结果是:

$$H^* \cong \left(\frac{2c_d}{\lambda \beta} \right)^{\frac{1}{2}}; \quad s^* \cong \left(2v_a t_s \ell \right)^{\frac{1}{2}} \quad (5.24)$$

将此结果代入截断的目标函数式(5.23)中,可以得出式(5.22)的一个下界。因为没有更改任何约束,式(5.24)是式(5.22)的一个很好的可行解,所以可以将式(5.24)代入式(5.22)而得到最优解的一个上界。(作业练习题5.3要求在更一般的情况下证明这两个关于上下界的结论的正确性。)读者可以验证这些代入的结果为 $z^* = \$^* + \beta T^*$,其中:

$$\$^* = \left(\frac{\beta c_d}{2\lambda} \right)^{\frac{1}{2}} + \begin{cases} 0 & \text{下界} \\ \frac{c_s}{2} \left(\frac{\beta}{\lambda c_d} \right)^{\frac{1}{2}} \left(v_a t_s \ell \right)^{-\frac{1}{2}} & \text{上界} \end{cases}, \quad \text{且} \quad (5.25a)$$

$$T^* = (WD)^* + (MD)^* + (LH)^* = \left(\frac{c_d}{2\lambda \beta} \right)^{\frac{1}{2}} + \left(\frac{2t_s \ell}{v_a} \right)^{\frac{1}{2}} + \frac{\ell}{v_{\max}} \quad (5.25b)$$

式（5.24）和式（5.25）说明了系统设计和广义成本的各部分如何受到需求端参数(λ, β, ℓ)的影响。例如，不管行程长度为多少，如果需求增加到四倍，车头时距应减半；不管需求为多少，如果行程长度增加到四倍，则站点间距应翻倍。图5.10绘制了广义成本各部分与时间价值β的关系，并显示了行程时间T与其他两个需求参数的关系。时间价值β与公交廊道所在城市的富裕程度有关，这并不奇怪。图5.10表明，富裕的城市在公共交通服务上会投入更多的钱，让乘客等待的时间更少。不太直观的是，行进延误（MD）部分不受城市富裕程度的影响。

由于标准方法和拉格朗日方法是等效的，图5.10也可用于求解类似式（5.18）的成本最小化问题，其中服务标准适用于平均意义下的乘客而不是运气最差的乘客。若要了解两个建模之间的联系，回忆前文中讨论的内容，对应于给定标准T_0的β值使出行时间正好等于该设计标准。换而言之，图5.10中曲线T^*上横坐标为β_0的点对应的纵坐标为标准T_0。为了用刚推导出的结果解决基于标准的设计问题，只需要评估该横坐标对应的所有性能指标。

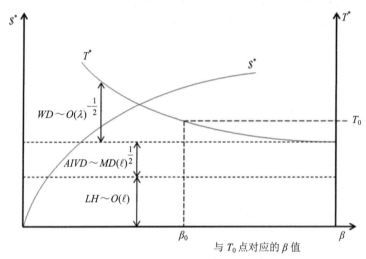

（a）公交乘客富裕程度（时间价值）对出行时间和费用的影响

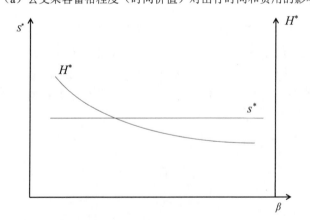

（b）公交乘客富裕程度（时间价值）对车头时距设计和站点间距设计的影响

图5.10 公交乘客富裕程度（时间价值）的影响

5.3 多个标准

在此,假设式(5.18)具有多个约束的广义版本,每个约束为某个行程长度指定一个单独的设计标准。这种假设具有实际意义,可以让决策者在规定应采取的措施时具有更多的灵活性。另一方面,由于指定多个标准更复杂,而且主要基于主观判断,因此合理地简化是有益的。本节将对此进行探讨。我们发现每个多标准问题都对应一个等价的对应某个行程长度的单标准问题,而它们能给出大体同样的设计。因此,决策者只需为单个合理的行程长度规定设计标准。这个合理的行程长度,例如,可以取对应最多乘客·km 数的行程长度。此外,由于单标准问题具有等价的广义成本版本,决策者可以选择指定行程长度和时间价值。无论哪种情况,都可以使用上一节的工具进行分析。

本节的大部分内容是为了找出一种解决多标准问题的方法,然后用它得出前面提到的等价性。这小节内容比较难,而且结果仅在 5.4.1 节中使用,所以读者可以跳过这部分,且不会影响理解上的连续性,5.4.1 节中的相关内容也可以一起跳过。

在多标准问题中,将式(5.18)的单标准 T_0 替换为任意一个非递减函数 $T_0(\ell)$。例如,图 5.11 中的函数为每个行程长度都提供了时间标准。为了执行新标准,必须将式(5.18)中的单个约束替换为约束集合 $\{T(\ell) \leq T_0(\ell), \forall \ell\}$,问题变为:

$$\min_{(s,H)} \{\$: T(\ell) \leq T_0(\ell), \forall \ell\} \quad \text{(单次行程的平均运营商成本)} \quad (5.26a)$$

$$\min_{(s,H)} \{\lambda\$: T(\ell) \leq T_0(\ell), \forall \ell\} \quad \text{(单位时间和单位长度廊道的平均成本)} \quad (5.26b)$$

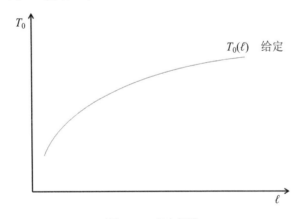

图 5.11 多个标准

接下来,推导基于与 5.2.2 小节(1)基于标准的问题。解决方法里相同的假设:所有标准对应于运气最差的乘客,该乘客在终点没有预约且不知道车辆时刻表,但读者可以轻松地验证,建模步骤和最终求解结果对其他类型的乘客(如平均情况下的乘客)是一样的。本小节将说明目标函数和约束条件对决策变量的依赖关系。因此,我们将写出全部的约束条件,并用$\$(s, H)$而不是$\$$作为单次行程的平均运营商成本。式(5.26a)可改为:

$$\min_{s,H}\{\$(s,H)\} \quad (5.27a)$$

$$\text{s.t.} \quad H + \frac{s}{v_a} + \frac{\ell}{s}t_s + \frac{\ell}{v_{\max}} \leq T_0(\ell); \quad \forall \ell \tag{5.27b}$$

其中：

$$\$(s,H) = \frac{c_s}{\lambda sH} + \frac{c_d}{\lambda H} + \frac{c_r}{\lambda s} + \frac{c_g}{\lambda} \approx \frac{c_d}{\lambda H} \tag{5.28}$$

回顾前面讨论，上式最后的近似处理对于混合路权下的公交车系统特别适用。

可以将带约束的优化问题转换为拉格朗日形式，并通过任一种非线性优化算法对其进行数值求解。它仅包含两个决策变量，所以也可以近似地通过枚举解决。例如，在电子表格上细分并评估(s, H)组合的目标函数值，将不符合式（5.27b）的组合的目标函数值定义为无限大，然后选择使目标函数值最小的组合值。

但是，如果采用式（5.28）中的近似目标函数，则可以通过解析或图解方法找到精确解。此问题可写成如下形式。

$$\min_{s,H}\left\{\$ = \frac{c_d}{\lambda H}\right\} \tag{5.29a}$$

$$\text{s.t.} \quad H + T_M(\ell\,|\,s) \leq T_0(\ell), \quad \forall \ell \tag{5.29b}$$

其中：

$$T_M(\ell\,|\,s) = \frac{s}{v_a} + \frac{\ell}{s}t_s + \frac{\ell}{v_{\max}} \tag{5.30}$$

引入函数 $T_M(\ell\,|\,s)$ 是为了强调式（5.29b）的左侧可以分为仅依赖 H 和仅依赖 s 的两个部分。注意，对所有给定的 s 值，$T_M(\ell\,|\,s)$ 随 ℓ 线性增加。图 5.12 里的两条直线描绘了该函数的两个例子。此外，由于 $T_M(\ell\,|\,s)$ 表示乘客的行进移动时间（moving time, MT），因此称这些直线为"MT 线"。

接下来求解决式（5.29）。由于其目标函数既随着 H 严格降低，且又不依赖于 s，因此，最优值对应某个 s 值及满足相应式（5.29b）的最大 H 值。使用条件分解通过两个简单的步骤可以找到这个最大值。

首先，找到任意给定 s 下的 H 最大值，用 $H(s)$ 表示结果。从式（5.29b）中得到：

$$H(s) = \min_{\forall \ell}\left[T_0(\ell) - T(\ell\,|\,s)\right] \tag{5.31}$$

其次，将 $H(s)$ 最大化以找到无条件最大值 H^*；即求解：

$$H^* = \max_{s \geq 0} H(s) \tag{5.32}$$

利用图解法执行这两个简单步骤。根据图 5.12 和式（5.31），$H(s)$ 是行程时间服务标准 $T_0(\ell)$ 与对应于 $T_M(\ell\,|\,s)$ 的 MT 线之间的最小纵向距离。换而言之，$H(s)$ 是纵向移动 ML 线直到刚好与 $T_0(\ell)$ 相切时的移动距离。图 5.12 中展示了 $s=s_2$ 的情况。因为纵向移动后的 ML 线不可能首先在 $T_0(\ell)$ 向上的凸起内侧与之相切，因此，参见图 5.12，如果用 $T_0(\ell)$ 的下凸包函数 $\underline{T}_0(\ell)$ 代替它，也可以获得相同的纵向位移[①]。因此可以通过求解以下问题执行第一步。

$$H(s) = \min_{\forall \ell}\left[\underline{T}_0(\ell) - T_M(\ell\,|\,s)\right] \tag{5.33}$$

---

① 函数的下凸包（如图 5.12 中的虚线所示）指不超过 $T_0(\ell)$，且逐点最高的凸函数曲线。

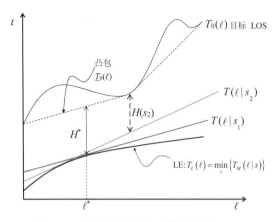

图 5.12 多个服务标准问题的图解法

第二步,找出产生最大纵向位移的 s。用图形法找出 MT 线的下包络线(lower envelope,LE),该包络线表示为 $T_L(\ell)$ 并定义如下(见图 5.12)。

$$T_L(\ell) = \min_s \{T_M(\ell \mid s)\} = \frac{\ell}{v_{\max}} + 2\sqrt{\frac{\ell t_s}{v_a}} \tag{5.34}$$

右边的等式之所以成立,是因为这是 EOQ 方程。注意,它对 ℓ 是凹的。EOQ 方程还显示等号成立时的站点间距为:

$$s(\ell) = \operatorname*{argmin}_s \{T_M(\ell \mid s)\} = \sqrt{\ell t_s v_a} \tag{5.35}$$

H^* 是 LE 向上移动时第一次碰到凸包时的垂直位移(在某个长度 ℓ^* 处,两条曲线将相切,如图 5.12 所示),这时 $s^* = s(\ell^*)$ 是唯一的最优站点间距。

为了证明这一点,令 H' 为 LE 的位移。注意,在 ℓ^* 处与 LE 相切的 MT 线,即与站间距 $s(\ell^*)$ 对应的 MT 线,在位移后不会超过凸包的上方(因为 MT 线必须与下凸包相切,而下凸包由于凸性一定会在切线上方)。由此得出,$\{H', s(\ell^*)\}$ 是式(5.29)的可行解。注意,大于 H' 的位移是不可行的,因为 LE 的所有切线都在 ℓ^* 处超出到下凸包的上方。可以得出前面的结论,$\{H', s(\ell^*)\}$ 是式(5.29)的最优解。此外,由于 LE 是严格凹的,只有 ℓ^* 处的切线才能实现 H' 的位移,所有其他站间距都不可行。因此,最优解是唯一的。

LE 方法小结:具体步骤为,① 根据式(5.34)构造曲线 $T_L(\ell)$,以及多个时间标准的下凸包 $\underline{T}_0(\ell)$;② 向上移动 $T_L(\ell)$,直到其与下凸包 $\underline{T}_0(\ell)$ 接触(相切);③ 相切时的垂直位移为最优车头时距 H^*;④ 接触点的横坐标为 ℓ^*;⑤ 将 ℓ^* 代入式(5.35)得到最优站点间距,即 $s^* = \sqrt{\ell^* t_s v_a}$。如果问题简单,整个过程也可以用解析法进行,参见作业练习题 5.5。

注意,此方法得出近似结果,因为忽略了原始目标函数式(5.28)中的某些项。因此,以上分析实际上提供了最优成本的下界。为了获得最优成本的上界,可以将 H^* 和 s^* 代入式(5.28)。这与 5.2.2 小节(2)解的性质中的讨论非常相似。在站点成本相对较小的情况下(如公共汽车系统),上界和下界应该比较接近。如果这样,则这个解将接近实际最优解,无须进一步分析。

与单一标准问题的等效:由行程长度为 ℓ^*,出行时间标准为 $T_0 \equiv T_0(\ell^*)$ 的限制所定义的单一标准问题可以给出与多标准问题相同的最优设计。为证明这一点，通过一条特殊 $T_0(\ell)$ 曲线表达该单标准，该曲线在 $\ell = \ell^*$ 处取值为 T_0，在 $\ell \neq \ell^*$ 时取值为无限大。该曲线在图 5.13 中表示为一条竖直向下直到纵坐标 T_0 的黑线。

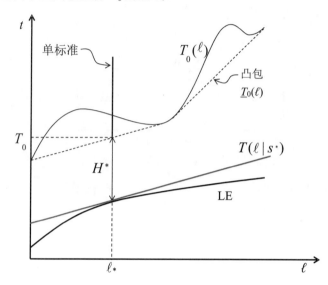

图 5.13 基于出行距离的多标准问题简化

将前面小结描述的五步法应用到这条曲线，并注意下凸包线与原曲线重合。在相同的步骤下，可获得相同的 H^*、ℓ^* 和 s^*。因此，无论使用多个或单个标准，都可以得到完全相同的解，当然，需要知道使用哪个单个标准。

最后，正如本小节一开始指出的，即使设计标准是针对平均情况下的乘客而不是运气最差的乘客，求解逻辑也只需要细微的改变。因此，上述单一标准的等效简化也适用于平均情况下的标准。

5.4 多线路：分层系统

本节将前面的思想扩展到可在线路间换乘的多线路公交廊道。5.4.1 节介绍分析方法，5.4.2 节介绍结果。分析方法几乎不变，改变的只是目标函数、约束条件和拉格朗日函数的具体表达。

5.4.1 建模和分析

多线路公交服务的组织方式很多。已经提到过使用快线和慢线组合的分层结构组织为公交廊道乘客提供同质服务的可能性（见图 5.4）。但这不是唯一可能的形式。例如，可以以非分层的方式设计线路，每条线路既在公交廊道的某些分段提供慢线服务（为所有站点服务），又在其余分段部分提供快线服务（跳过次要站点）（见图 5.14）。为了允许换乘，所有公交车需要在所有的主要站点停靠。每个分段中包涵次要站点，并且将被分配给不同的公交线路，以确保所有次要站点都得到服务。如图 5.14 所示，三条黑线表示公交线路，与这些黑线相交的垂直短线是次要站点，圆圈表示主要站点，同时也是可换乘的站点。用两条垂直线连接的圆表示相同的站点；垂直线表示换乘的可能性。注意一名乘客仅转乘一次便可以在该廊道的任何两个站点之间通行。

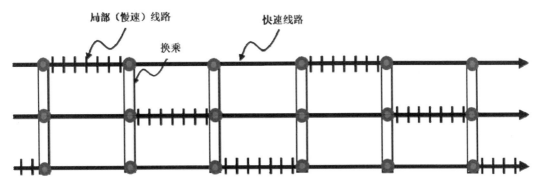

图 5.14　公交廊道非同质服务线路的例子

图 5.14 中的服务形式很有吸引力，可应用于地铁等无法超车，且分层系统不可行的轨道交通系统。这种服务形式的变种也被称为"跳站（skip-stop）服务"，已经应用到纽约地铁，费城 SEPTA 高架线，芝加哥 CTA 高架线（直到 20 世纪 90 年代）和圣地亚哥（智利）地铁[①]有关这一变种的具体分析，参见 Giesen 和 Munoz（2013）。跳站的主要优势在于，公交车在快线服务段中因停靠次数的减少而提高了平均运营速度。所以，它更适合较长的廊道系统。这也许就是为什么它在乘客行程距离很长的大都市十分常见的原因。

但是，该系统也有缺点。第一个缺点是，由于车辆无法超车，以及车辆在慢线和快线段平均速度不同而导致公交服务的发车频率有上限。读者可以使用类似 2.1.3 节中展示的时空图验证这种现象。第二个缺点是，线路存在非同质性，即使车辆可以超车，每个站点的车头时距也是不均匀的。我们鼓励读者试着定量推导这两种影响的公式：一个是可以提供的最大服务频率，另一个是所有站点测得的车头时距的方差。假设已知各个分段的长度及在分段内的运营速度（见作业练习题 5.6），在这些结果的基础上，就可以进一步推导平均门到门出行时间和运营成本的公式。

出行需求的一端聚集在一个或某几个终点（或起点）时（如往返 CBD 的通勤需求），而对应的需求起点（或终点）分散在一维或者二维空间时，分段服务的改进版已经应用在实践中。在这种情况下，每条线路都为需求集中的终点（或起点）路段提供完整的慢线服务，在需求分散的起点（或终点）附近只为一个路段提供慢线服务，而在这两个路段之间的站点则都不停靠。这种类型的系统减少了换乘并提高运营速度，该策略通常用于通勤巴士。与前面的情况一样，已知分段长度和其他设计参数时，可以得出平均门到门出行时间和运营成本的公式。

在 5.2 节和 5.3 节中描述的分析方法可以应用于任何类型的服务，包括刚刚描述的服务。首先，应选择一些设计变量确定设计，例如，图 5.14 中的站点间距、车头时距和分段长度；

[①] 编译者注：国内广州地铁 14 号线、21 号线及上海地铁 16 号线也有应用。

然后，使用物理模型为优化问题的目标函数和约束条件推导出公式，如式（5.26）。由于篇幅限制，我们只详细介绍一个例子。选择两端需求都分散，且可以超车的普遍场景。例如，将慢线服务的公交用作快线公交或轨道系统的接驳车。在这种情况下，图 5.4 的快慢线策略是合适的，因为它提供了规律的车头时距，并且仅用两条公交线路就可以实现。接下来，重点研究这种策略。

如果快慢线的车头时距 H 相同，且服务是同步的，则可以完全消除在换乘时的额外等待时间。如果服务不同步，则换乘时将有一些额外等待，这取决于三个特殊情况：乘客是否知道时刻表？是否在终点有重要的预约？模型考虑的是平均情况，还是运气最差的乘客？表 5.1 总结了所有这些情况下的额外换乘等待时间，即由于换乘导致的超出表 4.1 所示等待时间的部分。

表 5.1 乘客因换乘产生的额外等待时间

服务类别	乘客类别		额外等待时间	
			平　均	最　差
同步服务	全部类别		0	0
非同步服务	在终点无预约	不知道时刻表	$H/2$	H
		知道时刻表	$H/2$	H
	在终点有预约	不知道时刻表	H	H
		知道时刻表	$H/2$	H

表中的结果应该不出意料，特别是对于同步服务来说。对于无预约的情况，额外等待时间出现是因为增加的延迟仅包括在中转站的等待，与乘客是否知道时刻表无关。显然，如表 5.1 所示，对于平均情况下的乘客来说是 $H/2$，对于运气最差的乘客来说是 H。有重要预约情况下，结果取决于乘客对时刻表的了解。如果他们不知道时刻表，则每个人（包括平均情况下的乘客）都必须在计划行程时考虑最坏的情况，包括在始发地等待一个车头时距的时间，在中转站再等待一个车头时距的时间。因此，如表 5.1 所示，无论是平均情况下的乘客还是运气最差的乘客，换乘将会增加正好 H 的额外等待时间。如果乘客知道时间表，那么他们将乘坐最晚一班能使他/她准时赴约的公共汽车，因此他们仅需在中转站和终点等待。当然，在中转站的等待时间平均为 $H/2$，而最差的情况下为 H，如表 5.1 所示。

事实证明，提供不同步的服务要简单得多且便宜得多，也许因为这个原因，它在实践中更为普遍。图 5.15 对此进行了说明，该图显示了在一个比 H 稍长的时间段内，两个快线站点之间的廊道区域上，快线公交（深色）和接驳公交（浅色）的轨迹。阴影部分是重复出现的用于分析的镶嵌图块。该图假定服务是双向的，因此向上和向下的公交车轨迹都存在。图 5.15（a）部分显示了非同步服务的情况，图 5.15（b）部分显示了同步服务的情况。

图 5.15（a）部分易于理解。由于接驳公交和快线公交以相同的车头时距运行，图块在每个方向、每条线路上只包含一条轨迹。因此，快线公交车在每个方向上都行进了 s_1 的距离，接驳公交也是一样的。注意，接驳公交与快线公交进入和离开图块的时间有时间差，这个时间差是表 5.1 中量化的因换乘而导致的乘客额外等待时间。从逻辑上讲，假设接驳车的轨迹在图块的上下两侧是连续的，因此它们可以为跨越一两个图块的短途旅客提供直

接的慢线服务。还要注意，换乘乘客可以选择换乘站点和慢线路径。例如，终点在图块中某个地方的长途乘客在乘坐第一班向上走的快线公交（左侧的实心黑线）时，可以在图 5.15 中所示的两个车站中的任何一个下车，然后乘坐第一辆慢线公交（接驳车）前往终点。从图块某一地点出发的长途乘客也有类似的选择，即所有慢线公交都在同时接客和送客。非同步服务的最后一个优势是，慢线服务和快线服务可以使用不同的车头时距。

现在考虑图 5.15（b）部分。因为服务是同步的，所以接客的接驳公交到达换乘站后必须与每个快线公交的出发相连接。图右部标有"接"的浅色线是两个例子。同样，每次快线公交到达后都必须有一个送客的接驳公交正好出发，图左部标有"送"的浅色线是两个例子。这种服务可以通过限制所有接驳公交只能在两个快线线路站点之间来回行驶并且交替接送乘客来实现。尽管这相对简单（见图 5.15），但它要求接驳公交车在快线公交站点作无用的停靠。此外，图块现在包括四个慢线行程，而不是两个。因此，同步服务使慢线服务的成本增加了一倍以上。最后，还有一个小缺点，接驳公交无法再为行程跨过快线站点的短途乘客提供直接慢线服务。由于所有这些原因，在实践中很少看到同步的分层服务。

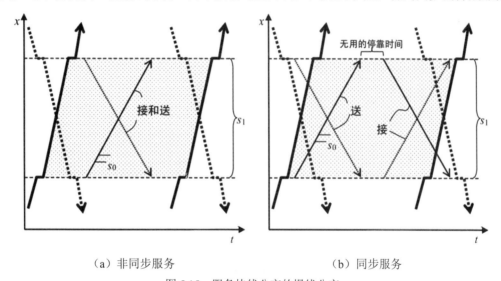

（a）非同步服务　　　　　（b）同步服务

图 5.15　服务快线公交的慢线公交

基于以上所有因素，从现在开始假定分层服务是不同步的，且是双向的。假设两个服务方向上乘客需求密度之和为 λ。为简单起见，还假设在两个服务方向上的线路使用相同的车头时距 H，并且乘客选择最近的快线公交站搭乘快线公交。（如果变更这些假设，推导复杂程度只会稍有增加，有兴趣的读者可以在解释模型的同时进行尝试；5.5.1 节研究了车头时距不同时的推导。）

假定慢线公交在快线公交站点也会停靠以方便乘客换乘。因此，令快线公交站点间距 s_1 为慢线公交站点间距 s_0 的整数倍（见图 5.4）。因为单标准问题是特例，出于一般性的考虑，在此使用多个标准设计方法，即式（5.26）进行分析。出于多样化的考虑，为平均情况下的、没有预约、且不知道时刻表的乘客定义标准。其他乘客类型的推导留给读者完成，结果基本上是相同的。

首先，考虑运营机构成本。与本章之前的处理一样，忽略基础设施的成本。因此，如 5.2.2 节所述，运营成本大致由两部分组成：① 车辆行驶的距离乘以 c_d；② 车辆的停站时间乘以 c_t。

由于一个图块中的四辆车在两个方向上共行驶了 $4s_1$ 的距离，并且在两个方向上产生的乘客行程次数为 $\lambda H s_1$，由于车辆行驶的距离而产生的单次行程的平均成本大致为：

$$\$_{\text{dist}} = \frac{4c_d s_1}{\lambda H s_1} \tag{5.36}$$

还需要加上车辆停站的时间产生的成本。在一个图块中，这个成本是 c_t 与总停站时间的乘积，即 $2(1+s_1/s_0)t_s c_t$。因此，包括式（5.36）在内，单次行程的平均运营费用为：

$$\$(s_0, s_1, H) = \frac{1}{\lambda s_1 H}\left\{4c_d s_1 + 2\left(1+\frac{s_1}{s_0}\right)t_s c_t\right\} \tag{5.37}$$

假如慢线服务和快线服务的车头时距不同（$H_0 \neq H_1$），或者假定分层服务是同步的（见图 5.15（b）），读者可以尝试自行推导出相应的表达式。参见作业练习题 5.13。

现在考虑平均情况下的乘客行程时间。由于服务是不同步的，并且乘客没有预约，因此乘客在换乘站点平均等待 $H/2$ 的时间，在起点等待 $H/2$ 的时间，参见表 4.1 和表 5.1①。还要加上乘客移动的时间，表示为 $T_M(\ell|s_0, s_1)$，包括平均步行时间 $s_0/(2v_w)$、换乘不便等效损失时间 Δ，及平均车内时间的总和。假设乘客总是在最接近其行程起点和终点的快线公交站点换乘，因此平均车内时间等于在慢线车辆中行驶 2 个 $1/4 s_1$ 距离（快线公交站点间距）和在快线公交中行驶 ℓ 距离（全行程距离）所需时间的总和。因此，平均的总移动时间为：

$$T_M(\ell|s_0, s_1) = \Delta + \frac{s_0}{2v_w} + \frac{s_1}{2}\left(\frac{t_s}{s_0} + \frac{1}{v_{\max}}\right) + \ell\left(\frac{t_s}{s_1} + \frac{1}{v_{\max}}\right), \text{where } \ell > s_1 > s_0 \tag{5.38}$$

函数 $T_M(\ell|s_0, s_1)$ 的引入与 5.3 节中的方式类似。$T_M(\ell|s_0, s_1)$ 强调说明了移动时间仅取决于空间决策变量 s_0 和 s_1。式（5.38）的右侧部分需要一些说明：第一项是因换乘损失的时间；第二项是行程两端的平均步行时间之和；第三项是慢线公交车内的平均时间；第四项是快线公交车内的平均时间。回顾一下，括号里面的项分别表示慢线和快线公交的运行步调。式（5.38）则加上了乘客在起点和换乘点处的平均等待时间之和 H，可以得到平均情况下的门到门时间为：

$$T(\ell) = H + T_M(\ell|s_0, s_1) \tag{5.39}$$

问题式（5.27）可以写为以下形式：

$$\min_{s_0, s_1, H} \$(s_0, s_1, H) \geqslant \frac{4c_d}{\lambda H} \tag{5.40a}$$

$$\text{s.t.} \quad H + T_M(\ell|s_0, s_1) \leqslant T_0(\ell), \forall \ell \tag{5.40b}$$

由于该问题只有三个决策变量，因此可以通过之前提到的方法，用电子表格在考虑约束的前提下通过枚举近似解决该问题。而且，如果式（5.40a）右侧的下界是好的近似，也可以使用 5.3 节的五步 LE（下包络）方法进行求解。下文展示这个方法。

---

① 其他类型乘客的表达式仅在 H 的系数上有所不同。如果慢线和快线服务的车头时距是不同且不同步的，则等待时间表达式是换乘等待时间和起点等待时间的加和。同步的情况也可以用一个简单的公式表示，但结果不再是两个等待时间的加和。

唯一复杂的情况是，$T_M(\ell|s_0,s_1)$ 是含有两个参数的一族直线。因此在步骤①中找到，并在后续步骤中使用的下包络不再由式（5.34）和式（5.35）得到，而是需要解决具有两个变量的最小化问题，如下所示。

$$T_L(\ell) = \min_{s_0,s_1}\{T_M(\ell|s_0,s_1)\} \tag{5.41a}$$

$$[s_0(\ell),s_1(\ell)] = \arg\min_{s_0,s_1}\{T_M(\ell|s_0,s_1)\} \tag{5.41b}$$

因为式（5.38）具有简单的形式，所以式（5.41a）的解可以用闭合的解析形式表达（虽然只能近似表达）。为了找到解，使用与例 2.2 一样的两步条件分解优化方法。第一步，固定 s_1 并找使得式（5.38）最小化的 s_0 值，并将结果代入 $T_M(\ell|s_0,s_1)$。得到：

$$s_0^* = \sqrt{s_1 t_s v_w} \tag{5.42a}$$

$$T_M^*(\ell|s_1) = \Delta + \frac{\ell}{v_{\max}} + \frac{1}{2}\left(\sqrt{\frac{s_1 t_s}{v_w}} + \frac{s_1}{v_{\max}} + \frac{\ell t_s}{s_1}\right) \tag{5.42b}$$

然后，最小化新的目标函数式（5.42b）。该函数是多项式，最优情况由一阶条件给出。虽然这种方式能给出解析解，但其四次方程的形式十分复杂。因此，需要找出近似解。$s_1/v_{\max}$ 通常比 $\sqrt{s_1 t_s/v_w}$ 小得多，可忽略 $s_1/v_{\max}$，然后再找出最优的 s_1。注意，新的表达式具有 GEOQ 形式，它的解是：

$$s_1^* \cong \left(4 t_s \ell^2 v_w\right)^{\frac{1}{3}} \tag{5.43}$$

将此结果带入式（5.42a）和式（5.42b），得到：

$$s_0^* \approx \left(2 t_s^2 \ell v_w^2\right)^{\frac{1}{3}} \tag{5.44}$$

$$T_L(\ell) \approx \Delta + \frac{\ell}{v_{\max}} + \frac{1}{2}\left(3\left(\frac{t_s^2 \ell}{4 v_w}\right)^{\frac{1}{3}} + \frac{1}{v_{\max}}\left(4 t_s \ell^2 v_w\right)^{\frac{1}{3}}\right) \tag{5.45}$$

注意，下包络是凹的。对于任何给定的 $T_0(\ell)$，都可以轻松完成下包络方法（见 5.3.1 节）的步骤②至步骤⑤。

（1）单标准的特例。只在给定的一个行程长度 ℓ 上存在一个标准 T_0 的特例情况下，读者可以验证，应用 LE 方法时，最优解具有闭合解析形式。其中，站点间距由式（5.43）和式（5.44）给出，车头时距由以下公式给出。

$$H^* = T_0 - T_L(\ell) \tag{5.46}$$

其中，$T_L(\ell)$ 由式（5.45）给出。然后，将其带入目标函数式（5.40a）及其下界函数中，即可获得原目标函数的上界和下界。

（2）三种建模方式的等价性。与单线路公交一样，每个多标准问题可以改写为一个单标准问题或拉格朗日问题。显然，从刚才介绍的单标准方法可以得出，如果 ℓ^* 和 $T_0 \equiv T_0(\ell^*)$ 分别是多标准问题的约束行程长度和相应的时间标准，则单一标准问题 $\{\ell = \ell^*$ 和 $T_0 \equiv T_0(\ell^*)\}$ 可以达到相同的最优值。正如一开始所说的那样，如果为平均情况下的乘客而不是运气最差的乘客定义标准，这一结论也成立。而且，和前面一样，总是可以建立一个截断的拉格朗日函数解决最差情况和平均情况下的单标准问题。因此，三种建模方式（多标准、单标准和拉格朗日）可以互换使用。如果给定时间价值，拉格朗日模型会转换为对应截断的拉格朗日函数的无约束最小化问题。对于平均情况下的案例，截断的拉格朗日表达式是广义社会成本。现在，使用这种方法得到一些更深刻的理解。

5.4.2 结果与深刻理解

如果使用式（5.37）作为运营机构成本，则平均情况下问题的目标函数为（考虑单次行程的平均成本）：

$$z = \left[\frac{4c_d}{\lambda H} + \left(\frac{2}{\lambda s_1 H} + \frac{2}{\lambda s_0 H}\right)t_s c_t\right] + \beta H + \beta\left[\frac{s_0}{2v_w} + \frac{s_1}{2s_0}t_s + \frac{s_1}{2v_{max}} + \ell t_s\frac{1}{s_1} + \frac{\ell}{v_{max}}\right] \quad (5.47)$$

此表达式中出现的三个需求端参数值（λ、β 和 ℓ），在不同城市和国家/地区之间可能有数量级的不同，而其他参数的差别要小得多。因此，（λ、β 和 ℓ）设计是最优系统的主要决定因素，需要探索它们的联系。

为此，将式（5.47）的两边都除以 β，并最小化 z/β，新的目标函数为：

$$\frac{z}{\beta} = \frac{1}{(\lambda\beta)}\left[\frac{4c_d}{H} + \left(\frac{2}{s_1 H} + \frac{2}{s_0 H}\right)t_s c_t\right] + H + \left[\frac{s_0}{2v_w} + \frac{s_1}{2s_0}t_s + \frac{s_1}{2v_{max}} + \ell t_s\frac{1}{s_1} + \frac{\ell}{v_{max}}\right] \quad (5.48)$$

这个做法是正确的，因为 β 是正的常数。

上面新公式的优点是，对设计有影响的两个驱动因素 λ 和 β 现在以乘积($\lambda\beta$)的形式出现在公式中。重组后的公式表明，最优设计的空间只有两个自由度，并且可以通过更改参数 ($\lambda\beta$)和 ℓ 进行充分的探索。

为新的目标函数 z/β（单位为时间）和参数 $\lambda\beta$（单位为乘客次·\$/时间^2·距离）赋予一些物理意义是很有趣的。要赋予 z/β 意义，假设该公交系统没有政府补贴，支付的车费将被用来平摊运营费用，而 β 代表本地平均工资水平。目标函数是平均情况下乘客出行总时间，包括实际出行时间和为付车费而工作挣钱需要的时间。使用时间作为货币支出标准的特点是，时间是一种"通用货币"，不会随国家地区而改变。以时间单位表示的结果很容易让人产生共识，无需费力将其转换为货币单位。

参数 $\lambda\beta$ 的物理意义不是很清楚。可以将其理解为"单位时间、单位距离的工资生成率"，因为 λ 是行程生成率，而 β 是工资的替代表示形式。因为需求和富裕程度在公式中可以合并为一个驱动因素，这意味着发达国家富裕但人口密度低的社区与发展中国家贫困却人口密度高的社区应具有大致相同的公交系统设计。此外，这两种情况下用时间表达的广义成本 z/β 也应该相似。在对系统进行优化前就可以有这样的初步结论，不是很有意思吗？[①]

式（5.48）没有简单的解析解，所以用数值方法求解了一系列需求端参数为($\lambda\beta$, ℓ)的问题，并合理地选择了其他参数。设定如下参数。

$$v_w \cong 3 \text{ km/h}$$
$$v_{max} \cong 36 \text{ km/h}$$

---

① 在2.4节的量纲分析中介绍了类似的想法。

$$t_s \cong 5 \times 10^{-3} \text{h}$$
$$c_d \cong 1 \text{ \$/km}$$
$$c_s \cong 10^{-1} \text{ \$/站}$$
$$c_t \cong 20 \text{ \$/h}$$

并探索 $\ell \in [3, 50]$（km）和 $\lambda\beta \in \{20, 50, 200, 1000\}$（\$/km·h）的解。通过线性插值，结果将覆盖整个可能解的空间。

图 5.16 显示了用通用的单位（时间）表达的最优成本，也可以为最优设计绘制类似的图。为了使图形更清晰，从目标函数中减去了自由流通行时间 ℓ/v_{max}（一个常数）。修改后的目标函数 $(z^*/\beta - \ell/v_{max})$ 可以解释为广义延迟，它由三个首字母为 W 的部分组成：步行时间（walking）、等待时间（包括车内的停站等待时间和车外的等车时间）（waiting）、平摊公交运营成本的工作时间（working）。图 5.16 绘制了在四个不同的 $\lambda\beta$ 值下广义延迟与 ℓ 的关系。从图 5.16 中可以看出，广义延迟曲线相互间大致平行，缓慢增加且几乎呈线性。更重要的是，它们随 $\lambda\beta$ 增加而下降。

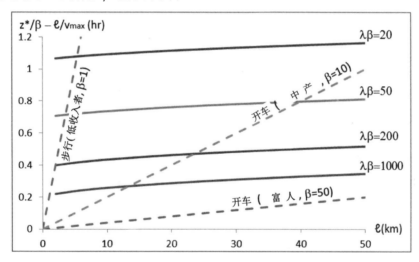

图 5.16　乘客富裕程度和需求密度对公交成本和出行方式选择的影响

图 5.16 还包括三个虚线，分别表示三类人个体出行的广义延迟：高收入、中等收入（可以选择开车替代公交）和低收入（只能选择步行替代公交）。开车出行的广义延迟是 $c'_d \ell/\beta$，而使用 $c'_d = 0.2$ \$/km 反映私家车相对于公交车而言的较低的运营成本。步行的广义延迟为 $\ell[1/v_w - 1/v_{max}] \approx 0.31\ell$。假设人们选择广义延迟最少的出行方式，从图 5.16 中可以看出，低收入人群在短途出行（1 km 左右）时选择步行，而在长途出行时选择乘坐公交。此外，收入越低或公交需求越低（反映在更低的 $\lambda\beta$ 值对应的曲线），步行时间就越长。中高收入的人在短途出行时选择个体出行（开私家车），但对于长途出行，也会选择公交交通。所有经济阶层在长途出行时都有选择公交的倾向；这样的情形是合理的，因为行程距离越长，人们就越有动力忍受等待或步行时间，以换来更少的出行费用，这就是人们选择火车，而不是开车进行长途城际出行的原因。如果在图 5.16 中画一条竖线反映给定行程长度（间接反映城市规模）的情况，可以发现在需求较高时，人们会更偏好乘公交出行。第 4 章的摆

渡车系统和本章前面介绍的理想化交通廊道系统已经得出了这个结论。现在不同的是，对于公交廊道而言，图 5.16 提供了精确的量化依据。

5.5 扩展延伸

本节扩展 5.2 节、5.3 节和 5.4 节的想法，说明如何在考虑系统容量的情况下改进服务以适应不均匀的需求。5.5.1 节探讨了两个方向需求不对称的情况；5.5.2 节说明不均匀需求的更一般形式；5.5.3 节介绍公交车容量建模的思路。

5.5.1 两个方向上的不对称

与 5.4 节一样，假设公交车在廊道的两个方向上运行，但两个方向上的需求不同。本节中进一步允许站点间距和最优车头时距在两个方向上也可以不同。

基于是否约束两个方向上的车头时距和/或站点间距相等有四种场景，这些场景都可能在实践中出现。通过仅将高需求方向上（该方向要求频次更高）部分已经完成服务的公交车掉头服务反向线路，其余公交车则服务附近的其他线路，可以提供方向上非对称的车头时距。这种操作在第 8 章研究讨论中称为"跨线调度"，该策略通常被公交运营机构用以减少公交运营时间浪费和车队规模。通过允许公交车在某一个方向上跳过某些站点，实现方向上非对称的站点间距。

解决此类问题的方法与以前的基本相同，并且是非常一般化的。例如，将其应用于一个或两个方向只有单线路或多条线路（快慢线组合）的廊道。在所有情况下，都应首先写出一个广义成本函数，该函数将两个方向上的乘客、基础设施和运营成本加起来，并以每个方向的决策变量来表达。建议使用单位时间和单位距离上的平均总成本，而不是单次乘客行程的平均成本。虽然两种处理都可行，但前面的处理方式便于把两个方向上的成本直接加和。不论如何，广义成本函数应该是多项式，通过数值方法，甚至在简单情况下用解析方法，对其进行优化。①

作为示例，回顾一下 5.2.2 小节（2）解的性质，并简要讨论在可忽略基础设施成本的非分层公交系统中，提供双向不同的车头时距和相同站点间距的可能性。基于式（5.22）进行探讨，该公式给出了单向服务中单次行程的平均成本。假设两个方向乘客具有相同的时间价值 β，但两个方向上的需求率和平均行程长度不同。使用下标（$i=1, 2$）表示方向，使用每个方向上的参数对 (λ_i, ℓ_i) 描述需求。共有五个需求端参数，这里引入辅助参数使建模更简便：$\lambda \equiv \lambda_1 + \lambda_2$ 表示两个方向的总需求密度，$\ell \equiv (\lambda_1\ell_1 + \lambda_2\ell_2)/(\lambda_1 + \lambda_2)$ 表示两个方向上行程长度的平均值。和式（5.22）一样，继续用小写字母 z 表示单次行程的平均成本，并引入 Z 表示广义总成本，$Z = \lambda z$。

现在考虑两个方向上的非对称性，重写式（5.22）。如前所述，使用总成本而不是单

---

① 两个方向上的车头时距和站点间距应限制为倍数关系。但是，建议先不设置这些约束而求解松弛后的问题，然后稍微调整最优结果以符合约束条件。如第 3 章所述，这种调整几乎不会增加成本。对于典型问题，优化间隙在 1%或更低的数量级上。

次行程平均成本的好处在于可以将不同方向上的成本加起来。两个方向上的总成本是从式（5.22）中得出的单向成本的和（$Z=Z_1+Z_2$）。具体而言，Z_i 的公式是通过将式（5.22）中与方向有关的变量（λ_i, ℓ_i 和 H_i）加起来，并将两边都乘以 λ_i 而得到的。此表达式的两次应用的加和就是所需的目标函数：

$$Z = \sum_i \left(\frac{c_s}{sH_i} \right) + \sum_i \left(\frac{c_d}{H_i} + \lambda_i \beta \frac{H_i}{2} \right) + \left(\frac{\beta t_s \sum_i \lambda_i \ell_i}{s} + \frac{\beta s \sum_i \lambda_i}{2v_a} \right) + \left(\frac{\beta \sum_i \lambda_i \ell_i}{v_{\max}} \right) \quad (5.49)$$

如果忽略该表达式的第一项（如 5.2.2 小节（2）解的性质中的处理），并使用总需求密度和平均行程长度表示的话，则有：

$$Z \approx \sum_i \left(\frac{c_d}{H_i} + \lambda_i \beta \frac{H_i}{2} \right) + \left(\frac{\lambda \ell \beta t_s}{s} + \frac{\lambda \beta s}{2v_a} \right) + \left(\frac{\lambda \ell \beta}{v_{\max}} \right) \quad (5.50)$$

注意，此表达式可分成三个部分，每个部分为仅包含一个决策变量的 EOQ 形式：一个部分仅包含 H_1，另一个部分仅包含 H_2，第三个部分仅包含 s。还要注意，包含车头时距的部分具有与单向服务时相同的函数形式。因此，如果将式（5.24）中的 λ 替换为 λ_i，仍将能得出最优的车头时距。此外，式（5.50）包含 s 的部分与式（5.22）的对应部分相同（除了乘数 λ）。因此，最优站点间距继续由式（5.23）给出。

以上只是非常简单的例子，但其他情况也并不比这复杂很多。作为练习，读者可以使用式（5.47）作为基本模型，重复这些步骤解决分层服务问题，其中允许 s_1 和 H 在不同的方向上是不同的。注意，式（5.47）表示的已经是双向的成本。读者会发现这个问题也可以很干净地被分解。可以用类似的方法分析其他情况，或者问题的其他变形，例如作业练习题 5.9 和本章末尾的小项目 1。

5.5.2 随空间和时间变化的服务

到目前为止，本章中的分析都假设需求和服务在空间和时间上（至少在单个方向上）是同质的，避免出现太多的参数，并保证得出简单的可解释的公式。然而实际上，行程生成率随一天中的不同时间和一周中的不同天变化，并且在空间上也不是均匀的。因此，任何实际问题的处理方法都必须认识到这些变化。在这里，考虑长度为 L 的单向廊道[①]，并在持续时间 W（如一周）内对它进行分析，其中需求条件是不均匀的，但每一周会大致重复。假设只有一条公交线路，不过可以很容易地将其扩展到分层系统中。

难点主要在于对需求的描述。之前用一个参数对(λ, ℓ)量化需求水平，现在为了尽可能大的一般性，使用随时间变化的起点-终点（OD）矩阵描述需求。该 OD 矩阵是一个三维表，给出了某一分段时间内从廊道的一分段到另一分段的出行次数。

假定廊道已被粗略地划分为小段，廊道分段 i 的长度为 L_i，其内的站点等间距 s_i。同样，时间已被划分为持续时间为 W_j 的时间片 j，每一时间片内具有相同的车头时距 H_j。进一步

[①] 将 B→A 段镜像到 B→A′后，两个终点站 A↔B 之间的双向服务可以等效地表示为单向服务 A→B→A′，如第 2 章的图 2.6 所示。

假设，对于所有 $i, j, L_i \gg s_i, W_j \geqslant H_j$。廊道分段可以代表具有不同人口密度的地区，时间片可以代表具有不同特征的时间段，如夜晚、高峰时间段和周末。图 5.17 显示了一个这样的划分。理想情况下，应该对廊道分段和时间片的划分进行设计，以使每个单元中的需求条件都相对均匀，不过这不是绝对必要的。

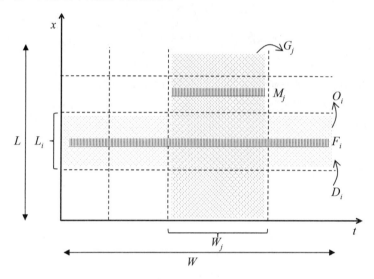

图 5.17 随时间和空间变化的公交服务

要获得最优解 $\{H_j^*, s_i^*\}$，无须知道整个 OD 矩阵。事实证明，只有以下几个合计的物理量是重要的。

（1）G_j：在时间片 j 内，整个廊道产生的出行总数。

（2）O_i 和 D_i：在廊道分段 i 内，每周出发于和终止于该分段的出行数。

（3）F_i：每周穿过廊道分段 i 内某个随机筛选线（见图 5.17）的平均出行数。

作业题 5.12 要求读者说明如何从任意给定的 OD 矩阵得出这些合计量。这些参数要么可以直接观察得到（如果系统已经存在），要么容易通过估计得到（比估计 OD 矩阵更容易）。正如第 3 章中所述，事实证明，分析得出的设计及相应的广义成本不会对这些参数估计的误差很敏感，也就是说，下面概述的过程是鲁棒的。

以下是平均情况下的设计过程。与前文相同，首先写出一个广义成本函数，然后选择决策变量将其最小化。如果将该函数表示为整个单向廊道的每周总费用，而不是乘客平均费用，则更容易理解。下面的公式使用刚定义的参数列出了其各个组成部分：

$$\text{基础设施成本：} c_g WL + c_r W \left(\sum_i L_i / s_i \right) \qquad (5.51a)$$

$$\text{行驶距离的成本：} c_d L \left(\sum_j W_j / H_j \right) \qquad (5.51b)$$

$$\text{公交停站产生的成本：} c_s \left(\sum_j W_j / H_j \right) \left(\sum_i L_i / s_i \right) \qquad (5.51c)$$

乘客等待时间成本： $\beta \sum_j G_j H_j / 2$ (5.51d)

乘客步行时间成本： $\dfrac{\beta}{v_w} \left(\sum_i \dfrac{s_i}{4} (O_i + D_i) \right)$ (5.51e)

乘客车载时间成本（移动部分）： $\beta \sum_i F_i L_i / v_{\max}$ (5.51f)

乘客车载时间成本（停站部分）： $\beta t_s \sum_i F_i (L_i / s_i)$ (5.51g)

对于式（5.51a）：注意括号里面的项表示站点的数目；同时注意轨道或道路设施部分的成本是固定的，因此对优化不产生影响。现在考虑式（5.51b）：括号里面的项表示一周内的车头时距总个数，由于整个运营车队在一个车头时距内共行驶了 L 距离（每辆公交车都前进到前一辆公交车的位置），因此，括号里面的项乘以 L 给出一周内车辆行驶的总距离。式（5.51c）也是符合逻辑的，第一个括号内的项表示车头时距个数，也表示任一站点处公交车停靠的总次数，第二个括号内的项是站点的数量，它们的乘积是所有公交车停站的总次数。式（5.51d）也很直观，求和的项是时间片 j 中的行程次数与每次行程（在起点）等待时间的乘积，因此该式表示总乘客等待时间。式（5.51e）也是显然的，因为以廊道分段 i 为起点或者终点的每个行程都需要在该段内行走平均 $s_i/4$ 距离。式（5.51f）是成立的，因为 $F_i L_i$ 表示廊道分段 i 中的乘客·千米总数，而乘客以 $v_{\max}$ 速度行进；因此该求和表示乘客车载移动的总时间。注意该项是一个常数。最后，式（5.51g）也是成立的，因为求和项表示廊道分段 i 中公交车内乘客经历的停站次数。要理解这一点，将公交站点视为筛选线，在廊道分段 i 内的每一个站点都平均有 F_i 个乘客经历了停站，因此 F_i 与站点个数（L_i/s_i）的乘积表示廊道分段 i 中的乘客停站总次数。

总的广义成本为式（5.51a）～式（5.51g）的和。如果忽略相对较小的公交停站成本式（5.51c），则剩下的成本部分要么是恒定的量，要么最多只包含一个决策变量。因此该问题可以按决策变量分解优化。实际上，每个部分都可视为有一个 EOQ 形式，并存在解析形式的解。最终的表达式很容易获得，为简洁起见，此处不再进行推导。公式是：

$$H_j^* = \sqrt{\dfrac{2W_j c_d L}{\beta G_j}} \text{ 和 } s_i^* = 2\sqrt{\dfrac{L_i v_w (c_r W + \beta t_s F_i)}{\beta(O_i + D_i)}}, \text{ 对全部的 } i, j \quad (5.52)$$

读者可以验证：如果 OD 矩阵在时间和空间上是均匀的，那么在适当变换变量之后，式（5.52）可简化为本章前面各节中推导出的公式。

式（5.51）也可以用于基于标准的设计方法。例如，以前三个成本公式的和为目标函数，而其余公式形成某种服务水平约束。针对每类时间成本和（或）这些时间成本的组合分别定义这些约束。如果需要，还可以按时间片和（或）廊道分段进行分类。

5.5.3 公交车容量的考虑

到目前为止，本章一直假设公交车具有足够大的载客容量。但是，如果需求大且服务频率低，则该假设可能不适用，因为届时将有许多乘客聚集在站点，即使装满公交车也无法让所有乘客上车。因此，现在假设所有公交车都具有容量 C，并推导出一个约束条件防止超载。要做到这一点，需要确保对所有的时间片 j，通过最关键筛选线的乘客流量不超过公交车可以提供的座位流量。

为了推导出时间片 j 的约束条件公式，在时间片 j 中找到具有最高期望乘客流量的筛选线（如图 5.17 所示），并寻找相应的（临界）流量 M_j。该筛选线的位置称为"关键负载点"，因为它是公交车载客量最多的点。为了找到关键负载点，要将假想的筛选线放在每个站点 m 之前，并找到所有 m 中，在时间片 j 内通过相应假想筛选线乘客量最大的那个站点。为此，设 O_{mj} 和 D_{mj} 为时间片 j 内以 m 站为起点和终点的乘客数量。注意，将 O_{mj} 和 D_{mj} 分别对 m 求和就产生了 $\{O_i\}$ 和 $\{D_i\}$，而 $\{O_i\}$ 和 $\{D_i\}$ 可以很容易地通过观察或调查粗略估计得到。

现在考虑在时间片 j 内希望越过 m 站处筛选线的乘客数量，该数量等于在 m 前出发（来自所有满足 $i<m$ 的出发站点 i）但在 m 后结束行程的出行个数。基于我们的数据，这个数量是：

$$\sum_{m'<m}\left(O_{m'j}-D_{m'j}\right) \quad (5.53)$$

从乘客沿着 m 累计的曲线图中可以观察出越过筛选线的乘客数量，这个乘客数量是出发乘客累计数量曲线与到达乘客累计数量曲线的竖向间隔。时间片 j 中的"关键负载点"位于这两条曲线间隔最大处，或者说，在该处的 m 使式（5.53）取得最大值：

$$m_j^* = \arg\max_m\left\{\sum_{m'<m}\left(O_{m'j}-D_{m'j}\right)\right\} \quad (5.54)$$

显然，临界流量 M_j 是式（5.53）可以取得的最大值。

$$M_j = \max_m\left\{\sum_{m'<m}\left(O_{m'j}-D_{m'j}\right)\right\} \quad (5.55)$$

使用式（5.55）获得在时间片 j 内通过关键负载点的平均乘客流量：M_j/W_j。由于它不应超过公交车的座位流量：C/H_j，因此得出必要的容量约束为[①]：

$$H_j \leqslant CW_j/M_j, \quad \forall j \quad (5.56)$$

注意，这对每个时间片内的车头时距加了一个简单的上界。因此，先前得出式（5.52）的车头时距优化问题变成了第 2 章中分析过的具有约束的 EOQ 问题。最优车头时距的值是以下项中的较小者：①式（5.52）给出的车头时距值，或②式（5.56）的右边部分。

5.5 节中的方案稍作改动后即可用于实际公交廊道服务策略的设计。付诸实施时，车头时距和站点间距可能与理想情况有些许不同。例如，确保公交站点位于交叉路口附近，车头时距应为一分钟的整数倍。但是，这些更改几乎不增加广义成本。

最后，注意式（5.52）表明轨道或道路设施成本系数 c_g 对最优设计完全没有影响。这个结论在整章中都成立，因为对于廊道系统，轨道或道路长度是固定的。下一章处理二维系统，关键问题之一是应该提供多长的导轨或道路。

---

① 如果需求具有显著的随机波动，则应在此约束条件上增加一个小缓冲值。否则，可能会在公交站点形成短暂的排队。

参 考 文 献

[1] Clarens, G. and Hurdle, V. (1975) "An operating strategy for a commuter bus system", *Transportation Science* 9, 1-20.

[2] Clark, C. (1951). "Urban population densities." Journal of the Royal Statistical Society. Series A. 114(4) pp. 490-496.

[3] Giesen, M.F.R., Muñoz, J.C. (2013). "Continuous approximation for skip-stop operation in rail transit." Transportation Research Part C, 36: 419-433.

[4] Wirasinghe, C.S., Hurdle, V.F. and Newell, G.F. (1977) "Optimal parameters for a coordinated rail and bus transit system" *Transportation Science* 11, 359-74.

练 习 题

5.1 考虑一条理想的非分层结构的线路，服务于一个坐落在圆形湖外围的假想校园。这条线路的车头时距为 0，停站时间为 0，且公交车的行驶速度没有上界。给出最优化设计，假设大部分乘客的行程距离为 4 km，通达（步行）速度为 1 m/s，而出于舒适度考虑，公交车的加减速上限为 2 m/s^2。假设可以购买公交车车票或购买自行车进行校园出行，但不能同时购买两者。如果知道可以以 5 m/s 的平均速度骑自行车，并且目标是在较长的一段时间内最大程度地减少在校园内的出行时间，那么您会乘坐公交车还是骑自行车？为什么？

5.2 使用电子表格或计算机程序，以数值方法求解式（5.18a），用式（5.19）作为目标函数，用式（5.20）作为服务水平的约束。此外，在模型里考虑公交车的载客容量为 C。在以下参数下求出最佳设计(H^*, s^*)和相应的目标函数值：$v_a \cong 4$ km/h、$v_{max} \cong 36$ km/h、$t_s \cong 10^{-2}$ h、$c_d \cong 1$ \$/km、$c_s \cong 10^{-1}$ \$/站、$c_r \cong 10^{-3}$ \$/h、$c_g \cong 2$ \$/km·h、$\ell = 15$ km、$\lambda = 20$ 人/km·h、$C = 35$ 人及 $T_0 \in \{0.8, 0.9, 1.0\}$ h。

5.3 考虑以下优化问题：$z = \min_{x \in \Omega}[f(x)]$，其中 $f(x)$ 定义于非空集 Ω。假设存在另外一个函数 $f_L(x)$ 使得 $f_L(x) \leqslant f(x)$ 对所有的 $x \in \Omega$ 都成立。证明：z 的一个下界是 $\bar{z} = \min_{x \in \Omega}[f_L(x)]$；$z$ 的一个上界是 $\hat{z} = [f(\bar{x})]$，其中 $\bar{x} = \arg\min_{x \in \Omega}[f_L(x)]$。换而言之，$\bar{z} \leqslant z \leqslant \hat{z}$。解释 5.2.2 小节（2）解的性质中讨论的问题为什么是上述情况的特例？

5.4 使用 5.1 节的假设，证明公交廊道系统的最优站点间距一定满足（至少是近似满足）：$s_0^* \leqslant s^* \leqslant s_1^*$。其中，$s_0^*$ 和 s_1^* 是分层结构的站点间距，s^* 是非分层结构的站点间距。

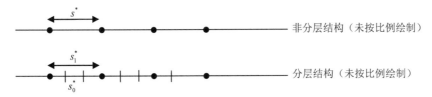

5.5 极小极大原理（冯·诺伊曼，1928）表明：只要函数 $f(x,y)$ 对 x 是凹的，并对 y 是凸的，则极大—极小问题 $\max_x \min_y \{f(x,y)\}$ 的最优解，与其相对的极小—极大问题 $\min_y \max_x \{f(x,y)\}$ 的最优解是相等的。使用极小极大原理推导 5.3 节中的多个标准设计问题的结果，可以从式（5.29）～式（5.33）开始推导。

5.6 考虑如图 5.14 所示的单向公交廊道上的非同质服务线路。在任何两个相邻的快线站点之间有 n 个慢线站点。假设需求是均匀的，所有乘客的行程距离都为 ℓ，并且他们只想最小化总出行时间。同时，假设快慢线服务不同步，并且公交车可以相互超车。

（1）建立优化模型，求出最优慢线站点间距，慢线服务和快线服务的最优车头时距及最优的 n 值，使得每次出行的运营机构成本最小，并且平均情况下的乘客门到门出行时间满足某标准。注意，并非每个站点都可以保持均匀的车头时距，需要注意乘客的平均等待时间。

（2）假定一组合理的参数值（例如作业 5.2 中的参数值），用数值方法求解上述模型。基于作业 5.3 中使用过的下界方法，推导出闭合解析形式的近似最优解。比较数值解和解析形式近似解，两者接近吗？

（3）如果公交车只能在快线线路的站点处才能超车，那么情况会变成什么样呢？可画时空图辅助分析。

（4）如果公交车不允许超车，整个系统可以提供的服务频率是否有限制？用数值方法找到最优设计，并将最优性能与（2）的结果进行比较。

（5）基于分析结果，讨论并比较（4）部分中"跳站策略"的性能与 5.4 节中同质分层系统的性能。

5.7 *已知一个位于区间 $x \in [-L, L]$ 内的线性城市。通勤者的住所在 $x \in [-L, 0]$ 内均匀分布，并且工作场所在 $[0, L]$ 内均匀分布。有一条交通廊道贯穿整个城市。城市计划在该廊道上建一个公交系统，该系统每天早上安排一班驶往工作地点的班车，下午安排一班返回班车。乘客以 v_w 的速度通达（步行）到公交站点。站点间距用 s 表示。假设 $L \gg s$。公交车的巡航速度（不包括在站点的停靠时间）为 v_t。每次停 2 站产生的时间延误为 τ。运营机构的运营成本（在每个服务方向上）包括两部分：单位公交运营长度的成本 c_d 和每个停站的成本 c_s。运营机构的预算为 B [$/天]。

（1）建立一个数学规划模型，在考虑运营机构每日摊销的支出受预算约束的情况下，最小化乘客在两个方向上的平均门到门出行时间。再找到无预算约束（即 $B=\infty$）情况下的最优解。

（2）使（1）中乘客平均的门到门出行时间达到最小的运营预算 B^* 是多少？

（3）将最优站点间距 s^* 表示为预算 B 的函数，其中 $B<B^*$。

5.8 本问题研究一条火车廊道线路的设计以沿着廊道接乘客，并送他们去单个位于核心位置的终点。同时，本问题还研究公共交通导向型发展的效果。一个放射线状的廊道长 10 mile，连接城市边缘（$x=0$）到城市中央商务区（$x=10$）。乘客行程需求沿廊道各点出发，集中到中央商务区工作、购物等。火车到达城市的时刻表是给定的，而且每列火车载客量都是相等的。假设时刻表是公开的，并且乘客都按时乘车，因此没有等待。还给出每列火

车到达 x 位置时累积的车内乘客数量 $N(x)$：该函数代表了空间上的需求分布。乘客步行到达车站，上车后，每次火车在站点停靠时，每位乘客都经历延迟 $\tau=2$ min。列车的行驶速度（不包括停站）为 $v=40$ mile/h，乘客以 $v_a=3$ mile/h 的速度步行通达车站。

（1）假设站点均匀分布且间距为 S（假设 $10/S$ 为整数），需求均匀分布而密度为 D（即 $N(x) = Dx$），并且乘客步行到最近的下游车站上车。写出用 S 和 D 表示的乘客总出行时间的精确表达式。假设乘客在他们上车的车站有 τ min 的停站延误。找到使您写的表达式最小化的 S 值。您会选择什么样的 S 值呢？乘客总出行时间是多少呢？

（2）将站点间距和需求视为平滑的连续函数（$S(x)$ 和 $N(x)$），并将乘客步行和停站的时间沿廊道长度进行积分，可以近似地表达乘客的总出行时间。使用下列步骤：① 用站点间距 $S(x)$、累积的需求 $N(x)$ 和需求密度 $D(x) = dN(x)/dx$ 为变量，写出 x 附近的单位长度内乘客花费的时间的表达式；② 将总时间表示为一个积分；③ 用①部分的数据求出这个积分，并将结果与①部分的精确答案进行比较。

（3）通过选择站点间距函数可以最小化乘客总时间。使用（2）部分的结果，写出最优站点间距 $S^*(x)$ 的表达式。

（4）如果行程起点沿线路均匀分布（如（1）部分的情况），简化 $S^*(x)$ 的表达式，但是不要求站点间为均匀间距。如果 $N(x) = 100x$，则每列驶入城市的火车上乘客的总出行时间是多少？每位乘客的平均出行时间是多少？与（1）部分的结果进行比较并讨论。

（5）如果火车线路的建设和运营每年每英里会产生 c_g 的成本，并且如果可以放弃对城市某些地区的服务，则线路的长度和位置如何随 c_g 变化？假设乘客仍然步行到最近的下游车站上车。

（6）在车站建成之前，该市已决定沿廊道进行公共交通导向型模式发展（TOD）。由于新政策，预计 30%的行程将始于车站附近而无须通达（步行）时间。那么，在认识到 TOD 的影响之后重新设计站点间距，求此时的乘客总出行时间，每位 TOD 乘客的平均出行时间和每位非 TOD 乘客的平均出行时间。

（7）附加分：一般来说，沿放射状廊道分布的需求密度是不均匀的。通常，人口密度（对应需求密度）大致呈指数分布，因此：

$$D(x) = D_0 e^{\gamma x}$$

如果城市边缘的需求密度为 $D_0 = 25$ 行程/mile，并且密度梯度为 $\gamma = 0.25$，则最优站点间距 $S^*(x)$ 为多少？沿廊道应建多少个车站以最小化出行时间？此时，每位乘客的平均出行时间是多少？为了简化数学运算，假设列车从 $x=0$ 处出发时车上已经有从城市外部上车的 D_0/γ 名乘客。（人口密度分布的更多信息见 Clark，1951）

5.9 在一条东西走向的长交通廊道中，向东的需求为每单位时间单位距离出现 λ_1 位乘客，而向西的需求生成率为 λ_2。已知 $\lambda_1 > \lambda_2$。两个方向的所有行程的出行距离都是已知的 ℓ。5.5.1 节讨论了在两个方向上具有相同站点间距，但不同车头时距的场景。在以下三种场景下，使用类似的符号求解设计问题。

（1）两个方向上的站点间距相等，车头时距相等。

（2）两个方向上的站点间距不等，车头时距相等。

（3）两个方向上的站点间距不等，车头时距不等。

假设跨线调度一辆公交车的成本是 c 单位的货币，加上 τ 单位的转场调度时间。对原先具有相等站点间距和不同车头时距的场景，请建立一个优化模型得出站点间距、车头时距和转场调度状态的公交车的比例（如果有的话），从而最小化整个系统的总成本。

5.10 *下图所示的环路是一个公交廊道，O-D 需求均匀分布。给定了一定数量的公交车为整条路径提供服务。

是否应该提供双向服务？还是将所有车辆分配到一个方向以减少车头时距呢？考虑平均情况下的乘客，可使用的公交车数量如何影响选择？（提示：首先考虑极端情况：如果只有一辆公交车，怎么办？如果有无限数量的公交车，怎么办？双向运营效率更高的临界点在哪里？）

5.11 *5.4 节讨论了多标准设计和单标准设计之间的关系。现在，基于没有换乘情况的下界表达式，证明与线性多标准 $T_0(\ell) = T_0 + P_0\ell$ 等效的单标准为：

$$\ell^* = \left(\frac{t_s}{v_a}\right)\left(P_0 - \frac{1}{v_{\max}}\right)^{-2} \text{ 如果 } P_0 > \frac{1}{v_{\max}}$$

以及：

$$\left.\begin{aligned}T_0^* &= T_0 + P_0\left(\frac{t_s}{v_a}\right)\left(P_0 - \frac{1}{v_{\max}}\right)^{-2} \\ S_0^* &= c_d\left[T_0 - \left(\frac{t_s}{v_a}\right)\left(P_0 - \frac{1}{v_{\max}}\right)^{-1}\right]^{-1}\end{aligned}\right\} \text{ 如果 } T_0 > \left(\frac{t_s}{v_a}\right)\left(P_0 - \frac{1}{v_{\max}}\right)^{-1}$$

注意，这个解不涉及 λ 或 β。然后，使用拉格朗日方法证明可以实现上述解的影子价格为：

$$(\lambda\beta)^* = c_d\left(T_0 - \frac{t_s}{v_a\left(P_0 - \frac{1}{v_{\max}}\right)}\right)^{-2}$$

注意，设计标准与总成本相关（例如，运营成本取决于车头时距），您无须其他信息就可以确定此成本。

5.12 如图 5.17 所示，考虑一个非同质的单向交通廊道。一周被分为多个时间片。给定了一个与时间有关的 OD 矩阵 $\{D_{i,i',j}\}$，其中 $D_{i,i',j}$ 是时间片 j 中从第 i 廊道分段到第 i' 廊道分段的需求率。进一步假设：在每个空间分段内，行程起点终点的分布是均匀的；并且在每个时间片内,行程生成时间的分布及公交车的运营是均匀的。

(1) 推导出以下几个合计量的解析式:① 在时间片 j 中,整个廊道产生的行程总数 G_j;② 每周内,以第 i 分段为起点和终点的行程数 O_i 和 D_i;③ 每周穿过分段 i 内某个随机筛选线的平均行程个数 F_i(iv)在时间片 j 中,所有穿过随机筛选线(位于车站稍微上游一点的地方)的行程个数中的最大值 M_j。

(2) 假设不知道 OD 矩阵 $\{D_{i,i',j}\}$。说明如何进行现场测量以获得这些量。

5.13 *5.4.1 节讨论了为公交廊道提供多线路服务的各种方式,并研究了车头时距相等的非同步服务的优化模型。针对以下各种场景建模并求解。

(1) 慢线与快线车头时距不同的非同步服务 ($H_0 \ne H_1$)。

(2) 如图 5.15(b)所示的同步服务。

(3) 如下图所示的同步服务,这类系统的优缺点是什么?

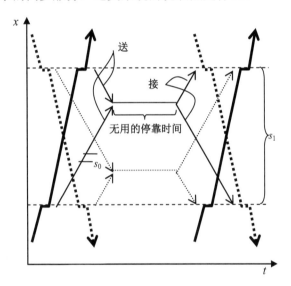

 小项目 1 将慢线公交线路改造为公交快线[①]

如图 MP1.1 所示,Geary 公交廊道是旧金山乘客最多的廊道。当前(写作本书的时候),Geary 廊道的公交服务频率很高,但因为混合路权产生的交通影响、停站时间长、信号灯延误多等困难,服务准点的可靠性非常差。

本项目研究 Geary 廊道傍晚高峰期的情况,以及引入公交快线(BRT)和分层服务结构的好处。

现有线路特征

待改善的路线包括在中央商务区内 1.5 mile 长的一部分和在居民区内的 5 mile 长的一部分。一次往返,一辆公交车会在线路上包括两个终点站在内的 84 个相对均匀间隔的站点上停靠。每个方向上都有 41 个站点,以及 2 个终点站。公交车一次往返的时间为 120 min,

---

① 由 Josh Pilachowsky 创建,Michael Cassidy 提供了帮助。

约 50%的时间在路上行驶，约 25%的时间在车站停靠（包括加速和减速时浪费的时间），还有约 25%的时间被信号灯延误。在每个车站，车辆加速和减速延误的时间固定为 10 s，假定公交车不跳站。乘客上车的时间是下车时间的 4 倍，假设每个站点乘客上下车按次序先后发生。乘客以 2 mile/h 的速度步行到达巴士站点。Muni[①]为这条线路安排了 40 辆公交车，现在能够提供 3 min 的车头时距。

图 MP1.1　旧金山的纪瑞（Geary）廊道

1. 服务水平标准（LOS）

此项目分析以下 3 种类型的用户。
（1）居民区到居民区（R→R）
（2）CBD 到居民区（C→R）
（3）居民区到 CBD（R→C）

2. 数据

两个服务方向上单位小时、单位英里的上车和下车的需求密度（晚高峰）如图 MP1.2 所示。

使用这些数据完成以下任务。我们特意留一些空间给您去做一些假设，请解释这样假设的合理性。

（1）公交车的运营速度和巡航速度是多少？考虑到乘客的上下车动作，多服务一个乘客会增加多少公交车停站的时间？服务 R→R 乘客时，在居住区的最优站点间距是多少？服务 C→R 乘客时，在 CBD 和居住区的最优站点间距是多少？如何调和这两个不同的最优值？为所有乘客找到每个区的最优站点间距。讨论线路上的实际站点间距与计算得出的最优站点间距不同的可能原因。

（2）通过实施 BRT 的几个措施，服务能得到改善。将一条车道转换为公交专用道将使公交车巡航速度提高 50%。公交信号优先（transit signal priority，TSP）将公交车在信号

---

① 编译者注：旧金山公交公司。

灯处花费的时间减少 50%。新的服务周期时间是多少？基于这些新数据，每个区的最优站点间距是多少？将这些数值与（1）的结果进行比较，讨论线路升级为 BRT 对最优站点间距的影响。

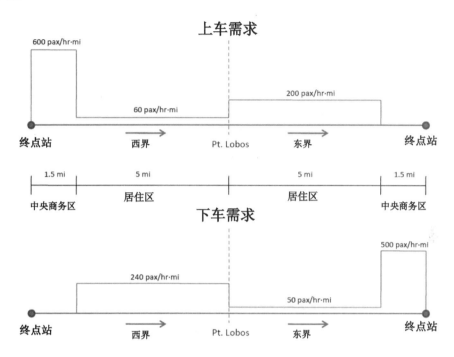

图 MP1.2　廊道上的上车和下车需求

（3）通过引入分层结构进一步改善服务，让慢线仅在居住区运行，快线在整个廊道上运行。分析运气最差的乘客时，假定：R→R 乘客仅使用慢线服务；C→R 乘客搭乘快线，并在距离其终点最近的快线站点换乘至慢线；R→C 乘客搭乘慢线，在离其起点最近的快线站点换乘至快线。（快慢线的时刻表不同步）请确定每个区和每种线路类型的最优车头时距和最优站点间距。记住，您只有 40 辆公交车用于整个慢线和快线的运营。由于这是一个较复杂的优化问题，您可以用数值法求解（使用 Excel 或类似软件）。

需要提交正式工作结果报告。对于（3）的讨论，应量化并讨论将理想化的解决方案转化为可实施的解决方案的损失，以及在设计后者时应额外注意的事项。您可以加入最多 3 人的小组提交小组报告。

第6章 规划——网络

本章研究覆盖二维区域的公交网络设计。前几章分析的系统类型相对简单。点对点系统（摆渡车系统）覆盖零维区域，因此仅需要在时间维度上做决策，在最简单的情况下，决策变量只有车头时距 H。廊道系统覆盖一维区域，在最简单的情况下，除了车头时距外，仅涉及一个空间变量（站点间距 s）。廊道系统的问题相对简单，因为一维区域可以被与廊道等长的单条线路覆盖，因而公交线路的长度和布局不是设计变量。显然，二维区域不再是这种情况。二维区域可以采用多个不同的方式覆盖，例如单条线路或允许换乘的多线路网络。这种灵活性给分析引入了一些几何意义上的新决策，包括：该有多少条公交路线？如何决定它们的走向？如何将它们连接起来？另外，由于这些线路的布局会影响乘客在上车站点和下车站点间的出行迂曲度，因此乘客路径规划也成为了问题。因此，二维网络问题比到目前为止所见的任何问题都要复杂得多。尽管二维公交网络系统更为复杂，但本章仍使用之前的方法进行研究。

深入研究细节之前，先花一点时间回想一下您到过的城市中的公交网络。您曾注意过公交网络的几何模式吗？很多社区公交网络系统在几何上是相似的。是什么导致了它们的几何相似性和差异性呢？为了帮助我们思考这一点，图 6.1 给出了 6 个示例。图中的系统使用不同的公交技术，在不同的环境中运行，服务的区域规模迥异，从大学校园到超级大城市。图 6.1 左边罗列的是在混合交通路权下运行的公交车系统，右边是隔离路权的轨道系统。从上到下，每一列的服务区域由小到大。注意观察这些公交网络之间的异同。您所在城市或城镇的公交网络是否与它们相似呢？

图 6.1 展示了一些公交模式。顶部的两个网络（清华大学校园公交和达拉斯机场快线）是由单个环路形成的，中间的两个网络是由从中心枢纽辐射出来的辐条组成的，底部的两个是由类似蜘蛛网的扭曲网格组成的。尽管公交技术和路权类型是相同的，为何每列中的三个网络却如此不同呢？要分析这个问题，需要考虑左列第二个网络，假设使用公交环线为整个旧金山提供服务，或为清华大学建设一个复杂的线路网格，会发生什么？可以预见这两种情况下的潜在问题吗？公交运营商和乘客将受到怎样的影响呢？

在给定公交技术的条件下，随着服务区域大小的增长，网络几何结构趋于变得更加复杂（如环路→辐条→网格）。图 6.1 中左列的公交车网络及右列的轨道网络都确定显示了这种趋势。其他公交系统也普遍存在这种情况。图 6.1 还显示了公交技术对网络几何形状也有影响。旧金山和斯德哥尔摩是规模相当的城市，然而，斯德哥尔摩的轨道系统像一组辐条，旧金山的公交车系统像是网格。似乎越昂贵的技术要求越简单的几何形状。这种趋势在实践中也非常普遍。为什么呢？

第 6 章 规划——网络

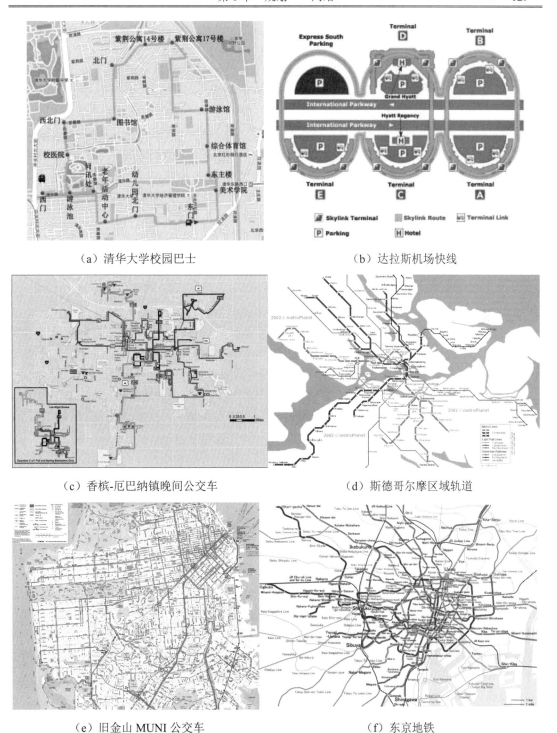

(a) 清华大学校园巴士　　　　　　(b) 达拉斯机场快线

(c) 香槟-厄巴纳镇晚间公交车　　　(d) 斯德哥尔摩区域轨道

(e) 旧金山 MUNI 公交车　　　　　 (f) 东京地铁

图 6.1　若干实际公交网络示例[①]

---

① 来源：(a) http://t.yygongjiao.com/；(b) http://www.pinterest.com；(c) https://www.cumtd.com；(d) http://www.urbanrail.net；(e) http://www.sanfrancisco.net/bus；(f) http://tokyocityairportmetrosubwaymap.blogspot.com/；所有资源获得于 2016 年 7 月 1 日。

为了回答这些问题，本章从理想化的分析开始（6.1 节），隔离其他因素而单独分析二维区域引入的几何问题，并比较了三种不同的布局：环线、轴辐和网格。6.2 节和 6.3 节在更现实的假设下研究网格系统：6.2 节主要研究没有容量限制的公交系统；6.3 节考虑容量的影响。6.4 节对轴辐系统以及轴辐和网格的混合系统进行分析。到这里，本章已经完成了对空白板设计方法的描述，该方法允许在区域中的任何位置布置线路和站点，并且用描述理想几何线形的数学公式表达结果。任何理想化的几何线形都必须通过变形调整以顺应现实世界的限制（如可用道路的位置和形状），所以 6.5 节解释了如何在实际服务区域中将这些公式转换为可实施的规划。本节还使用了一个案例进行说明。最后，6.6 节讨论了其他经常出现的问题，包括针对"最后一千米"问题的补救措施，"跳站"策略，以及时变需求下服务方式的变通。

6.1 理想场景分析

作为本章的开始，本节考虑一个极端理想化的模型，将由于服务区域的二维空间特征引入的几何问题与其他因素分离开来。尽管假设条件极为有利（如果把同样的假设应用到廊道系统上，门到门速度可以不受限制），但二维公交系统提供的门到门速度仍然是有限的。该理想化模型还解释了图 6.1 所示的趋势。

本节根据所有乘客的平均服务指标比较不同系统，分两部分进行分析。6.1.1 节讨论图 6.1（a）～图 6.1（b）中的单线路情况；6.1.2 节讨论图 6.1（c）～图 6.1（f）中的多线路情况。与理想化廊道系统的分析一样，这两个小节也假设 $H=0$ 和 $t_s=0$，还假设车辆的加/减速度上限为 $a_0=\infty$，巡航速度为 $v_{max}<\infty$。这些额外的假设消除了公交因停车和启动产生的延误。也就是说，无论站点间距为多少，公交速度始终为 $v=v_{max}$。这样，如果是一维走廊系统，公交系统门到门速度也是 v_{max}，与私家车的表现相同。现在看看在二维系统中会发生什么？

6.1.1 单线路：没有换乘的公交系统

假设边长为 ϕ 的正方形区域，其上的道路网格平行于正方形的边且无限密集。使用一条双向公交线路提供服务，该公交线路使用的道路路径长度为 $L/2$，双向服务总距离为 L。如图 6.2（a）所示，公交线路的路径形成一个闭环，可以上下左右来回穿梭，但不允许乘客换乘。显然，无论 L 有多长，一条线路都无法覆盖区域内的所有点。因此，二维系统中，公交服务覆盖和可达性就成了重要问题，而该线路的长度 $L/2$ 和站点位置也成了重要决策。

为简化，且更高效地分析，假设站点位于间隔 S 的方格点上，如图 6.2（a）所示。这也与 5.1 节的处理保持了一致，将公交站点放置在一维的等间隔格子上。如图 6.2（a）所示，由于不允许换乘，所有站点都必须通过一条线路访问。这条线路形成了一个环路，在整个区域中折返。要覆盖所有站点而不重复，站点必须在环路折返的两个方向上成对出现。并且沿着该区域每一个边长的站点数也必须是偶数，即 $L/2$ 必须是 2ϕ 的整数倍（如图 6.2（a）中，$L/2=6\phi$）。

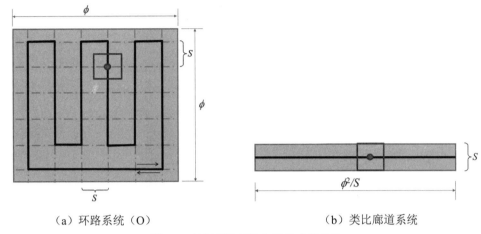

（a）环路系统（O）　　　　　　（b）类比廊道系统

图 6.2　封闭环路系统和类比廊道系统

通过几何分析可发现 $L/2$ 与 S 成反比。假设从这个方形区域中切出一条宽度相等的条带，在不改变面积的前提下将其拉直，形成长度为 $L/2$ 的矩形廊道（见图 6.2（b））。因为矩形廊道的面积仍是 ϕ^2，可以得到 $L/2 \approx \phi^2/S$。如果 $L/2$ 是 2ϕ 的整数倍，则表达式 $L/2 = \phi^2/S$ 是严格成立的，但在这里使用约等号以允许例外存在。使用该关系式评估乘客的平均门到门出行时间。

假设乘客通过最接近其起点和终点的站点进入和离开公交系统，并选择使其乘车时间最短的行进方向。由于每个站点都有一个以其自身为中心、覆盖边长为 S 的乘客"集水区"（见图 6.2（a）），因此在一个行程起点或终点的水平和垂直方向上，乘客的平均通达（步行）距离均为 $S/4$。考虑到行程两端及水平垂直两个方向，乘客的平均总到站（步行）距离为 S，平均到站（步行）时间 $T_a = S/v_w$。由于 $L/2 \approx \phi^2/S$，也可以用路径长度表示这种关系，即 $T_a \approx 2\phi^2/(Lv_w)$。因为路径长度可以大体代表运营费用，所以可以用 L 表示这个结果。

乘客可以选择乘坐公交车的方向，所以乘车距离的范围是 $0 \sim L/4$，且平均值为 $L/8$。乘客的平均乘车时间则为 $T_r = L/(8v_{max})$，因而总的门到门时间为：

$$T = T_a + T_r \approx \frac{2\phi^2}{Lv_w} + \frac{L}{8v_{max}}$$

由于这是关于 L 的 EOQ 表达式（参见 2.3 节中的定义），它在 $L^* = 4\phi(v_{max}/v_w)^{1/2}$ 时取得最小值，最优的门到门总时间为：

$$T^* = \left(\frac{\phi^2}{v_w v_{max}}\right)^{\frac{1}{2}} = \frac{\phi}{\sqrt{v_w v_{max}}} \tag{6.1}$$

这是不允许换乘情况下最好的方案。注意，如果 v_{max}/v_w 的值大约为 10（这个值是合理的），则 $L^* \approx 6\phi$，$T^* \approx 3\phi/v_{max}$。此外，由于 L 的值与运营的成本相关，运营机构不应该采用 $L > L^*$。

将平均门到门速度表示为沿道路的平均出行距离（如果自驾出行）与式（6.1）的比值。量纲分析显示，正方形区域中起点和终点之间的随机距离的平均值应该是本问题中唯一的距离参数 ϕ 的倍数，并且 ϕ 的系数应在 0.5~1。因为一个线段中的两个随机点之间的平均距离是该线段长度的 1/3（参见作业题 6.1），可以得出均匀分布的起点与终点之间的平均距离[①]是 $2\phi/3$。因此，最优情况下系统的平均门到门速度为：

$$\hat{v} \approx \frac{2\phi/3}{T^*} = \frac{2}{3}\sqrt{v_w v_{max}}$$

对于一个城市区域，如果假设参数，例如 v_w = 3 kph 和 v_{max} = 36 kph，尽管已经做出了所有有利的假设，门到门速度仍约为 6.9 km/h，这对乘客根本没有吸引力。之所以会出现这种情况，是因为要缩短通达（步行）时间，公交路线必须非常曲折迂回，增加了乘客乘车的时间。

6.1.2 多线路系统：换乘的作用

允许换乘的多线路系统可以改善上节的不利情况。其原因是，允许换乘服务时，可以用多条较直的线路覆盖服务区域，使乘客的路径不必那么曲折迂回。为了理解这一点，本小节探讨两种允许换乘的理想系统：仅具有一个换乘站点的轴辐系统（H）；允许在每个线路交叉站点进行换乘的方网格系统（G）。继续假设车站沿每条线路均匀分布，均匀覆盖空间且每个站点仍然使用正方形的乘客"收集区"。图 6.3 描述了这两个系统。对于网格系统，假设仅在路线交叉点设置车站。注意，对于相同的线路间距，网格系统的路径更长，需要投入更多的公交车。相对于轴辐系统，网格系统的另一个缺点是，协调控制换乘时间更难。另一方面，网格系统的优点之一是乘客可以始终选择直的路径而无须反向绕路。

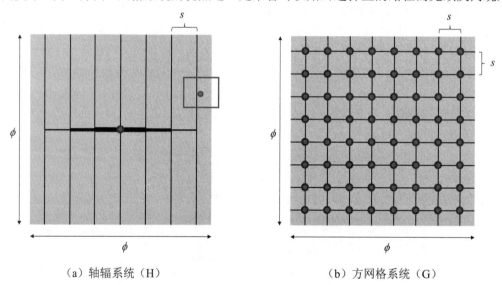

(a) 轴辐系统（H）　　　　　　　　　(b) 方网格系统（G）

图 6.3　允许换乘的公交系统

在运营机构费用成本相同的情况下，比较这两个系统以及上一小节的无换乘环路系统（O）的性能。令三个系统的总服务距离 L 相等。（回想第 5 章，给定车头时距 H、站点间距 s 和运行速度 v_{max} 时，各种运营成本均与 L 成正比。）

---

① 因为沿道路网格的距离具有水平和垂直部分，都等于正方形边长上两个随机点之间的距离。

对这三种系统，首先将 L 表示为 S 的函数。使用下标 O、H、G 标识每种系统。对于 O 系统，上节已经得出了：$L_O = 2\phi^2/S$。利用图 6.3，可以得出另外两种系统的公式。其结果是[①]：

$$L_O = \frac{2\phi^2}{S}; \quad L_H = \frac{3\phi^2}{S}; \quad L_G = \frac{4\phi^2}{S}$$

反之，如果让这三个长度都与某个值 L 相等，则相应三个系统的站点间距 S 将不同。通过求解上述表达式中的 S，可以得到：

$$S_O = \frac{2\phi^2}{L}; \quad S_H = \frac{3\phi^2}{L}; \quad S_G = \frac{4\phi^2}{L}$$

为了估算门到门的出行时间，需要确定乘客在系统中的路径规划策略。与 6.1.1 节所述一样，假设乘客选择最接近其起点和终点的车站进出公交系统，然后以最直接、最不绕路的方式选择路径。对于轴辐（H）系统，乘客在图 6.3（a）中心的站点（粗点）处换乘[②]；对于网格（G）系统，乘客在所有水平线与垂直线的交点都可以换乘。

假设起点和终点在服务区域内的分布是均匀且独立的。因此，对于所有系统，乘客在行程两端通达站点（步行至站点）的平均时间仍为 $T_a = S/v_w$。如前所述，对于每个系统，将该表达式中的 S 用相应的含有 L 的表达式表示，可以得到：对于 O，$T_a = 2\phi^2/Lv_w$；对于 H，$T_a = 3\phi^2/(Lv_w)$；对于 G，$T_a = 4\phi^2/(Lv_w)$。

关于乘客乘车时间，O 系统的平均乘车距离为 $L/8$，平均乘车时间为 $T_r = L/(8v_{max})$。对于 H 系统，从随机起点到中心枢纽存在一个乘车距离，考虑水平和垂直两个方向后，很容易得出这个距离的平均值为 $\phi/2$。从中心枢纽到随机终点的平均距离是一样的。总平均乘车距离为 ϕ，平均乘车时间为 $T_r = \phi/v_{max}$。对于 G 系统，乘车距离是水平和垂直部分之和，而已知这个平均值为 $2\phi/3$。因此，平均乘车时间为 $T_r = 2\phi/(3v_{max})$。

结合平均通达（步行）时间和乘车时间，可得出平均门到门的总时间。

$$T_O = \frac{2\phi^2}{Lv_w} + \frac{L}{8v_{max}}; \quad T_H = \frac{3\phi^2}{Lv_w} + \frac{\phi}{v_{max}}; \quad T_G = \frac{4\phi^2}{Lv_w} + \frac{2\phi}{3v_{max}}$$

设 $v_{max}/v_w \approx 10$，可基于无量纲变量 L/ϕ 比较这三种系统。公式变为：

$$T = \frac{\phi}{v_{max}} \times \begin{cases} 20\left(\dfrac{\phi}{L}\right) + \dfrac{1}{8}\left(\dfrac{L}{\phi}\right) & \text{(O)} \\ 30\left(\dfrac{\phi}{L}\right) + 1 & \text{(H)} \\ 40\left(\dfrac{\phi}{L}\right) + \dfrac{2}{3} & \text{(G)} \end{cases}$$

图 6.4 画出了这三个表达式的曲线。O 系统曲线有一个递增的虚线部分，如 6.2.1 节所述，乘车时间随线路长度的增加而增加。虚线的出现不符合逻辑，因为理性的运营机构在

[①] 为得出这些简单的表达式，假定公交在每条线路末端掉头时需行驶的距离为 1 个站点间距。
[②] 此外，乘客可在任何线路重叠的地方换乘。尽管这会稍微减少平均乘车距离（与其他策略相比仅减少很小一部分），但推导过程会复杂得多。因此，此处简单假设所有乘客都在中心枢纽（粗点）换乘。

达到最优乘客门到门出行时间后不会再浪费资金加长线路（同时也增加了门到门出行时间）。最佳策略（O^*）应由虚线下方的水平实线表示。

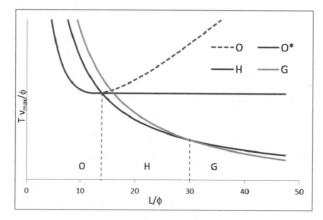

图 6.4　三种系统最低门到门出行时间与公交投资水平的关系

对于给定大小的服务区域，图 6.4 横坐标的值 L/ϕ 与公交系统的投资（包括基础设施和公交车辆的投资）成正比。图 6.4 说明了网络结构与可用资源的关系。资源稀缺时（$L/\phi<14$ 时），不允许换乘的环线公交是最优的，其总线路长度不显著大于服务区域的周长。随着资源水平的增加，最优的结构系统首先变为轴辐系统，最后（$L/\phi>30$ 时）变为允许多点换乘和绕路更少的网格系统。图 6.4 还说明了最优系统能达到的门到门出行时间（即三条曲线的下包络线）随资源水平的增加而下降。

当每个乘客对应的资源保持不变，但改变城市规模时，这些公式能给出其他哪些信息呢？对于人口密度一定的城市，人均资源与 $r=L/\phi^2$ 成正比。注意，基础设施越昂贵，在预算一定的情况下，可提供的线路长度越短。因此，轨道系统的 r 值应该比公交车系统的值小。人均资源 r 固定时，随着城市规模 ϕ 的增加，会发生什么呢？r 固定时，系统线路长度随着城市规模而增加，即 $L=r\phi^2$。把这个结果代入门到门出行时间的公式中，如下：

$$T = \frac{1}{v_{max}} \times \begin{cases} 20/r + r\phi^2/8 & (O) \\ 30/r + \phi & (H) \\ 40/r + \frac{2}{3}\phi & (G) \end{cases}$$

图 6.5 分别绘制了 $r=1$（高投入模式）和 $r=2.5$（低投入模式）时这些表达式随 ϕ 变化的函数曲线。从这两张图可以看出，环路系统适合小城市（ϕ 很小），随着 ϕ 的增大，最优的系统结构由 O 逐渐变为 H，最终变为 G，这与图 6.1 中观察到的趋势一致。此外，在图 6.5（a）描述的高投入模式下，最优系统结构的变化在 ϕ 值相对较大时才发生。这也与图 6.1 观察到的趋势保持了一致，如前文所述，旧金山和斯德哥尔摩的城市规模相当，但旧金山的公交车系统类似网格系统，斯德哥尔摩的轨道系统则类似轴辐系统。

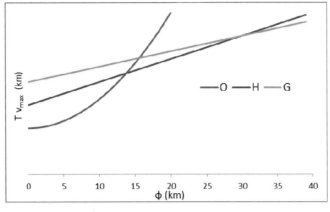

(a) $r = 1$(昂贵模式)

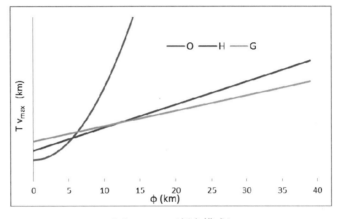

(b) $r = 2.5$(便宜模式)

图 6.5 两种公交模式下三种网络中的门到门出行时间与城市规模的关系

即使考虑更符合实际的模型(例如,设有公交车站、公交车加速度有限、车辆运营成本较高及合理的车头时距等),本节的结果也应该定性成立。这暗示了图 6.1 中的这几种公交网络模式适用于服务二维空间内起点和终点随机分布的出行需求。本小节的结果还说明,要覆盖较大的区域,必须使用允许换乘的互相联接的公交网络,例如,H 结构和 G 结构[1]。以下各节说明如何在符合实际的假设下设计公交系统网络。

6.2 符合实际的分析:网格系统

6.1 节研究了如何更好地满足分散的需求,并表明网格系统适用于具有以下一种或多种特征的场景:高需求密度、大面积区域及较低的基础设施成本。由于这些条件非常普遍,本节和下一节将完全针对网格系统。本节假设公交车的载客容量足够大,永远不发生乘客在车站滞留的情况。6.3 节研究公交车容量约束的影响。在实践中,乘客的利益非常重要,因

---

① 在起终点离散的场景下,对换乘起到的作用及必要性有不同的看法。参见论文 Daganzo(1987)。

此在这两个小节及本章后续部分中,使用平均情况下乘客广义总成本最小化的方法分析研究问题。

网格系统特别适合于基础设施成本较低的情况,因此,本节中的大部分内容将针对公交车系统进行分析。此外,假定公交服务的时间不同步(网格系统中,同步服务是不可能实现的),并且乘客在终点没有预约。这些假设是合理的,且与第 5 章类似,易于更改。

接下来,为网格系统的最优设计和由此产生的最优成本开展分析。为了说明二维空间带来的影响,要把这些结果与廊道系统的结果进行比较。为了与本章的其余部分保持一致,将重点研究边长为 ϕ 的均质方形区域,并且网格系统的公交服务也是均质的。本节只研究正方形网格,因为它们的几何线形可仅由线路间距一个参数表示。矩形网格的效率略高,但要增加一个参数,且加入了不同方向,分析会变得更加复杂。虽然,研究矩形网格是可行的,但本书在此不做研究。6.2.1 节用一个通用公式表示正方形网格的广义成本函数;6.2.2 节求解最优解,并在不同情景下检验其性质;最后,6.2.3 节讨论一般性的结论。

6.2.1 广义成本函数的推导

正方形网格形公交线网的空间结构由线路间距 S 和站点间距 s 共同定义。尽管 S 必须是 s 的整数倍(见图 6.6),但在空白板分析方法中,仅规定 $s \leqslant S$。从第 3 章可知,这个假设是合理的,优化后仍可调整间距值,且调整后广义成本的改变很小。为使公交系统的时空结构完整,还要定义车头时距 H,并假设所有线路都使用这个值。尽管也可以在不同的线路上使用不同的车头时距,但是因为假定需求在空间上均匀分布的,这样做并没有什么好处。因此,设计目标是确定 s、S 和 H 的最优值。本小节对该优化问题进行建模。

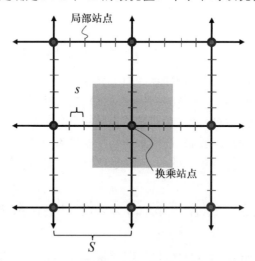

图 6.6　公交网格内的镶嵌图块

首先,推导运营成本公式和出行者出行时间(通达+等待+乘车)公式。如 6.1 节所述,假设选择步行距离最短的公交站点上下车,并选择尽可能不绕路的路径乘车,出行生成密度由 λ 表示(乘客数/时间·距离^2)。由于服务区域内的系统在时空上是均质的,因此可基于以每个换乘站点为中心的正方形镶嵌图块（见图6.6）进行分析，并只在一个车头时距的时间内评估成本。三维分析单元的体积为HS^2，其中生成的行程个数为λHS^2。

接下来，分析运营机构成本。在此，重点研究基础设施成本可忽略不计的公交车系统[①]。通过估算三维分析单元对应的运营成本，并除以该成本的时空体积，可得出公交运营的单位成本。如图6.6所示，双向服务的分析如下。每个单元包含总长度为$4S$的公交车线路和数量为$4S/s$的公交车站点。在每个车头时距的时间间隔内，公交网络的每一段道路都有且仅有一辆公交车经过一次，所以每个分析单元内公交车行驶的总距离为$4S$，公交车停站的总次数为$4S/s$。故一个分析单元的运营成本为$4S(c_d + c_s/s)$，按单位时空体积和按出行数分摊的成本分别为：

$$\$_T = \frac{4}{SH}\left(c_d + \frac{c_s}{s}\right) \quad \text{每单位体积（费用/时间·距离}^2\text{）} \quad (6.2a)$$

$$\$ = \frac{4}{\lambda SH}\left(c_d + \frac{c_s}{s}\right) \quad \text{每个行程（费用/行程数）} \quad (6.2b)$$

以上公式与廊道系统的公式非常相似，唯一的区别是系数$4/S$，这个系数表示运营成本受到公交线路数的影响。

出行时间可分为不同的部分分别进行评估，包括：通达（步行）时间T_a，等待时间T_w和乘车时间T_r。由于乘客可以选择路径，假设每位乘客都选择最接近其起点和终点的两条相交线路。这样的路径选择可以最大程度地减少换乘次数，且绕路也是最少的。很明显，每个乘客都有两个选择：（1）先乘水平公交线路；或（2）先乘竖直公交线路。如果他们随机选择，则在垂直于任一条选定线路的方向上的平均通达（步行）距离为$S/4$，在平行于任一条选定线路的方向上的平均通达（步行）距离为$s/4$。因此，行程两端的总通达（步行）距离为$(s+S)/2$，平均通达（步行）时间为：

$$T_a = \frac{1}{2}(s+S)\Big/v_w$$

如果乘客足够理性且掌握信息，则可以比较（1）和（2）这两种方式并从中选择较好的选项稍微降低T_a。但是，T_a降低的幅度很小[②]，对最终结果的影响也很小。如果乘客严格按照最小化通达（步行）距离的目标选择出行线路，不在乎换乘次数，T_a结果也不会有很大的变化[③]。练习题6.6要求读者证明这些结论。鉴于这些结果的相似性，并且无法确切知道乘客的实际路径选择，在下面的估算中将使用上面的公式。

由于乘客在终点没有预约，且服务是不同步的，因此平均等待时间为：

$$T_w = kH/2 + \Delta, \quad \text{其中} \ k = 1, 2$$

这里Δ是因换乘而产生的时间损失。包括换乘的步行时间及因为换乘不便而带来的额外惩罚。如果乘客知道发车时间表，则系数$k=1$，否则，$k=2$。

[①] 如第5章所示，其他系统的通用公式与之非常相似，但更长。

[②] 简单的概率计算表明：当S/s为偶数时，降低的幅度为$S/6$（这是最大可能的降低幅度）；当S/s为奇数时，降低的幅度为$1/6S - 1/6s^3/S^2$。注意，如果$s = S$，则降低的幅度为零。

[③] 当S/s为偶数时，T_a降低幅度为零；如果S/s为奇数，则T_a降低幅度为$7/60S - 1/6s^3/S^2$（$s = S$时，T_a的值可能会增加）。详见Holroyd（1967）。

乘车时间取决于起点与终点之间的平均距离表示为 ℓ。该距离显然取决于正方形服务区域内起点和终点的分布。例如，如果公交主要服务于短途出行，终点可能在起点附近；在整个区域内均匀分布；在中心附近聚集（例如，某些城市中，早高峰时段会出现这种情况）。这些不同的情况由不同的 ℓ 值表示。

$$\ell = \begin{cases} \ll \phi & （终点与起点相隔很近）\\ 2/3\phi & （终点均匀分布）\\ 1/2\phi & （终点分布在中心）\end{cases} \quad (6.3)$$

根据这个一般化的距离，平均的乘车时间为：

$$T_r = \ell \left(\frac{1}{v_{max}} + \frac{t_s}{s} \right)$$

因此，平均情况下门到门出行时间为：

$$T = T_a + T_w + T_r = \frac{kH}{2} + \Delta + \frac{S+s}{2v_w} + \ell \left(\frac{1}{v_{max}} + \frac{t_s}{s} \right) \quad (6.4)$$

注意，这与廊道系统中平均门到门出行时间的公式非常相似（见式（5.22）中对应各项）。两者的区别在于等待时间，现在的等待时间包括系数 k 和惩罚 Δ（由于换乘）。

联立式（6.2b）和式（6.4））可得出广义成本函数，即截断拉格朗日函数。这个拉格朗日函数是最小化的目标。类似在第 5 章中的方式，忽略与 c_s 相关的项，结果就是：

$$z(S,H,s) = \frac{4c_d}{\lambda SH} + \beta \left(\frac{kH}{2} + \Delta + \frac{S+s}{2v_w} + \frac{\ell}{v_{max}} + \frac{\ell t_s}{s} \right) \quad [\text{费用/出行数}] \quad (6.5)$$

为了得到最优设计，需要最小化式（6.5），同时约束 $s \leq S$，可能还需要第二个约束 $H \geq H_{min}$。之所以会有第二个约束，是因为站点服务公交车需要有时间间隔，这个间隔不应小于公交车停站时间，并且出于安全考虑，公交车之间要保持必要的空间间距。一般来说，H_{min} 的值在一两分钟左右。下一小节介绍这个问题的通解。

6.2.2 优化和最优解的性质

为了得到最优设计，应在约束条件下最小化式（6.5）。一般来说，车头时距的约束几乎从来不会起作用。因此，在进行分析时只考虑约束 $s \leq S$。当然在优化完成后，肯定要验证车头时距的约束是成立的。（在一些罕见的情况下，最优解可能会违反车头时距约束，则应令 $H = H_{min}$，并重新优化间距 s 和 S；这个问题只有两个变量，求解过程很简单）。

此问题仅有三个决策变量，可通过数值方法解决。此外，此问题具有几何规划的结构，求解相对简单。注意，根据 $s \leq S$ 是否有约束力，此问题可分为两种情况分别进行分析，并说明何时 $s \leq S$ 会产生约束力。

1. $s \leq S$ 约束无效时的解

此时，在不考虑约束条件的情况下最小化式（6.5），并在事后验证约束是否满足。通过条件分解求解。如果求解的结果确实使 $s \leq S$ 不产生约束作用，则该结果就是最优的。求解过程可分为三个步骤。首先，固定 S 和 H，找到使式（6.5）最小化的 s，结果是：

$$s^* = \sqrt{2\ell t_s v_w} \qquad (6.6)$$

以及：

$$z(S,H) = \frac{4c_d}{\lambda SH} + \beta\left(\frac{kH}{2} + \Delta + \frac{S}{2v_w} + \sqrt{\frac{2\ell t_s}{v_w}} + \frac{\ell}{v_{\max}}\right)$$

接下来，固定 H，找到使上式最小化的 S，结果是：

$$S^* = 2\sqrt{\frac{2c_d v_w}{\lambda \beta H}}$$

最优广义成本是：

$$z^*(H) = 2\sqrt{\frac{2\beta c_d}{\lambda H v_w}} + \beta\left(\frac{kH}{2} + \Delta + \sqrt{\frac{2\ell t_s}{v_w}} + \frac{\ell}{v_{\max}}\right)$$

最后，找到使上式最小化的 H 值 H^*，将 H^* 代入上式，结果是：

$$H^* = 2\left(\frac{c_d}{\lambda \beta k^2 v_w}\right)^{\frac{1}{3}}, \quad S^* = 2\sqrt{\frac{2c_d v_w}{\lambda \beta H^*}} = 2\left(\frac{kc_d v_w^2}{\lambda \beta}\right)^{\frac{1}{3}} \qquad (6.7)$$

$$z^* = 3\left(\frac{kc_d \beta^2}{\lambda v_w}\right)^{\frac{1}{3}} + \beta\left(\Delta + \frac{\ell}{v_{\max}} + \sqrt{\frac{2\ell t_s}{v_w}}\right) \qquad (6.8)$$

式（6.6）和式（6.7）给出了完整的设计。

如果 $s^* \leqslant S^*$，则此解是有效的。将式（6.6）和式（6.7）分别代入不等式 $s^* \leqslant S^*$ 的两边，用该问题的参数表达解的有效条件为：

$$\lambda \beta \leqslant 2\sqrt{2} k c_d v_w^{\frac{1}{2}} (t_s \ell)^{-\frac{3}{2}} \qquad (6.9)$$

然而，在许多实际情况下，该有效性条件并不满足。即：

$$\lambda \beta > 2\sqrt{2} k c_d v_w^{\frac{1}{2}} (t_s \ell)^{-\frac{3}{2}} \qquad (6.10)$$

表明式（6.9）在最优解处一定是起到约束作用的。

为了理解为什么违背有效性条件的情况是普遍的，在此使用第 5 章中关于公交车的常用参数值（$v_w \cong 3$ km/h、$v_{\max} \cong 36$ km/h、$t_s \cong 5 \times 10^{-3}$ h、$c_d \cong 1$ \$/km、$k=2$）估算式（6.10）的两边，同时假设 $\ell = 10$ km（中等规模的城市），以及 $\beta = 20$ \$/h。如果 $\lambda > 44$ [乘客/km² ·h]，则式（6.10）成立。在全球许多城市，公交车的实际需求远超过了这个值。故在此时，$s^* = S^*$，可以从一开始就令 $s = S$，再求解问题。

2. $s \leqslant S$ 约束有效时的解，令 $s = S$

此时问题会稍微困难，因为变量不再像之前那么易于分解，但仍可以求解。对 $s \leqslant S$ 产生约束作用时的问题进行求解，再将得到的最优解与 $s \leqslant S$ 不起约束作用时的问题结合起来，就能获得完整的解。完整的解可通过两个简单图表呈现，用于提取任何问题的最优解，并预测最优成本。

首先，用 S 代替 s，重写式（6.5）把 s 消除后得到：

$$z(S,H) = \frac{4c_d}{\lambda SH} + \beta\left(\frac{kH}{2} + \Delta + \frac{S}{v_w} + \frac{\ell}{v_{\max}} + \frac{\ell t_s}{S}\right) \quad \text{（成本/出行）} \quad (6.11)$$

注意，此目标函数仅有两个决策变量 S 和 H，但表达式不好分解，因此其解析解复杂且难以解释。为简化问题，可将一些与场景关系不大的参数固定为合理值，允许改变其余参数。固定参数为：$v_w \cong 3$ km/h、$v_{\max} \cong 36$ km/h 和 $t_s \cong 5\times 10^{-3}$ h。此外，还要关注 $k=2$ 这种常见情况。这样就只剩下了 4 个可改变的参数：λ、β、c_d 和 ℓ。重写广义成本函数公式可以减少影响求最优解的参数组合数量。实际上，如下文所示，可以把最优决策变量都写成单参数的函数，并用图表表示完整的解。

简化问题可以从在式（6.11）的两边除以 β（即把问题转换为通用成本单位）开始，然后重新定义决策变量：$x \equiv S/\sqrt{\ell}$ 及 $y \equiv H/\sqrt{\ell}$。使用这些新变量，经过代数运算后，式（6.11）简化为：

$$\frac{z}{\beta} = \sqrt{\ell}\left[\frac{(1/p)}{xy} + y + \frac{x}{3} + \frac{(5\times 10^{-3})}{x}\right] + q\sqrt{\ell}, \quad \text{（h/出行）} \quad (6.12)$$

其中，p 和 q 是如下常量：$p \equiv \left(\dfrac{\lambda\beta\ell^{3/2}}{4c_d}\right)$，以及 $q \equiv \left(\dfrac{\Delta}{\sqrt{\ell}} + \dfrac{\sqrt{\ell}}{v_{\max}}\right)$。注意，式（6.12）并不是无量纲的，并且仅在[乘客、km、h]单位下才是有效的。新引入的参数 p 既代表需求，又代表技术成本的倒数。根据新需求参数重写式（6.10），简单操作后得到：

$$p > \frac{\sqrt{2}}{2}kv_w^{\frac{1}{2}}(t_s)^{-\frac{3}{2}} = 6928 \quad \text{（人·km}^{\frac{1}{2}}\text{/h}^2\text{）}$$

注意，式（6.12）中决策变量的最优值仅取决于括号中的表达式，而该表达式仅包含参数 p。因此，最优解 (x^*, y^*) 一定只是 p 的函数，即可写成以下形式。

$$x^* = F_x(p), \qquad y^* = F_y(p), \qquad \frac{z^*}{\beta} \approx \sqrt{\ell}[F_z(p) + q] \quad (6.13)$$

函数 F_x、F_y 和 F_z 仍尚待确定。在不同 p 值下求解该问题，从数值上确定这些函数。图 6.7 显示了使用此方法获得的最优设计。图 6.7 在 $p > 6928$ pax·km$^{\frac{1}{2}}$/hr^2 的范围内画出了 x^* 和 y^* 随 p 变化的函数图像。为了完整，该图把该曲线扩展到了 $p \leqslant 6928$ pax·km$^{\frac{1}{2}}$/hr^2 的范围。此时，将 p 视为变量带入式（6.7），重写为：

$$x^* = \frac{S^*}{\sqrt{\ell}} = \left(\frac{2kv_w^2}{p}\right)^{\frac{1}{3}} = \left(\frac{36}{p}\right)^{\frac{1}{3}}, \quad y^* = \frac{H^*}{\sqrt{\ell}} = \left(\frac{2}{k^2 v_w p}\right)^{\frac{1}{3}} = (6p)^{\frac{1}{3}} \quad (6.7')$$

图 6.7 中的两条曲线可以用于评估网格系统的理想设计，且无须进行复杂数值计算。在实践中，首先计算 $p \equiv \left(\dfrac{\lambda\beta\ell^{3/2}}{4c_d}\right)$，然后使用图表获取 x^* 和 y^* 的值，最后得到：$S^* = x^*\sqrt{\ell}$，以及 $H^* = y^*\sqrt{\ell}$。定性来说，从曲线上可以看出线路间距和车头时距均随着需求的增加而下降。尽管车头时距趋向于 0，但线路间距趋向于大于 0 的数值。

最优成本是如何受 p 影响的呢？图 6.8 使用对数坐标绘制 F_z 的曲线，由该图中上部的曲线表示。与图 6.7 类似，$p > 6928$ 人·km$^{\frac{1}{2}}$/h^2 的部分通过数值求解式（6.12）得到，而左侧的部分（$p \leqslant 6928$ 人·km$^{1/2}$/hr^2 时）由式（6.8）确定。具体来说，把式（6.8）改写成式（6.13）的形式，从中提取与 F_z 相对应的项，然后将其绘制在图上。简单的代数操作后，得到当 $p \leqslant 6928$ 人·km$^{1/2}$/h^2 时：$F_z(p) = 3[k/(4pv_w)]^{\frac{1}{3}} = (4.5/p)^{\frac{1}{3}}$。

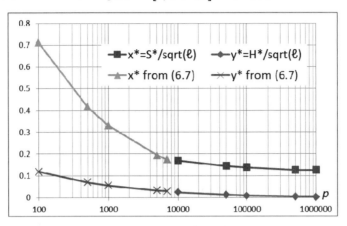

图 6.7　网格系统的最佳设计：缩放后的线路间距 x^*（km$^{1/2}$）、缩放后的车头时距 y^*（h/km$^{1/2}$）与缩放后的需求 p（人·km$^{1/2}$/h^2）的关系

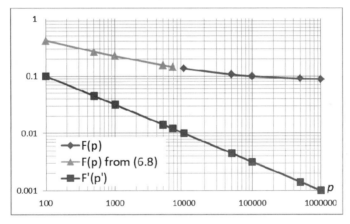

图 6.8　最优成本 F（h/h·km$^{1/2}$）与缩放后的需求 p（人·km$^{1/2}$/h^2）的关系

与图 6.7 一样，图 6.8 可用于估算网格公交系统的最优成本，且无须进行任何数值计算。定性来说，可以看到最优成本曲线是下降的，存在规模经济效应，然而曲线最终变平。为了进行比较，图 6.8 下部还绘制了一条与廊道系统对应的曲线。从逻辑上讲，廊道系统的曲线低于网格系统的曲线是合理的，因为在廊道系统中，乘客集中在廊道上，所以无须考虑与廊道垂直方向上的出行。注意，廊道系统的曲线比 F_z 曲线下降更快、更稳定。这表明廊道系统比网格系统的规模经济效应更强。此外，廊道系统的曲线是通过将式（5.25）按类似式（6.13）的形式进行重写，并绘制对应于 F_z 的项的曲线而获得的。形式是：

$$\frac{z_L^*}{\beta} = \left(\frac{2c_d}{\lambda\beta}\right)^{\frac{1}{2}} + 0.058\sqrt{\ell} + \frac{\ell}{36} = \sqrt{\ell}\left[F'(p') + 0.058 + \frac{\sqrt{\ell}}{36}\right] \quad (6.14)$$

其中：$p' \equiv \frac{1}{2}\lambda\beta\ell/c_d$，$F'(p') \equiv (p')^{-\frac{1}{2}}$。

6.2.3 一般化分析

6.2.2 节的结果可以一般化到这样的场景：人们具有不同的出行目的，且知道时间表的更多信息。只要适当改变广义成本函数中的某些系数就可以实现这种分析。在某些情况下，这些问题可用解析法求解，而在其他情况下，则要通过数值方法求解。这些工作非常简单，留作读者的练习（参见练习题 6.4）。

如果将基础设施成本包含在内，结果会变成什么样呢？这同样是个值得关注的问题。特别是在为轨道系统设计线路网格时，基础设施成本的影响尤为重要。同样，通过在目标函数中添加适当的项即可实现这些变化。尽管这样做使函数变得复杂，但并没有改变这样的事实：问题只有三个决策变量，且具有良好的数学规划结构。在这种情况下，可以轻松得到任何应用问题的最优解（参见练习题 6.5）。

如果出行时间设计标准也包含其中，本节的模型可以进一步一般化。像第 5 章那样，如果对不同长度的行程有不同的时间设计标准，无论对平均情况下的乘客还是运气最差的乘客，都可以始终将问题等效转化为单标准问题，再使用截断拉格朗日公式表示该问题。上面的结果也适用于多标准问题。本小节的其余部分证明把多标准问题转化为单一标准问题始终是可能的。即使读者跳过这部分内容，也不会影响对整体内容的理解。

基于标准的设计方法：在此证明，如果为不同长度的行程引入不同的出行时间标准，则具有三个决策变量 (s, S, H) 的一般问题仍可以转化为对应某出行长度的单标准广义成本优化问题。因此，到目前为止得出的是完全一般性的结果。现在，为平均情况下的乘客建立多标准模型①，同时在目标函数中忽略停站成本，而使用实际运营成本的下界。该多标准数学规划问题为：

$$\min \$ = \frac{4c_d}{SH} \tag{6.15a}$$

$$\text{s.t.} \left(\frac{kH}{2} + \frac{S}{2v_w}\right) + T(\ell\,|\,s) \leqslant T_0(\ell), \forall \ell \tag{6.15b}$$

其中，$T(\ell\,|\,s) = \Delta + \frac{s}{2v_w} + \ell\left(\frac{1}{v_{\max}} + \frac{t_s}{s}\right)$。相比于式（5.29），式（6.15）的主要复杂之处在于多了一个变量 S。接下来，证明它与单标准问题的等效性。

定理 6.1 存在广义成本优化问题，该问题只对单个代表性的行程长度定义出行时间标准，且其产生与式（6.15）相同的最优决策变量。

证明：由于式（5.29）中已经证明了定理中的结论，因此只需证明式（6.15）可以简化为与式（5.29）相同的形式。首先，式（5.29a）是随着 H 单调递减的，因此，如果把式（5.29）的目标函数改为最大化 H，它的最优解不变。已证明的问题可以改写为：

---

① 对运气最差的乘客的分析与此类似，仅需要在分析中改变一些系数。

$$\max\{H: H + T(\ell|s) \leq T_0(\ell), \forall \ell; H \geq 0\} \quad (6.16)$$

为了证明问题式（6.15）可简化为式（6.16），需要定义一个新变量 Ω，满足 $\Omega^2 \equiv (k/v_w)SH$，并将式（6.15）中的 H 替换为 $(v_w/k)\Omega^2/S$。注意，替换后的新目标函数随变量 Ω 单调递减。因此，正如为得出式（6.16）所做的那样，可以把目标函数替换为最大化 Ω。于是，问题式（6.15）变为：

$$\max\left\{\Omega: \left(\frac{v_w\Omega^2}{2S} + \frac{S}{2v_w}\right) + T(\ell|s) \leq T_0(\ell), \forall \ell; \Omega \geq 0\right\} \quad (6.17)$$

其中，$H=(v_w/k)\Omega^2/S$。注意，变量 S 仅出现在式（6.17）的不等式约束中，于是可以自由选择 S。某个 Ω 值可行，当且仅当 Ω 值给定时，能使圆括号内的项最小化的 S 值也能使不等式约束成立。因此，可以将圆括号内的项替换为其最小值，并从公式中消除 S。由于这一项是 EOQ 表达式，当 $S(\Omega) = v_w\Omega$ 时，达到最小值，因此式（6.17）可简化为：

$$\max\{\Omega: \Omega + T(\ell|s) \leq T_0(\ell), \forall \ell; \Omega \geq 0\} \quad (6.18)$$

其中，$S^* = v_w\Omega^*$，并且 $H^* = v_w(\Omega^*)^2/(kS^*) = \Omega^*/k$。注意，式（6.18）与式（6.16）是同一个问题，证毕。

6.3 容量限制：网格系统

上一节得到的最优设计基于两个假设：道路无限密集，且车辆可以搭载任意数量的乘客，乘客永远不会在站点滞留。然而，让公交车以合理速度行驶的道路并不是无限密集的，并且公交车的容量是有限的。这些现实问题会影响系统的运载容量并限制设计的可能性。因此，本节将对该问题进行详细探讨。

我们考虑两种类型的容量限制：① 道路网上运行公交车的容量；② 公交车的载客容量。为了体现①的影响，可以给空白板模型添加两个约束：给线路间距设置一个下限 S_{min}，并给车头时距设置一个下限 H_{min}。即，要求：

$$H \geq H_{min}, \quad S \geq S_{min} \quad (6.19)$$

S_{min} 的值视情况而定，在美国，某些城市的值可能约为 0.5 km，但在其他城市的值可能不同。H_{min} 的值主要取决于公交站点处理公交车的能力。这个能力受到公交停站时间和其他运营因素（例如，保持安全和规律的车间距）的影响。通常，H_{min} 取决于运营机构，在良好的运营情况下此值大约为 5 min。

处理①时，建议先确定 H_{min} 和 S_{min} 的值，然后将式（6.19）作为新约束加到设计问题里。最容易的方法是用 6.2 节的公式得出结果 S^* 和 H^*，再检查它们是否满足式（6.19）。如果结果违反了其中一个约束条件（这是常出现的[①]），则将相应变量的值固定为已确定的下限值，然后，重新求解最优设计问题[②]。此时优化问题减少了一个决策变量，求解这个问

[①] 当式（6.7）中的参数取典型的数值，且设计变量下限取前面提到的值时，如果 λ/c_d 不超过 $O(10^1)$ 这个数量级（以 {\$,km,h} 为量纲单位），这个约束一般是满足的。

[②] 此过程是可行的，因为该目标函数（一个多项式）取对数后的轮廓是凸的。

题相对比较容易,就不在此讨论了①。

对②的处理较为复杂。在第 5 章廊道系统中,寻找"关键负载点"上的期望乘客流量与公交车提供的座位流量之间的平衡。不过对于网格系统很难定义关键负载点,因为乘客的路径不是固定的。本节的其余部分将针对此约束展开研究。与式(6.19)一样,要把新约束添加到空白板优化问题中。与上文一样,也可以先得出不考虑新约束的最优解,再检查是否违反新约束。对于美国典型的低需求公交系统而言,这个新约束一般起不到约束作用,因此到目前为止得出的解一般是可行的。当违反约束时,应将该约束视为纯等式并重新优化问题。新问题可以轻易地用数值方法求解,因为新加入的约束具有很好的结构形式。

本节的剩余部分分为两个部分:首先推导得出约束,再用它揭示城市规模与交通系统过度拥挤之间的基本关系。

6.3.1 载客容量约束

本节的推导适用于公交车和轨道系统。假设公交车辆的运载容量为 C 位乘客(无论是站还是坐)。即使某些乘客站着,也要把站着的人数当作虚拟座位数。对于公交车系统,C 取决于公交车辆的类型;对于轨道系统,C 取决于列车的长度和宽度。

注意,列车不可能无限长,不能超过上车月台的长度。即使对于轨道系统,也存在有限的 C。由于 C 对系统性能具有重要影响,在规划轨道系统时,必须仔细考虑车站的长度。当公交车系统的 C 不够用时,可以考虑将多辆公交车连接成列车状的队列。这样做增加了每条"列车"的运营成本,但提高了公交系统的车辆生产率。与轨道交通系统一样,队列的长度同样受到公交车站"站台"长度的限制。

本小节用与 6.2 节相似的理想化正方形城市估算 C 的影响。如 6.2 节所述,行程起点在空间中均匀分布。但是如图 6.9 所示,假定终点被限制在城市中心内的正方形区域。该正方形区域的边平行于城市道路,长度为 $\gamma\phi$,其中 $\gamma \leq 1$。

现在要问:在边长为 ϕ,中心区域边长比例为 γ 的城市中,参数为 (s, S, H, C) 的公交系统能否为密度为 λ 的稳定需求提供服务呢?答案取决于与容量约束有关的不等式,而这个不等式也能说明如何防止过度拥挤。

系统的关键负载点的位置取决于人们选择路径的方式。继续假设人们选择使其步行距离尽可能短的路径。在这样的条件下,中心区域线路段比周边区域的线路段使用得更多,并且关键线路段将位于区域的中心。这可能不完全符合实际,因为有些乘客可能故意多走一些路以避免在中心方形区域内经过或换乘。不过即使乘客采用这种极端方式执行避开中心的策略,结果变化也很小(参见附录 6.A)。因此,本假设对于定性分析来说是合理的。实际上,我们应该更悲观,考虑到需求的随机波动,应该给估计的关键流量再加一个小增量。

公式推导:回想一下,公交网格具有平行于服务区域两个边的水平和垂直线路。可以预判中央位置的方形区域的中心一定是关键负载点。更准确地说,指向(或背离)中心的

---

① 如果两个约束都能起到约束作用,则需要解三个新问题:① 把车头时距的值固定为下限值;② 把线路间距的值固定为下限值;③ 把两个变量的值都固定为下限值。在这三个问题中寻找最好的可行解。

四个线路段将承载最大客流量[①]。接下来估算最靠近中央的水平向右线路段上的客流量。使用这个线路段的乘客：① 首先沿竖直方向乘车；② 起点在大正方形区域的左侧；③ 终点位于一个如图 6.9（a）中阴影标记的窄矩形区域内。（此矩形是中央正方形区域的右侧与穿过中心点的水平公交线路的服务收集区的交集，即沿着该公交线路的宽度为 S 的条带）。因为存在对称性，还有使用这个线路段的第二组乘客，他们：（a）首先沿水平方向乘车；（b）终点在中央正方形区域的右侧；（c）起点在大正方形区域的左侧穿过中心点的水平线路的服务收集区内，如图 6.9（b）所示。

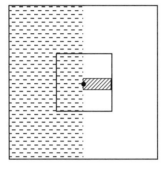
（a）首先沿水平方向乘车

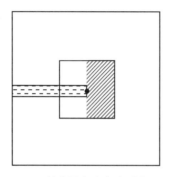
（b）首先沿竖直方向乘车

乘客起点区域　　　乘客终点区域

图 6.9 使用中央水平线路段的乘客起点和终点收集区

第一组乘客贡献的需求流量为 $[\lambda/2][\phi^2/2][½\min\{1, S/(\gamma\phi)\}]$：第一个括号内的项表示满足①的乘客需求密度；第二个括号内的项表示起点区域②的面积；第三个括号内的项表示终点区域③占中央区域的比例。因为 S 有可能大于中央区域的边长，所以 min 操作是必要的。第二组乘客贡献的需求流量是 $[\lambda/2][S\phi/2][1/2] = \lambda S\phi/8$。因此，关键线路段上的总需求是：

关键线路段上的需求流量 $= [\lambda\phi/(8\gamma)][\min\{S(1+\gamma), \gamma(\phi+S)\}]$　[乘客/h]　（6.20）

关键线路段可容纳的"座位"流量为：

$$\text{关键线路段可容纳的流量} = C/H \quad (6.21)$$

通过比较式（6.20）和式（6.21），可得到容量约束。

$$\left(\frac{\lambda\phi}{8\gamma}\right) H \min\{S(1+\gamma), \gamma(\phi+S)\} \leqslant C，\text{其中} \gamma \in [0, 1] \quad (6.22)$$

注意，不等式左边是关键负载点上公交车的载客量，用 O 表示。假设 $S \leqslant \phi$，式（6.22）可以重写为：

$$O \equiv \frac{\lambda\phi HS(1+\gamma)}{8\gamma} \leqslant C，\text{如果} \gamma\phi \geqslant S \quad (6.23\text{a})$$

$$O \equiv \frac{\lambda\phi(\phi+S)H}{8} \leqslant C，\text{如果} \gamma\phi \leqslant S \quad (6.23\text{b})$$

[①] 读者可以通过重复推导接下来的步骤以验证这句陈述是正确的。你们将会发现，中央区域的其他水平线路段和竖直线路段也将承载最大流量。其他线路段的流量相对较低。

注意，式（6.23a）是关于分散式需求的情况，因为在这种情况下 $\gamma=1$，且 $\gamma\phi \geq S$；同样，式（6.23b）相关于集中式需求的情况，因为此时 $\gamma \to 0$，且 $\gamma\phi < S$。最后要注意，这些约束均不涉及设计变量 s。

6.3.2 三种容量约束的结合：对城市规模的影响

将上述结果与式（6.19）结合，可得出能够以不拥堵的公交系统服务的城市规模绝对上界。得出的公式对交通与城市规划的交叉有着重要的参考意义。

假设中央区域足够大，可以包含多个公交线路段，因而式（6.23a）满足。由于式（6.23a）表明 $\frac{\lambda\phi(1+\gamma)}{8\gamma} \leq \frac{C}{HS}$，而式（6.19）表明 $HS \geq H_{\min}S_{\min}$，将这两个不等式结合，可得出：

$$\phi \leq \frac{8\gamma C}{\lambda(1+\gamma)H_{\min}S_{\min}} \tag{6.24}$$

注意，对于给定的公交技术和需求模式，式（6.24）的右边对城市规模 ϕ 施加了一个硬约束。

代入一些实际数值将会很有趣。以波士顿、马德里、北京等密度较高的城市为例，其人口密度约为 5×10^3 人/平方千米，早高峰期间大约产生出行数量 $\lambda \approx 1000$（人/h·km²）。接下来估算使用公交系统满足这些需求的可行性。假设每条主要道路上都提供高频次的公交车服务，因此：$C \approx 100$ 人，$H_{\min} \approx 0.1$ h，$S_{\min} \approx 0.25$ km（典型城市的街区）。得出式（6.24）的右边为：$3.2\times10^4\gamma/[(1+\gamma)\lambda]$（人/h·km）。由于 $\lambda = 1000$（人/h·km²），这意味着 $\phi \leq 32\gamma/(1+\gamma) \leq 16$ km。这表明边长 16 km 以上的人口稠密的城市无法仅靠公交车服务支撑其出行需求。如果需求集中在中央区域（即 $\gamma<<1$），此临界尺寸会更小。

假设该城市由 $S_{\min} \approx 1$ km 的地铁网格提供服务，较长的地铁列车的容量 $C \approx 1500$ 人，服务频次是比较高的：$H_{\min} \approx 0.1$ h。城市尺寸的限制就变成了 $\phi \leq 120\gamma/(1+\gamma)$ km，这表明地铁可以为更大的城市提供服务。注意，如果出行需求集中，临界尺寸会大大减小。例如，如果 $\gamma = 0.2$，则临界尺寸仅为 20 km。

读者可能想知道私家车模式的情况。为了研究这种模式，假设汽车只能运载一人，再假设城市中每隔 0.25 km 就有一条双向道路，每向三车道（都用于通行，没有停车道），在此基础上比较乘客需求与运载容量。如果把道路视为公交线路，用 0.25 km 作为 S 的值，则关键线路段的需求表达式（6.20）仍然成立。使用同样的参数，得到乘客需求流量为：$\lambda\phi S(1+\gamma)/(8\gamma)=(1000\phi)(1+\gamma)/(32\gamma)$。只有当这个流量不超过主干道的一个方向的载客容量时，这个需求才能得到满足。一条有信号控制的三车道道路，在考虑转弯和停车的影响，并在信号灯处给每个方向 40%的绿灯时间的条件下，私家车的运载能力约为 $Q_{\max} \approx 2000$（车/h）。假设私家车的载客量 $C \approx 1$（人/车），约束变成：$\phi \leq 64\gamma/(1+\gamma)$ km。这比公交车系统要好，但不如地铁。

最后，如果结合使用这三种模式，城市规模的限制变为：$\phi \leq (32+120+64)\gamma/(1+\gamma)$ km = $216\gamma/(1+\gamma)$ km。尽管这比之前的数大很多，但也看到当需求很集中时，如果 $\gamma = 0.2$，即使将所有交通方式组合起来也不能满足超大规模城市的高峰出行需求。

在更深入的哲学层面上，我们可能会问为什么会出现城市规模的上限呢？简单地说，对于一定的人口密度，城市可以部署的公共交通资源（如总线路长度）与城市面积成正比，即随城市直径平方的增加而增加。相比之下，交通需求（以城市人口在一天中预期出行的总千米数量化）与城市直径的三次方成正比。因为它是人口（正比于城市面积）与平均的行程长度（正比于城市直径）的乘积。因此，城市的直径必然有上限。这一结论表明要限制特大城市的规模，并尽量避免行程终点集中分布。

6.4 其他网络结构

尽管网格系统非常普遍，并且对于出行终点分散或集中的场景都可以提供很好的服务，但在某些情况下，其他网络结构可以表现得更好。轴辐系统特别适合需求高度集中的场景，因为中心枢纽可以位于终点集中的位置，几乎无须换乘。此类网络结构通常用于通勤公交车和轨道系统。如 6.1 节所述，当基础设施成本高，需求低，且服务区域小时，轴辐系统也可以很好地服务分散的需求。

本节说明如何设计非网格系统，并比较非网格系统与网格系统的性能。跳过本节，读者并不会失去阅读的连续性。6.4.1 小节概括了纯轴辐系统，6.4.2 小节则将网格和轴辐系统中的优点结合起来。

6.4.1 轴辐网络

如 6.2 节和 6.3 节所述，假设城市的道路是网格状的。中心枢纽（轴）最多可以发出四条直辐。在最简单的配置中，每条线路都从中心枢纽开始，沿着辐条发散，成为服务于局部车站的分支（见图 6.10）。注意，辐条并不一定包含站点，因为分支上的站点可以覆盖整个区域。这种简单的布局有时也称为主干和分支。本节重点介绍"主干—分支"的概念，因为它很简单，能以最少的公式推导说明方法论和实际问题。为进一步简化问题，假设系统只有两条主干线，而不是四条干线。

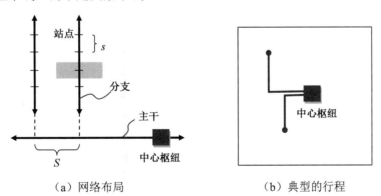

(a) 网络布局　　　　　　　(b) 典型的行程

图 6.10　轴辐网络示意图

但是，"主干—分支"不是轴辐系统的唯一可能的形式。例如，可以把每个分支划分为多个子部分，这些子部分由单独的公交车线路服务，这些公交车线路仅在其分支子部分内的站点停靠，这个想法类似 Clarens 和 Hurdle（1975）研究的通勤公交车系统。公交车也可以在主干线上停靠，以方便乘客在到达中心枢纽之前进行换乘。Newell（1979）中探讨这一思路。还可以完全放弃直主干线，允许线路在服务区域中的任何位置再次生产分支。6.4.2 节中将探讨这个概念。为了简洁起见，这些思路仅在作业练习题 6.7 中讨论。

接下来的三个小节将展开讨论。6.4.1 节推导了广义成本函数和承载容量的公式，使用这些公式比较了轴辐系统和网格系统，得出了最优设计。在此，方法与结果是同等重要的。

1. 公式推导

本小节仅研究在水平方向上有主干线的轴辐系统，如图 6.10 所示，并继续关注平均情况下的乘客。和之前一样，假设服务区域是边长为 ϕ 的正方形，并且线路之间的服务是不同步的，但有相同的车头时距。同样，假定乘客在终点没有预约，不知道发车时刻表，并步行到达或离开其起终点最近的公交站点。与网格系统不同，它们现在必须在中心枢纽换乘。当然，除非它们的起始站点和终止站点碰巧在同一分支上，注意，$\phi \gg S$ 时发生这种情况的可能性很小。

首先，推导运营成本和乘客出行时间。乘客出行时间由以下部分组成：通达（步行）时间、等待时间和乘车时间。同样，为了使公式简短，在此主要研究可以忽略基础设施成本的公交车系统。事实证明这个问题并不太复杂，因为主干—分支系统具有与网格系统相同的决策变量：站点间距 s、线路间距 S 和车头时距 H。

然后，考虑运营成本。基于单次行程进行估算，可以分为两部分：覆盖分支的局部成本和覆盖主干连接线路段的长途运输成本。对于分支部分，只考虑在单个车头时距内的单个镶嵌图块，这样的三维时空单元会生成 λsSH 个乘客。在每个单元中，公交车停靠两次（每个方向各一次），行驶的距离完全覆盖图块内的线路，为 $2s$。因此分析单元中的公交车成本为 $2(c_s+c_d s)$。把这个值除以单元中产生的乘客人数，可得出单次出行的平均局部成本为 $2(c_s+c_d s)/\lambda sSH$。

长途运输成本的分析单元是车头时距与整个服务区域面积的乘积。假设枢纽位于区域中心（不过即使枢纽位于其他位置，也可以推导出相应的公式，参见练习题 6.8）。为此，用 χ 表示主干连接线路段[①]的平均长度。应该容易看到的是，如果 $S \ll \phi$，则 $\chi \approx \phi/4$[②]，因为最短的连接段长度约 $S/2$，最长的连接段长度约 $(\phi-S)/2$。现在，由于主干上的连接段个数为 $4\phi/S$（同时考虑向上和向下的方向以及进出枢纽的两个方向），可以得出连接段线路总长度为 $4\chi\phi/S=\phi^2/S$。这是所有公交车在一个车头时距的时间内在干线上行驶的距离。因此，单个车头时距内长途运输成本为 $c_d\phi^2/S$。由于整个服务区域在单个车头时距的时间内产生 $\lambda\phi^2 H$ 个乘客，可得到单次行程对应的长途成本为 $c_d/(\lambda HS)$。

最后，还必须考虑公交车在枢纽停站产生的成本。假设公交车在穿越枢纽时产生的成

[①] 编译者注：下称连接段。
[②] 准确地说，ϕ/S 为偶数时，公式为 $\chi \approx \phi/4$；ϕ/S 为奇数时，公式为 $\chi \approx \phi[1-(\phi/S)^{-2}]/4$。可以通过画图并用记录连接段的长度（形成级数）的方法验证这一点。

本为两倍的 c_s，分别对应进入和离开枢纽时的停站，在单个车头时距的时间内由于在枢纽处停站而产生的成本是 c_s 与停站次数的乘积，而停站次数与连接段个数相同，即为 $4\phi/S$。因此，公交车在枢纽停站产生的成本为 $4c_s\phi/S$，分摊到单次出行上，则为 $4c_s/(\lambda\phi SH)$。

把前面三个段落结尾处推导出的运营成本的组成部分相加，得单次出行的平均总运营成本。合并同类项后，即可得到：

$$\$ = \frac{2}{\lambda SH}\left(1.5c_d + \frac{c_s}{s} + \frac{2c_s}{\phi}\right) \approx \frac{1}{\lambda SH}\left(3c_d + \frac{2c_s}{s}\right) \quad \text{（单次出行的成本）} \quad (6.25)$$

公式中间部分的最后一项 $2c_s/\phi$ 被忽略了，因为它与上一项相比很小（因为 $\phi \gg s$）。注意，式（6.25）与网格系统的式（6.2b）非常相似，不同之处在于式（6.25）中两项的系数为"3"和"2"，显著小于式（6.2b）的相应系数（两项的系数均为"4"）。发生这种变化是因为公交服务从双重覆盖降为单一覆盖，相应运营服务长度的减少超过了主干连接段的运营长度额外增加。

为完成成本统计，我们将注意力转向平均情况下的乘客。假设线路服务在枢纽处是不同步的，并与网格系统的分析一样，也相应考虑三种场景，参见式（6.3）：① 终点与起点相隔很近，且终点是分散的（短途出行）；② 终点在整个区域内均匀分布（长途出行）；③ 终点在中心枢纽附近聚集（长途出行）。

注意，场景③中的乘客仅乘坐一路公交车（无须换乘）即可完成行程，而其他两个场景则不然。如果忽略起点和终点在同一线路上的可能性，则场景②和③需要每位乘客搭乘两条公交线路并只换乘一次。这个假设稍有些悲观，但可以使分析变得更简单。对于不同的场景，使用 n=1 或 2 表示乘客为完成行程所需要乘坐的公交车线路数。

注意，完整行程所需的平均等待和换乘时间为：对于场景①和②，$T_w = H+\Delta$；对于场景③，$T_w = H/2$。使用指标变量 n，可以把这两个表达式组合为：

$$T_w = -\Delta + n(H/2 + \Delta)$$

平均通达（步行）时间与场景无关。从图 6.10（a）中可以看出：$T_a = (S+s)/(2v_w)$。

乘车时间也取决于场景。注意乘客在每个公交线路上的平均乘车距离（包括局部线路和连接段部分）为 $\phi/2$，且平均而言，乘客只在一半的距离内因公交停站而产生延误。因此，在一条线路上平均的乘车总时间为：$\phi/(2v_{max}) + \phi t_s/(4s)$。因为乘车线路的数目为 n，有：$T_r = n[\phi/(2v_{max}) + \phi t_s/(4s)]$[①]。

将这些表达式组合起来，可将三种场景的门到门出行时间写为：

$$T = \frac{S+s}{2v_w} - \Delta + n\left(\frac{H}{2} + \Delta + \frac{\phi}{2v_{max}} + \frac{\phi t_s}{4s}\right) \quad (6.26)$$

为了找到最优设计，在保证服务标准 $T \leq T_0$ 的前提下最小化式（6.25）。或等效地，找个一个合适的 β 值，最小化单次行程的广义总成本 $z = \$+\beta T$。如果忽略公交车停站（不仅在枢纽，而且在各处分支局部）的相对较小的成本，则可以消除式（6.25）中有含有 c_s 的项，广义成本表达式变为：

---

① 编译者注：对于场景①和②，乘客会乘坐两路公交换乘一次，场景③只乘坐一路公交。

$$z(S,H,s) \approx \frac{3c_d}{\lambda SH} + \beta \left[\frac{S+s}{2v_w} - \Delta + n\left(\frac{H}{2} + \Delta + \frac{\phi}{2v_{max}} + \frac{\phi t_s}{4s}\right) \right] \quad （费用/出行） \quad (6.27)$$

还可以推导出运载容量的表达式。主干线路上一辆公交车的乘客人数是需求率 λ、其收集区域面积 $S\phi/2$ 和车头时距 H 的乘积。因此，最大乘车人数为 $\lambda HS\phi/2$，而运载容量的约束为：

$$\lambda HS\phi/2 \leqslant C \quad (6.28)$$

同样重要的是，沿一个方向进入枢纽的公交车流量和乘客流量也不能太大，否则会出现问题。单向的公交车流量是从一侧进入枢纽的入站线路数 ϕ/S 与车头时距 H 的比值。

$$枢纽的单向公交车流量 = \phi/(SH) \quad (6.29)$$

单向的乘客流量是式（6.28）左边与式（6.29）的乘积。

$$枢纽的单向乘客流量 = \lambda \phi^2/2 \quad (6.30)$$

这是单位时间内城市生成的出行总量的一半，因为恰好各有一半的乘客分别从两个方向进入枢纽。

2. 与网格系统性能的比较

6.1 节表明，对于需求较低的小规模城市，或运营成本较高的城市，轴辐系统应优于网格系统。在此，将式（6.27）~式（6.30）与网格的表达式进行比较，以便更精准地确定每个系统最适合的应用领域。首先，关注运载容量和可行性问题，其次是成本比较。

可行性和运载容量：为了检验公交车的容量，将式（6.28）与网格系统相对应的公式进行比较，即 $\gamma = 1$ 时的式（6.23a）。注意由于单一覆盖，式（6.28）的左边恰好是式（6.23a）的两倍。因此，轴辐系统需要容量更大的公交车。

网格系统的线路段上的总公交车流量为 $1/H$，并且导轨（或道路）上通常不会出现容量问题。但是对于轴辐系统，沿干线的导轨（或道路）的通行能力非常重要。这是因为不同线路的公交车流量会在干线上叠加，在中心枢纽处达到最大值。如式（6.29）所示，此最大值是网格系统的 ϕ/S 倍。如果城市足够大，则所产生的公交车流量接近导轨（或道路）的通行能力 Q_G [车/h]，约束 $\phi/(SH) \leqslant Q_G$ 应该被加到设计优化问题中。写为：

$$SH \geqslant \phi/Q_G \equiv (SH)_{min} \quad (6.31)$$

从式（6.31）可得知，与网格系统不同，轴辐系统无法为大城市提供全面的出行解决方案。轴辐系统可能需要发挥更特别的作用。接下来通过成本组成的对比理解这一点。

成本的考虑：为了更好地说明问题，在对比两个系统的成本组成时，假设两个系统提供相同的空间服务覆盖，也就是说两个系统的 (s, S) 值相同[①]。对于网格系统，要进行比较的成本表达式为式（6.5），其中 $k=2$；对于轴辐系统，要进行比较的成本表达式为式（6.27）。为了方便读者，此处再次写下 $k=2$ 的表达式（6.5）：

$$z(S,H,s) = \frac{4c_d}{\lambda SH} + \beta \left(\frac{S+s}{2v_w} + \Delta + H + \frac{\ell}{v_{max}} + \frac{\ell t_s}{s} \right) \quad （网格系统的成本/出行）$$

[①] 该假设合理并简化了推导过程。更烦琐的计算表明，即使允许每个系统采用不同的（最佳）(s, S) 值，定性结论也几乎不会改变。

首先，考虑终点集中的场景（$n=1$ 及 $\ell=\phi/2$）。对于这种场景，式（6.27）的所有系数等于或小于式（6.5）的相应系数。因此，式（6.27）在各方面都优于式（6.5）：如果系统的主要目的是服务集中的需求，轴辐系统就是最优方案。这个结论很直观，因为轴辐式的配置不仅可以降低运营机构的成本，而且为终点集中的需求提供不绕路、无换乘、少停站的路径。

终点分散的情形更加复杂。在这种情况下，轴辐系统的运营机构成本依旧比网格系统的相应成本要低 $\frac{c_d}{\lambda SH}$。但由于 $n=2$，轴辐系统中乘客付出的成本更高。轴辐系统乘客成本比网格系统的相应成本高 $\beta[(\phi-\ell)/v_{max} + (½\phi-\ell)t_s/s]$。如果行程距离很短（$\ell \ll \phi$），那么高出的乘客成本与 $\beta\phi/v_{max}$ 相当（因为通常 $t_s/(2s)$ 比 $1/v_{max}$ 小），而且如果系统的运营成本和乘客成本差异的比值超过 1，即 $\frac{c_d v_{max}}{\lambda \beta SH\phi}>1$，轴辐系统则是更优的方案。如果行程很长且分散在整个城市，则 $\ell=2\phi/3$，轴辐系统的乘客成本比网格系统的相应成本高 $(\beta\phi/3)(1/v_{max} - t_s/(2s))$。注意，$t_s/(2s)$ 比 $1/v_{max}$ 小得多，轴辐系统高出的乘客成本约为 $\beta\phi/(3v_{max})>0$。所以，要使轴辐系统的总成本更低，条件只需放宽到 $\frac{c_d v_{max}}{\lambda \beta SH\phi} > 1/3$。对于公交车系统，这些不等式左边的数值通常比 1 小很多。对于公交车系统来说，在需求分散的场景下，网格系统通常比主干—分支系统更优。

尽管推导不包括基础设施成本，但可以通过将 c_d 增大三个数量级以大致估计轨道系统可能会发生的情况。在这种情况下，如 6.1 节所述，轴辐系统更优，特别是在服务区域较小，且出行需求或时间价值较低的情况下。然而，如果乘客的行程距离相较于城市直径来说很短的话，则这些不等式右边的值要提高到三倍左右。

3. 最优设计的表达式及相关讨论

为获得最优设计，应在满足三个可行性约束的条件下最小化式（6.27），这三个约束为式（6.19）中规定的线路间距下限、车头时距下限及式（6.28）中的主干线运载力限制。同时不再需要考虑约束 $s \leq S$。该问题仍是只有三个决策变量的几何规划，可以轻松地用数值方法求解。

注意，式（6.27）的函数形式与式（6.5）相同，只是一些系数的值不同。式（6.6）和式（6.7）则给出了式（6.5）的无约束最小值。只要相应地调整式（6.6）和式（6.7）的系数，这两个公式依旧可以使用。经过分析，主干—分支系统的最优设计为：

$$s^* = \sqrt{\frac{1}{2}n\phi t_s v_w}, \quad H^* = \left(\frac{6c_d}{n^2\lambda\beta v_w}\right)^{\frac{1}{3}}, \quad S^* = \left(\frac{6nc_d v_w^2}{\lambda\beta}\right)^{\frac{1}{3}} \quad (6.32a)$$

$$z^* = 3\left(\frac{3nc_d\beta^2}{4\lambda v_w}\right)^{\frac{1}{3}} + \beta\left((n-1)\Delta + \frac{n\phi}{2v_{max}} + \sqrt{\frac{n\phi t_s}{2v_w}}\right) \quad (6.32b)$$

与网格系统的情况一样，如果约束条件在最优解起到了约束作用，可以令该约束变量为极限值，然后在少一个决策变量的情况下求解无约束问题。如果有较多的约束起到了约束作用，则最好用数值方法求解该约束优化问题。

式（6.32）仅是一个示例，用于展示如何推导公式。解决实际问题时要对公式进行调整，但分析方法是相同的。例如，可以用矩形或另一种不规则的图形（不是正方形）近似表示实际的服务区域，或以矩形网格而不是正方形网格的形式进行线路的布局[①]，或限制乘客最长等待时间、步行时间和整体出行时间，或对出行时间的不同部分设置不同权重。但在所有情况下，都应先在场景下建模，推导出广义成本各组成部分的表达式：运营成本、步行时间、换乘时间、等待时间和乘车时间，写出具有实际意义的目标函数，设置适当的约束，从而写出规划问题的模型。

最后，轴辐系统规划问题的一个重要决策是决定枢纽的位置。中心枢纽应尽可能放置在服务区域中心。要确认这一点，可以对枢纽不在中心的场景重复分析，例如假设枢纽在距区域中心水平距离为 κ 的地方[②]。分析表明，当 $\kappa \ll \phi$ 时，最优成本随 κ 增加的幅度很小。对规划者而言，枢纽位置的选择具有较大的灵活性，从而让他们能选择有利的位置，例如行程起始点集中的区域附近或者有空余土地的地方。

6.4.2 混合网络

本节的设计理念能在需求分散的场景下改进网格系统和轴辐系统，并在需求集中的场景下缓解轴辐系统容量限制的问题。下面对 Daganzo（2010）提出的混合系统的概念进行一般性描述，并在较复杂的分散需求的情况下进行评估。

轴辐网络仅使用一条双向线路覆盖每个车站周围的镶嵌图块[③]。这样所有乘客只有唯一的路径选择，且不能选择换乘位置，这样做可能会导致乘客绕路。相反，网格网络使用正交的两条双向线路覆盖每个镶嵌图块。系统建设和运营成本更昂贵，但乘客可以在任何线路相交的站点换乘，避免绕路并提高服务水平。混合网络将这些思想结合起来，在区域中央部分使用双重覆盖，在区域外围使用单一覆盖。由于推导过程冗长，因此利用量纲分析的思想改进方法，并稍微依赖 Daganzo（2010）的推导。

与这个参考文献一样，假设设计目标是在城市所有地方提供最优和最统一的服务。为做到这一点，站点被放置在方格上并被公交线网覆盖。这种假设强制线路间距和站点间距相等。因此，决策变量的数量减少了一个，有助于简化推导。由于这种简化，对平均情况乘客的分析结果可能会稍微次优，但这仅在某些情况下才会出现。另一方面，本节中的结果考虑基础设施的成本，因此也适用于轨道系统。

图 6.11 用具有密集道路网的方形服务区域说明混合系统的概念。在中央方形阴影区域中，网格公交路线提供双重覆盖。在此系统中，所有线路都从城市的一侧延伸到另一侧，然后返回（"北-南-北"或"东-西-东"）。一些线路沿竖直方向穿过中央方形区域，然后在南北两端冒出分支。其余线路则沿水平方向穿过该区域，然后在东西两端冒出分叉。

[①] 一个有趣的可能性是将站点放置在与街道方向成45°角的方格上，站点在平行的线路上交错放置，因此，有 $s = 2S$。另一个可能性是考虑四条主干线。这些可能性在练习题6.9中讨论。

[②] 这只改变了两件事：主干连接段的平均长度是关于 κ 的递增函数 $\chi(\phi, \kappa)$，不再是 $\chi \approx \phi/4$；乘客在主干线上的平均乘车距离现在是另一个关于 κ 的递增函数 $\eta(\kappa)$，不再是 $\phi/2$。因为对于任何可行的参数组合，目标函数的值都会随 κ 的增加而增加，因此最优解 $\kappa^* = 0$。此外，函数 χ 和 η 在 $\kappa = 0$ 时具有最小值，因此它们的增长非常缓慢。

[③] 编译者注：即收集区。

水平线路和竖直线路在中央区域交叉，而不是在外围区域交叉。假设乘客选择最不绕路的路径出行，注意，大多数行程最多仅需要一次换乘，仅在相对罕见的情况下，即起点和终点在外围区域的同一象限或相对的象限中，才需要两次换乘。

混合系统概念的均质版本可以仅用几个参数描述。要在空间上实现均质的网络分布，则要在服务区域所有地方设置相同的站点间距和线路间距：$s = S \ll \phi$。如图6.11所示，这要求线路在外围区域产生分支。均质的时间覆盖只有在中央方形区域才有可能实现。为中央区域内所有线路（包括进入外围区域时）设置相同的车头时距 H。但是，公交车对分叉之后的线路部分只能进行交替服务，因此在经过每个分支点后，其车头时距会加倍。在外围区域，靠近外边界的地点其车头时距大于靠近中央区域地点的车头时距。

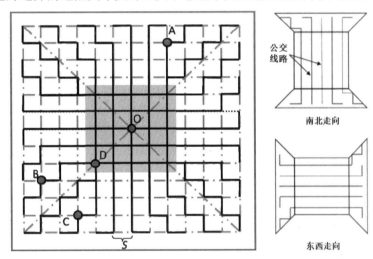

图6.11　正方形城市中的混合网络结构（改自 Daganzo，2010）

为完成对网络的描述，用 $\alpha\phi$ [km]表示中央正方形区域的边长，其中 $\alpha \in [0,1]$ 是设计变量。注意，$\alpha=1$ 时，该网络是网格系统，$\alpha=0$ 时此网络是轴辐系统。还要注意，后者与6.4.1节中的主干—分支概念略有不同。因为它没有线路重叠的主干线，并且不提供一致的车头时距。

混合系统之所以有吸引力，是因为使用0和1之间的值 α，可以无绕路地服务更高比例的起终点对。因此，混合系统提供准网格服务，成本却要低得多。Daganzo（2010）的定量结果表明，混合系统总是降低广义成本，最优的中央区域尺寸随需求增加而增加，随基础设施成本增加而下降。

本小节的其余部分探讨混合系统的设计。和上文一样，可以通过求解数学规划问题完成设计。本小节将推导规划的目标（广义成本）函数及其约束条件的公式。因为系统现在更加复杂，同时也展示另一种方法论，用量纲分析帮助推导这些公式。

本小节从广义成本函数开始。具体而言，是从乘客的时间成本开始推导，即，通达（步行）、乘车和等待时间。注意，通达（步行）时间仅取决于以站点为中心的镶嵌图块的尺寸，且 $s=S$，因此通达（步行）时间与之前相同。

$$T_a = \tfrac{1}{2}(s+S)/v_w = S/v_w \tag{6.33a}$$

这里需要考虑影响乘车时间的参数和变量。注意，平均乘车时间 T_r[h]是平均乘车距离 D_r[km]与运行速度 v_v 的比值。乘车距离仅取决于线路网络的几何形状，也就是参数 ϕ [km]和 α [无量纲]。（假设线路间距 S 远小于 ϕ，因此 S 不会影响乘车距离。）由于最多只能形成两个与乘车距离有关的独立的无量纲参数（如 α 和比值 D_r/ϕ），可得出 $\{\alpha, D_r/\phi\}$ 是一个最大的无量纲参数集合。由推论 2.1 和定理 2.1 得出平均乘车距离公式的形式一定为：$D_r/\phi = F_R(\alpha)$，其中 F_R 是待确定的函数。为简化符号，省略该函数的参数，得到 $D_r = \phi F_R$，平均乘车时间的表达式为：

$$T_r = (\phi/v_v)F_R \tag{6.33b}$$

考虑等待时间（包括换乘时间）。对于任何的区域形状参数（即固定的 ϕ 和 α），乘客在上车前的平均等待时间和平均换乘次数不应该取决于 λ，因为乘客间不会相互影响。并且由于 $S \ll \phi$，这些平均值也应该独立于 S。因此，平均等待时间 T_h [h]和平均换乘次数 E_T [无量纲]仅取决于 H（h）、ϕ（km）和 α（无量纲）。显然，参数 ϕ 不能是无量纲参数的一部分，因为它是唯一与距离量纲有关的变量。因此，无论对于平均等待时间还是平均换乘次数，最多能形成两个独立的无量纲参数。为 T_h 选择集合 $\{\alpha, T_h/H\}$，为 E_T 选择集合 $\{\alpha, E_T\}$，它们都是包含最多无量纲组合的最大集。由定理 2.1 和推论 2.1，也可得出 $T_h = HF_H(\alpha)$，以及 $E_T = F_T(\alpha)$。由于包括换乘时间在内的总等待时间为 $T_w = T_h + \Delta E_T$，可得出：

$$T_w = HF_H + \Delta F_T \tag{6.33c}$$

再次省略参数 α 后，得出门到门总出行时间为：

$$T = S/v_w + (\phi/v_v)F_R + HF_H + \Delta F_T \tag{6.34}$$

以 α 表示的 F_R、F_W 和 F_T 的表达式可以用利用几何概率模型得出。推导过程有点复杂乏味，但是 Daganzo（2010）得出了结果，它们是：

$$F_R = (12 - 7\alpha + 5\alpha^3 - 3\alpha^5 + \alpha^7)/12 \tag{6.35a}$$

$$F_H = (2+\alpha^3)/(3\alpha)+(1-\alpha^2)^2/4 \tag{6.35b}$$

$$F_T = 1 + \tfrac{1}{2}(1-\alpha^2)^2 \tag{6.35c}$$

此结果与前面网格系统的结果式（6.4）一致。当 $\alpha = 1$（网格），式（6.35）变成 $F_R = 2/3$ 和 $F_H = F_T = 1$，因此 $T = S/v_w + 2\phi/(3v_v) + H + \Delta$。由于运营速度的倒数 $1/v_v \equiv 1/v_{max} + t_s/s$，并且服务区域的平均门到门距离为 $\ell = 2\phi/3$，可以将 T 重写为：$T = S/v_w + \ell(1/v_{max}+t_s/s) + H + \Delta$。令 $k = 2$，且 $s = S$，这个表达式与式（6.4）完全一样。

接下来考虑运营成本。运营成本的表达式取决于单向导轨设施的总长度 L（km）；站点数量 N（无量纲）、换乘站点数量 X（无量纲）及单位时间内公交车行驶的总距离 V（km/h）。注意，V 会影响整个区域单位时间内公交车的运营成本 C_v（$/h）。基础设施长度和已知的单位长度"租金" c_g 确定了单位时间的导轨"租金"：$C_g = c_g L$（$/h）。站点数量、已知的普通站点租金 c_r 和换乘站点的较高租金 c_x 确定了单位时间内公交站点的总租金：$C_s = (c_r N + c_x X)$（$/h）。单位时间内公交车行驶的距离 V 和公交车行驶单位距离的运营成本 c_v（包括停站时产生的成本，因此 $c_v = c_d + c_t(1/v_v - 1/v_{max})$）共同确定了全部公交车的运营成本：$C_v = c_v V$（$/h）。因此，整个区域单位时间运营机构总成本为 $c_g L + c_r N + c_x X + c_v V$。由于整个服务区域单位时间内产生 $\lambda \phi^2$ 名乘客，因此单次行程的平均成本（以通用的时间为单位）为：

$$\$/\beta = (c_g L + c_r N + c_x X + c_v V)/(\lambda \phi^2 \beta) \quad \text{(h/行程)} \tag{6.36}$$

由于 N 是基本镶嵌图块的数量，X 是中央方形区域内换乘站点的数量，可得出：$N = \phi^2/(sS)$ 及 $X = \alpha^2\phi^2/S^2$。L 和 V 的表达式可以通过量纲分析获得。注意，L 的值与 s 和 H 无关，因此它是 ϕ、S 和 α 的函数。定理 2.1 和推论 2.1 再次表明 L 的表达式形式一定是 $L = \phi G_L(S/\phi, \alpha)$。利用比例缩放可以继续求解。从问题的几何形状中可以看出，如果固定任意的 α，而将 S 减半，则 L 加倍。让这种情况发生的唯一可能是二元函数 G_L 可分解为：$G_L = (\phi/S)F_L(\alpha)$，然后得出 $L = (\phi^2/S)F_L$。最后，考虑 V 由 ϕ、S、α、H 和 v_v 共同确定。在此，有六个变量和两个量纲，可以得到一个最大的无量纲组合集为 $\{V/v_v, S/\phi, Hv_v/\phi, \alpha\}$。因此，解的形式必须为 $\{V/v_v, S/\phi, Hv_v/\phi, \alpha\}$。再次利用比例缩放，如果保持所有变量固定，但将 S 和 H 其中的一个减半，则 V 加倍。能让这种情况发生的唯一可能是把三元函数 G_V 分解为：$G_V = (\phi/S)(\phi/(Hv_v))F_V(\alpha)$，然后可以得出 $V = [\phi^2/(SH)]F_V$。把所有表达式代入式（6.36），可得到：

$$\frac{\$}{\beta} = \frac{1}{\lambda\beta}\left(\frac{c_g}{S}F_L + \frac{c_r}{sS} + \frac{c_x}{S^2}\alpha^2 + \frac{c_v}{SH}F_V\right) \quad (\text{h/行程})$$

利用几何概率分布（参见练习题 6.11 或 Daganzo，2010），不难证明 $F_L = 2(1+\alpha^2)$ 及 $F_V = 2(3\alpha-\alpha^2)$。最终表达式是：

$$\frac{\$}{\beta} = \frac{1}{\lambda\beta}\left(\frac{2c_g}{S}(1+\alpha^2) + \frac{c_r}{sS} + \frac{c_x}{S^2}\alpha^2 + \frac{2c_v}{SH}(3\alpha-\alpha^2)\right) \quad (\text{h/行程}) \quad (6.37)$$

结果再次与前面正方形网格系统的公式相一致。注意，按照 6.2.1 节的假设令 $\alpha=1$、$c_g = c_r = c_x = 0$ 及 $c_v = c_d$，则式（6.37）将给出 $\$ = 4c_d/(\lambda SH)$，这与已经推导出来的式（6.5）的第一项相同。

加入式（6.34）和式（6.37）后可以得出广义成本目标函数。

$$\frac{z}{\beta} = \frac{1}{\lambda\beta}\left(\frac{2c_g}{S}(1+\alpha^2) + \frac{c_r}{sS} + \frac{c_x}{S^2}\alpha^2 + \frac{2c_v}{SH}(3\alpha-\alpha^2)\right) + \frac{S}{v_w} + \frac{\phi}{v_v}F_R + HF_H + \Delta F_T \quad (6.38)$$

该函数应补充考虑：线间距和车头时距的下限约束式（6.19），和类似式（6.23）的乘客运载容量约束。乘客运载容量约束应该用高峰时段的平均需求密度（表示为 Λ）而不是全天的平均需求 λ（后者较小）估算。对于铁路而言这尤其重要，因为这样有助于确定极其昂贵的车站和月台的长度。

假设关键负载点位于车头时距为 H 的中央方形区域内或附近，并以此计算乘客运载容量。鉴于此，可以简单地规定系统在中央区域内的每个截面可以提供的座位流量 C/SH [座位/时间距离] 必须超过最不利（关键）负载截面的乘客流量。为写出这个条件，引入变量 φ[乘客/时间·距离]描述关键截面上乘客流量。现在，考虑乘客的路径选择，φ 应该仅取决于高峰时段的需求 Λ 和服务区域的几何尺寸 $\{\phi, \alpha\}$。寻找的公式应该包含四个变量 $\{\varphi, \alpha, \Lambda, \phi\}$ 和三个量纲 $\{$乘客数量, 时间, 距离$\}$，因此，最多可以形成两个相互独立的无量纲参数。其中最大无量纲组合集合是 $\{\alpha, \Lambda\phi/\varphi\}$。这表明解的形式一定为 $\Lambda\phi/\varphi = F_C(\alpha)$，其中，$F_C$ 是待确定的函数。由于在考虑运载容量时要求 $\varphi \leq C/SH$，于是有 $(\Lambda\phi SH)/F_C(\alpha) \leq C$。注意，该不等式的左边是公交车在关键负载点的载客量 O。因此，可将乘客运载容量约束写为：

$$O \equiv \frac{\Lambda\phi SH}{F_C(\alpha)} \leq C \quad (6.39)$$

注意，这个结果与式（6.23a）相似。Daganzo（2010）推导了 FC 的近似表达式，并指出关键线路段始终在中央方形区域的边缘：该关键线路段要么位于外围区域但指向中央区域的边缘，要么就是完全位于中央区域的边缘上。除非 α 很小，大多数情况下后者会发生。这就解释了为什么经常大量使用市中心附近的环路。FC 的表达式为：

$$F_C(\alpha) = \max\left\{\frac{(1-\alpha^2)}{2\alpha}, \frac{(3+2\alpha^2-3\alpha^4)}{8\alpha} + \frac{\phi}{S}\frac{(1-\alpha^2)^2}{32}\right\} \quad (6.40)$$

注意，如果 $\alpha = \gamma = 1$，式（6.39）与式（6.40）和式（6.23a）是相同的。

至此，推导过程就完成了。尽管表达式看起来很复杂，但是以式（6.39）、式（6.40）和式（6.19）为约束，并以式（6.38）为目标函数的最小化问题仅涉及三个决策变量。此外，当 α 固定时，该问题是一个易于解决的几何规划问题。因此，对于任何城市或地区，系统设计的优化都可以轻松完成。

通过为一些典型城市类型和公交技术求解上述设计问题，我们可以更深刻地理解这些结果。表6.1 给出了 Daganzo（2010）研究的不同场景的一些结果，这些场景比较了公交车、BRT 和地铁的表现[①]。在这里没有使用约束式（6.19）。表6.2 中给出了该问题的输入参数。

表6.1 四个典型城市的混合网络设计和性能对比（来源 Daganzo，2010）

	技术	α	s/km	H/min	O/人	$\$/\beta$/min	T/min	Total/min
基准城市 （λ=20 000 人/h，ϕ=10 km）	公交	0.93	0.47	5.6	76	6.2	43.9	50.0
	BRT	0.79	0.54	4.4	113	8.9	38.5	47.4
	地铁	0.37	0.97	2.9	312	21.8	53.3	75.1
集约型城市 （λ=80 000 人/h，ϕ=10 km）	公交	0.97	0.40	3.1	120	3.3	40.4	43.7
	BRT	0.91	0.42	2.7	146	4.2	34.4	38.6
	地铁	0.69	0.66	3.0	490	11.1	41.9	53.0
稀疏型城市 （λ=20 000 人/h，ϕ=20 km）	公交	0.93	0.70	8.9	93	10.4	72.6	83.1
	BRT	0.75	0.86	6.2	150	17.5	62.5	80.0
	地铁	0.26	1.70	3.1	399	42.6	88.6	131.2
大型城市 （λ=80 000 人/h，ϕ=20 km）	公交	0.99	0.58	4.8	120	5.8	66.6	72.4
	BRT	0.93	0.64	4.1	150	8.6	54.7	63.4
	地铁	0.54	1.09	3.8	721	21.6	66.8	88.4

表6.2 输入参数（来源 Daganzo，2010）

模式	v_w/ (km/h)	β/ ($/h)	v_{max}/ (km/h)	t_s/ min	Δ/min	c_g/ ($/km·h)	c_v/ ($/km)	$c_r=c_x$/ ($/站)	C/人
公交	2	20	25	0.5	0.9	9	3.6	0.01	120
BRT	2	20	40	0.5	0.9	90	3	0.01	150
地铁	2	20	60	0.75	3	900	8	0.03	1000

---

① 这里的结果与 Daganzo（2010）中的结果略有不同，这是由于四舍五入造成了误差，并且该参考文献假设公交车和 BRT 停站时间会因每一名乘客增加 1 秒，而假设的停站时间是固定的。6.6.3 节将说明如何将该文献中的这种假设纳入分析。

注意，最优设计下公交车对应的四种城市类型的中央区域是很大的。这与之前在 6.4.1 节末对轴辐系统和主干——分支系统比较的结果是一致的。还要注意，对于给定的城市类型，随着公共交通技术变得更加昂贵，中央方形区域的面积会减小。这与之前的研究结果也是一致的。最后注意，表中结果显示公交车的表现全面优于地铁。这对于研究的场景而言是合理的。但对于需求更高及道路更狭窄的城市（此时约束式（6.19）将起到约束作用）来说，这种情况就不会发生。

6.5 实际系统的设计

到目前为止，本章已经讨论了如何以"全局"方式优化和评估不同的公交系统概念。给出了在不同情况下能表征这些系统设计参数的表达式，以及系统可以实现的最优广义成本的表达式。本节的目的是说明如何将这些理论和方法转化为实际系统的规划和设计。6.5.1 节说明了如何执行此操作；6.5.2 节介绍一个实际案例的设计与实现。这些想法也适用于公交走廊系统。

6.5.1 设计的步骤

设计步骤建议分为两个阶段：初步设计阶段 I：如前面各章节所示，从全局角度处理系统并规划草图；细调阶段 II：以草图为指导最终确定详细的规划方案。不论是从头开始设计公交系统，还是改进翻新已有系统都可以遵循此步骤。这些步骤进一步细分为以下小步骤（阶段 I 为 1~4，阶段 II 为 5~6）。

1. 确定场景的参数

包括需求和供给的信息：首先，要了解设计的场景，例如城市想要什么？拥有什么？可以提供什么？需求端情况的调研应该与城市决策机构一起协商进行。如第 3 章所述，不应该用基于当前状况外推得出的需求预测建立目标，因为这样的预测高度依赖于现有公交系统的服务水平。相反，应该从决策者角度建立愿景，好的公交系统会产生更多需求，有助于设定合理的出行生成率目标、行程终点分布模式及乘客时间价值，供设计使用。决策机构还应告知设计者是否有预算和设计标准的要求。此阶段，还应与城市规划机构和公交运营机构协商，以获取相关的成本费用参数。

2. 确定设计概念

采用适合于服务区域的设计概念。可以是网格系统、轴辐系统、混合系统，不同模型的叠加（例如，轴辐结构和网格结构的叠加，或分层的多个网格结构）或其他可能。甚至允许随空间变化改变模式，如图 6.12 所示。模式的一部分可能是已经存在的，并且是固定的，所以只有剩余的部分可以进行设计。例如图 6.12 中的左图，其中央网格可能已经固定，并由公交车提供服务，而我们希望在其上再叠设计一个 BRT 网络以服务长途出行。还有一种可能是为图 6.12 中的右图做同样的事。不过最重要的是，设计概念要满足城市的需求。

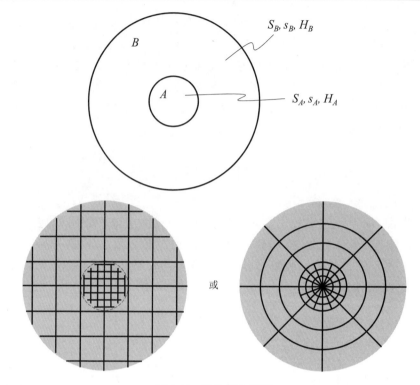

图 6.12 设计概念示例

3. 定义决策变量

确定设计概念后,再确定决策变量,从而能从符合概念的所有可能中表征特定的设计形式。对于 6.2 节~6.4 节中研究的三个设计概念,可使用站点间距 s、线路间距 S 和车头时距 H。但如果设计在空间上是非均质的或变化的,则可能需要一些额外的决策变量。

4. 制定最优的草图规划

给定场景、设计理念及其决策变量,制定数学优化规划模型,并使其输出与城市的需要保持一致。最优决策变量定义了采用设计概念的特定实例,即最优草图规划。

大多数情况下,该数学规划是受约束的广义成本最小化问题,但也不排除其他可能。就像在 6.2 节~6.4 节中所做的那样,设计人员的任务是得出近似的表达式,这些表达式用决策变量表达目标函数和问题的约束。如果所选的设计概念已经为本章这些小节所涵盖,则无须再进行新的建模,可以直接用该小节中的公式。否则,就应该从头推导公式,用数值法求解问题以得出适用于设计场景的最优决策变量。此过程可以使用同样的建模技巧。由于所做的工作完全是在制定草图规划,因此不需要很高的精度。并且在第 3 章中已经看到,优化方法对于表达式系数的误差具有鲁棒性。

举个更为具体的例子,说明如何用基于标准的设计方法建立数学规划模型,设计允许在空间和时间上不均质的系统。假设服务区域由两个子区域($r = A, B$)组成,这两个子区域允许在空间上有不同的设计 $\{(s_r, S_r): r = A, B\}$,如图 6.12 所示,一天(或一周)被划分为不同的时段,例如高峰时段、非高峰时段和夜晚($j = 1, 2, \cdots$),不同时段可以使用不同车头时距$\{\cdots, H_{rj}, \cdots\}$。$T$ 表示门到门出行时间，下角标表示起点和终点所在区域，可以将基于标准的设计问题写为：

$$\min \$ = \sum_{\substack{r=A,B \\ j=1,2,\cdots}} \$_{rj}(s_r, S_r, H_{rj})$$

$$\text{s.t.} \quad T_{AA}(s_A, S_A, H_{Aj}) \leqslant T_{0AAj}, j=1,2,\cdots$$

$$T_{BB}(s_B, S_B, H_{Bj}) \leqslant T_{0BBj}, j=1,2,\cdots$$

$$T_{AB}(s_A, S_A, s_B, S_B, H_{Aj}, H_{Bj}) \leqslant T_{0ABj}, j=1,2,\cdots$$

注意，如果城市需要的话，可以添加其他约束限制通达（步行）时间或等待时间。从理论上来讲，一切皆有可能。但是，如果问题受到太多约束，则可能不存在可行解。

如果时间跨度较长，则可以分阶段部署系统。应通过在数学规模模型中包含每个阶段的决策变量以优化整个项目的设计。其中的一些变量（如车头时距）在不同的阶段可以很容易地被更改，因此，可以在每个阶段中把它们作为独立变量进行处理。但是，线路位置（在轨道系统中包括车站布局）一旦建成便不能轻易更改，因此需要用约束保证它们在各阶段之间的相关性。例如，两条线路之间的现有空隔只能通过在这两条线路之间插入更多线路来拆分为多个新空隔。显然，如果线路或站点的数量从一个阶段到下一阶段仅增加很小的百分比（也就是说只分拆少量的已有空隔），它们的间距无法在所有子区域及所有阶段保持均匀。这些情况应该在数学规划模型中体现出来。作业练习题 6.12 探索一种能处理这种不均匀，且同时简化优化过程的方法。

建立的数学规划模型通常具有几何规划的形式，因此可以用数值法求解。当然，拉格朗日法和条件分解法可以进一步简化求解过程，特别是在某些子问题存在解析解的情况下。

5．面向现实世界的调整

此步骤的目标是制定一个切实可行，但尽可能符合理想化草图的规划。为此，可以将第 4 步的草图重叠绘制在区域地图上，从而了解应该进行多少修改以适合已有的道路，并使站点位于可行或理想的位置。然后，判断是否让草图规划的线路和车站布局进行一些变形，以使新设计符合现实世界的约束。这些变形当然会改变运营机构成本和乘客服务指标，但这些变化很小。记住，基础设施和公交车运营成本与线路的长度成比例，与形状无关。同样，站点成本取决于站点的数量，而不是位置。乘车出行时间的改变也很小：由于线路的偏移，出行时间可能会增加；但如果将站点放置在主要行程起点和终点附近，则出行时间可能会减少。总体而言，这两种影响之和不会太大。因此，系统的实际广义成本应接近草图规划的预测。

面向现实世界的调整过程不全是科学，更是艺术，但该过程也可以轻易执行。本章末尾的小项目＃2 为读者提供了一个实际操作的机会：设计芝加哥市区的公交系统。

6．重新估算成本和收益

最后一步，也是非常重要的一步是通过详细分析验证系统是否能按预期运行。这一步可以通过仿真模拟完成。在系统完成实施运营后应持续进行实际观察。

6.5.2 实际案例研究

本节有两个目标：① 展示如何实践六步设计方法；② 展示系统化的设计给现实应用带来的好处。

1. 设计方法的应用

使用 6.5.1 节介绍的设计步骤和 6.4.3 节介绍的混合网络概念的修改版本，设计团队为巴塞罗那市设计了高性能、高频次的公交车系统。目标是为巴塞罗那提供一个完整的出行解决方案，在空间上覆盖整个城市。本小节介绍该设计的关键要素。设计团队提供了更完整的描述，在 Estrada et al.（2011）可以中找到。

2011 年之前，巴塞罗那的公交车网络由 63 条直达服务线路组成，在 100 km² 的区域内为 200 万人提供服务。该系统的大部分线路仍在使用。如图 6.13 所示，该系统就像一盘长长的、扭曲的意大利面条。出现这种情况的原因是，为了避免换乘，城市在缺乏整体考虑的情况下不断沿重要的走廊增加线路以提供直达服务。另外，由于当地居民喜欢站点建在居住区附近，运营机构屈服于当地压力，使得整个系统的站点越建越多，这样的问题在全世界都很普遍。因为网络很长，线路上没有足够的公交车，所以平均的车头时距比较长（13 min）。由于站点很多，公交车的平均运营速度很低（11.9 km/h），对运营机构和乘客来说都不利。

图 6.13　巴塞罗那的旧公交车网络图（来源：http://www.tmb.cat/）

加泰罗尼亚的一家智库组织使用 6.4 节介绍的方法对新建高性能公交车系统进行了预测。在此预测的基础上，巴塞罗那市决定规划、建造一个名为 *Nova Xarxa*（加泰罗尼亚语中是"新网络"的意思）的高性能公交车系统，该系统为轻型 BRT 网络[①]。设计者选择了 6.4.3 节中混合网络的一种变体作为设计概念，并遵循计步骤 1~6。

图 6.14（a）展示的是设计概念。因为巴塞罗那形状细长，所以该公交系统为矩形服务区域量身定制，即允许形状决策变量（中心网格的边长 d 和线路间距 S）在竖直和水平方向上是不同的，但系统的车头时距和站点间距是相同的。

该设计问题用类似式（6.38）的数学规划模型表示。该模型在运载容量、线路数量和可同时运行公交车数量的约束下，最小化运营机构和乘客的总成本。设计者推导出了该模型中所有元素的闭合解析表达式，作为式（6.33）~式（6.37）的一般化推广，并通过数值方法得出了最优解。详见 Estrada（2011）。

有了最优的草图规划（即在第 4 步结束后），设计人员与公交运营机构合作，将草图规划调整应用于现有道路网络上，使线路和站点稍稍偏移到附近的主要需求起始点。调整后的新系统包括 28 条线路：8 条水平线路、17 条竖直线路和 3 条对角线路。最后的 3 条对角线路原本不在草图规划之内，但也被加入进来用以服务三个重要的走廊。

Nova Xarxa 将取代大部分原有公交车网络，仅保留 20 条原有网络中的辅助线路。*Nova Xarxa* 是分阶段部署的，第一阶段开始于 2012 年 9 月，开通几条新线路，并取消旧网络中的部分冗余线路。截至 2015 年年初，已开通了 13 条新线路。到 2015 年 12 月，*Nova Xarxa* 的另外两部分也开通了，同时淘汰了两组原有线路。该系统于 2018 年年末或 2019 年全部完工。图 6.14（b）是截至 2017 年 11 月的线路图[②]。

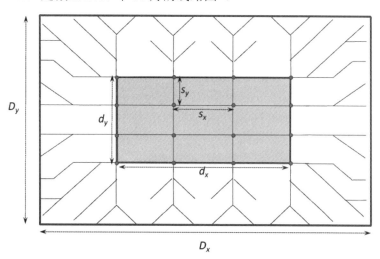

(a) 网络结构示意图（Estrada et al.，2011）

图 6.14 *Nova Xarxa* 新网络

---

① 编译者注：指运营类似 BRT，但是基础设施投资较少。
② 来源：https://www.tmb.cat/en/about-tmb/transport-network-improvements/new-bus-network/map。资源获得于 2018 年 2 月 28 日。

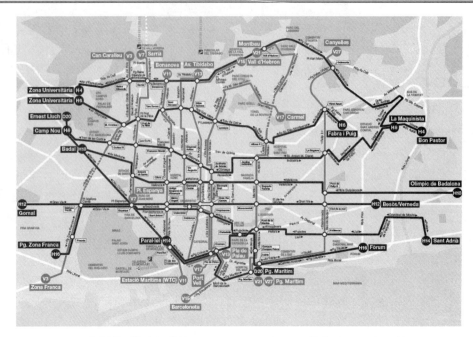

(b) 实际的网络布局设计（http://www.tmb.cat/，获取于 2018 年 2 月）

图 6.14　*Nova Xarxa* 新网络（续）

2. 系统设计在现实应用中的益处

本小节对比 *Nova Xarxa* 与旧的公交车网络，以说明基于整体系统设计的好处。本小节的比较基于在 *Nova Xarxa* 部署过程中的后续研究（Badia et al., 2017）。

Nova Xarxa 最终使用 573 辆公交车，平均车头时距为 6.18 min，所有线路上车头时距都很相似。相比之下，原有公交车网络使用 761 辆公交车，平均车头时距为 12.30 min。*Nova Xarxa* 使用了更少的公交车（对城市财政有益），提供的服务频率几乎是原有网络的两倍。

从乘客的角度来看，*Nova Xarxa* 也是相当具有吸引力的。① 它覆盖了整个服务区域，换乘便捷，绕路更少；② 由带编号的水平和竖直线路构成的网格线路网更容易让乘客理解；③ 公交车运营速度高，服务频率也很高。相比之下，*Nova Xarxa* 的唯一缺点是，由于站点密度较低，需要更长的通达（步行）时间，但这个缺点相对其优点来说并不重要。

前三个部署阶段（2012—2015 年）的实际数据证实了这个系统的吸引力。Badia 等人（2017）发现，2015 年，*Nova Xarxa* 虽然尚未完成部署，但与原有网络相比，已经吸引了更多需求。而且，在每个新阶段的开始，公交需求的增长都超过了预期水平（预期需求与开通的服务线路数量成正比）。这表明人们不是仅将 *Nova Xarxa* 当作多条直达公交线路的简单叠加，而是将其整体作为可以换乘的公交网络使用了。这大概是因为该网络具有①、②、③等优点。在经济发达的大城市，传统公交车网络的换乘率在 1.5%~16%，2015 年年底，*Nova Xarxa* 的换乘率就已达约 26%，且某些线路的换乘率甚至高达 57%。Badia 等（2017）认为这个数值将随着 *Nova Xarxa* 的竣工进一步提高，因为那时乘客会有更多换乘的机会。

奇怪的是，某些载客量最高的线路并未连接主要的行程起点和终点，而是扮演了连接线路的角色。这对于公交运营机构和设计人员来说是意料之外的事情。这个小发现提供了两条关于规划的教训。首先，应该对"沿已存在需求的廊道开通公交线路"的传统规划做法提出质疑，因为如果继续遵循这种做法，巴塞罗那最成功的一些路线就不会开通。第二，在评估公共交通时，应该把它视为完整的系统而不是多条独立线路的叠加。换句话说，要有大局观，并制定实现该大局观的整体规划。然后，可以把整体规划（如巴塞罗那的 *Nova Xarxa*）当作评估较小项目的框架。最后，巴塞罗那的成功经验还表明，可以通过本章提出的六步法和草图规划步骤成功制定整体规划方案。

6.6 其他问题

本节解决在规划中一些常见重要问题，不过这些问题相对于总体的理解而言不那么重要。对已经介绍的内容进行一些微调即可解决这些问题。因此，本节的讨论较为简短。6.6.1 节假设公交线路可以不遵循既有的道路系统，并研究这种情况下可能的线路网络形状。6.6.2 节讨论在应对"最后一千米"问题时，公交网络与其他交通系统的协同。6.6.3 节分析了乘客需求对公交车停站时间的影响，以及如何应对这一影响。

6.6.1 不受已有道路限制的公交网络

到目前为止，设计模型和草图规划都假设公交系统的部署是基于方格状的城市道路网络。通过适当调整（线路的变形和站点的位置移动）即可让这些理想化的设计适用于实际的道路系统。尽管许多时候在草图规划阶段假设"网络是方格状的"似乎是合理的，但在某些情况下，该假设可能过于狭隘（例如，为新城镇规划地下轨道或公交车系统时）。如果抛弃这个假设，是否可以做得更好呢？本小节分两部分回答这一问题：① 行程起点集中的"一对多"系统或行程终点集中的"多对一"系统，② 需求分散的系统。

如果需求（起终点）集中在一个可以通过步行到达的小区域，那么中心位于该小区域内的轴辐系统比网格系统更好。发生这种情况的原因是，轴辐式系统可以用成本更低的单一覆盖提供更多的直达服务。显然，即使线路不需要按照网格布置，这种比较优势也不会消失。因此，轴辐式系统仍然是满足集中需求的最优方案。但是，由于地下基础设施造价昂贵，使用图 6.11 所示的结构（中央正方形区域很小）是合理的，因为这种结构允许线路在枢纽附近共用地下隧道，并在远离枢纽的地方到地面上运行。实践中经常可以看到这样的设计，如旧金山的 Muni 轨道系统。此外，尽管大多数城市都有矩形的街区，地铁站点可能仍需坐落于矩阵格点上，但现在线路可以按倾斜角度进行分支，并更直接地覆盖站点。对于给定的一组站点，这种设计可以大幅节省基础设施轨道长度和车辆行驶时间，大约为 10%~30%，如图 6.15（a）所示。

尽管可以从零开始对独立于已有城市路网的轴辐系统进行建模，例如，使用新的表达计算每个镶嵌图块中的基础设施长度和路径长度，但有时使用 6.4.3 节中的广义成本函数更合理，让 α 值很小，并小幅减少相关系数即可。本章末尾的小项目 2 利用这些想法为芝加哥市中心设计地铁系统。

如果需求是分散的，网格系统或为中央区域提供双重覆盖的混合系统比轴辐系统更好。

在没有城市路网限制的情况下，可以通过"环形放射"结构（见图6.15（b））更有效地提供这种双重覆盖。注意，该结构包含轴辐式子结构（所有放射线），也可以有效满足集中需求。从理论上讲，环形放射系统可以同时满足分散和集中两种类型的需求。

对于分散的需求，环形放射的设计概念不会显著增加运营机构的成本，对乘客而言，环网系统也比网格系统更好。要评估对运营机构的影响，环形放射系统和网格系统一样，如图6.15（b）所示，在每个以换乘站点为中心的镶嵌图块中具有两条正交的双向线路（除了汇聚于中心点的那几条线路）。环形放射系统也可以设置为混合网络，如图6.15（c）所示，只要删除外围的环线以在外围区域提供单一覆盖即可。因此，如果控制换乘站点的数量，则无论是纯环形放射结构还是混合式结构，环形放射系统的运营机构成本表达式在结构上应与网格系统的表达式类似。

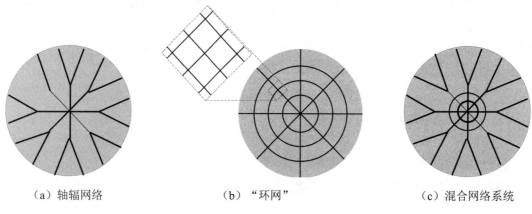

(a) 轴辐网络　　　　　(b) "环网"　　　　　(c) 混合网络系统

图6.15　典型的环形放射式网络示例

由于环形放射结构的线路更为直达，因此对乘客更有益。乘客的最优路径选择如下。为了使出行距离最小，乘客一定会选择距中心最远的行程端点（可能是起点或终点）处的径向线路，然后从两个可能的选项中进行选择：① 最靠近行程另一末端的环形线路，以及在这两条线路的交点换乘；② 最靠近行程另一末端的径向线路，以及在中心站点换乘。将两个选项的乘车距离进行比较，可以发现，如果两条径向线路的夹角弧度在$2\sim\pi$，则选项②更快。更为直达的选项②有助于减少绕路。几何概率模型计算的结果表明，环形放射系统的平均乘客出行距离比网格系统低约10%。

但出行距离的减少主要是因为现在$(2-\pi)/\pi$的行程路径要穿过中心点。对于大中型城市来说，尤其是在需要使用轨道系统服务的中高需求下，大量的换乘和公交车流在物理上是不可能实现的。因此，只具有单枢纽的环形放射系统往往局限于在小城镇中应用。在现实生活中很少见到环网式公交网络，也不建议将环网系统作为大城市的出行解决方案，本文就不再进一步分析了。环网结构的分析结果也可以从其他文献中获取，如Badia等（2014）和Chen等（2015）。如6.4.3节所述，这些参考文献研究了在中心区域进行双重覆盖，而在外围区域进行单一覆盖的其他网络形式。

6.6.2　公交的协同作用和最后一千米问题

不同网络结构的最优成本表达式，例如网格系统的表达式（6.8），表明网络系统的性

能随着步行速度 v_w 的提高而显著提高。这表明需要关注最后一千米问题，即需要改善乘客前往公交站点的通达（步行）过程。

个体交通模式，例如共享单车、共享电动自行车和共享小汽车，都可以有效地提高 v_w。显然，这些交通模式与公共交通具有协同作用，第 7 章具体介绍这部分内容。个体交通模式提供了更快的通达（步行）速度，使设计人员能够增加站点间距，同时也提高公交的运营速度，减少运营成本和乘客的乘车时间。随着公交运营速度的提高，运营机构可以提供更短的车头时距。因此，更快的通达速度能为运营机构和乘客带来共赢。

最后一千米问题也可以通过再增加一个公交系统解决。在 5.4 节中的廊道系统中已经研究了同时使用快线公交车和慢线公交车能给系统带来的性能提升。通过提供车次频繁、站点间距较短的慢线线路，可以增加快线的站点间距，并以此方式减少长途行程的门到门出行时间。在二维系统中也可以这样做。我们不再只用两条线路，而是叠加两个具有不同线路和站点间距的公交网络，得到的结果应该与分层结构的服务系统是相似的：如果该系统主要服务长途行程，则可以降低广义总成本。对此的分析过程非常简单明了，并且受具体情况影响，在此不做赘述。附录 6.B 探讨了图 6.16（a）所示的二维分层网格系统。

在公交网络叠加的场景下，不同系统间的协同作用更强，因为可以将不同类型的网络混合使用（见图 6.16（b））。图 6.16（b）的组合包括可满足多对一的集中行程需求（如通勤）的轴辐系统（轨道），以及用于满足分散行程需求的网格系统（公交车）。这种组合在现实中经常可以看到，例如，伊利诺伊州的芝加哥等城市把公交车系统与通勤轨道系统相结合。这两个系统具有协同作用，如果网格系统的服务频次足够高的话，可以为轨道系统提供接驳服务。如此，可以为轨道系统设计更长的站点间距，这样的设计有很多好处。

理想情况下，应该将两个系统组合在一起进行设计，但这可能不总是可行的。无论哪种情况，都应该从草图规划开始，用尽可能少的符号表征系统。整个分析和设计的过程与 6.4 节和 6.5 节的描述类似。小项目 2 要求读者为芝加哥地区设计一个如图 6.16（b）所示的公交系统。注意，可以仅用三个决策变量描述快线公交网络：径向线路的数量、环线的数量和车头时距。

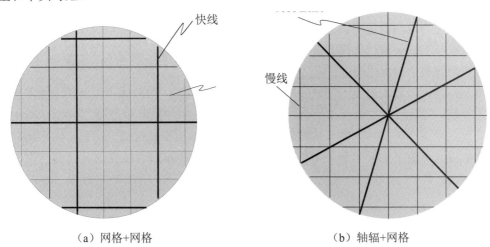

(a) 网格+网格　　　　　　　　　　(b) 轴辐+网格

图 6.16　分层网格结构的例子

6.6.3 内生停站时间和灵活的停靠

本章假设车辆的平均停站时间是一个外生参数 t_s。尽管对轨道系统来说，这个假设是合理的，因为地铁的停站时间基本是固定的；但对于公交车而言却不那么合理，因为公交车在特定站点的实际延误很大程度上取决于上下车的人次。由于平均的上下车人次受到决策变量 s、S 和 H 的影响，在这种情况下，t_s 应该是函数：$t_s = G(s, S, H)$，而不是常数。

了解函数 G 的性质有助于解决这一复杂问题。首先要得出 G 的近似表达式。为此，假设公交车在没有人上下车时不停站，这是常见的做法，否则的话，公交车会经历不必要的延误，对乘客和运营机构而言都不利。还要假设公交车的每次停站都会使出行时间增加 τ 时间单位，并且每个上下车人次会再增加 τ' 时间单位[①]。在这些假设下，每个站点公交车的平均总延误为：

$$t_s = E(\text{站点的平均上下车人次})\tau' + Pr\{\text{在站点停靠}\}\tau$$

注意，在一个公交车停站时间内上下车的人数的期望值一定等于一个车头时距时间内该站点的收集区域所产生的需求：$2\lambda HsS$。如果假设实际的上下车人次数是均值为 $2\lambda HsS$ 的泊松（Poisson）变量，则公交车在该站点停靠的概率为 $\left(1 - e^{-2\lambda HsS}\right)$。因此，$t_s$ 的计算表达式为：

$$t_s = G(s, S, H) \equiv 2\lambda HsS\tau' + \left(1 - e^{-2\lambda HsS}\right)\tau \tag{6.41}$$

注意，对于高需求的系统（$\lambda HsS \gg 1$），不停站的情况很少，则式（6.41）可简化为：

$$t_s = G(s, S, H) \approx 2\lambda HsS\tau' + \tau \quad (\text{需求很高的场景下}，\lambda HsS \gg 1) \tag{6.42a}$$

对于地铁和 BRT 之类的系统，车辆的门很多，乘客上下车的速度更快，然而减速/加速花费的时间更长，此时式（6.42a）的第一项远小于第二项，可以假设 $t_s \approx \tau$。因此可以将 t_s 视为常数，不用考虑内生停站时间带来的麻烦。

另一个极端情况是，如果需求很低，$\lambda HsS \ll 1$，则公式可简化为：

$$t_s = G(s, S, H) \approx 2\lambda HsS(\tau' + \tau) \quad (\text{需求很低的场景下}，\lambda HsS \ll 1) \tag{6.42b}$$

此时不能再忽略内生停站时间带来的困难。将式（6.41）或式（6.42a）整合到优化模型中的最直接方式是将优化模型中（如式（6.5））出现的变量 t_s 替换为函数 $G(s, S, H)$，然后求解重新建模后的优化问题。

由于与目标函数中出现的其他时间常数（如 s/v_w、S/v_w、H）相比，τ 和 τ' 通常很小，因此可发现：当设计参数取典型数值时，相比于目标函数中的其他部分，函数 G 随决策变量的变化幅度要小得多。如果将 t_s 定为常数，问题依然可以被近似地优化。然而此时，最优的值 t_s^* 是未知的。如果有如 6.4 节所示的解析表达式，可以间接得到 t_s^*（并且设计问题很容易解决）。

[①] 常量 τ' 是公交站与公交车辆之间能通过最大乘客流量的倒数。注意，如果公交车的车门很大或公交车有多个可用的车门，τ' 不是乘客相继通过某一个车门的时间间隔。例如，如果一列火车有 10 个双扇车门，每个车门能同时通过两个乘客，而每个乘客通过车门需要 1 s，则最大流量为 20 人/s，因而 $\tau' = 1/20$ s。

要做到这一点，可基于对 $2\lambda HsS$ 的值的合理估计对 t_s 值进行初步猜测。然后，用已有的公式得出 s^*、S^*、H^* 和 z^* 的暂定值，将这些暂定值代入式（6.41）中得到 t_s^*。这个 t_s^* 值往往已经足够精确了。要验证这一点，可以使用改善后的 t_s 值再次进行迭代，在需要的情况采用发生了很小变化的新 t_s^* 值。记住，不需要绝对的精度，因为优化的结果只是草图规划方案。

本章结尾以需求很低时（如式（6.42b））运营的灵活性结束讨论。此时，公交车在站点停靠的概率很低，公交车经常会经过好几个站点也不停车。通常，公交车会跳过许多站点。这样做很好，可以加快运营速度。如果公交车可以在跳过站点时选择走近路，则可以获得更多的好处。例如，可以使用信息系统，允许乘客在站点和车上实时请求停靠。这样的改进表明，对于需求很低的场景，人们可能希望完全取消固定的线路和时间表并以需求响应的方式提供服务。实践中，这样的服务已经以不同的方式出现了。我们称这类系统为灵活公交，这也是第 7 章的主题。

参 考 文 献

[1] Clarens, G.C., Hurdle, V., 1975. An operating strategy for a commuter bus system. Transportation Science 9 (1), 1–20.

[2] Holroyd, E. M. (1967) "The optimum bus service: a theoretical model for a large uniform urban area" in *Vehicular Traffic Science* (L.C. Edie, R. Herman and R. Rothery, editors) Proc. 3rd ISTTT pp. 308-328, Elsevier.

[3] Daganzo, C.F. (2010) "Structure of competitive transit networks" *Transportation Research Part B*, 44(4), 434–446.

[4] Estrada, M., M. Roca-Riu, H. Badia, F. Robusté, C.F. Daganzo (2011). "Design and implementation of efficient transit networks: Procedure, case study and validity test." *Transportation Research Part A*, 45(9): 935-950.

[5] Daganzo, C.F. (1987). "The break-bulk role of terminals in many-to-many logistics networks." Operations Research, 35, 543-555.

[6] Badia, Hugo, Estrada, Miquel, Robuste, Francesc, (2014). Competitive transit network design in cities with radial street patterns. Transportation Research Part B (59), 161–181.

[7] Chen, H., Gu, W., Cassidy, M.J. and Daganzo, C.F. (2015) Optimal transit service atop ring-radial and grid street networks: a continuum approximation design method and comparisons. Transportation Research Part B, 81, 755-774.

[8] Badia, H., Argote-Cabanero, J. and Daganzo, C. (2017) "How network structure can boost and shape the demand for bus transit." Transportation Research Part A, 103, 83-94

[9] Newell, G.F. (1979) "Some issues relating to the optimal design of bus route." Transportation Science 13(1):20-35.

练 习 题

6.1 您是独立的出租车司机（也是唯一的司机），为范围为[0,1]的线性区域内的乘客提供服务。

（1）假设原点处有一个地铁站，而您仅服务以该站为起点的行程。证明：如果乘客行程终点是均匀分布的，则为一名乘客提供服务的行程距离的期望（包括空车回程）为1。

（2）假设现在没有地铁站，您决定按先进先出（FIFO）的方式为乘客服务。证明：如果行程起点和终点在[0,1]内均匀且独立分布，则每位乘客行程距离的期望为2/3。

6.2 考虑如下图所示的场景，这是含有一个终点站和一个接驳公交车的方形服务区域。终点站位于方形区域西侧的中点。公交车在返回终点站前仍需接上最后一名乘客。公交车和乘客的位置都独立随机，且等概率地分布于方形区域内。道路网路沿 x 和 y 方向形成平行于正方形两边的密集网格。在这种情况下，公交车在返回终点站前必须行驶的距离期望是多少？如果正方形区域的边长为 ϕ 而不是1，公式是什么？（提示：不要重复推导，用量纲分析。）

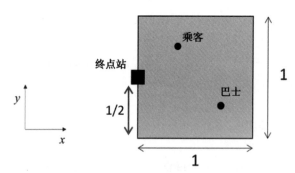

6.3 假设在边长为 ϕ 的方形城市中，乘客行程起点和终点是均匀且独立分布的。公交网络形成了平行于正方形边长的规则网格，线路间距为常数 S，各处的车头时距均为 H。乘客使用 6.3 节中描述的仅有一次换乘的路径规划方案。推导距城市中心水平和竖直距离为 x、y 的线路段上的乘客流量公式。

6.4 在网格网络的分析中，当公交服务不同步时，对于既没有行程终点的预约，又不知道时刻表的乘客，推导得出了平均情况下的式（6.5）。讨论式（6.5）中的系数在由以下四个选项所允许的 16 种可能情况中如何发生变化：① 平均情况或运气最差的乘客；② 在终点有或没有预约的乘客；③ 知道或不知道时刻表的乘客；④ 同步的或非同步的服务。（可选题）对轴辐网络和式（6.27）进行同样的讨论。

6.5 式（6.5）和式（6.27）及结果仅适用于普通公交车服务，因为它们忽略了基础设施成本。推导包含基础设施成本的更一般化的版本。讨论这些额外的成本如何影响网格网络和轴辐型网络之间的比较。

6.6 （提示：回顾式（5.19），基础设施成本可以用单位为（\$/km·h）的系数 c_g 体现，并且与运营成本不同，基础设施成本并不直接取决于时间调度决策。）

6.7 *考虑如图6.6所示的公交网格网络。服务区域是拥有密集网格状道路的正方形。服务区域的边长是线路间距 S 的整数倍；线路间距 S 是站点间距 s 的整数倍。此外，如图6.6所示，线路在站点处相交。本书提到过，平均乘客通达（步行）距离在一定程度上取决于乘客的路径规划。因此，假设乘客行程的起点在该区域内是均匀且独立分布的，请完成以下任务。

（1）假设每个乘客在行程的两端都选择最近的站点，即使这样的选择意味着需要额外换乘。证明通达（步行）时间的期望为：

$$T_a = \begin{cases} \left(\dfrac{1}{2}s + \dfrac{1}{3}S\right)\big/v_w, & S/s \text{ 为偶数} \\ \left(\dfrac{1}{2}s + \dfrac{1}{3}S + \dfrac{1}{6}s^3/S^2\right)\big/v_w, & S/s \text{ 为奇数} \end{cases}$$

💡 **提示**：

当 S/s 分别为奇数和偶数时，需要分别绘制每个站点的收集区，然后得出乘客通达的垂直距离与水平距离的期望。

（2）假设每名乘客在行程两端选择能最小化其总通达（步行）距离的一对站点，但前提是最多只能进行一次换乘。证明此时最优通达（步行）距离的期望是：

$$T_a = \begin{cases} \left(\dfrac{1}{2}s + \dfrac{23}{60}S\right)\big/v_w, & S/s \text{ 为偶数} \\ \left(\dfrac{1}{2}s + \dfrac{23}{60}S + \dfrac{1}{6}s^3/S^2\right)\big/v_w, & S/s \text{ 为奇数} \end{cases}$$

💡 **提示**：

下图说明了每名乘客的两个选项。乘客可以先沿水平方向乘车，再在站点1换乘；或先沿竖直方向乘车，再在站点2换乘。注意，如果乘客在站点1换乘，则总通达（步行）距离为：$\min\{|OA|,|OB|\} + \min\{|ED|,|FD|\}$；在站点2换乘时总通达（步行）距离的计算类似。

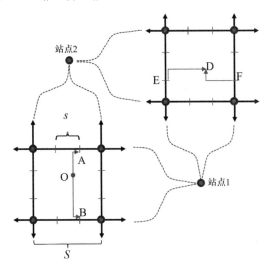

6.8 *可以采用不同方式布设轴辐型网络。下图显示了两种可能的方式：① 主干—分支系统，仅允许在四条主干线（分支与主干线相连的任何地点）上进行换乘；② 在该系统中，辐条线路可以在服务区域中的任何地方分支，并且保持恒定的线路间距。使用相似的参数和变量推导出这两个系统与式（6.27）相对应的表达式，并讨论它们的优缺点。

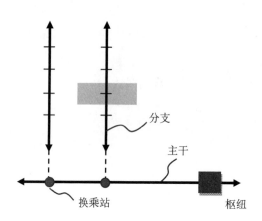
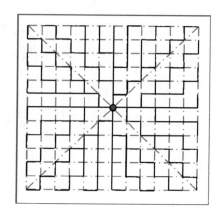

6.9 对于主干-分支网络，证明：如果枢纽的位置离正方形区域（边长为 ϕ）中心偏移 $\kappa\phi$ 的距离（水平偏移或竖直偏移都可），其中 $0 \leqslant \kappa \leqslant \frac{1}{2}$，那么主干线上的平均连接段长度为 $(\frac{1}{4}+\kappa^2)\phi$。

6.10 *这个问题涉及为地铁站设计接驳公交车系统。车头时距为 H[h]的地铁系统有着稳定的需求，因此每班地铁上车（和下车）的乘客人数为 $N/2$。城市道路在地铁站的矩形接驳区域内形成密集的方格网（尺寸为 $2L \times W$，参见下图）。

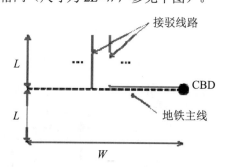

要找到一组车头时距为 H 的接驳公交车线路（以提供定时的换乘服务）及其站点的位置。接驳公交车首先垂直于轨道线行驶，其站点间距 $s \ll L, W$，然后沿着轨道线行驶且不做任何停站。公交车线路的间距也是 s（因此，公交车站可以在服务区域内形成方格点阵）。乘客步行速度远小于公交车行驶速度（$v_w \ll v_b$）。停站时间为 t_s。

（1）画出一种站点分布的模式，以最小化乘客的最大步行距离，并显示每个站点的收集区。写出乘客最长步行时间的表达式。

（2）写出离开接驳区域的乘客最大出行时间 T 的表达式，假设乘客知道服务的车头时距，并且在入站时没有等待时间。

（3）写出用于乘客运输的公交车总运行小时数的表达式（可以用公交车总运行千米数

作为中间结果）。

（4）如果每辆公交车每小时的成本是 c_t[\$/公交车·h]，并且车票总收入刚好等于总运营成本（所以无须政府补贴）。建立数学规划模型求解最优的 s^*，该模型以最小化车票费用 F^* 为目标，同时保证运气最差的乘客的总出行时间服务标准为 T_0。证明 s^* 是能满足出行时间服务标准的最大站点间距。

（5）在不同的最大出行时间设计标准 T_0 下，给出适用于往返旧金山市中心的乘客分布的 s^* 和 F^* 值（$L = 3$ mile、$W = 7$ mile、$N = 1000$ 人/班次、$H = 8$ min、$v = 15$ mile/h、$v_w = 3$ mile/h、$c_t = 30$ \$/h、$t_s = 0.01$ h）。最小的可行出行时间服务标准 T_0 是多少？

（6）附加分 1：假设接驳线路提供快线服务，并且仅在长度为 l 的线路段上停站，而且 $l \ll L$，$l > s$。重复（5）的分析。

（7）附加分 2：如果允许线路间距与站点间距不相等，请重复（5）的分析。（不考虑（6）的额外信息。）

6.11 一个公交运营机构为边长 $\sqrt{2}R$ 的方形/菱形小镇提供服务，如下图所示。CBD 位于中心。城市道路形成了平行于 x 和 y 方向的密集网格。晚上，通勤者从 CBD 出发回家，他们的家均匀地分布在整个城镇里。高峰期间的乘客需求是稳定的，其密度为（人/h·km²）。该运营机构决定设计一个由菱形环线和四条交叉径向线路组成的轨道网络。所有线路均提供车头时距为 H 的双向服务。任何两个相邻环线之间，以及同一环线上相邻站点之间的间距为 s（其中 $s \ll R$），如下图所示。站点形成倾斜 45° 的方格点阵。在任何线路相交的位置都可能进行换乘。在非换乘站点，列车的停站时间为 $t_s > 0$，在换乘站点的停站时间为 t_s。步行速度远小于列车行驶速度，即 $v_w \ll v_t$。对于此系统，请执行以下操作：

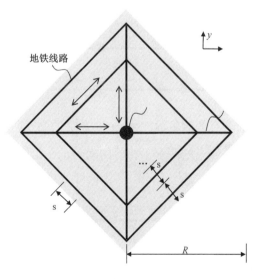

（1）确定一个车头时距时间内需要服务的通勤人数 N。

（2）画出运气最差的通勤者（即通行时间最长的通勤者）的门到门路径。标记路径上的步行和乘车部分。

从现在开始，使用近似值 $R \approx R - \sqrt{2}s/2$ 简化符号表示。（这是合理的，因为 $s \ll R$。）

（3）写出运气最差的通勤者的门到门出行时间 T 的表达式，假设他们知道车头时距，且在入站时没有等待时间。

（4）写出运送一个车头时距时间内出现的乘客需要的列车总运行小时数的表达式。

6.12 参照图 6.11 所示的混合网络。

（1）基于几何分析，证明推导式（6.37）的最后一个步骤：$F_L=2(1+\alpha^2)$ 和 $F_V=2(3\alpha-\alpha^2)$。

（2）分析不同起点和终点位置对应的换乘次数和乘车时间。将分析得出的结果与轴辐型网络（$\alpha=0$）的结果进行比较。证明在全部需求中，需要两次换乘的乘客比例为 $(1-\alpha^2)^2/2$，而 3/4 的乘客在混合网络中乘车时间更短。

6.13 *随着时间的推移，沿着廊道均匀分布的出行需求不断增长。然而，主要站点的位置无法轻易改变，尤其是轨道交通模式。假设一次只往廊道上添加一个站点，且为逐步添加，同时最小化平均的通达（步行）距离。一旦添加了站点，站点的位置就固定了，后续添加的站点不一定总能带来最小平均通达（步行）距离。

（1）参照下图所示的平分策略。每个新添加的站点将平分现有的最长间隔（如有多个最长间隔，则随机从中选择一个）。推导第 m 次添加站点后平均通达（步行）距离的公式。

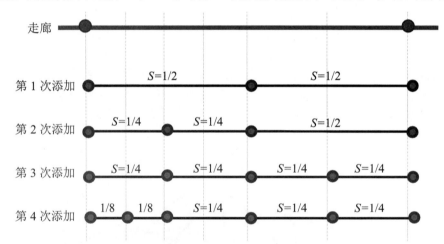

（2）参照下图所示的非对称策略示。第 m 个添加的站点将现有的最长间隔分成长度比为 $\log_2\left(\dfrac{2m+1}{2m}\right)\bigg/\log_2\left(\dfrac{2m+2}{2m+1}\right)$ 的两个不相等的间隔。在第 m 次添加后，推导出间距集合的公式，并计算平均通达（步行）距离。

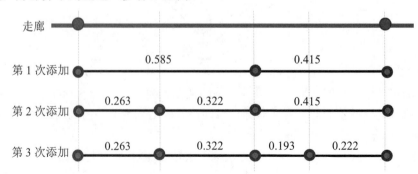

（3）对于一系列的 m 值，比较非对称策略和对称的简单策略下的平均通达（步行）距离，哪种策略更好？同时与站点可以轻易拆除且重新布设的情况进行比较，讨论分析结果。

（4）如果优化目标是最小化最不利情况下的通达（步行）距离，请重复您的分析。

小项目 2　设计一个公交网络[①]

芝加哥公交管理局通过轨道系统和公交车系统为芝加哥市及周边地区提供服务。本项目要为芝加哥地区设计一个公交系统，实现网格状公交车服务和特定形式放射状轨道服务的组合。

1. 区域特征

设计区域以市中心西北半径 15 mile 的四分之一圆和市区西南半径 10 mile 的四分之一圆为边界，如图 MP2.1 所示。城市道路以无限密集的网格形式覆盖整个设计区域。

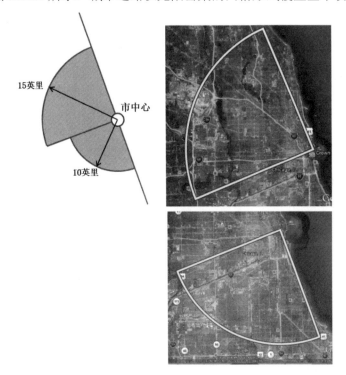

图 MP2.1　芝加哥市中心

2. 车辆（交通工具）特性

轨道服务独立于网格式的城市路网，以 30 mile/h 的巡航速度运行，并且每次停站的固定延误时间（包括由于加速和减速及乘客上下车造成的延误）为 1 min。公交车服务以 15 mile/h 的巡航速度（已经考虑到交通拥堵和信号灯延误）在网格网络上运行，每次停站

---

① 由 Josh Pilachowsky 创建，并由 Michael Cassidy 提供帮助。

的固定延误时间（由于加速和减速）为 10 s，而且每一位上车的乘客增加停站延误时间 4 s，忽略乘客下车产生的停站时间。用户以 2 mile/h 的速度步行通达公交系统。

3．数据

公交运营机构将乘客的时间价值定为 20 \$/h。每辆公交车每行驶一英里距离的运营成本为 3 美元，每列火车每行驶一英里的运营成本为 10 美元，同时，轨道系统基础设施的成本为每英里每小时 650 美元。在高峰时段，往返市中心的行程生成率为均匀分布的 360 人/$\text{mile}^2 \cdot$ h。起始点均在市中心以外部分的行程的生成率为 60 人/$\text{mile}^2 \cdot$ h。

使用这些数据，完成以下几项任务。对每一项任务，在结合网格式公交车服务的情况下，设计如图 MP2.2 所示的辐条分支状轨道系统。

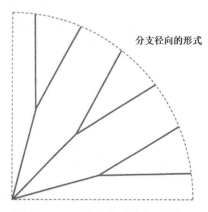

分支径向的形式

图 MP2.2　轨道公交系统的网络布局

（1）写出该系统每小时运营机构成本的表达式。

（2）定义以下各类型行程的不同"行程描述"：从西北区到市中心，从西南区到市中心，从西北区到西南区，以及从西南区到西北区（例如，从西北区到市中心的行程描述可能包括：步行→公交车→轨道→步行）。对于每种行程类型和行程描述，根据表 MP2.1 中列出的系统参数和决策变量写出运气最差的行程出行时间，并解释为什么该行程描述和类型不会产生运气最差的行程。

表 MP2.1　决策变量表

公交车 （网格网络）	S_b		线路间距
	s_b		站点间距
	H_b		车头时距
轨道 （分支—放射）	$S_{\text{rad, NW}}$	$S_{\text{rad, SW}}$	最大线路间距
	$s_{\text{rad, NW}}$	$s_{\text{rad, SW}}$	站点间距
	$H_{\text{rad, NW}}$	$H_{\text{rad, SW}}$	外围区域的车头时距

（3）对于以下一组设计标准，基于（2）中的合理行程描述，优化公交车和轨道系统（即在满足设计标准的情况下最小化广义成本）。具体实施时，首先基于（2）中的某个行程描述，用解析方法优化运营机构成本（假设此行程描述对应具有约束力的约束）。然后，

基于行程描述写出约束，利用 Excel 或其他求解器程序，用数值解法找出最优化运营机构成本。找出最优设计下运气最差的行程的描述。

4．设计标准

- 西北区→市中心：2 h
- 西南区→市中心：1.5 h
- 西北区→西南区，西南区→西北区：3.5 h

使用芝加哥的城市道路地图（使用示意地图显示分析区域），以（3）中得出的最优（公交车和轨道）线路间距和最优站点间距为指导，布置公交车线路和轨道线。现有基础设施也是要考虑的约束条件（例如，公交车线路应该布置在现有城市道路网上，并且至少要考虑 10 个必须连接公交服务的关键位置）。在涉及运气最差的乘客时，说明草图规划设计与真实"落地"系统之间的差异。

您需要提交一份正式任务报告，报告中应详细描述任务的内容及成果。具体计算的细节应放在附录中（并在报告中提及）。最多 3 人一组，并提交小组报告。

 附录 6.A 线路段上最大流量的下界

本附录重新探讨式（6.20）～式（6.23）的推导，并假设每名乘客选择的路径使其在中央方形区域内的出行距离最小。进一步假设关键线路段上的流量等于中央方形区域中所有线路段上流量的平均值。尽管这些假设非常乐观，得出的结果在形式上类似式（6.23），但在数值上仅降低了 30%～50%。

在乘客尽量避开中央区域的假设下，计算在中央方形区域中每小时乘客希望出行的总车辆·千米数，并用估算平均线路段流量（基于之前的假设，这也是关键线路段流量）。在计算得出总车辆·千米数后，把这个值平均分配给中央区域内所有线路段的总长度（千米数）。最后，将此结果除以线路段的长度。当然，仅当中央区域的边长比线路间距大较多时，上面推导出来的公式才有意义，因为这样中央区域才能包含多个线路段。

为估算中央区域内的平均行程距离，根据行程起点的位置分析三类人（见图 6.A1）：① 起点在中央方形区域；② 起点在外围区域的四个角落；③ 起点在外围区域的其余部分。第①类乘客在中心区域内完成整个行程，他们在该区域内的平均总出行距离为 $2(\gamma\phi)/3$。第②类乘客选择使其在中央区域内出行距离最短的方式进入中央区域，他们在中央区域内的平均出行距离为 $(\gamma\phi)/3$，因为独立且同为均匀分布的两个随机变量中的较小者符合三角形概率分布。第③类乘客在中央区域外换乘，再进入中央区域。因此，他们在中央方形区域内的平均出行距离为 $(\gamma\phi)/2$。图 6.9 展示了这些乘客的路径。最后，由于三类乘客占总乘客数的比例如下：γ^2 是①类，$2\gamma(1-\gamma)$ 是②类，$(1-\gamma)^2$ 是③类，可以将条件平均值加权平均以获得无条件平均值。结果是：

$$\frac{2\gamma\phi}{3}\gamma^2 + \frac{\gamma\phi}{3}\left(2\gamma - 2\gamma^2\right) + \frac{\gamma\phi}{2}(1-\gamma)^2 = \left[\frac{1}{2} + \frac{\gamma^2}{2} - \frac{\gamma}{3}\right]\gamma\phi \quad [\text{km}]$$

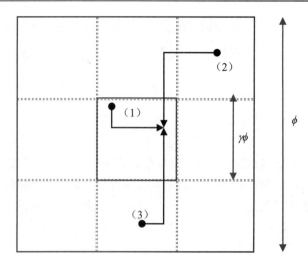

图 6.A1　乐观的路径选择：最小化中央区域内的出行距离

单位时间内，在中央方形区域内发生的乘客总千米数为 $\left[\lambda\phi^2\right]\left[\dfrac{1}{2}+\dfrac{\gamma^2}{2}-\dfrac{\gamma}{3}\right]\gamma\phi$。这些乘客·千米数应按比例分配给中央区域内的有向线路千米数。回顾 6.2 节中关于镶嵌图块的定义，每个图块都有 $4S$ km 的有向线路，而中央区域内有 $(\gamma\phi/S)^2$ 个图块，因此线路总千米数为 $(2\gamma\phi)^2/S$，每个线路段按比例分配的需求为：

$$\text{关键线路段的需求} = \lambda\phi S\left[\dfrac{1}{8\gamma}+\dfrac{\gamma}{8}-\dfrac{1}{12}\right], \qquad \text{其中}\,\gamma \geqslant S/\phi \qquad (6.\text{A}1)$$

将其与式（6.21）比较以得出乐观的运载容量约束。

$$\left[\dfrac{1}{8\gamma}+\dfrac{\gamma}{8}-\dfrac{1}{12}\right]\lambda\phi HS \leqslant C \qquad \text{其中}\,\gamma \geqslant S/\phi \qquad (6.\text{A}2)$$

注意，系数 $\left[\dfrac{1}{8\gamma}+\dfrac{\gamma}{8}-\dfrac{1}{12}\right]$ 在 $\gamma\in(0,1]$ 时严格递减。在极端情况下式（6.A2）变为：

$$\dfrac{1}{6}\lambda\phi HS \leqslant C \qquad \text{如果}\,\gamma=1\,（\text{分散的需求}） \qquad (6.\text{A}3\text{a})$$

$$\left[\dfrac{\phi}{8S}+\dfrac{S}{8\phi}-\dfrac{1}{12}\right]\lambda\phi HS \leqslant C \qquad \text{如果}\,\gamma=S/\phi\,（\text{集中的需求}） \qquad (6.\text{A}3\text{b})$$

假设 γ 值较大，比较线路段流量下界的式（6.A2）和上界的式（6.23a），很容易验证它们的形式相似，并且大约仅相差 2 倍。因此，两者都可用于定性分析。但是，在实际设计中，应该使用上限式（6.23a），且由于需求的随机波动，可能还需要额外增加一个冗余量。

 附录 6.B　分层结构的网格网络

本附录分析了如图 6.16（a）所示的双层网格的性能。为简单起见，仅考虑式（6.9）成立时的极端情况，即 $s\leqslant S$ 不具有约束作用。回顾 6.2 节，当乘客的行程距离为 ℓ 时，式

(6.6) 与式 (6.7) 为简单的网格网络提供了最优设计。公式为：

$$s^* = \sqrt{2\ell t_s v_w}, \quad H^* = 2\left(\frac{c_d}{\lambda \beta k^2 v_w}\right)^{\frac{1}{3}}, \quad S^* = 2\left(\frac{kc_d v_w^2}{\lambda \beta}\right)^{\frac{1}{3}}$$

将它们结合在一起，得出门到门的平均步调为：

$$\frac{1}{v^*(\ell)} = \frac{T^*}{\ell} = \left(\frac{kH}{2} + \Delta + \frac{S+s}{2v_w}\right)\frac{1}{\ell} + \frac{1}{v_{\max}} + \frac{t_s}{s} = \frac{\Delta}{\ell} + \frac{2}{\ell}\left(\frac{kc_d}{\lambda \beta v_w}\right)^{\frac{1}{3}} + \sqrt{\frac{t_s}{2\ell v_w}} + \frac{1}{v_{\max}}$$

以上结果可以直接用于慢线网络（线路间距为 S_0、站点间距为 s_0、车头时距为 H_0），其中乘客接驳通达快线网络（线路间距为 S_1、站点间距为 s_1、车头时距为 H_1）所需的平均出行距离为 $\ell = (S_1 + s_1)/4$，完成这些工作后发现。

$$s_0^* = \sqrt{(S_1+s_1)t_s v_w/2}, \quad H_0^* = 2\left(\frac{c_d}{\lambda \beta k^2 v_w}\right)^{\frac{1}{3}}, \quad S_0^* = 2\left(\frac{kc_d v_w^2}{\lambda \beta}\right)^{\frac{1}{3}}$$

慢线系统中的门到门速度，即快线系统的通达速度，为：

$$v_a = \left\{\frac{4}{S_1+s_1}\left[\Delta + 2\left(\frac{kc_d}{\lambda \beta v_w}\right)^{\frac{1}{3}}\right] + \sqrt{\frac{2t_s}{(S_1+s_1)v_w}} + \frac{1}{v_{\max}}\right\}^{-1}$$

将该表达式带入快线系统的目标函数，即式 (6.5)，就可以最小化总成本，也就是运营机构成本（具有较大的成本系数 $C_d > c_d$）和拉格朗日形式的乘客出行时间成本的和。得到的优化问题是：

$$\min Z = \frac{4C_d}{\lambda S_1 H_1} + \beta\left(\frac{kH_1}{2} + 3\Delta + 4\left(\frac{kc_d}{\lambda \beta v_w}\right)^{\frac{1}{3}} + \sqrt{\frac{(S_1+s_1)t_s}{2v_w}} + \frac{(S_1+s_1)}{2v_{\max}} + \frac{\ell}{v_{\max}} + \frac{\ell t_s}{s_1}\right) \quad (6.B1)$$

通常，最后一项比大多数其他项（如 $\frac{\ell t_s}{s_1}$）小。如果在求最优解过程中忽略最后一项但将其保留在目标函数公式中，则可以用解析方法求解上述问题。鼓励读者验证近似最优解如下所示：

$$s_1^* = \sqrt{2\ell t_s v_{\max}}, \quad H_1^* = 2\left(\frac{C_d}{\lambda \beta k^2 v_{\max}}\right)^{\frac{1}{3}}, \quad S_1^* = 2\left(\frac{kC_d v_{\max}^2}{\lambda \beta}\right)^{\frac{1}{3}}, \text{ 以及}$$

$$\frac{Z^*}{\beta} = 3\left(\frac{C_d k}{\lambda \beta v_{\max}}\right)^{\frac{1}{3}} + \sqrt{\frac{2\ell t_s}{v_w}} + \left(3\Delta + 4\left(\frac{kc_d}{\lambda \beta v_w}\right)^{\frac{1}{3}} + \frac{\ell}{v_{\max}}\right) + \sqrt{\left(\frac{kC_d v_{\max}^2}{\lambda \beta v_w^3}\right)^{\frac{1}{3}} + \sqrt{\frac{\ell t_s v_{\max}}{2v_w}}}\, t_s$$

对其他场景的分析，如 $s=S$，也可以按如 6.2 节所述的方法处理。

第7章 规划——灵活公交

在第 6 章中,与灵活的个体出行不同,配置了固定站点和路线的公共出行具有规模经济效益。在需求足够高的情况下,这些严格意义上的公共出行模式提供的服务比个体出行更好。由于一定存在一个需求范围,在这些需求下两种模式的服务水平类似,因此要探究是否有可能使公共出行更灵活,使得在中等需求水平下,公共出行与个体出行能够更好地竞争。这就是本章要研究的问题。

为了更有条理地分析,我们根据人们共享乘车或共享车辆的方式对所有公共交通概念进行分类。互联网技术促生了一些新的共享出行服务,这些服务也在本章的讨论范围内。在出行模式范围中,前面各章中讨论过的具有固定路线和时间表的常规公交是一个极端。使用这种模式的出行者与很多人同时共享公交车辆;另一个极端是常规的个体出行,使用独占的私人交通工具(通常是单乘客的小汽车)。如图 7.1 所示,介于这两类极端情况之间还有一些别的出行模式,可称之为"灵活公交"。

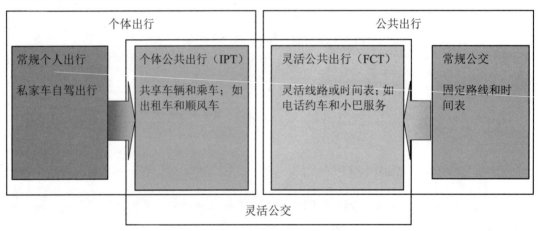

图 7.1 公共出行、个体出行、灵活公交

如图 7.1 所示,灵活公交可以是常规个体出行或公共出行的衍生模式。灵活公共出行方框内左边的一类,称为"个体公共出行(individual public transportation,IPT)",在一天中以临时搭配的方式允许少数人同时共享车辆或共享乘车。这种模式下车辆的载客率和乘客的出行体验与个体出行相似。具体例子包括:出租车模式与车辆短租模式(不同乘客在不同时间分享同一辆车),以及拼车模式(乘客在不需要明显绕路的前提下共享乘车出行)。

"灵活公交"的第二类型是灵活公共出行(flexible collective transportation,FCT),即车辆使用可变路线和/或时间表同时载运较多的乘客。在这种服务模式下,乘客在前往终点的途中可能会经历较多的绕行,例如,小巴服务(jitney)和电话约车(dial-a-ride)就是此类。下面列出详细的例子。

1. 个体公共出行

出租车——司机直接将乘客从起点送到终点，不允许其他乘客搭顺风车共乘。这种模式也包括由 Uber、Lyft、滴滴出行等网约车公司（transportation network companies，TNC）提供的众包服务。Uber X[①]是此类服务的例子。

无人驾驶出租车——与出租车相同，区别仅是使用无人驾驶车辆[②]。在撰写本书时，科技公司及汽车公司已经在开发这种车辆和服务方面取得长足的进展。

共享车辆——用户在出发地附近的位置提车，并在完成出行后返还。共享概念已经用于汽车、自行车、踏板车和电动自行车。某些系统中要求必须在预设的泊位取车和还车。

顺风车——出行者通过微调出行路线以接送其他乘客的模式。

匹配拼车——两名行程不完全相同的乘客乘坐一辆出租车出行，且保证两个乘客都不显著偏离其最短路径。（据作者所知，目前没有公司提供这种服务保证。）

个体快速公交（personal rapid transit，PRT）和双模式公交（dual-mode transit，DMT）——载客量较小的车辆沿着专门的轨道行驶，服务分散的乘客。目前只有小规模的个体快速公交系统运行，例如在美国西弗吉尼亚州的摩根敦（Morgantown）和英国伦敦希斯罗国际机场。超级高铁"Hyperloop"和"TriTrack"电动汽车分别是这两个概念的示例。

2. 灵活公共出行

需求响应公交（demand responsive transportation，DRT）——多名乘客共乘一辆车，车辆使用灵活的路线，并且不依赖时刻表，提供门到门服务。这种服务模式中的绕路现象很严重。例如电话约车服务，以及 Uber、Lyft 和滴滴出行等公司提供的网约车服务（如"Uber Pool"）。后者称为共享出租车。电话约车与共享出租车的区别在于前者强调低成本，而后者强调保证乘客等待时间较短[③]。共享出租车与匹配拼车的不同之处在于，前者绕路明显。需求响应公交可以提供连接分散起点和终点的"多对多"服务，也可以提供从一个服务区域到单个终点的"多对一"服务。机场班车就属于后面这种情况。

小巴服务（jitney）——有至少一个起始站及公开的路线，但不按照固定的时刻表发车。通常预设上座率目标，在上座率到达预设目标值时发车。

灵活线路公交——是 DRT 和常规公交的混合体，允许灵活设置路线，绕道行驶，并可能进行换乘。这种系统通常用于低需求的小区域，例如大学校园和度假村。

不停车换乘的混合式列车服务（尚不存在的模式，不包括在本章的分析中）——这是对 DRT 一般化的一种潜在模式。这种模式尚无实际应用，需要稍加解释，也可以展示如何用本书（尤其是本章）中的分析方法分析假想的服务模式。由混合车厢组成的列车沿着一条长廊道，服务于几个相距较远的城市或区域。这些车厢同时配备钢轮和橡胶轮胎，以便能在铁路和城市街道上行驶。前往某城市的车厢在到达市区前先与列车分离，然后沿铁路

[①] 编译者注：由美国 Uber 公司提供的网约车服务。类似滴滴的网约车。
[②] 称为 robo-taxi，因为在这种情况下，出租车实际上是机器人。牛津词典将机器人定义为"能够自动执行一系列复杂行动的机器，尤其是可以通过计算机编程控制的机器"。
[③] 另一个比较重要的区别在于车辆拥有权。这个区别虽然无关于服务方式，但是在经济学概念上很重要，电话约车系统的车辆通常是由运营机构所拥有的，而网约车辆则一般由司机拥有并由网约车平台调度。

岔道行驶到城市街道上，并在那里提供公交车服务。同时，这些混合车厢还收集城市中的出发乘客，并到该区域下游利用匝道与列车合并。图 7.2 显示了一个具有 4 个终点城市的系统，列车正在服务终点城市 4。每个车厢附近的数字表示该车厢中乘客的终点，而每位乘客都必须在列车内步行至与其终点城市相对应的车厢，所以"换乘"是在列车运行中进行的。为了使之成为可能，相邻城市之间的火车行驶时间必须足够长。因此，这种假想系统仅适用于服务长途出行。

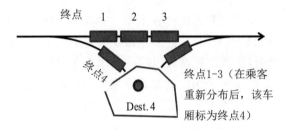

图 7.2　不停车换乘的公交系统

本章介绍和比较常用的灵活公交模式。个体公共出行（IPT）的主要优势是可以共享汽车，减少了满足给定需求所需的车辆数量和所需的停车基础设施。这些效益显然对社会有利，因为停车和车库需求将大大下降，这些效益也使用户受益。据估计，私家车一天中停车所占的时间超过 90%（Shoup，2011）。未来广泛采用自动驾驶汽车时，这个好处还可能会更大。个体公共出行的缺点是，乘客需要等待及共享可能带来的不便。灵活公共出行（FCT）的主要优势是，它可以提高常规公交的服务水平，同时保持共享车辆带来的经济性。

为了系统地探索这些想法并比较各种形式的灵活公交，本章的内容按表 7.1 组织。根据是否有固定司机和共享程度对灵活公交进行分类。表 7.1 展示了各种灵活公交模式的对应章节、相关系统的通用名称，以及一些具体例子（截至 2018 年）。7.6 节在本章结尾展望了城市公交的未来。

表 7.1　灵活公交服务分类[①]

通常共享乘车的乘客数	车　辆　类　型	
	有专职司机	无专职司机
1	7.1 节　出租车 常规：黄色出租车 网约车：Uber X、Lyft、滴滴快车 自动驾驶：Waymo-亚利桑那州凤凰城、百度 Apollo Go-北京	7.2 节　车辆共享 双向运营：车辆租赁（AVIS、一嗨租车） 单向运营：无固定泊位（Car2Go、ReachNow、JUMP、GoFun 出行） 单向运营：有固定泊位（Zipcar、Maven、EVCARD）
2-	7.3.1 节　匹配拼车 即时乘车 预约乘车：滴滴出行、Uber 的"预定乘车"、Lyft—旧金山	7.3.2 节　顺风车 即时乘车：临时顺风车 预约乘车：预约顺风车

---

① 编译者注：该表中部分来自中国的例子由编译者添加。

续表

通常共享乘车的乘客数	车辆类型	
	有专职司机	无专职司机
2+	7.4 节 DRT 电话约车 共享出租车：Uber Pool、Lyft Line 7.5 节 小巴，Chariot	—

7.1 有专职司机的车辆共享：呼叫式出租车和无人驾驶出租车

本节探讨可以被远程呼叫、拥有专职司机的车队（称之为"出租车"）如何为随机出现的出行提供服务。出租车系统大多由营利性公司拥有和运营。但是，由于它们为公共提供服务，因此其运营通常受到监管及激励（或抑制）措施以维护公共利益。第 11 章说明如何做到这一点。因此，本节和下一节（也涉及营利性业务）都将开发一般化的供应方物理模型，这些模型既可供运营商使用以最大化其利润，也可供公共机构使用以预测监管措施的效果。

在出租车系统中，乘客出行的特征信息包含起点、终点和出发时间。每一次出行由一辆出租车单独服务。这些系统中的司机可以是传统出租车系统中的专职员工，也可以是 Lyft、Uber 和滴滴出行等众包服务的兼职人员，甚至可能是自动驾驶出租车。从建模角度来看，司机的类型无关紧要，因为司机的角色仅通过车辆的成本参数进入模型[①]。因此，下面即将给出的分析适用于所有类型的司机。

与私家车相比，出租车的主要优势是消除了停车需要，并减轻了出行者拥有汽车的相关成本。出租车的主要缺点是存在"司机"的成本和等待车辆的时间成本。但是，在仅使用自动驾驶汽车的假想未来中，机器人司机的相关成本将不再是问题，因为出租车和私有汽车都具有同类型的司机。因此，第一个缺点消失了。此外，使用模型预测服务需求足够大时，乘客等待应该很小。这个预测已得到现实数据的证实，在许多城市，众包出租车服务已经实现了低等待服务。不难想象，出租车未来或将取代私家车为城市提供个体出行服务。

鉴于此，理解出租车出行的物理模型非常重要，有助于运营机构更好地设计系统，帮助监管机构出台更好的干预措施。这类系统的关键决策变量是车队规模。传统的出租车公司能直接控制这个变量，他们可以决定雇用多少司机。众包公司通过工资水平间接控制这个变量。城市则通过法规、通行费和其他费用影响这个变量。车队规模是关键的决策变量，同时影响用户服务水平和运营商的生产效率。车队规模还间接影响任何给定时刻空闲出租车的数量，以及与这些出租车对停车、交通拥堵及非出租车使用者产生的外部性影响。鉴于车队规模的重要性，接下来使用排队模型量化其影响。为了简单起见，该模型高度理想化，假设出租车始终在空间上随机且均匀地分布，并忽略随机波动的影响。因此该模型预

---

① 实际上，网约车公司的司机比机器人更难控制。例如，网约车公司要对司机采取激增定价激励措施，以驱动他们到需要的区域提供服务。司机可能会基于终点甚至种族等原因拒绝为个别乘客提供服务。而机器人司机则不会出现这些问题。

测的结果较为乐观。

7.1.1 出租车服务的物理模型：排队模型

假设在面积为 R 的服务区域内提供出租车服务。客户需求密度恒定为 λ，预期行程长度为 l，如图 7.3 所示。假设出租车的数量足够多，数量为 m，每个服务需求都能立即被分配一辆出租车。在大量使用出租车的场景下，这个假设是合理的。

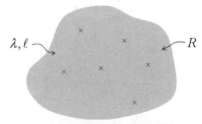

×- 对出租车服务的随机需求

图 7.3　出租车服务

如果出租车数量不足，乘客就必须排队等候分配出租车，这种较差的服务可以使用与本节内容相似的方法分析。但该模型是在 7.5 节介绍的需求响应公交模型的一个特例，因此，将延后到 7.5 节中介绍。

出租车可以处于以下三种状态之一：① 闲置；② 已派单并在接客户途中；③ 正在运送客户前往终点途中。尽管这些状态下的出租车数量及停留时间随机波动，但使用基于期望值的简单确定性排队模型足以描述要探究的物理关系了①。通过以下变量分别表示每个状态的出租车的期望数量：n_i（空闲）、n_a（已派单）和 n_s（服务/载客）。显然，$n_i + n_a + n_s = m$。假设所有出租车都处在三个分开的库中，每个库代表出租车的一种状态。出租车在整个服务周期中，从一个库流向另一个库。图 7.4 展示了这种思路，箭头上的符号是出租车状态的转换率②。

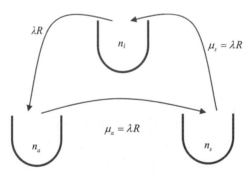

图 7.4　出租车的状态演变

在稳态下，$\mu_a = \mu_s = \lambda R$。因此，仅需要确定每种状态下的出租车期望数量即变量 n_i、n_a 和 n_s。它们应取决于需求参数 λ、R 及车辆的性能特征。为了简化说明，可以忽略出租车停车上下乘客花费的时间，这个时间与平均出行时间相比应该很小，因此只有车辆巡航速度 v 会在结果中体现。将 T_a 和 T_s 定义为出租车在派单后接顾客的状态和运送服务状态中预

---

① 这个想法有点像排队论中的"均值分析"。经验和理论表明，出租车数量很大时，这种确定性的近似对于我们的问题非常准确。
② 一个类似但较差的场景是，出租车总是在载客，乘客不得不等待出租车，而不是出租车等乘客。在这种情况下，这些数字应该跟随乘客而不是出租车。第一个库将包含等待分配的乘客数量 n_w，第二个库是已经派单的乘客数量 n_a，第三个是正在运送服务中的乘客数量 n_s。连接这些状态变量的方程与即将介绍的方程略有不同。有关此问题的答案，详见作业题 7.4 和 7.5 节。

期花费的时间。注意，T_a 也是乘客的预期等待时间。

根据标准方法，推导 n_a、n_s、n_i 和 $m=n_i+n_a+n_s$ 为 T_a 表达的函数。换而言之，把 T_a 作为必须严格满足的服务水平要求。推导出来的公式可以用适当的系数加权组合表达运营机构的成本[①]。因此，对于任何给定的服务水平，都可以预测运营成本。通过标准方法（标准定义为不等式）和拉格朗日方法框架，使用推导出的成本函数可以得到最优的运营规则和成本。这些结果可以用于比较不同形式的出租车服务与私家车和公共出行。具体推导如下。

把第 2 章中的 Little 公式应用于第一个库（已派单状态库）可以获得变量 n_a 的表达式。根据定义，出租车在该库中的预计停留时间为 T_a，出租车进入库的平均流入和流出率为 λR，该库中出租车的预期数量为：

$$n_a = \lambda R T_a \tag{7.1}$$

把 Little 公式应用于第二个库（服务/载客状态）可以获得关于 n_s 第二个表达式。在这种情况下，预期的乘客服务时间为 $T_s \approx l/v$，到达率仍为 λR。所以：

$$n_s = \lambda R \frac{l}{v} \tag{7.2}$$

变量 n_i 的表达式稍微复杂一些。出行起点到距其最近的空闲出租车的平均距离（与 T_a 成正比）应随空闲出租车的数量增加而减少。反过来，n_i 应该随 T_a 增加而下降。为了求得 n_i，假设空闲出租车始终在该区域内均匀分布。这只是近似的假设，但当乘客出行起终点随机分布时还算合理。在这个假设下，定义 d_{n_i} 为当有 n_i 个空闲出租车时从某随机出行起点到距其最近空闲出租车的距离。然后用 n_i 表示该距离的期望 $E\left[d_{n_i}\right] \equiv T_a v$。

分两个步骤完成：首先，推导 d_{n_i} 的互补累积分布函数，$Pr\{d_{n_i} \geq x\}$，然后通过积分获得期望值。这个分布是通过考虑距出行起点等距线的内部点推导得出的，即仅包含满足 $d_{n_i} \leq x$ 的子区域[②]。考虑这些区域是必要的，因为 $d_{n_i} \geq x$ 当且仅当与 x 对应的子区域中没有任何出租车。因此 $Pr\{d_{n_i} \geq x\}$ 是该子区域中没有出租车的概率。按照假设，n_i 个空闲出租车随机且独立地分布，那某个出租车不在子区域中的概率就是整个服务区域除去子区域那部分的大小与整个服务区域大小之比。由于出租车位置是独立的，子区域中没有任何出租车的可能性就是该比率的 n_i 次幂。因此，有：

$$Pr\{d_{n_i} \geq x\} \equiv Pr\{子区域内没有出租车\} = \begin{cases} \left(1-\pi x^2/R\right)^{n_i} & （欧几里得距离） \\ \left(1-2x^2/R\right)^{n_i} & （网格距离） \end{cases}$$

第二步是计算与该分布函数相对应的期望值。通过积分（见附录 7.A），可发现：

$$E\left[d_{n_i}\right] \cong \kappa \sqrt{\frac{R}{n_i}}$$

其中欧几里德距离下 $\kappa=0.5$，而正方形网格距离下 $\kappa=0.63$。

[①] 对于使用带薪司机的出租车公司来说，成本与 m 大致成正比。对于众包司机的公司，成本与 n_s 成正比。
[②] 对于欧几里德距离空间，该区域为圆形。对于正方形网格距离空间，该区域为与网格呈 45°角的正方形。

最后，由于 $E[d_{n_i}] = T_a v$，可以得到 $T_a v \cong \kappa \sqrt{\dfrac{R}{n_i}}$，并且逆关系为：

$$n_i \approx \frac{\kappa^2 R}{v^2 T_a^2} \tag{7.3}$$

现在，结合式（7.1）、式（7.2）和式（7.3）发现：

$$m(T_a) = n_i + n_a + n_s \approx \frac{\kappa^2 R}{(v T_a)^2} + \lambda R \left(T_a + \frac{\ell}{v} \right) \tag{7.4}$$

注意，已将车辆数量视为实数，并假设所有乘客的服务请求都立即派单给了空闲车辆。为了使该公式有意义，三个车辆数都应远大于1；即应该检查一下：

$$\frac{\kappa^2 R}{(v T_a)^2}, \quad \lambda R T_a, \quad \lambda R \frac{l}{v} \gg 1 \tag{7.5}$$

> **提示：**
> 实际上，由于需求和出行时间的波动，每个库中的出租车数量随时间随机变化。随机排队理论表明，各个库中车辆数量变化的标准差应相似，并且应与式（7.3）的平方根相当。当各个库都不为空时，这个模型的预测应该是准确的，否则这个模型是偏乐观的。可以分析得出，如果式（7.1）、式（7.2）和式（7.3）中的期望值与式（7.3）的平方根的比值比1大许多倍，则各个库变空的几率应该很少，因为式（7.1）、式（7.2）和式（7.3）与 R 成正比，这个比值与 R 的平方根成正比，因此，该模型对于大型服务区域应特别准确。了解了这个分析结果后，接下来学习如何使用该模型制定政策。

7.1.2　运营者视角：基于服务标准的系统优化

在推导开始之前，注意对于任意给定的服务水平，出租车系统的需求应该随着收费的增加而单调下降。对于给定的服务水平，假设总是可以找到能产生任何给定需求的唯一收费。如果同时给出需求和服务水平，则运营收入是一定的。这样的结果是，仅仅通过成本最小化，即通过解决前面章节中的标准问题，就可以使利润最大化。这个优化问题很重要，因为运营机构可以使用该问题的解决方案寻求更多的选项，包括定价策略等[①]。现在把注意力转移到这个标准问题上。

运营成本的一个代理变量是车队的大小，m；用户服务水平的一个代理变量是平均等待时间 T_a。这两个变量是相关的，如式（7.4）所述，使用 T_a 作为决策变量构建标准问题。即：

$$\min_{T_a} \{ m(T_a) : T_a \leqslant T_0, (7.5) \} \tag{7.6}$$

对于大多数问题来说，式（7.5）通常没有约束力，可以忽略，优化完成后，再进行后验。这样，式（7.6）的解具有闭合解析形式。为了求解，注意，式（7.4）是 GEOQ 表达式，其无约束最小解为 $T_a^u \cong (2\kappa^2)^{1/3} \lambda^{-1/3} v^{-2/3}$ 和 $m^{u*} \equiv \underline{m}(T_a^u) \cong 1.9 \kappa^{2/3} \lambda^{2/3} v^{-2/6} R + \lambda R l / v$。如果

[①] 如第11章所述，通过探索不同收费价格和服务水平下这些标准问题的解决方案，运营机构可以找到最佳系统设计和定价解决方案。

$T_0 > T_a^u$，约束无效，则 $T_a^* = T_a^u$，而 $m^* = m^{u^*}$。另一方面，如果 $T_0 \leqslant T_a^u$，则约束生效，受约束的解为 $T_a^* = T_0$，$m^* = m(T_0)$。图 7.5 显示了最优车队规模函数，写为 $m^*(T_0)$，假设这个结果满足约束式（7.5）。曲线 $m^*(T_0)$ 的下界值 $m^{u^*} \cong 1.9\kappa^{2/3}\lambda^{2/3}v^{-2/3}R + \lambda R l/v$ 能够满足需求的最小车队规模。小于该值的车队规模无法保持稳定运营状态并为所有乘客立即派单。图 7.5 还显示，任何超过此最小值的车队规模都可以达到或优于以下服务标准：$T_a^u \cong (2\kappa^2)^{1/3}\lambda^{-1/3}v^{-2/3}$；车队规模越大，服务水平就越好。

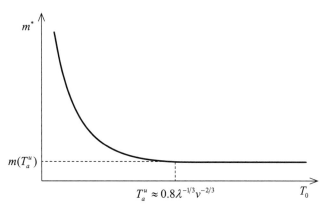

图 7.5 达到目标服务水平 T_0 的最小车队规模

运营者的平均服务成本与需求之间的关系也很有意义。该成本由比率 m^*/λ 表示。$m^*(T_0)$ 函数的两个分支表达式都与 $\lambda^{2/3}$ 成正比，因此，比率 m^*/λ 与 $\lambda^{-1/3}$ 成正比，也就是说，运营者的平均服务成本随需求增加而下降。该规模经济效益的存在表明大型公司在这个服务市场里处于有利的地位，因而可能需要政府监管。

注意，上面的公式只有在满足后验条件式（7.5）时才有效。在 λ 或 R 值较大的现实情况下，这个条件始终成立。否则应在考虑式（7.5）的约束下求解式（7.6），并再次求解（如有必要，可以用数值解法）。以下示例说明了一个一般场景。

【例 7.1】考虑欧几里得距离下（即 $\kappa = 0.5$）且有以下参数的城市：

$$\left.\begin{array}{l} T_0 = 0.08 \text{ h} \\ \lambda = 1 \text{ pax/km}^2 \cdot \text{h} \\ R = 400 \text{ km}^2 \\ v = 20 \text{ km/h} \\ \ell = 10 \text{ km} \end{array}\right\} \Rightarrow \begin{array}{l} n_a = 32 \\ n_i = 40 \\ \underline{n_s = 200} \\ m = 272 \end{array}$$

由于所有变量都满足式（7.5），该解是可以接受的。此外，因为 $\sqrt{n_i} \ll n_i$、n_a、n_s，所以即使有上面的提示，这个解决方案也应该是准确的。

7.1.3 社会视角：与自驾出行和公共出行的比较

本小节把传统出租车与其他模式进行比较，并假设在政府监管政策下出租车公司的营运目的是为社会服务。如前几章所述,使用截断拉格朗日方法可以把运营机构和乘客的成本合并为一个广义成本函数。

接下来,用 $\gamma = c_d/v$ 表示一辆出租车单位时间的运营成本,以 β 表示乘客时间价值。图 7.5 里的函数 $m^*(T_0)$ 给出了运营机构一侧的成本,而乘客侧成本包括等待和乘车时间的总和。因此,可将最小化问题表述为:

$$\min_{T_0}\left\{\lambda R\beta\left[T_0+\frac{\ell}{v}\right]+\gamma m^*(T_0)\right\}$$

为了得出解析表达式,首先要简化这个问题。显然 $T_0^* \leq T_a^u$,这是因为当 $T_0 > T_a^u$ 时,目标函数随 T_0 的增加而增加。因此,可以将约束 $T_0 \leq T_a^u$ 添加到上述问题中而不会改变结果。如图 7.5 所示,$m^*(T_0) = m(T_0)$ 在可行域内仍成立。因此可以替换并添加约束。另外,将两项成本都除以 $\lambda\beta R$,以便用更直观通用的时间单位表示结果。这些操作后的简化版本是:

$$\frac{z}{\beta}=\min_{T_0}\left\{\left[T_0+\frac{\ell}{v}\right]+\frac{\gamma}{\beta}\left[\frac{1}{\lambda(2vT_0)^2}+\left(T_0+\frac{\ell}{v}\right)\right]\right\};\text{s.t. } T_0\leq T_a^u$$

这表明最小值实际上在 $T_0 < T_a^u$ 时达到,因此这个约束是不必要的。该问题是关于 T_0 的广义、无约束的 GEOQ,它有闭合的解析解。到此,就完成了数学上的简化。

从第 2 章可知,该 GEOQ 问题的解析解是:

$$T_0^* = \left(\frac{1}{2}\frac{\gamma}{\beta+\gamma}\right)^{\frac{1}{3}}\lambda^{-\frac{1}{3}}v^{-\frac{2}{3}} \tag{7.7}$$

并且,

$$\frac{z^*}{\beta}=\left(1+\frac{\gamma}{\beta}\right)\frac{\ell}{v}+\left(\frac{27}{16}\frac{\gamma}{\beta}\left(1+\frac{\gamma}{\beta}\right)^2\right)^{\frac{1}{3}}\lambda^{-\frac{1}{3}}v^{-\frac{2}{3}} \tag{7.8}$$

通过改变 γ 的值,这些公式可以代表不同的出租车服务形式。例如,当出租车司机是人时,期望 $\gamma > \beta$,因为车辆的成本不仅包括设备成本,还包括司机的工资(应与 β 值类似)。相比之下,在无人驾驶出租车的情况下,期望 $\gamma/\beta 1 \ll 1$;即 γ 与私家自动驾驶汽车相同。

对于无人驾驶出租车,式(7.8)右侧的第一项是克服距离的成本,该成本与驾驶私家车的成本相同。第二项是额外成本,包含无人车不产生效益的时间成本(空闲和派单后接乘客)及乘客的等待成本。这笔额外成本应与私家车出行所需的额外费用进行比较:包含车库、停车、寻找停车位,以及走到停车位的费用。注意,这些私家车的额外成本不受交通需求显著影响,但随着 λ 的增加,出租车的额外成本(包括出租车空驶的成本)逐渐降至零。这就是为什么无人驾驶出租车可能会成为人口稠密城市中最普遍的出行方式的原因。

在中高收入国家,对于当前有司机的出租车,我们期望车辆设备成本($\lambda-\beta$)与司机的工资 β 相比是很小的,因此 $\gamma/\beta \approx 1$。在这个特殊情况下,前面的公式退化为:

$$T_0^* \approx 0.63\lambda^{-\frac{1}{3}}v^{-\frac{2}{3}} \tag{7.9}$$

$$\frac{z^*}{\beta} - \frac{\ell}{v} \approx \frac{\ell}{v} + 1.9\lambda^{-\frac{1}{3}}v^{-\frac{2}{3}} \qquad (7.10)$$

注意，式（7.10）的左侧表达式给出了普通出租车高出无人驾驶出租车的费用。无人驾驶出租车的费用为 $\left(1 + \frac{\gamma - \beta}{\beta}\right)\frac{\ell}{v} \approx \frac{\ell}{v}$。即使需求很高，等式右侧也不会趋于零，并有相当大的下界：ℓ/v。因此，只有当无人驾驶出租车涉及相当多的额外费用（如停车费）时，人工驾驶出租车才是个体出行的可比选择。

出租车也可以与公共出行做比较。如前文所述，随着需求向无穷大增长，公共出行的广义成本无限接近 ℓ/v。如式（7.10）所示，如果需求较大，公共出行可以轻易地胜过人工驾驶的出租车。然而，正如式（7.8）所揭示的那样，来自运营成本较低的无人驾驶出租车的竞争应该会更加激烈。如果无人驾驶出租车能找到高效共享的方法，竞争还会更加激烈。7.3 节中将探讨这部分内容。然而，在此之前，先讨论没有专职司机的车辆共享。

7.2 无专职司机的车辆共享：单程系统

本节讨论如何共享无专职司机的交通工具，如电动踏板车、自行车、电动自行车和普通汽车。无司机的情况较大地改变了共享问题，如果没有司机，则无法将空闲的交通工具派给等待的顾客，而只能将它们停放在某处，让顾客步行至停放地点取用。这显然不是理想的共享方式。在未来，无人驾驶汽车应该是车辆出行的主要方式，可以显著减少停车和步行的麻烦。接下来的研究适用于无法实现无人驾驶的交通工具，如自行车和电动自行车。

这类系统有两种。一些停车即走系统允许将车辆停在任意合法地点（例如，中国的 Mobike 和 ofo 系统，或美国的 Bird 和 JUMP 系统[①]）。另外一类则仅能停放在泊位（Pods）所在的特定位置（如 Zipcar、芝加哥的 Divvy、巴黎的 Velib、巴塞罗那的 Bicing 等）。至少就目前而言，后者在全世界更为普遍。技术的选择涉及成本的权衡，在前一个"随需停车"系统中，每辆车都必须有远程信息处理设备，供运营者追踪，能被用户找到，并执行所有必要的业务交易。在基于固定泊位的系统中，车辆可以笨一些，远程信息处理系统可以放在泊位上。泊位的位置和数量便成为设计的中心问题。

基于固定泊位的系统也有两种形式：双程系统和单程系统。在双程系统中，用户需要将车辆归还至借来的泊位。之所以使用"双程"这个名字，是因为每一次借用过程都涉及往返泊位的双向出行。传统的汽车租赁公司通常就是这样工作的。双程系统适用于多次出行的长期租赁，但不适于快速个人出行。所以，为了服务快速单人出行，出现了可在任意泊位还车的单程系统。单程系统更适用于城市出行。因此，本节将重点关注单程系统。

自行车和电动自行车系统是常用于大都市地铁和区域列车系统的接驳方式，固定泊位常设于车站附近。在单程系统中，固定泊位更多分布在车站服务区内。但是，单程系统也可以独立运营，以服务多起点到多终点的出行需求。下面将研究这类应用的情况，它的适

---

① 编译者注：只存在少量的禁停区。

用范围更广,也更复杂。

单程多起点对多终点共享车辆系统的致命弱点是,如果需求空间分布不平衡,即服务区域内一些地方的出行终点持续系统地多于出行起点(反之亦然),运营机构将被迫定期重新为泊位分配空车,这项操作的成本非常可观。对于丘陵城市的共享自行车系统来说,这个问题尤为严重,因为人们更喜欢骑车下坡。

单程共享车辆系统需要考虑三个影响成本和服务水平的设计变量:车队规模、车辆重置策略及固定泊位数量(如使用泊位)。与本书的其他部分一样,本节只研究出行需求均匀且稳定的简单场景。这是一种有利的情况,因为这种类型的出行需求最大限度地减少了再车辆分配的需要,同时足以说明分析方法,并启发深入地思考。在车辆重置成本中系统地添加其他项,也可以分析其他场景,但限于篇幅本文不做详细探讨。为了得到解析公式,本节使用一个略显乐观的排队模型,该模型不在空间上跟踪车辆的位置。

7.2.1 无固定泊位,随需停车系统

从用户的角度来看,这类系统更好,它极大地减少了步行距离,尤其是在行程终点。在这类系统中,用户能在线查看闲置车辆,按下按钮就可以预订。闲置车辆被用户预订时,系统立即把该车辆分配给客户,并将之从可用车辆列表中删除,运营者与用户之间的交易开始了。用户步行至车辆,使用车辆,用完后归还车辆,车辆回归到可用车辆列表,用户交易完成。

假设出行需求完全平衡,不需要系统重置车辆。沿用 7.1 节的方法、场景和符号。每辆车都经历与上文相同的三种状态:空闲、已分配给用户、用户使用中。用户要么在接近指定的车辆的过程中,要么在车辆运送的过程中。唯一的区别是,在 7.1 节中,已分配的车辆与用户之间的距离以 v 的速率随时间缩小,而现在以 $v_w \ll v$ 的速率减小。因此,在式(7.3)中用 v_w 替换 v,式(7.1)~式(7.3)中包含的模型组成部分仍然适用。

读者可以重复式(7.3)的推导并轻松地验证,如果用 v_w 替换变量 v(仅当它代表空车速度时),所有公式都将继续适用。例如,图 7.5 中临界点的坐标现在为 $T_a^u \cong (2\kappa^2)^{\frac{1}{3}} \lambda^{-\frac{1}{3}} v_w^{-\frac{2}{3}}$ 和 $m^u \cong 1.9\kappa^{\frac{2}{3}}\lambda^{\frac{2}{3}}v_w^{-\frac{2}{3}}R + \lambda R\ell/v$。在用 v_w 代替 v 之后,最优服务水平仍然由式(7.7)给出,并且政府监管下的最优广义成本的式(7.8)变为:

$$\frac{z^*}{\beta} = \left(1+\frac{\gamma}{\beta}\right)\frac{1}{v} + \left(\frac{27}{16}\frac{\gamma}{\beta}\left(1+\frac{\gamma}{\beta}\right)^2\right)^{\frac{1}{3}}\lambda^{-\frac{1}{3}}v_w^{-\frac{2}{3}} \qquad (7.11)$$

从式(7.11)中可以看出,规模经济效益仍然存在。如果需求量非常大,则该系统性能可与私家车媲美。这可以使拥有多辆汽车的家庭减少一辆或多辆汽车,并减少家庭车库的大小。它的好处十分明显。

在这些公式中使用适当的 γ 和通达速度(v 或 v_w),还可以比较优化配置的人工驾驶出租车服务与单程共享车辆系统。注意,因为没有专职司机,后者的通达速度和运营成本

γ 均较低。通过分析式（7.8）和式（7.11）的结构可以看出，在通达速度和 γ 较小的情况下，λ 较大时，共享车辆系统更有优势；λ 较小时，出租车更有优势。作业题 7.5 要求读者为几种场景设计这两种类型的最佳系统，并对它们进行比较。

这里的分析是偏乐观的，因为它假设出行需求是均匀分布的。实际的系统会面对非均衡的需求，从而增加运营成本。这些非均衡不仅可以通过车辆重置补救，还可以通过定价激励措施补救，给在需要车的区域还车的用户奖励。如果已知需求系统性地失衡而且比较重要，可以按线性规划中的最小成本网络流问题为车辆重置成本建模。

7.2.2 有固定泊位的系统

这是目前更为常见的车辆共享系统形式，因为它的技术要求较低。智能设备大都安装在固定泊位中，无须在系统上预约，只要确保泊位至少有一辆可用车辆。与无泊位系统不同的是，这种运营形式需要某种形式的车辆重置。其关键决策变量是固定泊位的数量，因为如下文所示，该变量显著影响车队规模和用户通达时间。

使用 7.2.1 节的场景，假设出行需求足够稳定和均匀，不需要重置车辆。唯一增加的变量是固定泊位的数量 p。假设该服务区域由正方形街道网格覆盖，为了使效率最大化，泊位都设置在与街道成 45° 的正方形网格上。通过简单的概率计算可以看出，乘客到最近泊位的平均通达距离为 $\sqrt{2R}/(3\sqrt{p})$。因此，客户平均通达时间与固定泊位数量的平方根成反比。

$$T_a = \frac{\sqrt{2}}{3} \frac{\sqrt{R}}{v_w \sqrt{p}} \tag{7.12}$$

由于出行需求平衡且稳定，假设固定泊位中的车辆数量波动非常小，例如，在正负 1 辆车之内。如果所有泊位都至少有 1 辆车以确保满足所有需求，则泊位中停泊的车辆数量平均约为 $2p$。根据 Little 公式（见式（7.2）），使用中的流通车辆的期望数量是 $n_s = \lambda R l/v$；所以，车队总规模为：

$$m = 2p + \lambda R(\ell/v) \tag{7.13}$$

从运营者的角度来看，成本应大致由 p 和 m 的线性组合得出。基于标准问题的目标是使该线性组合最小化，同时满足式（7.13）和 $T_a \le T_0$，而 T_a 公式由式（7.12）给出。

从社会的角度看，仍可以使用以式（7.12）和式（7.13）为基本要素的广义成本方法，接下来对此进行探讨。为了简单起见，假设固定泊位非常便宜，成本可以忽略不计。与式（7.12）不同，式（7.13）随 p 增加而增加。因此，广义成本函数应该体现出关于泊位数量的权衡。如果用每次出行对应的通用时间单位表示此函数，则可通过将式（7.13）乘以 $\gamma/\lambda R\beta$，并与用户行程时间相加而获得。用户行程时间是行程两端的通达时间 $2T_a$ 和平均乘车时间之和，因此广义成本函数为：

$$\frac{z}{\beta} = \frac{\ell}{v} + \frac{2\sqrt{2}}{3} \frac{\sqrt{R}}{v_w \sqrt{p}} + \frac{\gamma}{\lambda \beta R} \left(2p + \lambda R \frac{\ell}{v} \right) \tag{7.14}$$

这是具有如下最优解的 GEOQ 方程：

$$p^* = R\left(\frac{\lambda\beta}{3\sqrt{2}\gamma v_w}\right)^{2/3} \tag{7.15}$$

$$\frac{z^*}{\beta} = \left(1+\frac{\gamma}{\beta}\right)\frac{\ell}{v} + \left(\frac{12\gamma}{\beta}\right)^{1/3}\lambda^{-1/3}v_w^{-2/3} \tag{7.16}$$

因为两种服务非常相似,这个"成本"表达式与式(7.11)具有相同的函数形式。它们的第二项的系数不同,这是因为空车的分布及数量不同。由于 $\gamma/\beta \ll 1$(因为没有司机),式(7.11)中的系数更小。这证实了无固定泊位系统的效率更高。

随机影响和车辆重置成本

通过加入随机性,上述模型可以更接近实际。这需要在固定泊位内加入"安全库存",并定期重置车辆。为了估算相关成本,假设出行需求来自一个随机过程。该过程在时空上的增量独立,且离散度指数(即方差与均值之比)为 I(车辆)[①]。还可以假设泊位每经过 $h[h]$ 时间间隔会进行检查,然后立即通过车辆重置平衡泊位内的车辆数。

首先,考虑安全库存。在检查间隔期间,某泊位取车数量的方差是平均需求乘以离散度指数;即 $(\lambda Rh/p)I$(车辆^2)。由于出行需求平衡且稳定,这也是还车数量的方差。假定取车和还车相互独立,所以取还车数量盈余的方差(即还车数减去取车数)为 $2\lambda RhI/p$。该盈余可以是正数,也可以是负数,大概率是在正负两个标准差范围内变化。如果泊位初始库存等于 $1+2(2\lambda RhI/p)^{1/2}$,则可以确保站点在任何时候都至少有 1 辆可用车辆。由于有 p 个泊位,包括安全库存在内的全系统闲置车辆数量为:

$$n_i = p + 2(2\lambda RhIp)^{1/2} \tag{7.17}$$

车辆重置成本取决于使用的策略。共享汽车和共享自行车的重置方式不同。前者由员工司机一次移动一辆车,后者使用专门的运载车辆分批移动。我们在此探讨如何借助量纲分析估算车辆重置的成本。假设成本与车辆重置的总里程成正比,并假设在每次车辆重置中,运营者需解决供需平衡的运输问题(众所周知的网络流问题),其中每个泊位需要运出/运入的车辆数是上一个时间间隔内该泊位多余/缺少的车辆数,如图 7.6 所示。每次车辆重置总距离为 D(车辆·km)。用于确定这一距离的参数有:每个泊位取还车数量盈余的标准差,暂时表示为 σ(车辆)、服务区域面积 R(km^2)、泊位数量 p(无量纲)。(有了这些参数,不需要额外的信息就可以生成仿真模型回答我们的问题。)使用这些常数只能构造两个相互无关的无量纲组合,因此,集合 $\{D/(\sigma R^{1/2}); p\}$ 是最大相互无关集。从量纲分析得出,问题的解必须是这样的形式:$D/(\sigma R^{1/2}) = f(p)$,其中 f 是待确定的函数;或者,$D = \sigma R^{1/2}f(p)$。Daganzo 和 Smilowitz(2004)中的仿真分析表明,该函数随着 p 的增加而缓慢增加,当 p 取值在 10^1 到 10^4 的范围内时,近似表达式是 $f(p) \approx 0.8p^{1/2}$。因此,使用:$D \approx 0.8\sigma(pR)^{1/2}$。[②]

为了完成这个分析,每个泊位盈余的方差为 $(2\lambda IRh/p)$;即 $\sigma = (2\lambda IRh/p)^{1/2}$。因此,$D \approx 1.13(\lambda Ih)^{1/2}R$(车辆·km)。将此结果除以一个检查时间间隔内发生的出行数 λRh,可得到

[①] 对于泊松过程,$I=1$。
[②] 该参考文献中的系数是 0.62 而不是 0.8。系数增加了 1.28≡0.8/0.62 倍,因为参考文献使用的是欧几里得距离,但这里使用的是网格距离,系数 1.28 是网格上随机出行的平均长度。

服务一个客户均摊的车辆重置距离：$1.13(I/\lambda h)^{1/2}$。要将此转换为以通用单位表示的成本，应再乘以$\gamma(v\beta)$，可得到：

$$\text{乘客均摊的期望车辆重置成本} \approx 1.13[\gamma(v\beta)](I/\lambda h)^{1/2} \tag{7.18}$$

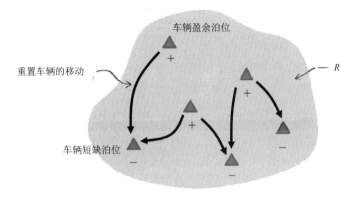

图 7.6　跨泊位重置车辆

注意，这个近似值与泊位的数量无关。这表明，如果实际应用中的泊位数量很大，更改泊位数量不会对车辆重置成本产生显著影响。

接下来，将车辆重置成本式（7.18）与通达距离的式（7.12）的两倍、空闲车辆数式（7.17）和使用中的车队规模$\lambda R\ell/v$乘以适当的系数后相加，得到包含随机波动影响的广义成本函数。以通用单位表达的结果为：

$$\frac{z}{\beta} \approx \frac{\ell}{v}\left(1+\frac{\gamma}{\beta}\right)+\frac{2\sqrt{2R}}{3v_w}\left(\frac{1}{p}\right)^{1/2}+\left(\frac{\gamma}{\lambda R\beta}\right)\left(p+2(2\lambda RI)^{1/2}(hp)^{1/2}\right)+1.13\left(\frac{\gamma I^{1/2}}{\lambda^{1/2}\beta v}\right)\left(\frac{1}{h}\right)^{1/2} \tag{7.19}$$

虽然这个式子看起来很复杂，但可以看到，成本项以简单的方式依赖于h和p。
- 车队成本——$(hp)^{1/2}$（可以忽略"p"，因为它通常相对较小）
- 车辆重置成本——$h^{-1/2}$
- 用户通达成本——$p^{-1/2}$

这些依赖关系意味着找到由h^*和p^*定义的优化设计比较容易。实际上，如果在优化中忽略较小项$\left(\dfrac{\gamma}{\lambda R\beta}\right)p$，则可以通过条件分解得到解析解。注意，泊位的数量$p$必须至少为1。

代数运算表明，当$R\left(\dfrac{\lambda\beta^2 v}{I\gamma^2 v_w^2}\right)^{2/3} \geqslant 2$时，最优成本为：

$$\frac{z^*}{\beta} \approx \frac{\ell}{v}\left(1+\frac{\gamma}{\beta}\right)+\left[0.5\left(\frac{\beta v^2}{\gamma I^2 v_w^2}\right)^{1/3}+\left(\frac{81.4\gamma^2 I v_w}{\beta^2 v}\right)^{1/3}\right]\lambda^{-1/3}v_w^{-2/3} \tag{7.20}$$

将这个表达式与式（7.11）和式（7.16）做比较不太容易，因为最后一项涉及更多的参数，如$v_w I/v$。但可以看出[①]，中括号中的表达式有下限$(63.4\gamma/\beta)^{1/3}$，这意味着具有固定泊位的系统的成本更高。

---

① 要理解这一点，注意中括号中的表达式是$v_w I/v$的GEOQ函数，因此它有下限。

在现实中，如果考虑固定泊位的基础设施成本（这在上面的分析中被忽略了），泊位系统的成本应该更高。另一方面，泊位系统更适用于电动汽车，因为泊位可以兼作充电站。无论如何，式（7.20）仍然表现出规模经济效益。因此，就像无人驾驶出租车一样，没有专职司机的汽车共享在中等或较高的出行需求下优于普通出租车和私家车。然而，在这样的需求水平下，共享出行会更好，而不仅仅是共享汽车。下一节探讨共享出行。

7.3 匹配拼车和顺风车[①]

匹配拼车（Ride-Matching，RM）是对出租车服务的改进，使起点、终点和出行时间相似的出租车乘客在绕行很少的前提下共乘一辆车。乘客可以体验到与出租车类似的服务。尽管现在似乎没有此类服务，但出租车公司完全可以考虑提供这种服务[②]。顺风车（Carpooling，CP）是指在无专职司机参与的情况下，让司机接受一名出行时间相容、起点和终点均不要求绕道的额外乘客。

本节重点介绍这两种出行匹配方法在大规模整合出行方面的潜力。本节仍使用简单且略乐观的模型。本节不使用优化的方法，而是针对不同场景推导能够匹配成功的乘客的百分比。匹配拼车和顺风车的关键区别是，前者的所有参与者都是相似的，后者有两类不同的参与者：第一类参与者提供汽车和司机，其余的参与者只能作为乘客寻找乘车机会。这种不对称性使得这两个系统的匹配成功率略有不同，如图 7.7 所示。该图描述了一个服务区域，其中街道形成正方形网格。考虑虚线箭头描绘的参与者，此参与者当前位于点 C，已经在车内向终点 D 行驶。箭头使用虚线，表示该参与者路线选择具有一定的灵活性。此时，另外三个参与者中的一个请求搭车。他们的起点-终点矢量在图中用细实心箭头表示。注意，在顺风车模式下，只有参与者 2 可以在不绕道的情况下得到服务，但是在匹配拼车模式下，参与者 2 或参与者 3 都可以得到服务。这说明匹配拼车参与者比顺风车参与者更有可能成功找到匹配。这个差异说明在不同的章节处理这两项服务是合理的。我们从匹配拼车开始讨论。

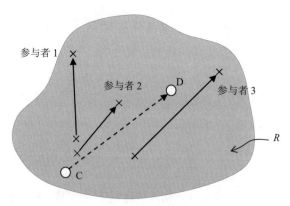

图 7.7　匹配拼车或顺风车中的参与者

[①] 跳过此节，也不会影响阅读。

[②] Uber Pool 和 Lyft Line 的服务不算匹配拼车服务，因为它们有时会让乘客绕行很多。

7.3.1 有或无预约的匹配拼车

乘车匹配系统可以是即时无预约的（spontaneous ride matching，SRM），也可以是基于提前预约的（reservation-based ride matching，RRM）。在无预约的系统中，乘客在预订时表明他们是否愿意拼车。在基于预约的系统中，乘客会提前较长时间（如一天）预订。在这两种情况下，出租车公司都尽可能多地匹配行程，并对剩下无法匹配的乘客提供单独的服务。假设每次匹配拼车都只涉及两个出行者是合理的。

本小节中构建了一个模型，该模型可以粗略地预测两种系统的参与者成功匹配的比例 r。可以看出有预约系统的参与者匹配成功比例更大，并且 RRM 比较于 SRM 的相对优势随着城市大小的增加而增加。当然，假设出租车的车队足够大，可以保证如 7.1 节所述的即时派单。而且，为了使分析简单，使用比较乐观的近似方法，这种近似在出行需求较小时比较准确。

在推导过程中，假设匹配成功的两个出行必须在时间上不超过 $\tau \ll 1[h]$ 的容忍范围，并且在空间上完美匹配，即两个参与者都不会因为绕道增加出行长度。这里避免绕路是为了吸引需求。7.4 节描述的共享出租车业务放宽了这一限制。假设有一个面积为 R 的服务区域，该区域具有稳定且均匀的出行需求密度 λ（出行数/h·km^2），车辆以速度 v 行驶。为了突出说明问题，在此不指定平均出行长度。相反，假设出行终点要么集中在中心（集中式需求），要么在整个区域内均匀独立分布（分布式需求）。这样处理还有一个额外的好处，即从建模公式中消除了一个额外的参数。

因为只需要四个参数 $\{\lambda, R, v, \tau\}$ 指定应用场景，即特定的城市和网络、需求类型（集中式或分布式）和服务类型（RRM 或 SRM），所以建模的公式相当简单。因此，包括寻求的匹配成功率 r，对所有可能场景的分析涉及 5 个变量和 2 个维度（时间和距离）。这些变量的无量纲组合独立的最大相互无关集是：$\{r, \lambda R \tau, \tau v/R^{1/2}\}$。为了简便起见，最后两个组合可简写为：

$$\pi_1 \equiv \lambda R \tau, \qquad \pi_2 \equiv \tau v/R^{1/2} \tag{7.21}$$

注意，参数 π_1 是出行需求的无量纲度量，表示在容忍时间内整个服务区域内的乘车请求数；参数 π_2 是容忍时间的无量纲度量。由于 π_2 是容忍时间与车辆穿越该服务区域所需时间的比率，因此在大多数应用中，预期 $\pi_2 \ll 1$，本节的分析仅限于这种情况。

考虑到上述情况，量纲分析表明，对于任何应用场景，问题的答案一定是以如下形式给出：

$$r = F(\pi_1, \pi_2) \tag{7.22}$$

其中，函数 F 取决于应用场景。下面推导该函数的近似形式。

在描述方法之前，需要介绍一些术语。已经单独在车内并寻找匹配的乘客称为"搜索者"。因为每一次成功匹配都有两名参与者，一名先独自开始出行，而另一名稍后加入。前者称为（乘车服务的）"提供者"，后者称为"接受者"。显然，一个随机参与者属于这两个类别之一的概率必须相等且均为 $r/2$。此概率表示为 $q = r/2$。注意，这个值也代表匹配拼车可以减少的汽车出行量。

这里推导的核心逻辑是找到一个表达式 $n(\pi_1,\pi_2)$，代表一个"搜索者"在其出行期间遇到的有效服务请求（来自接受者）的期望数①。这里，"有效"是指满足两个条件：①搜索者在 τ 时间长度内接到接受者，以及②两个行程组合在一起时不需要任何绕道。注意，有效的相遇应该随泊松过程独立发生，因此这种有效相遇的总数量是期望为 $n = n(\pi_1,\pi_2)$ 的泊松随机变量。如果假设这些有效服务请求都不会被其他搜索者满足，那么搜索者在出行过程中成功找到至少一名接受者的概率是：$p \approx 1-\exp\{-n\}$。接下来注意，$q=(1-q)p$，因为某个参与者成为成功的提供者的概率 q，等于其未能成功成为接受者的概率$(1-q)$，与其之后作为搜索者在途中成功找到一名接受者的概率 p 的乘积。因此，$q \approx (1-q)(1-\exp\{-n\})$，并且求解 q。可发现：

$$q \approx \frac{1-e^{-n}}{2-e^{-n}} \text{ 或 } r \approx \frac{1-e^{-n}}{1-\frac{1}{2}e^{-n}} \tag{7.23}$$

当 $n \ll 1$ 时，这些表达式是比较准确的，并可进一步简化为：

$$q \approx \frac{n}{(1+n)} \text{ 或 } r \approx \frac{2n}{(1+n)}, \text{ 如果 } n \ll 1 \tag{7.24}$$

附录 7.B 显示，如果服务区域为正方形，具有密集垂直的网格街道，且出行终点是均匀分布的，则有效相遇的期望数为：

$$n \approx \pi_1\pi_2/36 \text{（对于SRM）和 } n \approx \pi_1/72 \text{（对于RRM）} \tag{7.25}$$

如果终点集中在一个中心点，则：

$$n \approx \pi_1\pi_2/8 \text{（对于SRM）和 } n \approx \pi_1/16 \text{（对于RRM）} \tag{7.26}$$

如果允许出租车稍微绕行，或如果道路网格有变形，类似的公式也应该适用。

【例 7.2】假设有一个城市，其 SRM 服务的假想参数值如下：$\lambda \approx 1.5 \text{ pax/hr} - \text{km}^2$、$R \approx 12\times12=144 \text{ km}^2$、$\tau \approx 0.1 \text{ hr}$，以及交通中度拥堵情况下的 $v \approx 20 \text{ km/hr}$。这将产生 $\pi_1=21.6$，且 $\pi_2=0.17$。因此，对于 SRM，$n \approx 0.1$，且 $r \approx 0.18$。

在不同规模的城市提供匹配拼车服务时，提前预订对成功匹配数量的影响是值得关注的问题。从式（7.25）和式（7.26）可以看出，预订使有效相遇次数增加了 $(2\pi_2)^{-1}$ 倍；从式（7.24）中注意到，如果 π_1 较小，则成功匹配数的比率保持为接近 $(2\pi_2)^{-1}$。否则，因为式（7.23）非线性，该比率较小。在这两种情况下，其他参数相同时，由预订带来的改善与 π_2 成反比。由此推论，对于任何给定的可达距离 τv，提前预订的相对收益随着城市直径的增加而增加。

7.3.2 顺风车

匹配拼车（RM）和顺风车（CP）之间的主要区别在于，顺风车参与者被划分为两组：提供乘车服务的参与者和只能搭车的参与者。前一组的参与者作为司机全程与车在一起，如果找不到搭车者，就独自驾驶出行。后一组的参与者如果找不到匹配，就比较麻烦了。

---

① 这里，假设出租车在去接第一个乘客的路上永远不会绕道去接第二个乘客；也就是说，一个接受者只能与已经在车里的参与者（搜索者）相匹配。这是一个合理的简化，特别是在 SRM 的情况下，因为它使等待时间更可靠。

在预订系统（reservation-based carpooling，RCP）中，参与者有足够长的时间提前得知匹配失败的情况，以便做其他安排（如选择独自驾车）。但在即时系统（spontaneous carpooling，SCP）中，匹配失败的参与者不得不临时寻找其他出行方式。这就是为什么即时系统通常出现在出行需求集中的早通勤时间（因为匹配成功的可能性更高），或者在繁忙的交通枢纽附近（因为那里有其他出行方式）。"随意式顺风车（casual carpooling）"就是一个恰当的例子。虽然分散式需求下即时顺风车系统可能并不适用于实际，但本节将推导相关 RCP 和 SCP 的所有场景的表达式。Scoop 和 Waze Pool 等公司提供的就是基于预订匹配的服务。

与匹配拼车相比，顺风车问题需要一个用于描述两种参与者所占比例的参数。该参数是搭乘顺风车的参与者（被服务者）比例 f。被服务者的出行需求密度表示为 λf，服务提供者的需求密度为 $\lambda(1-f)$，这两个值都是已知的。本小节关注所有参与者中被服务者成功搭乘顺风车的比例 r。每次匹配都涉及两种参与者中的一位，而两种参与者的数量不同，通常情况下，被服务者和服务提供者的成功比例不同，分别是 r/f 和 $r/(1-f)$。

这里的分析逻辑与匹配拼车的逻辑相似。主要区别在于每个参与者只有一个角色，要么是被服务者，要么是服务提供者。计算一个服务提供者（来自提供服务的参与者）期望的有效相遇次数 n。与式（7.23）不同，基本平衡方程式可写为：

$$r/(1-f) \approx 1 - e^{-n} \tag{7.27}$$

或者对于较小的 n：

$$r \approx (1-f)n \quad \text{如果} \quad n \ll 1 \tag{7.28}$$

这仅仅表示服务提供者的成功率是有至少一次有效相遇的概率。与上一节一样，它忽略了其他服务提供者的竞争。因此，该表达式仍然是一个上界，它在搭车者的比例 f 很低时比较准确。

附录 7.B 假设服务区域是具有密集方格街道网络的正方形，并推导出 n 的近似表达式。在出行终点分散分布的情况下，结果为：

$$n \approx f\pi_1\pi_2/72 (\text{对于SCP}) \text{ 和 } n \approx f\pi_1/144 (\text{对于RCP}) \tag{7.29}$$

如果出行终点集中分布，结果是：

$$n \approx f\pi_1\pi_2/8 (\text{对于SCP}) \text{ 和 } n \approx f\pi_1/16 (\text{对于RCP}) \tag{7.30}$$

将式（7.29）和式（7.30）带入式（7.27）和式（7.28），可得出 r 的解。例如，$n \ll 1$ 时，预订系统的表达式可简化为：

$$r \approx f(1-f)\pi_1/144 \text{ （分散的RCP） } \text{ 和 } r \approx f(1-f)\pi_1/16 \text{ （集中的RCP）} \tag{7.31}$$

注意，所有场景下，当 $f=0.5$ 时，即当服务提供者和被服务者的数量大致相同时，匹配率达到最大，这是符合预期的。

【例 7.3】使用匹配拼车示例的数据检验三个集中 RCP 的场景（$f=0.25$、0.5 和 0.75）。仍有 $\pi_1=21.6$。根据式（7.30），对应这三个 f 值的 n 分别为 0.34、0.68 和 1.01。式（7.31）给出成功匹配的参与者的比例是 r，分别为 0.25、0.34 和 0.25。如果使用更精确的近似值式（7.28），这些数字会稍微低一些：r 为 0.21、0.25 和 0.16。与匹配拼车示例的比较表明，这两组比率比较接近。这有些出乎意料，因为顺风车示例假设的场景更有利，包括预订和集中的出行终点。这个现象背后的原因是所有顺风车参与者都扮演单一角色，要么是服务提供者，要么是被服务者。相比之下，匹配拼车系统中的所有参与者都会首先以被服务者的身份进行尝试，如果不成功，则会以服务提供者的身份进行另一次尝试。此双重角色可能实现更多成功的匹配。

这里需要重复强调的是，本节的分析结果是偏乐观的，因为忽略了搜索者面临的来自其他搜索者的竞争[①]。当"低流量"时，即 π_1 较小时，这些竞争可以忽略不计，因为两个搜索者距离比较接近的概率很低。例如，对 SRM 的计算机仿真表明，$\pi_1 = 15$，$\pi_2 = 0.15$ 时，匹配成功率约为 8.6%，但式（7.23）和式（7.25）预测 $r \approx 11\%$。虽然这个误差应该随着需求的增加而增大，但本节不考虑引入更精细化的模型，因为典型应用场景下出行需求都会很低。

7.4 需求响应公交

需求响应型公交（DRT）是一种灵活的，提供门到门服务的公交形式。它同时服务的乘客数比匹配拼车多，绕道也较多。DRT 的重点不是通过快速反应和直达服务达到私家车的服务水平，而是降低服务成本。虽然绕道允许出发时间相似的乘客合乘，但如果乘客能在各自的出发点多等待一些时间，更多乘客就可以同时乘坐一辆车。显然，这种时间维度上的需求集聚可以进一步降低成本。

鉴于此，根据是否使用时间维度上的需求集聚对 DRT 系统进行进一步分类。如果最关注的是降低成本，应该使用电话约车（dial-a-ride，DAR）辅助客运服务。（电话约车服务通常由公共交通机构提供，作为传统交通的补充，车队规模非常小；主要是为低密度地区的残疾人群服务。）共享出租车（shared Taxi，ST）服务，如 Uber Pool 和 Lyft Line，不使用时间聚合，如果要求乘客等待服务，他们可能会被竞争对手抢走。共享出租车服务一般由非常庞大的车队提供。

本节将描述电话约车的一个简单模型（7.4.1 节），并在不给出详细推导的情况下介绍共享出租车的结果（见 7.4.2 节）。感兴趣的读者可以在文献 Daganzo 和 Ouyang（2018）中找到相似但更复杂的推导过程。与前几节一样，这两个模型都稍乐观，使用不考虑空间维度的库跟踪车辆状态，使用确定性排队近似，并做出其他偏乐观的假设。有了这些简化，就可以系统、透明地比较各种服务模式（包括私家车和常规公交）如何应用于城市交通生态系统。7.4.3 节给出了这些比较的内容。

7.4.1 电话约车

与匹配拼车服务一样，电话约车可以基于预约或者即时呼叫的方式。就像 RRM 和 SRM 一样，乘客提前提交出行计划时，电话约车匹配算法更有效，但区别不大。本节只是粗略介绍电话约车提供的服务，不讨论具体的约车方式。

[①] 附录里的分析也做了一些略为乐观的假设。

为了同时包含即时呼叫和预约系统，我们将使用一种非常简单，但不是最优的匹配算法，该算法可以用于任何一种约车方式。这些想法基于 Daganzo（1978）[①]。尽管实际系统的性能可能比预测的稍好，但该算法简单易懂，能够推导出简单的公式揭示可能的服务功能。就像分析出租车那样，我们会提出两个同样的基本问题，并只讨论分散式需求的情况：① 要达到某一服务水平的车队规模是多少？② 电话约车与其他模式相比性能如何？

分析稳态下面积为 R 的服务区域，其中出行生成密度为 λ，起点和终点均匀分布，如图 7.8 所示。为了提升成本效益，假设公交车的车队规模 m 相比出租车的车队规模更有限，在稳态时，每个公交车搭载多名乘客，并且总是处于工作状态。因此，电话约车系统不会像其他即时呼叫系统那样为乘客立即派单分配车辆，他们通常要在起点（或"家里"）等待。

图 7.8 中的小盒子表示公交车，圆点表示乘客。系统中的乘客分为两组：① 在家等候，但尚未分配到车辆的乘客，用虚线箭头表示；② 已分配了车辆或已在车里的乘客，用盒子内的圆点表示。所有分配到公交车的乘客，即使实际还没有上车，都称为乘客，即已在"乘坐"，并计入公交车的载客量。如图 7.8 所示，稳定状态下在家中等待（未分配到车辆）的乘客总数表示为 n_w，每个公交车上的平均乘客数量为 n_r。

与出租车分析一样，本节使用集计模型，不详细跟踪车辆和乘客的位置。然而，系统状态是由每个组里的预期乘客数量定义的，而不是由预期车辆数量定义。这个动态系统仍采用确定性方法进行建模，该方法跟踪各个无空间维度的库[②]之间的乘客稳态流动。如图 7.9 所示，符号 λR、μ_w 和 μ_r 表示这些稳态流。每个库的流入流出必须是平衡的，因此有：$\mu_w = \mu_r = \lambda R$。

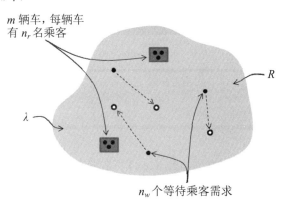

图 7.8 电话约车服务

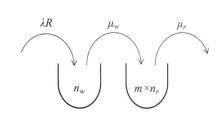

图 7.9 电话约车系统中乘客的状态演变

匹配算法由以下三个供司机使用的规则定义。

❑ 达到期望载客量后，公交车在上客或下客模式间来回切换。

❑ 每次上客完成后，公交车都从当前车上的乘客中选择一个出行终点距当前车辆位置最近的乘客服务（运送）。

[①] 这些想法的延伸最近已被用于对共享出行市场和定价机制进行建模（如 Zha et al., 2017；2018）。

[②] 编译者注：即前述的乘客组。

□ 每次下客完成后，公交车都在尚未分配车辆的等待客户中选择一个出行起点距当前车辆位置最近的乘客服务（接客）。该客户立即被分配到这个公交车上，成为乘客，并计入 n_r 中。

注意，使用此算法，公交车的载客量是一个可以优化的决策变量。如果 $n_r=1$，该系统像出租车系统一样运行，只是车辆数较小，而人们要在家里等待派单。7.1 节假设等待派单对出租车乘客来说是不可取的，所以没有研究这种情况。如果 $n_r>1$，公交车可以更快地运送乘客，系统变得更有效率，也更便宜，但人们的乘车时间也更长。下面的分析模型研究这种情况下的权衡，推导系统设计变量 m 和 n_r 的函数表达式，预测在家中等待的人数 n_w。

1. 电话约车的物理原理

为了获得这些表达式，使用出行需求发生率和公交车车队的服务率的平衡方程 $\lambda R=\mu_r$。该服务率是车队规模与一辆公交车连续运送两个乘客之间的平均时间的比值。注意，后者是接一个乘客和送一个乘客所需的平均时间（分别表示为 $\bar{t}_p$ 和 $\bar{t}_d$）之和。基于下面这个 Little 等式进行分析：

$$\lambda R = \frac{m}{\bar{t}_p + \bar{t}_d} \qquad (7.32)$$

用决策变量表达 $\bar{t}_p$ 和 $\bar{t}_d$，使用式（7.34）求解 n_w。附录 7.A 中介绍了如何获取这些表达式。任意点与 n 个随机点中最近的一个之间的期望距离是：$E[d_n] \cong \kappa\sqrt{\frac{R}{n}}$。因为公交司机在考虑接下来接载客户时从 $n=n_w$ 个起点中选择最接近的，在考虑送客时从 $n=n_r$ 个终点中选择最接近的，因此比较容易得到：

$$\bar{t}_p = \frac{\kappa}{v}\sqrt{\frac{R}{n_w}}, \quad \bar{t}_d = \frac{\kappa}{v}\sqrt{\frac{R}{n_r}} \qquad (7.33)$$

现在，将这些表达式带入式（7.32），会发现：

$$\lambda R = m \Big/ \left[\frac{\kappa}{v}\sqrt{\frac{R}{n_w}} + \frac{\kappa}{v}\sqrt{\frac{R}{n_r}}\right] \qquad (7.34)$$

求解式（7.34）中的 n_w，找出表达式。如果 n_r 很小，式（7.34）是没有解的，进行代数变换可以得到：

$$n_w = \left(\frac{mv}{\lambda \kappa R^{3/2}} - \frac{1}{\sqrt{n_r}}\right)^{-2} \text{ 其中 } n_r \geq \left(\frac{\lambda \kappa R^{3/2}}{mv}\right)^2 \qquad (7.35)$$

上面式（7.35）中的不等式条件是解存在的必要条件。如果这一条件得不到满足，车队规模就无法满足出行需求，在家等待的乘客数量将无限制地增长；即 $n_w = \infty$。

乘客的平均等待和乘车时间也可以用 Little 公式写出来。将该公式套用于图 7.9 的第一个库，有：

$$\text{平均等待} = n_w/(\lambda R) \qquad (7.36)$$

它的值可以用式（7.35）评估。将该公式应用于第二个库。

$$\text{平均乘车时间} = mn_r/(\lambda R) \qquad (7.37)$$

注意，这些公式只是粗略的近似，在实际系统中，等待中的乘客和公交车的分布在一天中可能不是完全均匀和独立的。然而，这些公式精确地给出了决策变量、问题参数和期望结果之间的因果关系。

2. 系统设计

使用基于标准的方法，从运营者的角度解决系统设计问题。运营成本用 m 代理表示。服务水平由因子 χ 和乘客在系统中花费的平均时间 T 的乘积量化,这个因子反映乘客由于服务时间的不确定性而产生的焦虑。（对预订系统，这一因子应该较小，因为乘客可以被提前告知接单和服务大致时间。）鉴于此，基于标准的问题是通过选择决策集 $\{m, n_r\}$ 解决：$\min\{m: \chi T \leqslant T_{\max}\}$。当然，根据实际出行时间可以把标准重新定义为 $T_0 \equiv T_{\max}/\chi$，并把问题重写为：$\min\{m: T \leqslant T_0\}$。

完整的公式还需要用决策变量表示 T。用 p 表示系统中的人数，并为将式（7.35）扩展到允许所有非负的参数，写为 $n_w(n_r, m)$，如果式（7.35）中的限定不等式不满足，n_w 的取值为无穷大。用 Little 公式写出 $T=p/(\lambda R)$。由于 p 是公交车上的人数和在家等候人数的总和，有 $p = mn_r + n_w(n_r, m)$。表达式就是 $T = [mn_r + n_w(n_r, m)]/(\lambda R)$。

基于标准的问题可以写成：
$$\min_{m, n_r}\{m : mn_r + n_w(m, n_r) \leqslant \lambda RT_0;\ m, n_r \geqslant 1\} \tag{7.38}$$

其中，$n_w(n_r, m)$ 是式（7.35）的扩展。虽然这个问题没有特别好的形式，但它只有两个决策变量，所以很容易用数值方法求解。

3. 社会的视角

本节回答第二个问题，并基于用户和服务机构成本的优化评估通用的电话约车系统的服务水平。首先，写出广义成本函数。假设车辆单位时间运营成本为 γ，乘客的时间价值为 β。β 包括乘客估算出行时间时使用的乘子 χ。广义成本函数为：

$$z = \$ + \beta T = \frac{1}{\lambda R}(\gamma m + \beta[mn_r + n_w(n_r, m)]) \quad [\$/出行] \tag{7.39}$$

假设 m 已给定，用条件分解方法最小化上面的表达式。在 m 固定的情况下，通过最小化 $[mn_r + n_w(n_r, m)]$ 或等效的用户时间 T 获得式（7.39）的最小值。附录 7.C 推导出了如下结果：

$$T^* = \frac{\theta(m)}{m}\frac{c^2}{\lambda R},\quad 其中 c = \frac{\kappa\lambda\sqrt{R}R}{v} \text{ 和 } \theta(m) \equiv \left(1 + (m)^{-1/3}\right)^3 \tag{7.40}$$

常数 c 是出行需求的无量纲代表，它是系统在公交车穿越该服务区域耗时内收到的出行服务请求数。由最后一个恒等式定义的函数 $\theta(m)$ 随 m 减小，当 $m \to \infty$ 时趋于 1。因此，T^* 随 m 的增加而下降。乘客成本 T^* 随着车队规模的增加而下降，这个结果符合预期。这也回答了本节的问题①。

要回答问题②，需要比较电话约车与其他服务模式，此时需要进一步解决条件分解外层（车队规模 m）的问题。将式（7.40）带入式（7.39）后，此外层问题可表示为：

$$\min_{m}\left[z=\frac{1}{\lambda R}\min_{m}\left(\gamma m+\beta\frac{\theta(m)c^2}{m}\right)\right]$$

当 c 较大时，可以得到的简单近似解公式。因为此时 m^* 也一定较大，可以在目标函数中使用 $\theta(m)\approx 1$。此函数成为 EOQ 表达式，生成以下结果：

$$m^*=\left(\frac{\beta c^2}{\gamma}\right)^{1/2}\sim(\beta/\gamma)^{1/2}c，\quad 当\ m^*\gg 1$$

以及：

$$\$^*=\beta T^*=\frac{\sqrt{\gamma\beta}c}{\lambda R}=\kappa\frac{\sqrt{\gamma\beta R}}{v}\quad 当\ m^*\gg 1 \tag{7.41}$$

对于较大的 c（和较大的 m^*），以时间为单位的总成本为：

$$\frac{z^*}{\beta}=\frac{\$^*}{\beta}+T^*\approx\frac{2\sqrt{\gamma/\beta}}{\lambda Rc}=2\kappa\frac{\sqrt{\gamma R/\beta}}{v} \tag{7.42}$$

注意，λ 在最后一个表达式中没有出现。因此，电话约车对于较大的 c 和 λ 并不会产生规模经济效益，这更加像私家车出行的场景。

与私家车进行更详细的比较很有启发意义。平均私家车出行（不包括停车）以时间为单位（计价）的成本是 $\ell(\beta+\gamma')/(\beta v)$。其中，$\ell$ 是平均出行的长度，γ' 是每单位时间驾驶私家车的设备成本。假设有一个具有网格网络与随机起点和终点的方形城市，$\ell=\frac{2}{3}\sqrt{R}$。

平均私家车出行（不包括停车）的时间计价成本为 $\frac{2}{3}\sqrt{R}(\beta+\gamma')/(\beta v)$。因为 γ 必须同时包括车辆设备和司机的成本，为了能够公平地比较，使用 $\gamma\approx\gamma'+\beta$ 表示式（7.42）中的电话约车里程成本。然后，在比较这两个成本表达式时可以发现，它们的函数形式非常相似。虽然私家车出行的成本表达式随 $(\beta+\gamma')/\beta$ 线性变化，但电话约车成本的表达式与其平方根成正比。从逻辑上说，即使忽略停车成本，对于时间价值较低的人群来说，电话约车的表现仍然优于私家车。此外，同样的优劣比较也适用于出租车。如 7.1.3 节所述，如果忽略停车费用，私家车的表现优于有人驾驶的出租车。

7.4.2 共享出租车

共享出租车指的是 Uber、Lyft 等出租车公司提供的网约合乘服务。这种模式与电话约车的不同之处在于如何将车辆分配给服务需求，如何给车辆规划路径，以及使用座位数量较少的车辆。

由于出租车的营运环境竞争激烈，营运公司最关注的是乘客不会因长时间的等候而选择竞争对手。营运公司不能像电话约车那样把尚未派单的出行需求保留在一个缓冲区内，所以必须使 $n_w=0$。竞争的直接结果是，有些车辆可能闲置或只有一人乘坐。7.1 节的个体出租车服务也做了这一假设。

派单分配和路径规划的规则决定了算法的性能。这些规则是公司的商业机密，但可以设想一些合理的摹本并系统地加以分析。Daganzo 和 Ouyang（2018）中的尝试表明共享出租车在公交生态系统中占据了电话约车和出租车之间的一个位置。该参考文献分析了与 7.1 节和 7.4.1 节相同的出行需求场景,即在同质网络上稳定均匀分布的需求。与这些章节一样,假设出租车是相同的,分析偏乐观。由于该参考文献中的推导与前面几节的推导类似,但涉及更多库和更多步骤,所以这里只讨论基本逻辑和主要结果。

如前所述,规模为 m 的车队的运行场景由参数 $\{m, \lambda, R, v\}$、网络特性和算法本身表示。假设车辆最大载客数是算法的重要性质,影响共享的程度。为了与 7.4.1 节保持一致,用 n_r 表示①。车辆最大载客数是控制变量,不能超过车辆的载客容量。

在给出结果之前,注意,最多可以从定义场景的四个参数中找到两个独立的无量纲常数;例如 m 和 $\pi \equiv \lambda R^{3/2} v^{-1}$。后者②可以被解释为无量纲的需求度量,表示车辆穿过服务区域(近似)所需的时间内接到的平均服务请求数。量纲分析表明,任何无量纲的系统性能度量,如共享出租车的门到门行驶时间和私人汽车出行时间之比值,都必须是这两个无量纲组合及控制变量的隐函数。例如,如果用 π_T 表示这个比值,必须有一个四参数函数 F_T,使得 $F_T(\pi_T, m, n_r, \pi)=0$。文献 Daganzo 和 Ouyang(2018)展示了如何推导这个函数。

根据该参考文献修改的图 7.10(a)显示了 $\pi = 100$、$n_r = 2$,且街道呈正方形网格这样特殊情况下的结果。这一需求水平旨在代表美国加利福尼亚州纳帕镇等小型、低密度、半乡村的社区。图 7.10(a)中标记为"共享出租车"的两条黑色曲线表示两种不同的算法下 π_T 和 m 之间的关系,即曲线 $F_T(\pi_T, m, 2, 100)=0$。它们定性地显示了共享出租车的服务水平(用指标 π_T 的倒数表示)依赖于社会和运营成本(车队规模 m)。右边曲线的算法假设不能向新乘客派单分配已载客的出租车,左边曲线的算法则允许派单分配。为了保证服务水平,避免上述这种分配是可取的,因为乘客可以在上车时就确知大致的车辆路线和到达时间。另外,两条曲线都在车队规模最小的点处拐弯。这些点给出算法对应的关键车队规模。小于这些值的车队规模无法满足出行需求。

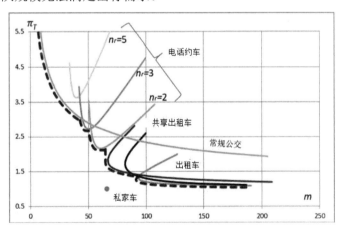

(a)$\pi=100$(较小、低密度的社区)

图 7.10 城市交通生态系统:不同交通模式和三种需求水平 π 下归一化的门到门出行时间 π_T 与车队规模 m 的关系

---

① 电话约车算法强制每辆车的实际载客数在 n_r 和 n_r-1 之间交替变化,而共享出租车算法允许车辆载客数在 $[0, n_r]$ 内变化。
② 该无量纲常数是 7.3 节中定义的 π_1 与 π_2 的比值。

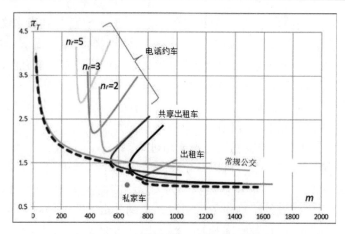

（b）$\pi=1000$（中等规模、中等密度的城镇）

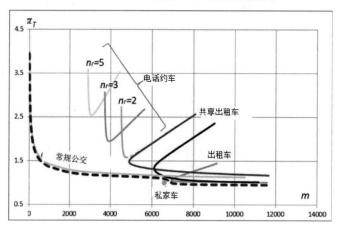

（c）$\pi=10\,000$（大而高密度的城市）

图 7.10 城市交通生态系统：不同交通模式和三种需求水平 π 下归一化的门到门出行时间 π_T 与车队规模 m 的关系（续）

7.4.3 城市交通出行模式对比

图 7.10（a）还绘制了单人乘坐出租车($n_r=1$)、电话约车($n_r=2,3,5$)和常规公交的曲线并进行比较。常规公交的曲线对应具有固定路线和站点的线路网格，与 DRT 相似的车辆巡航速度，并用第 6 章的方法进行优化[①]。

为了理解这些曲线，选取一个归一化的出行时间 T，并假想一条穿过相应纵坐标的水平线。与这条线相交的曲线中，交点最靠近纵坐标轴那个曲线对应以最少的车辆提供选定服务水平的模式；即最有效和最便宜的。所有这些点的集合都包含在所有公交模式的"帕累托（Pareto）前沿"中；即这些点的成本-时间坐标不会同时劣于任何曲线上的任何其他

---

① 常规公交实际运营速度可以高于或低于 DRT，这取决于车辆是否享有专有路权。更多模型设置的细节可以在文献 Daganzo 和 Ouyang（2018）中找到。

点。考虑到这一性质，该前沿是不突出于任何公交模式曲线之上的最高非递增曲线。对于图 7.10（a）来说，该前沿是靠近各公交模式曲线最底部的粗虚线[①]。帕累托前沿清晰地划出了仅使用公交模式带来的最好的门到门时间和社会成本的关系[②]。

同样值得注意的是帕累托前沿与某个模式曲线重叠的部分。这部分是该模式在交通生态系统中的位置。注意，图 7.10（a）中所示，常规公交定位为服务低成本/低服务水平的那部分市场，DRT（包括共享出租车）服务成本中等/中等服务水平的市场，而出租车服务高端市场。

图 7.10（a）还包括一个实心圆点，将私家车出行的表现定位在同一个平面上。在这种情况下，可根据行驶中的汽车数量估计车队的规模，同时假设出行两端的停车位都很充足。这个估计偏乐观，但对于图 7.10（a）代表的小而低密度的社区来说也还算合理。在此场景中，共享出租车和出租车被私家车支配[③]。对于低密度的小社区，共享出租车主要服务无法使用私家车的出行者。

在研究其他城市类型对应的图如何变化之前，检查各种公交模式的可行域。图 7.10（a）显示，虽然常规公交可以用任何规模车队满足 $\pi=100$ 的需求（因为车辆容量可以根据需要进行调整），但其他公交模式不行。如果车队规模太小它们的服务会变得不可行。要了解这一点，可以观察电话约车曲线如何随着 m 的增加而渐近增加到无穷大，以及（共享的）出租车曲线如何在其左端弯曲。这些曲线拐点的横坐标是临界的车队规模。如图 7.10（a）所示，它们随共享程度的增加而降低：临界车队规模对于出租车最高，对于共享出租车中等，对于电话约车最低。这种排序符合预期，随着共享程度的提高，需要的车辆数量应该会变小。

图 7.10（b）和图 7.10（c）部分再现了 $\pi=1000$ 和 $\pi=10\,000$ 两个场景。前者代表以美国加利福尼亚州伯克利市为代表的中等密度城镇，后者以更大、更密集的城市旧金山市为代表。这两张图看起来与图 7.10（a）部分的图相似，因为水平轴已重新缩放。除了缩放尺度之外，另外两个不同之处是：① 常规公交的曲线相对较低；② 私家车的点现在更接近所有公交模式的帕累托前沿。

差异①很明显，在这两个场景下帕累托前沿都远低于电话约车曲线，即电话约车被常规公交支配。可能正是因为这个原因，电话约车在现实世界中的应用主要局限为服务行动不便的低收入人群，即不能乘坐常规公交，又负担不起出租车的人。相反，其他人群可以使用这两种替代模式，获得更好的出行服务。

差异②实际上比图 7.10 中所示的更明显，因为对于所考虑的城市类型来说，与停车和寻找停车位相关的时间和金钱成本不再是微不足道的。因此，代表私家车的圆点的实际位

---

① 注意，该帕累托曲线在共享出租曲线和电话约车曲线之间有一个小的台阶状跳跃。出现这种情况是因为某些公交模式曲线有表现不佳的分支，而这些分支不会出现在帕累托前沿上。

② 图中的曲线基于代理变量，因此只能给出一个定性的图像。成本和时间的定量比较要求将成本代理变量（车队规模，m）转换为实际成本。这可以通过对每个模式使用适当的转换因子缩放坐标轴实现。例如，驾驶公共汽车（包括人类司机）的成本大约是驾驶小汽车成本的两倍。因此，可以将常规公交（公共汽车）的成本轴调整为原来的两倍，从而在共享出租车和常规公交（公共汽车）之间进行更准确的比较。

③ 编译者注：在帕累托意义上，私家车在成本及服务水平上都胜出。

置应该稍微向上和向右移动。在图 7.10（c）中，它很可能位于帕累托前沿之上，这一情况与媒体报道中旧金山的情况相似，即现在出租车和共享出租车所占的汽车出行比例与私家车比例不相上下。出于经济考虑，自驾出行可能包括多种类型：一端在城市以外的长途出行（对这些出行需求来说，自驾是合理的），和由不熟悉或不喜欢新型出租车服务的人群的出行。

随着城市规模和密度的增加，常规公交的适用范围也在增加；在图 7.10（c）中，它的服务水平能接近私家车的服务水平，如果考虑停车的因素，甚至会超过私家车的服务水平。同样，随着城市规模/密度的增加，共享出租车适用范围在减少，这种趋势可以通过比较三个子图中相应的部分看出来。这种减少显然是由常规公交效率的提高推动的。对于人口稠密的大型城市来说，常规公交可以在相同成本下提供比共享出租车更好的服务水平。如本章前文所述，常规公交效率提高的原因是 DRT 模式的规模经济效益较之传统交通不明显。因此，常规公交在需求高的时候有明显优势[①]。

常规公交具有经济性的主要原因是其按照固定车站和线路组织服务。对于人口稠密的大型城市，人们可以聚集成为较大的组同时得到服务。虽然这种服务不灵活，还要求人们步行，但无须绕行的公交线路的优点轻易抵消了这些不便。有意思的是，即使对于固定路线的系统，也可以通过取消时间表并按需求调整发车时间的方式而变得灵活。当大部分需求集中在线路的首末站时，这一方法尤其有效，下一节探讨这种变化。

7.5 具有站点和枢纽的需求响应式公交：小巴服务

到目前为止，在研究灵活公交时，一直假设需求是分散的。然而，在现实世界中，火车站、机场和小型 CBD 等枢纽很常见；如果需求足够集中，将服务重心放在这些点上是合理的。6.4 节探讨了常规公交的类似问题，分析了"主干和分支"和"中心和辐条"网络结构，并表明这些结构非常适合为单个枢纽提供服务。这些类型的网络的主要优点是不需要换乘或绕道就可以直接服务聚集于枢纽站点的需求，也可以通过在枢纽的换乘服务满足其他需求。

轴辐式结构已经引入了需求响应。最好的例子是需求响应型小巴服务。这里指的是在轴辐式线路系统中进行自适应的发车。随着私营运营商利用枢纽处的集中需求开展服务，许多地方都有自发的小巴服务。一旦运营商开辟出往返于枢纽的公交服务走廊，这些走廊就会吸引更多需求（但不一定都是去往枢纽）。反过来这些需求又吸引了更多的运营商。这种互动创造了一个正反馈循环，需求和服务可以共同发展，最终形成广泛的需求响应型小巴网络，波多黎各（Puerto Rico）的"publicos"系统就是这样的典型例子。私人运营网

[①] 在现实世界中观察到的证据表明城市规模越大、越密集，常规公交服务的出行比例就越大。例如，在旧金山（人口约 80 万），所有出租车公司加起来每天服务约 17 万人次的出行（Bliss，2018），这与公共汽车和有轨电车的人次相当。而纽约市出租车每天服务约 55 万人次的出行，但与每天的公交车乘客数（200 万）和地铁乘客数（570 万）相比就是小巫见大巫了。本节的定性分析结论与这些观察一致。

络经常与更结构化的官方公交服务竞争乘客。旧金山市的 Chariot 和纽约市的 Via 等初创公司基本上都在尝试以现代方式（利用智能手机和互联网）做同样的事情。

大多数情况下，需求响应型小巴在固定路线上运行。发车策略很简单，空的小巴以先进先出的方式在枢纽排队，等待载客。排在队伍前面的车辆接载乘客，直到达到设定的载客数，然后出发。该系统具有自适应性，需求较低时，发车间隔较长，反之亦然。需求响应小巴服务遍布世界各地，因为这种服务方式非常容易组织，几乎不需要协调。任何路线上的车辆都可以由有进取心的个体户或小运营商运营。公共机构的主要作用是在枢纽维持运营秩序，有时也可以设立小巴路线。理想状态下，公共机构还应该规范载客率和定价。多个枢纽间可以提供小巴服务，车辆在预设路线上自适应地从一个枢纽运行到其他枢纽，在服务区域中穿梭。这种服务可以让更多人无须换乘，其他人也可以享受直达服务。

然而，需求响应型小巴服务并不完美。运营者倾向于通过减慢运行速度实现增加发车间隔，并服务更多付费乘客。这会导致串车和车辆互相超车的现象，使得沿线服务时间的间隔变大。这种情况在南美非常普遍，称为"分币之战"（La Guera Del Centavo）。第 10 章将详细讨论这些运营不稳定性。本节只研究自适应发车的影响。自适应发车策略与等间隔发车策略的乘客等待时间相同，可以使用第 6 章的工具规划需求响应型小巴路线。

基于枢纽的需求响应公交的第二个例子是提供从机场到当地酒店和私人住宅"最后一千米"覆盖的接驳车。路线首末站是交通枢纽。在私有住宅的场景下，车辆路线也是自适应的。然而，此时的车辆发车规则与需求响应型小巴相似：接驳车等待乘客，直到达到"软性"的载客数目标，然后发车。载客数目标是软性的，在实际运营中，乘客等待的时间长到不可接受的程度时，这个目标就会降低。与需求响应型小巴不同的是，接驳车没有固定路线。运营商通常将服务区域划分为小区，并通过动态调整车辆路线提供门到门服务。为了最大限度地减少乘客在车内的乘坐时间，他们通常用从机场出发的车送乘客回家，然后在返程时接去机场的乘客。使用附录 7.A 中的距离公式，可以估计车辆运行长度、运营成本和乘客乘车时间。这些公式可以用来决定如何划分小区。详细的分析见参考文献 Banks 等（1982）和 Daganzo 等（1977）。文献 Daganzo（2005）中也描述了更一般化的方法。用与需求响应型小巴类似的方法可以估算乘客等待时间。接下来介绍动态发车下的乘客等待时间，即研究硬目标策略和软目标策略。如果设计得当，软目标策略可以表现得很好。

下面分析从枢纽离开的乘客。当这些乘客的到达率随时间系统性和随机性地变化时，他们的平均等待时间。乘客的到达过程由一条从初始时间 $t_0=0$ 到结束时间 t_{max} 定义的累积到达曲线 $A(t)$ 描述。这条曲线实时更新到当前时间。假设 $A(0)=0$，并用 $A_{max} \equiv A(t_{max})$ 表示在该时间段内的乘客总数。首先，分析硬目标策略。

1. 硬目标

作为分析的第一步，找出按照硬性的载客数目标 o 得到的发车时刻 $\{t_n\}$，其中 $n=1, 2, \cdots$。图 7.11 显示了累积到达曲线和与该策略相对应的发车时刻。注意，乘客按照发车时刻离开枢纽的累积曲线是横向间隔可变，但高度相等的阶跃函数。这个函数让估算平均等待时间变得更容易。

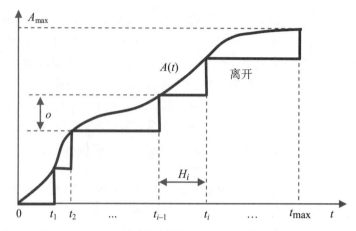

图 7.11　固定（硬）载客数目标下累积到达和离开曲线

这项分析周期可能长达数周或数月，并覆盖多个车头时距，$\{H_i \equiv t_i - t_{i-1}\}$。根据离散的时间长度集合$\{h\}$可以对车头时距进行分类，并用$n_h$表示每个类别中出现的车头时距计数（假设这些数都很大）。

显然，如果乘客到达是随机分布的，则每类车头时距对应的乘客平均等待时间应该约为$h/2$。这是因为乘客不会提前知道何时发车，没有理由期望某一段时间到达的乘客多于其他时间。由于n_h很大，这样的估算应该相当准确。考虑到所有车头时距长度，整个周期内的乘客平均期望等待时间应该是$\frac{1}{2}\left(\sum_h h n_h \Big/ \sum_h n_h\right)$。括号中的分子是分析周期的长度$t_{\max}$，分母是发车的总次数。由于后者是$A_{\max}/o$，有：

$$期望等待时间 = \frac{t_{\max}}{2 A_{\max}/o} \tag{7.43}$$

注意，给定总需求和周期长度，这个表达式与具体的到达曲线无关。因此，它等于完全恒定的需求曲线产生的平均等待时间，而此情况下所有的发车间隔都应该相等，为：

$$H = \frac{t_{\max}}{A_{\max}/o} \tag{7.44}$$

从设计角度来看，这个结论是好的。只需要假设出行需求率不随时间变化，就可以用第 6 章的方法设计需求响应型小巴系统。得出最优发车时距后，可以通过求解式（7.44）中得到载客数的硬目标o。

硬目标策略的缺点是，如果一辆公交车发车需要的最后几名乘客很晚到达，车内乘客的等待时间可能会很长；第二个缺点是，该策略没有利用事先已知的一天中不同时段的平均需求率变化[①]，不过，接下来讨论的软目标策略可以减轻这两个缺点的影响。

2. 软目标

改进硬目标策略缺点的方式有两种：①让载客数硬目标在一天中随时间变化；或②使

[①] 回顾 4.2.2 节，如果将发车间隔调整到服务平均需求水平，等待时间可以低于式（7.44）。显然，同样的逻辑也适用于自适应调度。如果能利用好平均需求信息，整体效率应该会提高。

用载客数软目标，该目标取决于乘客到达率和上次发车以来经过的时间。方法①要求知道一天和一周的不同时段，例如高峰期、非高峰期、夜间和周末时的需求情况。要使用这个方法，首先要假设系统是有固定发车时距的（见6.5.1节中的建议），然后分别估计每个时段的最佳发车时距。将最优发车时距、时段长度及总需求带入式（7.44），求解每个时段的最优载客数目标。这种方法执行起来相对简单。缺点是，如果需求预测错误，结果是次优的，而且这种方法仍可能导致超出预期的长时间等待。

方法②避免了这两个问题。这种方法的实施有些复杂，但概念简单。在每个发车时距中，载客数目标由同一条下降曲线 $o(\tau)$ 定义。该曲线与需求无关。τ 是自上次发车以来经过的时间。当车辆 i 离开以后新累积的乘客数 $A(t)-A(t_i)$ 首次达到或超过当前的软目标 $o(t-t_i)$ 时，车辆 $i+1$ 出发。图7.12以图形方式展示了该思路。它包括一条下降的软目标曲线，由虚线表示；一条由递增实线表示的实时观测到的积累人数，发车时间发生在两条曲线相交时。

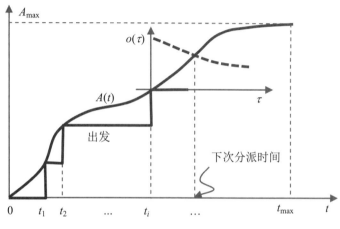

图7.12 载客数软目标下累计到达和离开曲线

注意，如果软目标能下降到接近零，即使只有一个客户到达，等待时间也有上限。这样，就消除了意料之外的长时间延误问题。此外，还可以灵活地选择 $o(\tau)$。这样就对其进行优化，以实现任何预期目标。如下所示。

对于单条线路，已知最佳发车时距与乘客到达率的平方根成反比；对于接驳车，见式（4.15）；对于廊道，见式（5.24）。如果大部分需求源自枢纽，则如下的接驳车公式比较合适：

$$H^* = \sqrt{\frac{2c_f}{\beta\lambda}} \tag{7.45}$$

其中，λ 代表平均需求率，c_f 代表发车成本。建议选择一条对所有发车时距满足式（7.45）的 o 曲线，而 λ 代表当前发车时距内的平均需求率。这是合理的，因为每一个发车时距内的需求就是当前需求的实时体现。

要做到这一点，从图7.12注意到，在发车时刻，车头时距是 τ，车头时距内的平均需求是 $o(\tau)/\tau$。通过在式（7.45）中带入这些值，可以用 o 曲线重写上述条件。结果是 $\tau = \sqrt{2c_f/[\beta o(\tau)/\tau]}$。求解 $o(\tau)$ 得到：

$$o(\tau) = \frac{2c_f/\beta}{\tau} \qquad (7.46)$$

这就是软目标的建议公式。

这一表达式建议：当发车覆盖路线的成本较高，乘客的时间价值较低时，应该使用更大的载客数目标。同时可以看到，在长时间内需求率有很大变化的情况下，例如对应式（4.15a）和式（4.15b）的场景，该方案自动产生最优车头时距。

这些就是对具有枢纽的需求响应系统的分析。需求响应系统的设置方式有很多种，本节和上一节的讨论并不详尽，例如，没有介绍具有自适应路径和检查点（即仅在有需求时才激活的站点）的系统。这类系统不常使用，至少对于大型系统是这样，第 10 章中会说明这类系统较难控制。需求响应系统的一些扩展概念分析可以参考文献 Daganzo（1984）、Nourbakhsh 和 Ouyang（2012），以及 Chen 和 Nie（2017）。

7.6 技术与公交的未来

交通运输工业正在经历一场软革命。智能手机的出现，互联网上快速的数据传输，云计算和车辆跟踪促进了 Bird、Grab、滴滴出行、Jump、Lyft、Scoop、Scoot、Uber、Waze 等许多提供更好交通服务的创新公司出现。本章提到了一些例子：出租车行业正在被新的网约车服务方式颠覆，汽车和自行车租赁业务正在被基于智能手机和互联网的车辆共享公司重塑，旧的顺风车服务方式正在被同时利用出租车和私家车进行匹配的公司所改善。

一些出租车公司现已提供新式且更便宜的共享出租车服务（如 Uber Express），参与者可以步行较短距离至指定的上车地点，并减少或消除了车辆绕道。在需求较高的地区，这些地点还可以用于聚集多个乘客，可以让更多的人同时上车，方便地共乘一辆车。如果需求足够高，就会自发形成走廊，使出租车可以搭载相当多的人，而只需停靠较少的几站。类似的服务也出现在其他需要预约的商业模式上（如 Chariot）。如果这成为现实，价格可以进一步下降，鼓励更多的乘客出行，并进一步巩固走廊的存在。这种共同进化的机制类似发展中国家自发出现的私营小巴的发展机制。人们可能会想，更便宜的新式共享出租车服务是否只是改良版需求响应型小巴的前身。

之所以称正发生的这些变化为"软"革命，是因为如上面暗示的那样，至少到目前为止，这些变化大多只涉及对旧服务的改进：更好的出租车、更好的车辆共享、更好的共享出行、更好的小巴。如果廉价的无人驾驶车辆加入创新中，一场更"硬"的革命就将到来。无人驾驶车辆允许出租车公司提供比人工驾驶汽车更方便的出行服务，而且有理由相信在不太遥远的未来，个体城市交通可能会成为无人驾驶出租车专属的领域。这可以提高城市的宜居性和出行率，因为不再需要占用空间的停车场和路边停车，人们也将从繁重的驾驶任务中解脱出来。这种乐观的前景是否意味着公共出行的公交系统将成为过去式呢？

答案是响亮的"不"。回想一下图 7.10（c），常规公交在人口高密度城市有很大的市场。常规公交支配共享出租车模式，而即使允许车队规模非常大，也能对出租车形成有力的竞争。此外，人口稠密的大城市不太可能有足够的街道空间容纳非常庞大的车队，而这些大车队规模是无人驾驶出租车服务所必需的。

在理想的无人驾驶出租车方案中，大部分街边停车将被取消，街道可以相应增加一个车道[1]。在超高效率的匹配下，无人驾驶出租车将平均搭载近两个人。需求响应型小巴将演变成和现在的公交车服务一样高效，每辆车里都会挤满人。然而，所有这些服务都将在城市现有的街道上实现。街道空间利用的主要改善是取消停车后，每条街道的交通通道可稍微拓宽，车流中的车辆将有比现在略高的载客量，以及与现在载客量相当的公交车。

然而，这些技术进步并没有改变6.3.1节中描述的交通运行和城市空间的物理规律。它们只影响方程式中的两个参数：少量增长的街道容量和汽车载客率。显然，6.3.1节的定性分析仍然是相关的。人口密集的大城市仍需要常规的、高载客率的公交车服务，更大的城市也将继续需要地铁。当然，这些高载客率的交通方式也将受益于正在进行的革命，因为已经出现了更好的控制和管理公交车队的技术，甚至与新的交通方式相协调的技术也已经存在。无人驾驶车辆最终应该能提高公交系统的可控性、整体效率和安全性。

面对所有这些变化，城市该怎么办呢？新技术对城市基础设施和非使用者提出了要求，这些要求没有得到很好地理解，也没有内化到与使用者的交易中。例如，出租车缓解了停车压力，但空驶的出租车大大增加了城市的交通负荷。搭载多名乘客的出租车可能会进一步缓解交通拥堵，但如果这些乘客原本会乘坐常规公交，那交通拥堵就不是缓解了而是加剧了。城市交通管理机构需要很好地了解这些问题，以便提出合理的法规和定价方案，鼓励新型交通公司的运营为社会带来福利。

尽管大多数城市已经对出租车和停车位的数量进行了监管[2]，并为高载客率车辆分配了专用道，但这些工具的使用常常过于生硬，而且没能很好地考虑到新的众包交通服务。到目前为止，有些城市已经迈出了第一步，以更具响应性、更全面的方式监管街道空间的使用，主要采用了拥堵收费的形式，参见 Lehe（2018）里的历史回顾。然而，这些定价方案中的大多数都是基于区域的，这意味着用户只需支付一次费用，就可以进入规定的区域并在其中出行。但这仍然是一种过于迟钝的工具。显然，出租车司机从这一定价方案中获得的好处比通勤者要多得多，因为出租车只需支付一次费用，就可以在当天剩下的时间里在区域内出行，赚取收入。

也许是因为认识到了这一点，新加坡现在正在考虑（但尚未实施）按路程收费。这应该是一种更公平、更有效地捕捉个人出行外部性的方式。有关讨论，见文献 Daganzo 和 Lehe（2015）和 Lehe（2017）。即使经过优化设计，这类通行费仍忽略了多人共乘出行的好处。未搭载乘客的出租车及搭载一人或两人的出租车行驶一公里的通行费是一样的。更好的通行费将同时计入车辆行驶里程和服务的客运里程（或者使用后者的某个代理变量）。更精细的通行费还没有被研究过，但它们值得关注，因为它们可能会鼓励共享出行。同样值得注意的是，某些形式的个体出行（例如单向电动自行车共享），能通过缓解"最后一千米"问题与地铁和区域交通形成协同效益。本章和前几章的分析方法可以用来评估这些好处，以及能促成这些好处的创造性服务方式。这些分析可能会激发进一步的思考，并帮助城市

---

[1] 仍然必须保留一些路边空间，供无人驾驶出租车接送乘客。
[2] 城市也在努力寻找对网约车征税的方法，尽管这是一项更困难的任务；见 Farmer（2018）。

适应或追上新技术的发展。

参 考 文 献

[1] Banks, J., Driscoll, W. and Stanford, R. (1982) "Design methodology for an airport limousine service." Transportation Science, 16: 127-148.

[2] Barrios, J. A. (2011) "Flexible car sharing: Planning and operation", M.S. Thesis, Dept. of Civil and Environmental Engineering, U.C. Berkeley.

[3] Bliss, L. (2018) "To measure the Uber effect cities get creative". *CityLab* (posted on January 12, 2018.

[4] Chen, P.W., Nie, Y.M. (2017). "Analysis of an idealized system of demand adaptive paired-line hybrid transit." Transportation Research Part B: Methodological 102, 38-54.

[5] Daganzo, C.F. (1977) "An approximate analytic model of many-to-many demand responsive transportation systems," *Transportation Research* 12(5), 325-333.

[6] Daganzo, C.F. (1984) "Check-point dial-a-ride systems," *Transportation Research*, 18B, 315-327.

[7] Daganzo, C.F. (2005) *Logistics Systems Analysis* (4th edition), Springer-Verlag, Heidelberg, Germany.

[8] Daganzo, C.F., Hendrickson, C.T. and Wilson, N.H.M. (1977) "An approximate analytic model of many-to-one demand responsive transportation systems," *Proc. 7th Int. Symp. on the Theory of Traffic Flow and Transportation*, pp. 743-772, Kyoto, Japan.

[9] Daganzo, C.F. and Lehe, L.J., (2015). Distance-dependent congestion pricing for downtown zones. Transportation Research Part B, 75: 89-89.

[10] Daganzo, C.F. and Ouyang, Y. (2018). "A general model of ridesharing services." ArXiv: 1807.01140. [①]

[11] Daganzo, C.F. and Smilowitz, K.S. (2004) "Bounds and approximations for the transportation problem of linear programming and other scalable network problems" *Transportation Science* 38(3), 343-356.

[12] Farmer, L. (2018) "Governments increasingly tax Uber and Lyft for transit revenue." *Governing*. http://www.governing.com/topics/finance/gov-states-cities-taxing-ride-sharing-services-transit.html. Posted on April 4, 2018. Accessed on June 28, 2018.

[13] Lehe, L.J., (2017). Downtown tolls and the distribution of trip lengths. Economics of Transportation, 11-12: 23-32.

[14] Nourbakhsh, S.M. and Ouyang, Y. (2012) "A structured flexible transit system for low demand areas." *Transportation Research Part B*, 46(1): 204-216.

---

① 编译者注：该论文已经正式发表：Daganzo, C.F. and Ouyang, Y. "A general model of demand-responsive transportation services: From taxi to ridesharing to dial-a-ride." Transportation Research Part B, 126: 213-224, 2019。

[15] Shoup, D. (2011). The High Cost of Free Parking, Updated Edition. Routledge (Taylor & Francis Group), Abington & New York.

[16] Zha, L., Yin, Y., and Du, Y. (2017) "Surge pricing and labor supply in the ride-sourcing market." Transportation Research Part B, 117(B): 708-722.

[17] Zha, L., Yin, Y., and Xu, Z. (2018) Geometric matching and spatial pricing in ride-sourcing markets. Transportation Research Part C, 92: 58-75.

练 习 题

7.1 一家公交公司目前正在使用偏离线路系统为一个固定宽度的区域提供服务，该区域具有方格街道网络。在目前的策略下，公交车沿一条穿过区域中心的固定线路纵向行驶，并通过暂时偏离该线路为每位乘客提供服务（如左下图所示）。作为一名顾问，您建议取消这条固定路线，安排公交车直接在乘客之间穿梭，如右图所示。以百分比计算，您认为可以节省多少横向运营距离？

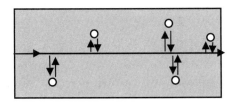 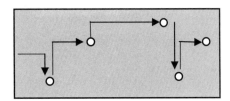

7.2 *考虑在网格街道网络上运营的灵活路线公交系统。公交线路在南北或东西方向上形成较大的正方形网格；见下图中的虚线。在这个假想系统中，唯一固定的站点出现在直线相交的地方。在其他地方，乘客通过用手机提交自己的位置请求服务。为了满足他们的出行需求，公交车沿与其行驶方向垂直的方向绕行，如下图所示。该图以灰色阴影显示了在两个固定站点之间行驶的南北走向公交车服务的子区域。（注意，如果在所有相邻固定站点之间使用相似的方案，则产生的所有的子区域将镶嵌整个服务区域）。

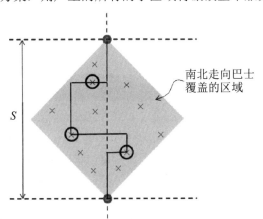

南北走向巴士覆盖的区域

（1）从运营者和乘客的角度讨论这种系统与常规固定路线系统相比的利弊；（加分题）定性地讨论潜在的车头时距控制问题。

（2）假设所有乘客的起终点位置在空间上等概率分布，推导出乘客节省的平均通达距离。S 表示线路间距。

（3）在以下两种极端情况下，推导出服务一名乘客的行程端点所需的绕行距离：① 出行需求足够低，公交车很少在一个 S 间隔内服务超过一个乘客端点；② 公交车服务非常多的乘客端点。

（4）讨论在车头时距控制不成问题的情况下，假设的灵活公交系统在什么需求水平下可以比固定线路的系统表现得更好。l 表示典型出行长度，v 表示公交车运营速度，v_w 表示乘客步行速度，h 表示车头时距。

7.3 假设有一个沿 x 轴正侧的公交走廊，见下图。在早上的通勤中，一辆面包车在区间[0,1]上的居民区和位于 $x=2$ 的 CBD 之间来回穿梭。在每次出行中，面包车从一组 $N \gg n$ 个潜在乘客中收集 n 个乘客。潜在乘客在空间上是均匀的，在时间上是稳定的，而单位时间内他们出现与被收集的数量相同；因此，假设居民区总是包含 N 个随机分布的潜在乘客。基于以上信息，回答以下问题。还假设面包车每次上下客人的时间 t_s 可以忽略不计。

（1）如果面包车严格按照先到先服务（FCFS）的原则接载乘客，面包车每次往返的预计行程距离是多少？

（2）现在假设面包车从 CBD 返回并到达居民区中间部分的某个点后，它根据距离远近收集乘客。面包车预计接载一名乘客（不是第一个或最后一个）的行驶距离是多少。[提示：参考附录 7.A 的逻辑]。

（3）假设车速为 v，将预期往返时间 T 写为 n、N 和 v 的函数。需要多大的出行需求密度（人次/距离·时间）才能使 N 随时间保持恒定？

7.4 您垄断了一个密集方形网格街道区域的多点对多点出租车服务。您计划使用 m 辆出租车，这样既能满足出行需求，又不会多到出租车必须等待乘客。您主要关心该系统的稳态均衡。为了获得最大的利润，在接载时出租车总是从在家等待服务的乘客中选择最近的一位。区域大小为 R（km^2）。乘客均匀出现，需求密度为 λ（出行数/h·km^2），其始发地和目的地在该地区独立均匀分布。出租车以恒定速度 v（km/h）行驶，上下客的停车时间可以忽略不计。忽略出租车运送乘客时间的随机波动（假设出租车服务一名乘客的平均时间是稳定的）。回答以下问题：

（1）推导均衡稳态下在家等候乘客的数量和他们的平均出行总时间，表达为 m 的函数。

（2）考虑一个具有以下参数的城市：$R=400$ km^2、$v=20$ km/h、$\lambda=1$ 出行数/h·km^2。运营一辆出租车（包括司机工资）的费用是 50 \$/h。如果出租车公司由一家公共机构运营，该机构将乘客的时间价值定为 30 \$/h，找出它应该提供的最佳车队规模。

（3）*讨论如果该机构只对利润最大化感兴趣，而且收取 p（\$/出行）服务价格，会发生什么？考虑一种场景，其中出行需求密度随着乘客在家中的等待时间而减少。类似 7.4.1.3 节，假设一辆车的运营成本为 γ（\$/h）。

（4）*现在假设乘客出行来自一个泊松过程，在家中等待的乘客数量围绕一个平衡值波动。您知道有什么排队理论模型可以粗略地描述这个系统吗？您能估算在家里等候的乘客人数的平均值和标准差吗？您能用量纲分析并结合仿真推导出这个问题的精确的一般化公式吗？请给出解释。

7.5 式（7.8）、式（7.11）和式（7.16）描述了出租车服务和单向车辆共享（有或无固定泊位）的社会最优目标下的性能。现在考虑一个具有以下参数的城市：R=400（km）、ℓ=15（km）、v=20（km/h）、v_w=3（km/h）、λ=2（人/h·km^2）。设计上述三个系统（即确定车辆数和泊位的数量），以实现社会最优；并比较它们在以下场景下的性能。

（1）基准场景，车辆有专职司机：γ=50 \$/h、β=30 \$/h。

（2）自动驾驶汽车场景：γ=20 \$/h、β=30 \$/h。

7.6 *设计一套响应式接驳系统，在晚高峰期为某地铁站提供服务。与地铁列车的时刻表同步运营的小客车运送到站的乘客回家。每列地铁列车正好运送 N 名此类乘客。小客车数量足够，随时有可用的小客车接载乘客。每辆小客车承载 $n \ll N$ 名乘客，因此需要$\lceil N/n \rceil$辆小客车为一列地铁列车服务（使用向上取整函数是因为小客车数量必须是整数）。地铁的到达时间间隔是 H（h）。服务区呈"圆形"，面积为 R（km^2），街道形成方形网格。小客车以 v（km/h）速度行驶，停车送一位乘客下车需要 t_s（h）时间。乘客的终点在服务区内均匀独立分布。在地铁车站小客车的排队规则是先进先出：列车到达时，乘客按先到先服务的原则登上队伍最前面的小客车，直到载客数达到 n。随后的乘客再登上下一辆小客车，依此类推，直到所有乘客都被接走。小客车按一定的顺序运送乘客，以便将两次访问地铁车站之间的运营里程（以及运行周期）降至最低。对于这类系统：

（1）推导出小客车运行周期时间 C 的表达式。利用该信息，推导出最小车队规模 M 的表达式，确保地铁车站总有足够的小客车等待载客。M 必须是整数，并且地铁列车时距恒定。（提示：一个相关的量可能是同一辆小客车可以连续服务的两辆地铁列车之间的最短时间间隔；即，地铁车头时距 H 的某个大于小客车运行周期的最小倍数。）您可以在计算小客车运行周期时使用"出行商问题"近似公式，即从一个点出发，访问 n 个随机点，回到出发点的平均距离为：$L=0.92\sqrt{R(n+1)}$。讨论如果提供的小客车数量比 M 多，对小客车和乘客有什么影响。

（2）推导出小客车最后一位送达的乘客的平均乘车时间表达式。

（3）假设没有政府补贴，必须从票价中收回小客车的运营成本。如果运行一辆小客车的成本为每小时 c_i=30（\$/车·h），使用（1）和（2）的答案得到一个价格表，将最低的票价 F 与设计标准 T_0 联系起来，而设计标准限制最后一名送达乘客的平均乘车时间。使用以下数据：R=3 km^2、N=75 pax/列车、H=8 min、v=15 km/h、t_s=0.01 h。

（4）为了获得较深的理解，重复（3）的操作，但假设 $n \gg 1$（即 $n \approx n+1$），$t_s \to 0$ 和 $H \to 0$。用参数写出 F 与 T_0 的关系的解析表达式。

（5）假设服务区已被划分成 w 个楔形的子区域，每个子区域由一组有清楚标识的小客车提供服务。重复（4）部分。参数 w 是决策变量。服务每个子区域的小客车使用与之前相同的 FIFO 规则运行。F 仍然是 T_0 的函数吗？（备注：求解这一部分时，假设先前的出行商公式仍可以在每个子区域内使用。如果 $n<w^2$，这个公式在某种程度上是不准确的。）

附录 7.A 到 n 个随机点中最近点的期望距离

寻找面积为 R 的区域中，从一个任意位置到该区域中 n 个独立且均匀分布的随机点的最短距离的期望。这些随机点分别代表 7.1 节中的出租车和 7.4 节中的乘客。

首先，估算该最短距离超过某个任意值 x 的概率。由于这个概率等于以我们所在的位置为中心，半径为 x 的圆盘内没有任何随机点的概率；并且由于一个随机点不在圆盘内的概率等于该区域内未被圆盘覆盖的部分面积的比例，可以这样写：

$$Pr\{d_n \geqslant x\} \equiv Pr\{\text{圆盘内没有任何随机点}\} \approx \left(1 - \frac{\pi x^2}{R}\right)^n$$

由于对非负随机变量的互补累积分布函数积分等于该随机变量的期望，可以这样写：

$$E[d_n] = \int_0^{\sqrt{\frac{R}{\pi}}} \left(1 - \frac{\pi x^2}{R}\right)^n dx$$

为了求解这个积分，使用变量代换 $y = \sqrt{\frac{\pi}{R}} x$，将它改写为：

$$E[d_n] = \int_0^1 \left(1 - y^2\right)^n \sqrt{\frac{R}{\pi}} dy$$

使用第二次变量代换 ($y = \cos\theta$) 和恒等式 $\left(1 - \cos^2\theta\right) = \sin^2\theta$，使积分退化为已知形式。

$$E[d_n] = \sqrt{\frac{R}{\pi}} \int_0^{\frac{\pi}{2}} (\sin\theta)^{2n+1} d\theta = \sqrt{\frac{R}{\pi}} \frac{\sqrt{\pi}}{2} \frac{\Gamma(n)}{\Gamma\left(n + \frac{1}{2}\right)}$$

当 $n > 3$ 时：

$$\frac{\Gamma(n)}{\Gamma\left(n + \frac{1}{2}\right)} \approx \frac{1}{\sqrt{n}}$$

由此得到本章中使用的结果。

$$E[d_n] \approx \frac{1}{2}\sqrt{\frac{R}{n}}, \quad \text{对于 } n > 3$$

对于车辆沿垂直网格移动的区域，可以采用相同的方法。唯一不同的是，必须使用与网格呈 45° 方向的边长为 $\sqrt{2}x$ 的正方形，而不是圆盘。期望距离可以写为：

$$E[d_n] = \int_0^{\sqrt{\frac{R}{2}}} \left(1 - \frac{2x^2}{R}\right)^n dx$$

使用变量代换 $y = \sqrt{\dfrac{2}{R}}x$，最后得到：

$$E[d_n] = \dfrac{\sqrt{\pi}}{2\sqrt{2}}\sqrt{\dfrac{R}{n}} = 0.63\sqrt{\dfrac{R}{n}}$$

注意，刚才推导的公式假定圆盘（或正方形）不接触区域边界。否则，它们将不得不被截断。如果从我们的位置到区域边界的距离大于分析中有效的圆盘半径，则该假设是合理的。对于形状较圆的服务区域（类似正方形或圆形）中的随机位置，需要 $E[d_n]$ 与该区域的直径相比较小，即如果 $n \gg 1$。否则，上面的积分给出下界。此公式预测的距离略低于实际距离。为了大概了解误差的量级，需要应用公式计算单位正方形中两个随机点之间的网格距离。精确的结果已知为 $2/3 \approx 0.67$，上述公式在 $n=1$ 时的预测结果是 0.63。这个误差在实际应用中是可以接受的。

 附录 7.B 可行匹配的期望比例

本附录推导正文中的式（7.25）、式（7.26）、式（7.29）和式（7.30），这些公式给出可行匹配的预期比例 r。

SRM 的情况：下面的推导假设搜索者以最直接的方式从起点"O"出行到终点"D"，只需要转弯一次。在不失一般性的情况下，还假设该搜索者先水平出行，然后垂直出行，如图 7.B1 所示。点 O 和点 D 之间的水平距离表示为 X，垂直距离表示为 Y。点 D 到正方形区域右侧和顶部的距离分别表示为 X' 和 Y'。该区域的边长表示为 $\phi = R^{1/2}$。

首先，在 (X, Y, X', Y') 给定的条件下，寻找搜索者在行进了 z 个距离单元来到某个点 C 后，可行的服务接受者的频率 r(z)。要使一个服务接受者可行，它必须既是起点可行的，也是终点可行的。前者指的是该接受者的起点 A 在不增加出行距离的情况下，可以在 τ 时间内从 C 到达。后者是指接受者的终点 B 必须与 D 在同一方向上，因此共乘不会给任一出行者增加绕行。频率 r(z) 是当搜索者已经行进了 z 个单位距离时，起点可行服务接受者出现的频率 $r_O(z)$ 和起点可行的服务接受者也是终点可行的概率 p(z) 的乘积：$r(z) = r_O(z)p(z)$。

现在考虑 $r_O(z)$。如果 C 位于路线的水平段（$z \leqslant X$），则搜索者可以朝着 D 的方向垂直改道而不增加行进距离。因此，可行起始点的集合是一个等腰直角三角形，其垂直边在点 C 相交，如图 7.B1 的黑色三角形所示[①]。直角边的长度为 $v\tau$，而三角形的面积为 $\frac{1}{2}(v\tau)^2$。由于服务请求到达密度为 λ，当 $z \leqslant X$ 时，得出 $r_O(z) = \frac{1}{2}\lambda(v\tau)^2$。在行程的后期，当 $z > X$ 时，搜索者垂直行进，没有改道的灵活性。因此，起点可行聚集区消失，因此当 $z > X$ 时 $r_O(z) = 0$。

现在考虑 p(z)。这个分析仅在搜索者水平行进时才有意义，否则已知 $r(z) = 0$（因为 $r_O(z) = 0$）。估算水平行进部分的 p(z)，参阅图 7.B1。注意，当且仅当服务接受者的终点 B 位于垂直和水平边分别在 A 和 D 处形成对角的矩形内，或者位于由在 D 处相交的两条边与正方形区域的边相交形成的矩形中时，该请求才是终点可行的。图 7.B1 说明了后一种情况。

---

① 如果 C 非常接近该区域的边界（或者如果它的任何一个坐标接近点 D 的对应坐标），则该三角形被截断。在接下来的推导中，忽略了这个截断。当该三角形与服务区域相比较小时，这个忽略应该不会有太大影响。这正是我们的假设。

为了简化问题，假设第一个矩形的一个角在 C 处，而不是 A 处（这会放大矩形，但当 τv 较小时不会有很大误差）。因此，第一个矩形的面积近似为 $(X-z)Y$。由于第二个矩形的面积为 $X'Y'$，整个终点可行点集的面积为 $[Y(X-z)+X'Y']$。当 $z \leq X$ 时，有：$p(z) \approx [Y(X-z)+X'Y']/\phi^2$。

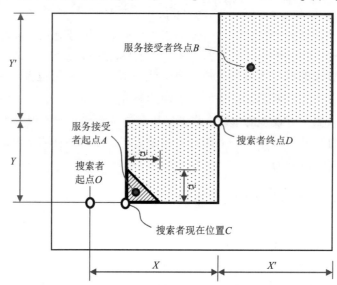

图 7.B1　搜索者在行进时的起点和终点收集区：SRM 的情况

将 $r_O(z)$ 和 $p(z)$ 的表达式组合起来，可获得给定 (X, Y, X', Y') 时的期望可行相遇频率的最终公式。为：

$$r(z) = r_O(z)p(z) \approx \frac{1}{2}\lambda(v\tau)^2 [Y(X-z)+X'Y']/\phi^2，当 z \leq X$$
$$= 0，当 z \leq X$$

由此得出，给定 (X, Y, X', Y') 时，期望可行相遇次数为：

$$\int_0^X r(z)\frac{dz}{v} = \frac{\lambda v \tau^2}{2}\left[\frac{YX^2}{2}+XX'Y'\right]\bigg/\phi^2 \tag{7.B1}$$

已知 X 和 Y 是相互独立的同三角分布的随机变量，在 $w \in [0,\phi]$ 范围内的概率分布密度为 $f(w)=2(\phi-w)/\phi^2$。此外，在给定 X 和 Y 的条件下，变量 X' 和 Y' 分别独立且均匀地分布在 $[0,\phi-X]$ 和 $[0,\phi-Y]$ 上。任意一个搜索者遇到的可行服务请求的期望数量为：

$$n = \frac{\lambda v \tau^2}{2\phi^2} \mathop{E}_{X,Y,X',Y'}\left[\frac{YX^2}{2}+XX'Y'\right] = \frac{\lambda v \tau^2}{2\phi^2} \mathop{E}_{X,Y}\left\{\mathop{E}_{X',Y'}\left[\frac{YX^2}{2}+XX'Y'\bigg|X,Y\right]\right\}$$

$$= \frac{\lambda v \tau^2}{\phi^6}\int_0^\phi\int_0^\phi [yx^2+x(\phi-x)(\phi-y)/2](\phi-x)(\phi-y)dxdy \tag{7.B2}$$

$$= \frac{\lambda \phi v \tau^2}{36} = \pi_1\pi_2/36$$

这是文中展示的结果。

如果需求集中在正方形区域的中心，推导是相同的，除了现在 $p(z)=1$（因为每个人都共享相同的终点）。只需要分析给定(X, Y)的情况。通过这些更改，给定(X, Y)时的预期可行相遇次数变为：$\int_0^X r_O(z)\dfrac{\mathrm{d}z}{v} = \dfrac{\lambda v \tau^2}{2} X$。由于随机变量$X$现在均匀分布且平均值为$\phi/4$，可发现：

$$n = \mathop{E}_{X}\left[\dfrac{\lambda v \tau^2}{2} X\right] = \dfrac{\lambda v \tau^2 \phi}{8} = \dfrac{\pi_1 \pi_2}{8} \tag{7B.3}$$

RRM 的情况：在 RRM 的情况下，搜索者知道所有未来的需求，因此搜索者可以扫描整个区域中可及时到达的请求服务者。注意，在服务区域的每个点上都有一个长度为τ的时间窗口，在该时间窗口内出现的请求服务在时间上可行。当然，远距离的请求对应的窗口必须晚于附近请求的窗口。由于出行生成率与时间无关并且是均匀的，因此每个位置出现的时间可行请求的空间密度是$\lambda\tau$。然后，在整个区域内对这个密度进行积分，可得到可行请求的总期望数量：$\lambda R\tau = \pi_1$。

接下来，推导出服务接受者同时是起点可行且终点可行的概率。为此，考虑一个随机搜索者，其起点和终点分别在点O和点D。我们不失一般性地假定D在O的右上角（这是因为始终可以在确定这些点之后旋转正方形），如图7.B2所示。由于时间可行域是整个区域，因此对具有起点A和终点B的随机服务请求者进行采样，最后检查这两个出行向量是否以正确的方式对齐。

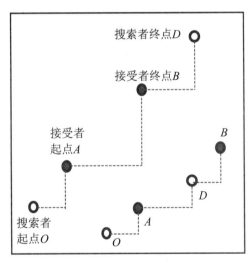

图 7.B2　RRM 下起点终点的可行性

请读者使用诸如图 7.B2 之类的图验证，当且仅当：① 图中四个点的x坐标y坐标从小到大都按顺序（$OABD$）排列，或者②两组坐标都按顺序（$OADB$）排列时，使该搜索者成为可行的提供者的一个好的"对齐"是存在的。图 7.B2 显示了这两种可能。进一步研究后发现，所有其他排序都会导致一些绕行。因此，只有两个好的排序。注意，对每组坐标而言，点O在点D之前的可能排序有 4!/2 种（4 个坐标的所有可能排序的一半）。因此两组坐标可能的排序总数为$(4!/2)^2 = 144$。最后,由于所有排序的可能都是相等的,并且只有两个排序是好的,所以好的排序的概率是$2/144 = 1/72$。预期的有效服务请求数为$\pi_1/72$。这是文中展示的结果。

如果需求集中,搜索者可以服务任何起点在搜索者的起点和服务区域中心位置之间的矩形中的服务请求者。该矩形的平均面积为$R/16$。因此,对齐的概率为$1/16$,期望的可行服务请求数为$\pi_1/16$。

SCP 的情况:这里的逻辑与 SRM 相同。唯一的变化是服务请求密度是λf而不是λ,终点的可行区不包括其中一个矩形,如图 7.B3 所示。这是因为服务提供者必须在接受者之后完成出行。在可行区面积较小的情况下,$p(z) \approx [Y(X-z)]/\phi^2$(当$z \leqslant X$时)。因此,在给定三角分布的随机变量 X 和 Y 的条件下,期望的可行相遇次数变为$\int_0^X r(z) \dfrac{\mathrm{d}z}{v} = \dfrac{\lambda f v \tau^2}{2}\left[\dfrac{YX^2}{2}\right]\bigg/\phi^2$,而不是式(7.B1)。同样的推导步骤生成正文中展示的结果。

$$n \approx f \pi_1 \pi_2 / 72 \tag{7.B4}$$

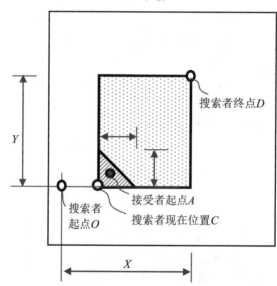

图 7.B3　行进中的搜索者的始发地和目的地可行汇集区:SCP 的情况

如果目的地集中,那么搜索者和接受者都有相同的目的地。然后,与 SRM 一样,$p(z) = 1$,结果是:

$$n = \mathop{E}_{X}\left[\dfrac{\lambda f v \tau^2}{2} X\right] = \dfrac{\lambda f v \tau^2 \phi}{8} = \dfrac{f \pi_1 \pi_2}{8} \tag{7B.5}$$

RCP 的情况:对于分散的目的地,总体逻辑与 RRM 相同。唯一的变化是服务请求密度现在是λf,并且图 7.B2 右下角的排序(2)是不可行的,因为服务提供者必须在接受者之后结束行程。因此,如正文中展示的那样,在 144 种可能的排序中只有 1 种是可行的,因此 $n = f\pi_1/144$。

最后,如果需求集中,则时间可行区域与 RRM 相同,因此 $n = f\pi_1/16$。

附录 7.C 当 $m \gg 1$ 时，证明 $T^* \approx c^2/\lambda Rm$

本附录推导式（7.40）。首先，注意式（7.34）可以写成如下形式：

$$\frac{\kappa\sqrt{R}}{v}\left[\sqrt{\frac{1}{n_r}}+\sqrt{\frac{1}{n_w}}\right]=\frac{m}{\lambda R} \tag{7.C1}$$

现在像式（7.40）一样定义 c，并将式（7.C1）重写为：

$$\left[\sqrt{\frac{1}{n_r}}+\sqrt{\frac{1}{n_w}}\right]=\frac{m}{c} \tag{7.C2}$$

注意，这是式（7.39）中函数 $n_w(n_r, m)$ 的隐式表达。因此，问题的式（7.39）可以重写为：

$$\min_{n_r, n_w}\left\{T\equiv(mn_r+n_w)/\lambda R\right\}; \quad \text{s.t.} \quad \left[\sqrt{\frac{1}{n_r}}+\sqrt{\frac{1}{n_w}}\right]=\frac{m}{c} \tag{7.C3}$$

使用 ρ 作为式（7.C3）中约束条件的拉格朗日乘子，写成该问题的拉格朗日函数形式。回想一下第 2 章，最优解满足的一个必要条件是拉格朗日函数关于决策变量和乘子的一阶导数均为零。在本例中，将拉格朗日函数分别对 n_r、m 和 ρ 取偏导并设置为等于零，会产生以下关系。

$$n_r=(2m/\lambda R\rho)^{-2/3}, \quad n_w=(2/\lambda R\rho)^{-2/3}, \quad (2/\lambda R\rho)^{1/3}[1+(m)^{1/3}]=m/c$$

最后一个等式可以重写为 $(2/\lambda R\rho)^{1/3}=(m/c)\left[1+(m)^{1/3}\right]^{-1}$；或者可以写为 $(2/\lambda R\rho)^{-2/3}=(c/m)^2\left[1+(m)^{1/3}\right]^2$。将此结果代入前两个表达式的右侧，以获得用 m 表示的 n_r 和 n_w 的公式；然后将这两个公式代入式（7.C3）里的目标函数。结果是：

$$T^*=\frac{c^2}{\lambda Rm}\left(1+(m)^{-1/3}\right)^3\equiv\frac{\theta(m)}{m}\frac{c^2}{\lambda R}$$

这与式（7.40）一致。

第8章 管理——车队

从本质上说，公交机构是一种将用户和政府的资金投入转化为运输服务的机制。图 8.1 说明了该机制。中间的方框是公交机构及其主要资源，而箭头表示公交机构的输入和输出。本书着重通过管理资源，在考虑给定输入的情况下，优化公交机构的输出。之前各章通过展示如何制定高效的长期规划，完成这样的优化。

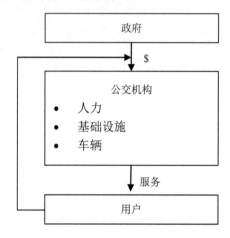

图 8.1 公交机构示意图

后几章探讨公交机构应如何在中短期内管理其资源，以实现这些长期规划。由于基础设施资源很难轻易改变，机构中短期管理的重点是机构的可动资源：车辆和员工。与规划决策不同，具体管理方案可以不对外公开。因此，只要符合机构的需要，就可以采取一些行动。为了成功运营，机构还必须采取短期（控制）行动措施，以应对交通拥堵、车辆故障等不可预测的事件。这些行动的实施可以（而且应该）持续积极地进行，因为车队管理出现失误，对社会来说影响是非常明显的。

车辆和员工的管理方式迥异，下文将依次分析这两种资源的中期管理策略。本章讨论车辆的管理，第 9 章分析员工的管理，第 10 章分析短期控制问题。

虽然，第 8~10 章主要集中在图 8.1 中间方框的组织上，但要注意这个方框只是整个图的一部分。公交机构也关心图 8.1 中箭头所代表的关联因素。显然，目标设定、资金和治理（入射箭头），以及定价、公共关系和信息传播（出射箭头）等问题对公交业务的成功起着非常重要的作用。除了第 11 章涉及的资金和定价问题之外，其余的问题都不是公交系统所特有的，因此在本书中不做讨论。

在本章和接下来的章节中，假设公交系统中的所有线路及时刻表已知。本章的开始部分（8.1 节）介绍了基本概念和术语，并解释了车辆和员工的管理如何相互影响。本章的其余部分是针对车辆管理的。它研究能够最有效地覆盖给定线路时刻表的车辆资源和部署策略（暂时忽略它们对司机的影响）。如同规划章节一样，我们将从简单的问题开始，并使用分析所得的知识解决更复杂的问题。按照此思路，8.2 节讨论单一线路的情况，8.3 节讨论多条线路。

8.1 定 义

本节介绍车辆和员工的整体管理流程及术语。本节定义的术语在有关管理的两章中均会用到[①]。

时刻表（schedule）：所有线路的一组时刻表和/或服务频率列表，以及相关线路图，由公交机构公布。

公交停保场（depot）：存放没有司机的公交车的位置[②]。

终点站（terminus）：公交线路的一部分，在终点站的公交车上没有乘客，可以替换车辆。每条线路通常有两个终点站。

司机更换点（interchanges）：在公交线路上可以更换司机的地方。终点站和公交停保场通常也是司机更换点。在美国，允许在公交车满员的情况下更换司机，所以公交线路上也有终点站之外的司机更换点。[③]

公交车任务（bus task）：必须由同一辆公交车连续覆盖的时刻表的一部分；即按照线路时刻表，连续两次经过终点站之间的运行部分。

闭合线（loop）：按照线路时刻表，连续两次经过同一终点站之间的运行部分。如果一条线路只有一个终点站，每个闭合线都是一个公交车任务。否则一个闭合线可以划分为若干个公交车任务。

公交车班次（bus run）：一天中某辆公交车往返公交停保场之间的时空路径。在该班次的整个运行过程中的任何时刻，车辆都需要有一名司机。一个班次可能覆盖多条公交线路。班次途中可能会更换司机。

空驶（动词：指公交车，deadhead）：不提供服务的空车行驶，通常发生于两个终点站之间，或终点站和停保场之间。

接下来的三个定义属于第 9 章。这里列出它们是为了让读者全面了解公交资源管理需要解决哪些问题。

司机任务（driver task）：公交班次中必须由同一名司机负责的不可分的一部分。它通常由连续两次经过司机更换点之间的公交车行程组成。

司机工作（job）：一天内由一名司机顺序完成的一组任务。

员工类型（worker type）：以工资率和其他工作条件（如最长时限）为特征的分类。

图 8.2 使用时空图描述上述的部分概念。该图通过节点和弧显示一个公交停保场和两个单终点线路（A 和 B）。图中的虚线是一辆公交车的一个班次。与虚曲线重叠的两条实

[①] 本节列出的概念术语较直观、透明，揭示了概念的实际意义。公交行业中实际使用的术语可能更为晦涩或略有不同。例如，"公交车班次"（bus run）在公交术语中称为"工作块"（block），"司机工作"（driver job）有时则称为"班次"（run）。
[②] 为方便起见，在不失一般性的情况下，术语"公交车"泛指任何公共交通工具。这与本书其他部分一致。
[③] 编译者注：这种情况在中国较少发生。

曲线表示该班次覆盖的部分时刻表。注意，这趟公交车班次涵盖了两条公交线路。垂直的点线是停车场和终点站的时空轨迹。

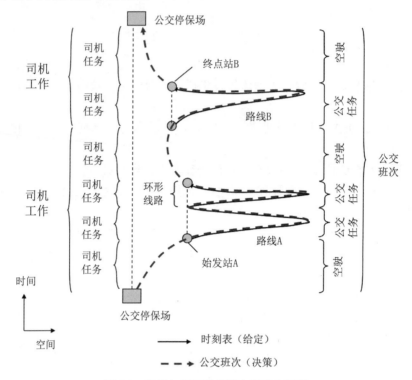

图 8.2　车辆与员工管理概念的时空阐释

车辆和员工的管理计划通常是按顺序制定的，从车辆开始。先用公交车班次覆盖线路时刻表，然后用司机覆盖这些班次。下面简要介绍这两个步骤。

1. 车辆管理

确定覆盖给定线路时刻表的一组公交车班次，并确定每个班次使用的公交车。注意，这组公交车班次的数量是所需的车队大小。如果公交机构使用不同类型的公交车，并且时刻表的某些部分必须由特定类型（如铰接式）的公交车覆盖，则应为每种公交车类型确定一组班次。一旦确定了所有班次，则只需将类型匹配的公交车（由其 ID 号标识）分配给每个班次就可以完成这个过程。同类型公交车的性能相似，具体的车辆分配很灵活，而且通常会基于车辆设备和维护等因素制定决策。因此，本章不讨论具体分配过程，只研究确定公交车班次的方法。该方法首先将各线路时刻表划分为最基本的公交车任务，然后使用优化算法寻找尽可能少和短的车辆班次覆盖这些任务。此时，一些公交车可能不得不在终点站之间空驶，甚至在部分时间内闲置。图 8.3（a）用一张时空图说明了这些情况。该图显示了包括两条线路的部分时刻表，以及覆盖时刻表的三个公交车班次。与图 8.2 一致，给定的时刻表由细黑线显示。每个车辆班次都用从底部的停保场节点到顶部的停保场节点的有向路径表示。为避免混乱，这里没使用更多线条描述与时刻表重叠的班次部分，但会显示所有其他弧线。为了能够区分每一个公交车班次，每个班次内的空驶部分用不同的弧线标出。图 8.3 中共八个灰色竖向弧线,表示公交车的原地等待。

2. 员工管理

这里的分析过程非常相似,但稍微复杂一点,因为员工较之于车辆有更多的需求。首先,需要寻找一组工作任务(也可按类型区分)覆盖步骤 1 中找到的公交车运行班次。这包括将运行班次划分为最基本的司机任务,确定能覆盖这些任务的司机工作。最后,某些工作可能包括空闲的部分。图 8.3(b)使用图 8.3(a)部分的公交车运行班次展示了这些想法。公交车运行班次通过细黑线给出,这些路径上的弧线代表司机任务。为了清楚起见,仅用灰色虚线显示了一名司机工作,这名司机的工作始于停车场开始的第一个空驶分支(一名司机任务),接下来完成线路 B 上的三个任务(包括一个闭合线、一些等待和另一个闭合线)。然后,司机单独(没有公交车且不执行任务)转到线路 A。司机自己完成该转移,可能需要由公交公司支付额外费用。这项司机工作包括另外两项司机任务:在线路 A 上完成一个闭合线,并在一段空驶后到达线路 B。这次转移无须额外费用,因为司机与公交车在一起执行该任务。该司机工作以线路 B 上的一次闭合线/任务,以及最后去停保场的单独无车移动(不执行任务)结束。一旦确定了所有的司机任务,问题就已经解决了一半。下面必须通过把正确类型的司机分配给具体的司机任务。这里的员工分配过程并不像分配公交车那样简单,因为每个司机工作在不同的时间开始和结束,并且它们的其他特征也可能对员工产生不同的吸引力。这部分内容将在第 9 章中详细探讨。

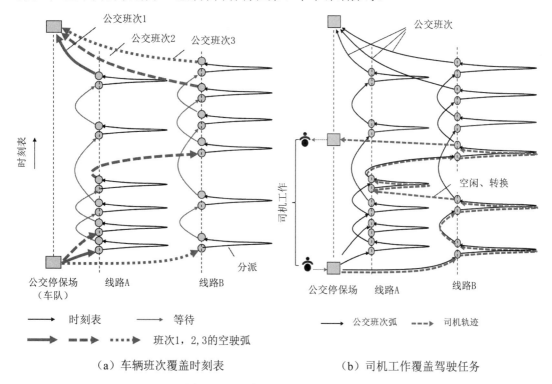

(a)车辆班次覆盖时刻表　　　　　　(b)司机工作覆盖驾驶任务

图 8.3　分配车辆和司机的两步流程

总而言之,应该注意车辆管理和员工管理在结构上是平行的。两者都回答了一个的首要问题：需要多少资源才能满足一组（时空上的）需求？下面开始研究车辆管理，第 9 章讨论员工管理。不过，在开始之前要回顾一下，公交机构每年的车辆运营成本与车辆行驶总里程成正比，而员工的运营成本与提供的车辆服务小时数成正比。然而，在现实中，公交车有时必须额外空驶一段距离，或者在没有乘客的情况下空置。尽量减少这些浪费对管理车辆和员工非常重要。还有，在公交系统规划章节中曾经假设没有这些浪费，并追求将这些运营成本指标最小化。可以看到，如果管理得当，这些浪费只占总运营成本的很一小部分。因此，规划章节中的假设是合理的。

8.2　时刻表覆盖：只有一个终点站的公交车线路

本节研究只有单个终点站的单一线路。这种简化使我们能够通过手算解决大部分问题，然后再利用这些知识处理更复杂的问题。本节涵盖以下几个主题：首先，8.2.1 节介绍估算提供线路服务的车队规模；8.2.2 节用数值法执行相同的操作；8.2.3 节将这些过程扩展到多种公交车类型；8.2.4 节研究将终点站移到线路的不同位置的影响；8.2.5 节介绍确定能覆盖时刻表的最小班次集合的方法。

8.2.1　车队规模：图形分析

对于单线路、单终点站的问题，时刻表内的数据可以在时空图中表示。图 8.4 显示每辆公交车从终点站($x=0$)沿着一条线路行驶，然后折返回到该终点站。发车时间间隔为 H。每辆公交车都要在周期时间 T 内完成长度为 L 的完整闭合线并返回终点站。

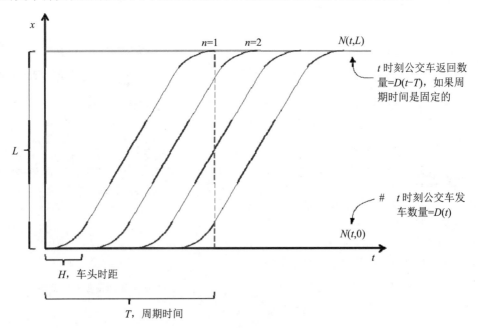

图 8.4　车辆发车与返回

为了追踪所有公交车，要定义函数 $N(t,x)$，给出了截止到时间 t 在位置 x 经过的公交车数量。在原点的累计发车数是 $N(t,0)$，也可以用 $D(t)$ 表示。累计车辆返回数为 $N(t,L)$。注意，如果周期时间固定，则 $N(t,L)=D(t-T)$。

从终点站的角度将这个系统当作排队系统进行分析。暂且假设停保场站与终点站在同一个位置，且按需提供公交车辆。那么，"维持一个时刻表最少需要多少辆公交车？"

每辆公交车可以处于两种状态之一：在终点站等待调度或在公交线路上服务。两种状态的转换发生在它们被调度发车或返回到终点站时，如图 8.5 所示。

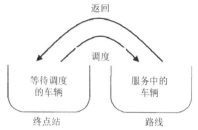

图 8.5 公交车队的状态转换

图 8.6 展示的累积曲线：可供调度的车辆数 $A(t)$、已发车的车辆数 $D(t)$ 和已返回的车辆数 $R(t)$，以图形方式显示了场站中待调度的公交车和在服务中的公交车的数量是如何随着时间演变的。在图 8.6 中，曲线 D 是已知的，其他两条曲线由它导出。将 D 向右移动 T 个时间单位可获得曲线 R，因为公交车在调度发车后 T 个时间单位返回终点站。用解析式表达是 $R(t)=D(t-T)$。将 R 上移 M 个公交车单位可获得曲线 A，如图 8.6 所示，累计可用的公交车数量等于初始可用的公交车数量 M 加上已经返回的公交车数量。即曲线 A 可以按照图 8.6 中的矢量向右和向上移动，直接从 D 获得。这些位移的解析表达式为：$A(t)=M+R(t)=M+D(t-T)$，它表达了三条曲线之间的关系。

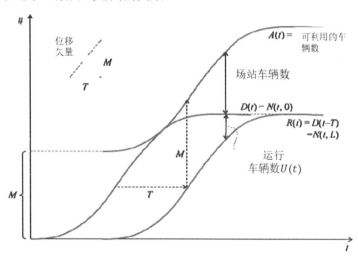

图 8.6 累积曲线：可用公交车数量 $A(t)$，已调度公交车数量 $D(t)$ 和已返回公交车数量 $R(t)$

在给定时间内，这些曲线之间的垂直距离给出了处于特定状态的公交车数量。更具体地说，曲线 A 和曲线 D（累计可用公交车和累计已调度出发公交车）之间的差是在终点站等待的车辆数；曲线 D 和曲线 R（累计已调度出发公交车和累计已返回公交车）之间的差是正在运行中的公交车数量，用 $U(t)$ 表示；而曲线 A 和曲线 R（累计可用和累计返回）之间的差是固定的，等于当前系统的公交车总数，按构造其值为 M。

备用等待中的公交车数量不能为负，应选择足够大的 M 以确保 $A(t) \geq D(t)$。因此，通过垂直移动曲线 A 直到 A(t)和 D(t)相切，然后测量曲线 A 和曲线 R 之间的垂直间隔，可以得到最小必需的车队规模 $M=M^*$，如图 8.6 所示。

最小车队规模也可以通过数值计算得到。注意，在相切点对应的时间 t^*，备用等待的公交车数量为 0，因此，此时运行中的公交车数量等于最小需要的车队规模，即 $U(t^*)=M^*$。此外，由于曲线 A 和曲线 D 在该时刻最近，同时曲线 D 和曲线 R 最远。因此，$U(t) \leq U(t^*) \equiv M^*$，使得车队规模可以通过求解如下式子得到：

$$M^* = \max_t \{U(t)\} \tag{8.1}$$

回想一下 $U(t) = D(t) - R(t) = D(t) - D(t-T)$，并且曲线 D 和周期时间 T 均已给出。因此，$M^*$ 可用该问题的数据表示为：

$$M^* = \max_t \{D(t) - D(t-T)\}$$

这个表达式可以用于数值计算。它还给出了 M^* 的简单上下界。不需要知道 $D(t)$ 的具体形状，只需要知道最长和最短的发车时距。要找到这些上下界，注意运行中的公交车数量 $U(t)$ 一定是在某次公交车发车之后达到最大，因为在下一次调度发车之前，运行中的公交车数量只可能会下降。假设某发车时刻是 t，间隔(t−T,t]内发车的数量（即 U(t)的值）至少为 1。由于(t−T, t]中的发车次数与(t−T, t]中的平均发车时距成反比，U(t)必须满足：

$$\left\lceil \frac{T}{H_{\max}} \right\rceil \leq U(t) \leq \left\lceil \frac{T}{H_{\min}} \right\rceil, \quad \forall t$$

因此，$M^* = \max\{U(t)\}$ 也满足：

$$\left\lceil \frac{T}{H_{\max}} \right\rceil \leq M^* \leq \left\lceil \frac{T}{H_{\min}} \right\rceil \tag{8.2}$$

这些就是要找的上下界。注意，由于 M^* 是个最大值，它应该更接近上界。可以验证，如果发车时距在与周期时间相当的时间范围内变化缓慢，那么该上界是相当紧的。事实上，在非时变（发车时距完全不变）的情况下，下界和上界重合，得到的结果是：

$$M = \left\lceil \frac{T}{H} \right\rceil$$

上下界紧意味着由于车辆等待所浪费的车辆时间占比很小，所有车辆浪费的时间都花在终点站的等待上，没有任何车辆距离的浪费。

8.2.2 车队规模：数值分析

已知累计调度发车曲线 $D(t)$，即已知每次调度发车($n = 1, 2, \cdots$)的时间$\{T_n\}$时，如何精确地计算 M^*。这对于式（8.2）给出的上下界之间的差距太宽时是有用的。

首先，暂定的车队规模 j，然后确定它是否可行。如图 8.7 所示，对于所有 n，$T_{n+j} - T_n \geq T$，则 $A(t)$对于所有 t 总是在 $D(t)$的左边，因此 j 是可行的。这个不等式的意义是确保每一辆车在被再次调度出发之前已经处于可用状态。当且仅当在周期时间 T 内有不超过 j 个调度发车时，不等式才成立，这正是前面推导基于发车时距的上下界时用到的可行性条件。

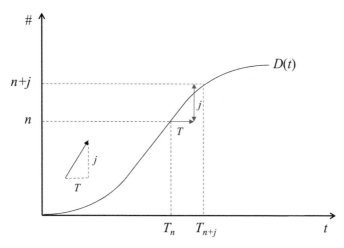

图 8.7 确认车队规模可行性

最小车队规模是最小的可行 j。可以用表 8.1 中的电子表格确定,以检查不同的暂定车队规模 j 下的可行性条件 $T_{n+j} - T_n \geq T$(或 $T_{n+j} - T_n - T \geq 0$)。满足列中所有值都大于或等于 0 的最小的 j 就是要找出的车队规模。在这个车队规模下,公交车的储备永远不会空。

表 8.1 确定车队规模可行性的数值方法

n	T_n	$j=1$ $T_{n+1} - T_n - T \geq 0$	$j=2$ $T_{n+2} - T_n - T \geq 0$	...
0	时间数据			
1	时间数据			
2	时间数据			
⋮	⋮			

8.2.3 多种公交类型

在上文分析中,假设只有一种类型的公交车。事实上,即使是一条线路,也可能会使用不同类型的公交车。例如,公交车(地铁)线路在非高峰时间使用容量较小的公交车(或较短的列车)。如果每次调度发车都需要使用某特定类型的公交车,这种特殊情况下,完全可以按车辆类型分解车辆管理问题。要解决这个问题,可以为每类车辆的调度发车分别构建 D 曲线,然后对每条曲线使用刚才描述的方法确定相应类型的车队规模。

在调度发车可以使用多类公交车的情况下,问题更灵活,也更复杂。可行方法是先使用一些合理的规则(例如,8.3.2 节末尾所述),强制每次发车都只能选择唯一的车辆类型,以便每类车单独构建 D 曲线;然后解决刚才描述的问题。如果需要,还可以使用优化工具对不同类型选择集合进行系统地尝试和测试。

8.2.4 终点站位置

假设终点站位置是 $x=0$。是否可将终点站设在线路的不同地方,以减少车队规模?事实证明，如果公交车的轨迹在一天中都是相同的，那么最小车队规模对终点站的位置并不敏感。现实情况通常也是这样的，因此对乘客服务的考虑应该主导终点站位置的选择。

这里证明为什么上面的表述是正确的。设 Δ_n 是公交车 n 从旧终点站到新终点站的行驶时间（见图 8.8），如果时刻表不变，公交车 n 从新终点站调度出发的时间由以下公式给出：$T'_n = T_n + \Delta_n$。如果公交车的轨迹是相似的，则 $\Delta_n = \Delta$，并且 $T'_{n+j} - T'_n = T_{n+j} - T_n$，因为 Δ 被抵消了。这意味着对应新终点站的车队大小 j 的可行性条件 ($T'_{n+j} - T'_n \geq T$) 等同于对应旧终点站的可行性条件 ($T_{n+j} - T_n \geq T$)。因此，j 要么在两种情况下都是可行的，要么在两种情况下都是不可行的。对于每个 j 都是如此，在这两种情况下，最小可行车队规模应该是相同的。这种结果很好，允许公交机构在任何公交车接近空载的地方设置终点站，不用担心影响车辆行驶里程。

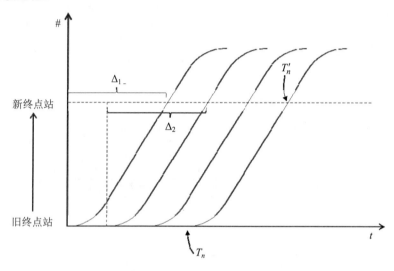

图 8.8　终点站位置的影响

8.2.5　班次分配

公交调度问题包括确定哪辆公交车与哪个任务（或闭合线，因为线路现在只有一个终点站）相关联，即确定每辆公交车如何完成运行班次。本节讨论为每辆车确定班次的两种启发式方法（但还有更多其他的方法）。如果问题涉及多种车辆类型，而且已经按照 8.2.3 节中的建议进行了分解，这些启发式方法中的任何一种都可以分别应用于每一种车辆类型，以此解决问题。方法 1 将公交车分配给任务，方法 2 则反过来将任务分配给公交车。

在方法 1 中，所有公交车一开始都放在一个假想的集合中，并从中选择执行任务的公交车。按照时间进程，任务出现时，基于某种规则从当前集合中选择一辆公交车。任务完成时，分配的公交车会返回集合。建议使用后进先出（last in first out，LIFO）的选择策略，只在必要时才引入新的公交车。在后进先出策略下，按时间逐步执行，并在任务即将开始时，把任务分配给最后完成任务的公交车。如果没有符合这一条件的公交车，则选择一辆未执行过任务的公交车。如果在任何需要的时刻都没有可用公交车，该方法就找不到可行的解决方案。这是一个比较理想的策略，因为一些公交车持续运行，另一些公交车则经历较长时间的空闲，后者可利用这个空闲时间回到公交车停保场，以便司机休息。

方法 2 使用贪婪策略，每次只涉及一辆公交车和一组尚未分配的任务。假想的任务集合最初包含所有任务。当考虑第一辆公交车时，按照时间顺序尽可能给它分配任务（直到一天结束为止），并总是贪婪地选择在当前时间之后最早开始的下一个未分配任务，最终的效果是，每辆公交车在返回终点站后都会尽可能早地被重新调度发车。所有已被分配的任务都将从集合中删除。以相同的方式处理下一辆公交车，依此类推，直到集合中没有剩余的任务，或者所有公交车都用完了。后一种情况下，该方法没有找到可行的解决方案。方法 2 非常简单，可以通过绘制每个闭合线从终点站发车及返回的时间图进行手算，如图 8.9 所示。你能尝试用电子表格完成这些步骤吗？

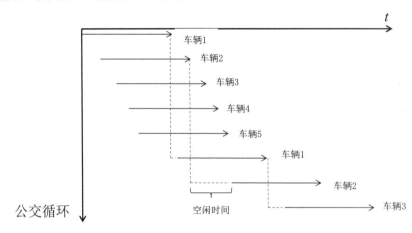

图 8.9　将闭合线分配给公交车辆

如果车队规模等于或超过式（8.1）给出的最小车队规模，后进先出法和贪婪方法都能找到可行的解。这个结论可能是直观的，也可以被证明（见附录 8.A）。

【例 8.1】后进先出法与贪婪法的定性区别

图 8.10 用有三个公交车任务和两辆公交车的简单场景，展示两种策略的不同。黑线段表示的服务闭合线在左右两个子图中是相同的，而标签给出了不同的车辆分配。考虑选择过程，LIFO 方法将第三个闭合线分配给最近返回的公交车，即公交车 2，如图 8.10 所示。相比之下，方法 2 将其分配给最先能覆盖它的公交车（即编号最小的），即公交车 1。

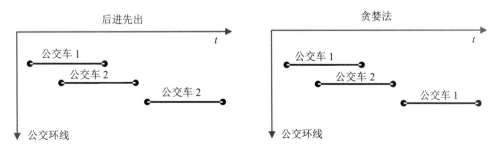

图 8.10　公交车分配时的后进先出策略及贪婪策略

这些方法的不同之处仅在于从空闲公交车集合中选择用于下一次班次的公交车。假设任何给定类型的公交车都是相同的，所以这一选择不会在将来对可用公交车的数量产生影响。事实上，人们可以随机选择公交车，或者使用任何其他规则，这些策略将产生类似的结果。因此，对公交车的选择通常会考虑到其他（与公交车本身无关）的标准。

8.3 多条公交线路的时刻表覆盖

本节研究一个更一般的问题，涉及 N 条具有多个分散终点站的线路。8.3.1 节讨论了一种简单情况，在这种情况下，N 条线路共享一个靠近停保场的终点站，无须空驶；8.3.2 节介绍了一般情况；8.3.3 节定性地讨论空驶的影响。

8.3.1 靠近停保场的单个终点站

设想一张地图，所有线路都经过位于中心的一个终点站，如图 8.11 所示。例如，这是位于城市中心或铁路换乘站的汽车站。终点站可能离停保场很近，也可能很远。在此假设终点站很近。本小节说明如何确定此类系统的公交车班次。下面假设仅存在一种公交车类型，但是该想法也可以应用于多车辆类型问题，只要分别考虑按车辆类型分解出来的各个独立子问题（如 8.2.2 节所述）。

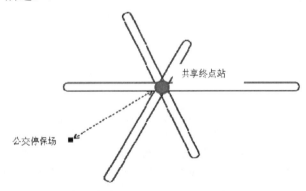

图 8.11　多条线路共享一个终点站

虽然可以为每条线路分配一个独享的公交车队，并像 8.2 节中那样独立地对待，但跨线路共享公交车可以提高效率，共享可以缩小车队规模。图 8.12（a）说明了独立车队的情况，每个线路都有各自储备等待调度的公交车。图 8.12（b）说明了共享车队的情况，所有线路共用一个储备公交车队，显然，共用的储备车队让运营更灵活，应该能产生更好的结果。

对共享车队策略的分析只是略有不同。主要的变化是，因为每条线路 i 的特征是周期时间不同的闭合线服务，所以被调度出发的公交车返回的时间 $T(i)$ 不再是常数，而是取决于线路。据此，可将已出发和返回的车辆的累计数表示为：

$$D(t) = \sum_i D_i(t) \tag{8.3}$$

$$R(t) = \sum_i D_i(t - T_i) \tag{8.4}$$

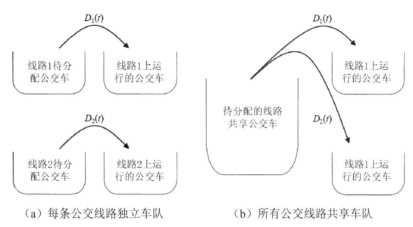

（a）每条公交线路独立车队　　　　（b）所有公交线路共享车队

图 8.12　车队管理策略

由于车队(M)是共享的，因此可供所有线路集体使用的累计可用公交车数量仍可表示为：

$$A(t) = M + R(t) \tag{8.5}$$

曲线 $D(t)$、$R(t)$ 和 $A(t)$ 可以如前所述绘制，以确定最小车队规模，并且公式 $M = \max\{D(t)-R(t)\}$ 继续成立。唯一的区别是 $R(t)$ 与 $D(t)$ 之间不再有简单的平移关系。

共享的好处主要是，车队规模总是小于或等于没有共享的各个车队的总规模。这是因为，没有共享时的任务分配也可以在车队共享时同样实现，但是共享车队带来更多可能。而且，公交系统越大，浪费的车辆小时数比例就越小。由于这一比例对于单个线路已经很小了，所以对于大型系统应该是相当小的。如果只有一个终点站，浪费的车辆里程应该可以继续忽略不计。

8.3.2　离散站点与空驶启发式算法

现在考虑最一般的情况，即终点站和公交车停保场是分散的，并且允许线路有多个终点站。公交车也可以有不同的类型。图 8.13 中的终结点位于各个线路的末端。车辆要在终点站之间空驶，增加车辆行驶千米的浪费。现在看一下如何将这种浪费减至最低。

图 8.13 中还用虚线标明了一些空驶操作。显然，将公交车从任务 k 转换到任务 k' 可能有一些相关的成本。如果空驶的距离是 d，则可以按照规划章节中的 c_dd 估计成本，其中 c_d 是每公里行驶的车辆及其司机成本。注意，该乘积取决于线路 k、k' 和公交车类型 n，因此该成本用 $c_{kk'n}$ 表示。

这个问题可以用一种简单的启发式方法近似求解。先将问题转换为 8.3.1 节的场景，在每个公交车任务中加入一个固定的准备时间（为即将提供的服务做准备，包括任何必要的空驶）。此准备时间应足够长，允许公交车从任何可能的位置空驶到下一个任务。这种方法虽然增加了公交车任务的时间，但消除了单独考虑空驶的必要。如果准备时间与任务的持续时间相比较小，则结果应该是好的，否则，它会产生低效率的可行解，在这种情况下，这些可行解可以作为进一步数值搜索算法的起点。

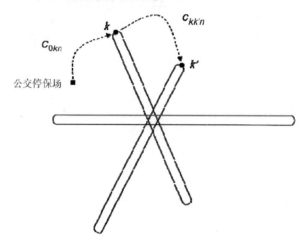

图 8.13 多条线路的分散终点站和车辆停保场

总体而言，准备时间越短，结果越好，建议选择尽量短的准备时间。如果使用 $T_{(k)}$ 表示任务 k 的持续时间，使用 $t_{k'k}$ 表示从 k' 转换到 k 的时间，使用 $\Delta_{(k)}$ 表示准备时间，则建议选择[①]：

$$\Delta_{(k)} = \max_{k'} \{t_{k'k}\}$$

重新定义任务，使其在不更改结束时间的情况下提前开始 $\Delta_{(k)}$ 时间单位。因此，新的持续时间为：

$$T'_{(k)} = T_{(k)} + \Delta_{(k)}$$

重新定义的任务中包含空驶，因此可以参照 8.3.1 节处理这个新问题（使用新的开始时间和持续时间），并且设空驶时间为 0。这就解决了问题。

如果准备时间与公交车任务的持续时间相当，用以上方法找到的车队规模和公交车班次集合的运营效率可能不是非常高。此时，应该使用优化算法进行改进。虽然很复杂，但这个优化问题类似车辆路径问题（Vehicle Routing Problem，VRP）。因此，不必从头开始开发最优解的搜索方法。本小节的其余部分描述 VRP，以及它如何能对我们的问题提供帮助。

在 VRP 中，人们寻找用一个车队为一组客户提供送货服务的最佳方式。给定的条件包括客户数量、每个客户货物占空间大小，以及所有客户位置（或者每两个客户之间的距离）。还应给出车辆调派出发的停保场位置，和可以使用的车辆类型信息（作为给定条件的一部分，包括基本车辆属性，如车辆的容量、每千米的成本和每次发车的成本）。然后，这些条件被用来确定任何两个客户之间的行程费用和任何车辆出行计划的费用。目标是要找到一组以停保场为起点和终点的车辆出行线路的集合，以尽可能少的成本为所有客户提供服务。有些 VRP 的变体把对出行时间和服务时间的要求指定为数据的一部分，再加入基于时间的约束，例如对车辆出行的总持续时间和/或对客户提供服务的时间窗口加以限制。附录 8.B 讨论了车辆路径问题的一些技术细节，并建议使用计算机算法求解。该方法是广泛适

---

① 如果公交车不是跨线路共享的，则 $\Delta_{(k)}$ 定义中的最大值操作应仅覆盖那些可能提供公交车完成任务 k 的终点站集合，即同一线路的终点站。因此，如果不跨线共享公交车，则 $\Delta_{(k)}$ 的值通常会小于跨线共享公交车情况下的值。

用的，可以应用于该问题的任何变体。

表 8.2 列出了 VRP 和时刻表覆盖问题（Schedule Covering Problem，SCP）之间的类比。这两个问题都在寻找成本最低的方式覆盖一组空间分布的客户/任务。注意，VRP 的基于时间的一系列特征不直接应用于 SCP，但它们仍包含在 VRP 这一列中，以帮助解决第 9 章中的问题。附录 8.B 中描述的求解算法基于在现有的可行解上迭代，如果初始解质量较好，通常会得到非常好的结果。建议使用本小节开头描述的带有准备时间的启发式算法求初始解。

表 8.2 公交车时刻表覆盖问题（SCP）与车辆路径问题（VRP）的类比

车辆路径问题（VRP）	公交时刻表覆盖问题（SCP）
客户 i, j	任务 k, k'
客户货物大小，d_i	任务持续时间，d_k
车库	车辆停保场
车辆类型，m	公交车类型，n
车辆容量	∞（除非公交车可用时间有限）
交通费用，c_{ijm}	成本惩罚，$c_{kk'n}$（$c_{kk'n} = \infty$ 如果不可行）
车辆调度出发的固定成本，c_m	公交车调度出发的固定成本，c_n（通常=0）
允许为客户提供服务的车辆类型	适合任务的公交车类型
客户服务停留时间，t_i	n/a
客户间出行时间，t_{ij}	n/a
最大出行时间，T_m	n/a
调度出发时间窗 $[T'_m, T''_m]$	n/a
出行时间超出 T_m 部分成本率，c	n/a
车辆出行计划（客户服务顺序）	公交车班次（公交车覆盖的任务顺序）

在有多种类型公交车的情况下，初始化时，建议使用 8.2.2 节中描述的分解方法：即使任务可以使用多种类型的公交车，也将它与唯一的公交车类型相关联。这很有帮助，因为带有准备时间的初始化算法可以单独应用于与每种公交车类型相关联的任务集合。为每种公交车类型生成一组公交车班次，可以用作初始可行解的一部分。

但是，为每个任务选择唯一的公交车类型需要注意一些事项。如果线路时刻表的部分时段可以由某组公交车类型提供服务（例如，中午的线路"5"既可以由铰接式公交车提供服务，也可以由普通公交车提供服务），应该避免将时刻表内的这部分内容细分成多个任务，并让每个任务随机使用某类公交车，这种做法效率较低。这种低效细分可以通过简单的规则规避。将车辆类型进行连续编号，$n=1, 2, \cdots$。把最小编号的可行车辆类型分配给每个任务。该规则确保具有相同可行类型集的所有任务（如同一线路中的任务）最终使用相同的公交车类型。如果需要，还可以根据特定偏好（如成本）对公交车类型编号进行排序，以便最大限度地使用偏好类型。

8.3.3 讨论：空驶和资源共享的效果

空驶是有用的，因为它允许公交车在终点站分散时服务多条线路，从而允许公交机构从共享车辆集合中提取公交车资源。如果处理得当，空驶不会在时刻表要求的服务里程之外增加过多里程。否则，公交机构总是可以如 8.1 节所示，单独处理线路（这样做已经相当有效了）。

空驶还允许公交机构在时刻表上较长的间隔中，将公交车送回停保场。停泊在停保场的车辆无须司机，不会积累任何较高的成本。另外，需要确定实际提供服务的车辆数（带有司机，并累计成本）与车辆服务需求的高峰和平峰相吻合，这也是非常重要的。此外，在允许空驶的情况下，公交车资源的汇集共享也可以帮助减少需求高峰和平峰造成的影响，因为需求最高峰决定了车队规模。

为了说明公交车资源共享带来的好处，假设有两条具有不同高峰模式的公交线路。例如，一条通勤线路早晚时运行频繁，另一条线路在中午附近运行最频繁（如服务体育赛事的专线）。图 8.14 显示了这两条线路的时刻表在一天内导致的公交车需求。在资源共享和不共享的情况下，这些需求均由 $U_i(t)$ 标记。

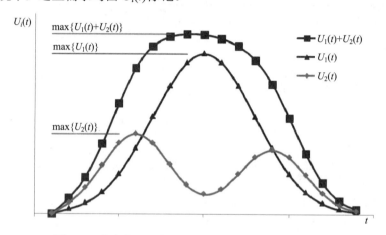

图 8.14　共享和不共享场景下处于服务中的公交车数目

比较线路资源分开或合并的情况下，公交车的需求有多大。前一种情况下，车队规模是单个线路的最大公交车需求的总和；即图 8.14 中两个高峰的值的和，一般情况下写作 $\sum_i \max_t \{U_i(t)\}$。如果车辆资源汇集在一起，它们将从公共车队中调度，车队规模将是两条曲线的和的最大值，一般情况下，写作 $\max_t \sum_i \{U_i(t)\}$。如图 8.14 所示，有：

$$\sum_i \max_t \{U_i(t)\} \geqslant \max_t \sum_i \{U_i(t)\} \tag{8.6}$$

这是一个普适成立的不等式。它表明，空驶可以减小车队总规模。图 8.14 稍有些夸大了这个效果，但如果公交系统包括高峰时段错开的多条线路，资源共享的效果最显著。

参 考 文 献

[1] Ahuja, R.K., Magnanti, T.L., and Orlin, J.B. (1993) Network flows: Theory, algorithms, and applications. Prentice Hall, Englewood Cliffs.

[2] Daganzo, C.F. (2005), Logistics Systems Analysis, 4th Ed. Springer-Verlag, Berlin Heidelberg.

[3] Dijkstra, E. W. (1959). "A note on two problems in connection with graphs." Numerische Mathematik 1: 269–271.

[4] Press W.H., Flannery, B.P., Teukolsky, S.A. and Vetterling, W.T. (1987) "Numerical recipes: The art of scientific computing." Cambridge University Press, New York.

[5] Robuste, F., Souleyrette, R. R., and Daganzo, C.F. (1990). "Implementing vehicle routing models." Transportation Research Part B, 24(4): 263-286.

练 习 题

8.1 考虑使用一种类型车辆的一条线路。如果已知公交车在给定的时间间隔内不可用，如何确定车队规模？（提示：M 不是常数，而是随时间变化的函数）。

8.2 有一条从郊区延伸到 CBD 的通勤线路，从凌晨 5 点开始运营，一直到午夜结束运营。这条线路有 20 个车站，每个方向都有 10 km 长。公交车巡航速度为 25 km/h，在每个车站延误 30 s。高峰时段（上午 7 点至上午 9 点，下午 3 点至晚上 7 点）每隔 10 min 开出一趟公交车，其余服务时间发车时距为 30 min。

（1）请绘制累计公交车调度发车曲线 $D(t)$ 和累计返回曲线 $R(t)$。

（2）确定为该线路提供服务的最小车队规模 M。

该机构还运营一条休闲摆渡线路，这条线路和通勤线路共享在 CBD 的同一个终点站。其服务时间为早上 6 点至晚上 8 点。早上 8 点至下午 4 点每隔 20 min 开出一班公交车，其他时间内则每隔 45 min 开出一班。这条线路无须中途停站。单程长度为 15 km。公交车的巡航速度为 25 km/h，在线路任意一端等待乘客的停留时间为 10 min。

（3）确定可提供此摆渡服务的最小车队规模。

（4）如果两条线路共享车辆，最小车队规模是多少？

8.3 两条有一个共同终点站的公交车线路，均从早上 6 点开始运营到午夜，公交车往返周期时间都是 120 min。A 线路在高峰时段（上午 7 点至 9 点和下午 3 点至 7 点）面临高峰需求，在这些时间内，使用 20 min 的发车时距，并需要使用铰接式公交车。在余下的服务期间，每隔 60 min 开出一班公交车，并可使用普通公交车。B 线路面临从上午 10 点开始到下午 4 点达到顶峰的旅游需求。在这一高峰期间，每隔 30 min 发车一班，需要铰接式公交车。在剩余时间内，发车时距为 90 min，可以使用任一类型的公交车。对于普通公交车，单位时间固定资产成本（用于购置车辆）按时间分摊后与单位工作时间的运营成本（即司机工资、油耗和维护成本）大致相同。现在假设与普通公交车相比，铰接式公交车的固定资产成本大约是普通公交车固定资产成本的 2 倍，运营成本大约是普通公交车运营成本的 1.3 倍，但提供的运力是普通公交车的 2 倍。在非高峰期需求低迷的情况下使用铰接式公交车在一定程度上有损机构的公众形象（让公众觉得这是在浪费公共资源）。如果在非高峰期间使用铰接式公交车，营运成本会额外增加 10%的惩罚。基于这些资料，在没有空驶费用的情况下，分析①为每条线路使用独有的车队；或②为两条线路共享同一个车队，决定最佳的公交车车队构成及公交车分配计划。如果每次空驶有固定成本（表示为常规公交发车费用的百分比），找出在保证②成本低于①成本的条件下，该空驶成本可取的最大值。

附录 8.A 证明——后进先出和贪婪策略均使用最少公交车

任何通过时间逐步推进的方法，如后进先出法，在仅有 M^* 辆公交车的情况下都是可行的，正如本章文中用排队图证明的那样，始终有至少 1 辆等待调度的空闲公交车。因此，这里着重讨论贪婪算法。

考虑本章中的甘特图表格[①]，其中绘制了所有任务、任务时间，以及必须同时执行临界数量 $M^* = \max\{U(t)\}$（假设为整数）个任务的时间的集合。该集合是一个或多个（关键）时间段的并集。注意，在每个时间段的开始处至少要开始一个新任务，否则这个时间段应该更长。因为算法是贪婪的，所以第一辆公交车在进入第一个时间段时必须已经分配有任务（忙碌状态）。否则，如果该公交车在这个时间段开始之前是空闲的，那么它应当被分配给在该时间段开始处开始的新任务。还要注意，如果一辆公交车在进入该时间段时处于忙碌状态，它必须在整个时间段保持忙碌状态。如果任何任务在该时间段内结束，都必须马上开始另一个任务，否则，该时间段中的任务数量将会减少，而这是不可能的。因为该算法是贪婪的，在完成前一项任务后，公交车继续执行后一项任务。因此，公交车在穿过第一个时间段时保持忙碌，从而将所述时间段中的需要同时执行的任务数减少 1。

出于同样的原因，第一辆公交车必须在穿过第二个和所有其他关键时间段时保持忙碌状态。因此，该公交车还将在这些时间段中待处理的需要同时执行的任务的数量减少 1。因此，在移除公交车 1 处理的任务之后，剩余的关键任务的数量为 M^*-1。

分析公交车 2 时，问题类似最初的问题，只是现在仅剩有 M^*-1 个关键任务。公交车 2 也可以把关键任务的数量减 1，公交车 3 和公交车 4 的情况也一样，当 M^* 辆公交车被考虑后，关键任务的数量为 0；即所有任务都已完成。因此，贪婪算法在 M^* 辆公交车的情况下是可行的。

附录 8.B "车辆路径问题"与元启发式算法

本附录描述一类经典的组合优化问题，其特例包括本章和第 9 章中将遇到的一些问题。本附录中还给出了一些求解方法。

1. 旅行商问题（traveling salesman problem，TSP）

给定 N 个节点，$i=1,2,\cdots,N$，以及每对节点之间的距离矩阵 $\{c_{ij}\}$。在旅行商问题（TSP）中，我们寻找以最小的总距离（或"费用"）访问所有点的闭合线路。

用数学定义以下决策变量：①一组二元变量 $\{x_{ij}, \forall i, j\}$，其中如果节点 j 在回路中紧随

[①] 编译者注：即图 8.9。

i，那么$x_{ij}=1$，否则为0；以及②连续变量$u_i, \forall i=1,2,\cdots,N$，表示节点$i$在回路中的位置，以及$1 \leq u_i \leq N$。目标函数显然可以写成：

$$\min \sum_{i,j} x_{ij} c_{ij} \tag{8.B1}$$

为了确保回路是可行的，首先要求每个节点在回路上正好被访问一次；也就是说，对每个节点的访问正好在一个其他节点之后，以及另一个其他节点之前。可以通过以下约束满足。

$$\sum_j x_{ji} = \sum_j x_{ij} = 1, \forall i \tag{8.B2}$$

然而，上述限制还不足以确保可行性。共同覆盖所有节点的多个子回路也可以满足上面这些约束，如图8.B1（a）所示。注意，每个节点被访问一次，且只访问一次，但是旅行者不可能在一次旅行中访问所有节点。

为了防止这种子回路的发生，可添加以下"消除子回路约束"。

$$u_j \geq u_i + N x_{ij} - (N-1), \forall i, \forall j \neq 1 \tag{8.B3}$$

$$u_1 = 1 \tag{8.B4}$$

这些约束确保只有单个覆盖所有节点的回路，而不是两个或多个子回路。对于任何$x_{ij}=1$和$j \neq 1$，有$u_j \geq u_i + 1$；否则，如果$x_{ij}=0$，有$u_j \geq u_i - (N-1)$，而这总是成立的。也就是说，这些约束要求$\{u_i : i=1,\cdots,N\}$的值的序列必须沿着（子）回路的每对相邻节点单调增加，除非节点1是后继节点。如果存在任何子回路，但其中不包含节点1，则会出现矛盾，因为$\{u_i\}$的值不能在闭环中持续增加。例如，这些约束将要求图8.B1（a）中的子回路（2, 3, 4, 2）严格满足$u_2 < u_3 < u_4 < u_2$，而这是不可能的。因此，任何可行的解都必须只包含一个封闭的节点序列，如图8.B1（b）所示。这是可行的，因为可以简单地将$1,2,\cdots,6$赋给$u_1,\cdots,u_6$。

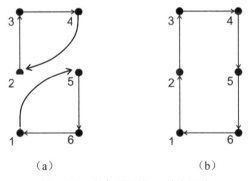

图8.B1　多个子回路 vs.单个回路

2. 局部搜索和元启发式算法

局部搜索方法背后的基本思想是猜测新的解，而且使这些解随着方法的开展变得越来越好。解由一个"状态"表征，而它是一串数字。这可以用TSP说明。由于城市在回路中出现的位置由前N个整数的全排序唯一地定义，所以任何一个这样的排序都是TSP问题的一种状态。下面的示例显示了一个6节点TSP问题的两种可能状态：（1，2，3，4，5，6）

和（1，6，3，4，5，2）。在本例中，假设旅行成本由弧的欧几里得距离给出。因此，每个状态的成本就是能用尺子测量的回路长度。

任何"局部搜索"都是基于扰动，这些扰动将一个状态转换为相似的另一个状态，而同时希望成本能降低。对于 TSP，一个扰动可能是选择两个连续的城市并交换它们的顺序。例如，可以从（1，2，3，4，5，6）转到（1，3，2，4，5，6），再从这个转到（1，3，4，2，5，6）。每一步转换（一次扰动）可以达到的状态集是该状态的局部邻域。扰动应该是简单的（以便生成和评估），但也应该是全面的，因为它们应该能将系统从任何状态转换到任何其他状态。连续的城市交换具有这两个属性，因此对于 TSP 来说是可接受的扰动。

给定当前状态，"贪婪"的局部搜索将估算其邻域中所有状态的成本，如果存在成本最低的状态，则移至这个状态；否则搜索结束。使用此新状态作为当前状态重复此过程，然后反复重复，直到找不到任何改进，搜索结束。搜索终止的点被称为"局部"最优。对于 TSP 来说，局部最优通常不是唯一的。例如，可以验证图 8.B2 中的两个回路都是局部最优的，但右侧的回路（1，6，3，4，5，2）相当糟糕。

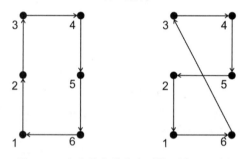

图 8.B2 点交换之前和之后的两个 TSP 解

鉴于此，人们创造了"元启发式"方法，在理论上可以避免陷入局部最优，而收敛于全局最优。最简单的元启发式方法称为模拟退火（Simulated Annealing，SA）。它与贪婪方法的不同之处在于，它从当前状态开始随机选择一个扰动达到单个新状态。然后通过掷硬币的方式，看新状态是否应当被接受并成为新的当前状态，或者保持状态不变。掷硬币的成功概率"p"被选择为成本变化 Δe 和迭代次数 n 的如下函数：如果 $\Delta e \leq 0$，则 $p=1$；但是如果 $\Delta e > 0$，则 $p = \exp\{-(n+a)\Delta e\}$，其中"$a$"是一个正常数。注意，在搜索刚开始时($n=1$)，接受成本更高的状态($\Delta e>0$)的概率很大，但该概率随着迭代的进行而减小。SA 的这种随机特性允许算法跳出局部最优值，在时间足够的情况下能收敛到全局最优值。只是对于超过 100 个点的问题，收敛速度很慢。然而，即使在这些情况下，该方法也可以用于微调用其他方法获得的初始解。对于这种类型的应用，通常选择较大的"a"值。

3. 车辆路径问题（VRP）

VRP 在实践中比 TSP 更频繁地出现，并且存在许多变体（例如，考虑回路长度限制、时间窗口等）。在其最基本的形式中，寻找车辆回路服务分布在空间中的一组 N 个客户。顾客运送的物品会占用车辆空间。可为这些客户提供服务的是 M 辆车。假设每辆车 m 都有单独的属性，如车辆容量、每次调度的成本等。本质上，每辆车都可以形成它自己的类别，

所以也有 M 个车辆类别。注意，这里假设的 1:1 的车辆和类型的对应框架足够通用，也可以用很少的车辆类型建模解决实际问题。为此，将每种车辆类型的属性配给大量车辆，并对所有类型重复此操作。例如，如果只有一种车辆类型，则可以将该类型的属性配给所有车辆。

给定的信息包括：

- N 个客户，$i=1, 2, \cdots, N$。
- M 辆车，$m=1, 2, \cdots, M$。
- 一个在 $i=0$ 处的仓库场站。
- 所有可能行程和车辆的旅行成本矩阵 $\{c_{ijm}\}$。
- 所有车辆的调度发车成本矢量 $\{c_m\}$。
- 允许访问 i 点的车辆子集，$P_i \subseteq \{1,2,\cdots,M\}$。
- 每个点（节点）的运输需求 d_i（以"数量"为单位）。
- 每个车 m 的容量 V_m（也以数量为单位）。

我们寻找的是如何将客户点分配给车辆，以及以仓库场站为起点和终点的一组车辆回路，使总成本最小。

模型使用两组决策变量。第一组由定义车辆回路的二元决策变量组成。变量是 $\{x_{ijm} : i, j = 0, \cdots, N, m = 1, \cdots, M\}$，其中如果车辆 m 直接从节点 i 行进到节点 j，那么 $x_{ijm} = 1$，否则为 0。第二个集合是辅助的；它由连续的决策变量 $\{u_i : i = 1, 2, \cdots, N\}$ 组成，用来消除子回路（就像 TSP 的情况一样）。

目标是最小化总成本，即出行和调度成本之和。

$$\min \sum_{i,j,m} c_{ijm} x_{ijm} + \sum_{j,m} c_m x_{0jm} \quad (8.B5)$$

多个约束条件扮演着不同的角色。以下两组约束确保：①每个客户被一辆且只有一辆正确类型的车辆访问，见式（8.B6）；以及②如果一辆车到达客户，它也会离开同一客户，见式（8.B7）。这两组约束放在一起，确保了问题的解由不重叠的闭环组成，每个闭环都由某个车辆执行。

$$\sum_{m \in P_i} \sum_{j=1}^{N} x_{ijm} = 1, \forall i = 1, \cdots, N \quad (8.B6)$$

$$\sum_{j=1}^{N} x_{jim} = \sum_{j=1}^{N} x_{ijm}, \forall i = 1, \cdots, N, \forall m = 1, \cdots, M \quad (8.B7)$$

然而，这些约束允许车辆执行任意数量的回路。所以需要更多的限制，以确保车辆要么只执行一次从仓库场站开始和结束的回路，要么没有被使用。这将由附加三组约束来实施。第一组的式（8.B8）确保每辆车离开仓库场站 0 次或 1 次：

$$\sum_{j=1}^{N} x_{0jm} \leq 1, \forall m = 1, \cdots, M \quad (8.B8)$$

这些约束达到了上述的目的，如果不等式是严格的，则左侧必须为 0，表示车辆离开仓库场站 0 次（即没有使用车辆）。如果不等式不严格，左侧的变量中只有一个是 1，即车辆恰好离开仓库场站一次。

但是该模型尚不完整，因为约束的式（8.B8）不排除离开仓库 0 次的车辆执行回路。为了纠正这一点，应该确保不允许出现任何不包括仓库场站的子回路。这将完成模型，因为每辆车只有两个选择：要么执行单一的基于仓库场站的回路，要么根本不执行任何回路。与 TSP 一样，通过要求辅助变量 $\{u_i : i=1,\cdots,N\}$ 沿不接触仓库场站的任何回路增加，就可以消除子回路。当且仅当 $\sum_m x_{ijm} = 1$ 时某车辆回路包含从 i 到 j 的弧（否则为 $\sum_m x_{ijm} = 0$），通过重写约束式（8.A7）与式（8.A8）可达到希望的约束作用，如下所示。

$$u_j \geq u_i + N\sum_m x_{ijm} - (N-1), \forall i, \forall j \neq 0 \tag{8.B9}$$

$$u_0 = 1 \tag{8.B10}$$

上述约束式（8.B6）～式（8.B10）保证了 VRP 回路在几何上是可行的。最后，还应确保每辆车均符合载货容量限制，即所有车辆均满足：

$$\sum_{i,j} x_{ijm} d_j \leq V_m, \quad \forall m \tag{8.B11}$$

上面的模型对于只有空间维度的"静态"VRP 是完整的。有时，VRP 问题还涉及与时间维度相关的数据和约束；例如，指定车辆最大出行时间 T_m，或要求车辆调度发车窗口 $[T'_m, T''_m]$。该问题的其他数据包括车辆可以开始发车的时间（假设 $t=0$，而不损失一般性）和相关的车辆任务的持续时间：客户 i 被车辆 m 服务的时间 s_{im}，以及车辆 m 在每个有序客户对 (i,j) 之间的行进时间 t_{ijm}。时间约束可以是"硬"或"软"。在后一种情况下，以某个成本率对违反约束的情况进行惩罚；例如，表 8.2 中的 c 是违反回路时限 T_m 而受到的惩罚。

还可以使用一组非负的、连续的决策变量 $\{v_{im} : i=0,1,\cdots,N; \forall m\}$ 引入基于时间的约束，这些变量表示车辆 m 在客户 i 处开始服务的时间。对于仓库场站（$i=0$），该变量应表示车辆离开仓库场站的时间。如果更一般地表述问题，允许车辆在开始为客户服务前或离开仓库前空置任意时间，基于时间的约束将更加简单（事实上是线性的）[①]。

借助线性约束定义可行的开始时间集合。首先注意，如果 $x_{ijm} = 1$，则 j 处的开始时间必须满足 $v_{jm} \geq v_{im} + s_{im} + t_{ijm}$。这个不等式的松弛部分就是车辆的空置时间。还要注意，如果 $x_{ijm} = 0$，则 v_{jm} 和 v_{im} 可以取任何非负值，因为它们不出现在任何约束中。在 $x_{ijm} = 0$ 和 $x_{ijm} = 1$ 情况下，这些条件可以通过定义较大的数 B（应大于最大可能的 v_{im} 值），并由以下约束统一。

$$v_{jm} \geq v_{im} + B(x_{ijm} - 1) + s_{im} + t_{ijm}, \quad \forall i, \forall j \in \{1,\cdots,N\}, i \neq j, \forall m \tag{8.B12}$$

$$v_{im} \geq 0, \quad \forall i, \forall m \tag{8.B13}$$

这些式子是有效的，如果 $x_{ijm} = 0$ 则式（8.b12）与式（8.b13）是冗余的（正如我们所预期的），否则 $v_{jm} \geq v_{im} + s_{im} + t_{ijm}$。

使用能定义变量的约束表示车辆 m 返回并进入仓库场站的时间。同样，车辆在进入仓库前允许有空置时间，因此其进入时间 $\tilde{T}_m$ 由以下公式定义。

[①] 这个模型更一般化，因为如果从用这种方法找到的任何解中去掉空置时间，解仍然是可行的。

$$\tilde{T}_m \geq v_{im} + (s_{im} + t_{i0m})x_{i0m}, \quad \forall i, m \tag{8.B14}$$

这些不等式对于车辆 m 回路中的最后一个客户是有意义的（即，其中 $x_{i0m} = 1$）。如果式（8.B14）对其他客户是冗余的，则这些不等式整体上是正确的。幸运的是，这是成立的。因为对其他客户（非最后一个），有 $x_{i0m} = 0$，式（8.B14）的右侧正好是 v_{im}，可取如下的值：①如果客户不在回路中，则取值可以低至 0（即 $\sum_j x_{ijm} = 0$），该变量不受式（8.B12）的限制，或者②如果客户 i（非最后一个）确实在回路中（即 $\sum_j x_{ijm} = 1$），则取值肯定小于 $\tilde{T}_m$，因为式（8.B12）确保 v_{im} 在车辆回路中单调增加。

鉴于此，对回路时间的硬约束可以简单地写成：

$$\tilde{T}_m \leq T_m, \quad \forall i = 1, \cdots, N, \forall m \tag{8.B15}$$

如果是软约束，则应该定义额外回路时间 $e_m = \left[\tilde{T}_m - T_m\right]^+$，并在目标函数中添加项 $c\sum_m e_m$。可使用以下常见的线性不等式作为定义约束实现。

$$e_m \geq \tilde{T}_m - T_m, \quad \forall m \tag{8.B16}$$

$$e_m \geq 0, \quad \forall m \tag{8.B17}$$

这个技巧之所以奏效，是因为在最优情况下，与任何 m 相关联的这两个约束中的一个必须取严格相等。否则，可以通过降低相应的 e_m 减少目标函数的项 $c\sum_m e_m$。显然，如果与某 m 相关的两个约束中的一个为纯相等，则 $e_m = \left[\tilde{T}_m - T_m\right]^+$。

最后注意，执行调度发车时间窗口 $[T'_m, T''_m]$ 很容易。只需使用：

$$T'_m \leq v_{0m} \leq T''_m, \quad \forall m \tag{8.B18}$$

上述的 VRP 混合整数线性规划模型可以通过构造试探法和/或基于整数规划的方法（如列生成）求解。许多商业求解器也可以直接处理这些模型。这些方法需要调试以适用于模型中的特定约束。它们可能会产生最优解，但仅适用于约有 100 个点的中小型问题。

模拟退火（SA）等元启发式算法也可以有效地解决这类问题。这些方法之所以吸引人，是因为当约束条件或目标函数改变时，模型和求解方法不会有太大变化，其一般化的求解思想仍同样适用。如果能用其他方法找到较好的初始解，那这些方法对中/大型问题都能给出不错的结果。对 SA 来说，TSP 的求解过程几乎不需要改变。现在，"状态"不再是单一的全排序，而是由有序的客户车辆分配和服务开始时间组成。通过评估目标函数为该状态估算成本，并通过检查车辆负载，以及出行开始和结束时间是否在允许的范围内验证状态的可行性。当某状态不可行时，它的成本会增加很多。这些求解步骤的计算成本只比 TSP 步骤的成本稍高一点。

SA 算法的运用仍和之前一样。首先定义扰动，可以是某回路中两个节点（也称为"客户"）的交换，或者是两个回路之间客户组的交换，或者是回路开始时间的变化。图 8.B3 显示了将左侧回路的最后一个客户与右侧回路的中间客户互换的结果。如果使用适当的交换顺序，可以从任何状态到达任何其他状态。因此，随机交换的 SA 方法（在理论上）应该是可行的。在实践中，SA 的应用已经能很好地处理高达约 1000 个点的 VRP 问题。对于规模更大的问题，通过采用较大的参数 "a" 值，SA 可用作微调工具。这种方法的展示可以在 Robuste et al.（1990）中找到，它将 SA 算法应用于一个大约有 200 个点的问题。

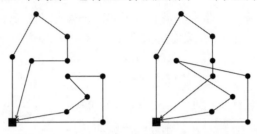

图 8.B3　两个回路之间客户交换前后的回路

正如在本章正文中说明的（第 9 章中会进一步诠释），许多公交资源管理问题可以转化为类似 VRP 的问题，也可以用 SA 解决或微调。这种方法易学易用。Robuste et al.（1990）的案例研究从构思到完成只用了不到一周的时间。

更多信息：

下面的基础文献可能会有帮助。Press et al（1987）的 10.9 节，326～334 页，描述了旅行商问题（TSP）背景下的模拟退火（SA）方法，并给出了计算机代码。在 Daganzo（2005）的附录 B 中也可以找到简短的描述。该文献的 4.5.2 节（微调的可能性）总结了 Robuste et al（1990）里的案例研究。

第 9 章 管理——员工配置

本章介绍司机管理计划。司机管理计划的制订通常分为两个阶段：工作定义和员工配置。工作定义阶段的目标是确定一组可行的司机工作，在覆盖所有公交车班次的同时尽可能少浪费时间。计划最终可行性是由法律和人员因素共同决定的。员工配置阶段的目标是连续不断地安排司机完成工作任务，即每天为每项工作指定具体人员。和车辆管理一样，如果管理得当，浪费就相对较少。在规划阶段所作的假设（司机成本与时刻表中的司机工作小时数直接成正比）是合理的。

司机工作定义阶段在技术上与第 8 章中班次的定义过程非常相似。班次定义过程包括两个步骤：将时刻表切割成公交车任务，用公交车班次覆盖这些任务，如图 9.1（a）所示。解决司机工作定义问题时也涉及切割和覆盖这两个并行的步骤，如图 9.1（b）所示。首先，将公交车班次切割成尽可能小的司机任务，然后用较大的司机工作覆盖这些任务。

图 9.1　公交车时刻表覆盖和公交车班次覆盖

然而，这两个问题并不完全相同。当前问题能被简化的一个特点是，与公交车不同，员工有足够的能力完成任何驾驶任务。另一方面，与公交车班次不同的是，司机的工作（即他们所做的一组任务）的持续时间不能是任意长度的。这个特点让事情变得复杂。建模时，需要引入定义工作轮班的选项，以及能完成不同轮班的员工类别。工作轮班指持续时间一定，并可由单人以固定报酬水平完成的工作时间窗口。9.1 节介绍相关的基础知识，9.2 节和 9.3 节探讨轮班时间对成本的影响。9.3 节还将介绍如何对第 8 章中描述的数值算法稍作修改，以定义司机的轮班和每个班次内的司机工作，在覆盖所有任务的同时尽可能减少浪费。

员工配置阶段将人员配给已确定的轮班班次，并安排相应的工作。这比将公交车配置给公交车班次复杂得多，因为员工不能一周工作 7 天，而且有些员工可能更偏好某些周内工作的组合。配置轮班班次并不简单，9.4 节将研究有效、公平地解决该问题的策略。

9.1　介　　绍

本章假设已知第 8 章由时间表覆盖方法得到的一系列公交车班次。每个公交车班次，$r=1, 2, \cdots$，是以公交停保场为起点和终点的连续时空轨迹。开始时间为 B_r，结束时间为 E_r，运行持续时间 $S_r = E_r - B_r$ 是给定的。可以用类似甘特图的图表显示公交车班次的信息（但不包括空间方面的信息），如图 9.2 所示。

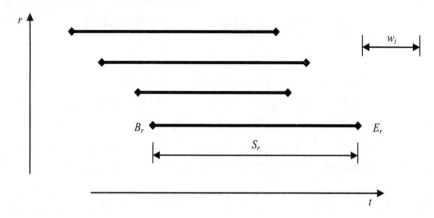

图 9.2 多个公交车班次

接下来，加入司机的轮班信息。假设司机可以在每个轮班期内连续工作。只要公交车时刻表设计中包括了足够的（供司机休息的）终点站停留时间，就能确保任何公交车任务组合都包括所需的休息时间。还假设每名司机只按某个给定类型的轮班班次工作（索引为类型 i），并且轮班班次类型由其持续时间 w_i 区分。注意，公交车班次时间可能比司机轮班班次时间长得多，如图 9.2 所示。通常一个公交车班次的持续时间在 16～20 h，但出于安全的考虑，司机不能连续工作超过 5～8 h。

司机的薪酬信息也是要考虑的因素。假设司机按轮班班次支付工资，并允许加班。轮班班次类型 i 都有各自工资率（元/时间）。即使班次内实际工作的时间较短，工资也是按全班时间支付的。工资率不受一天中时间的影响，只受轮班班次长度的影响。如果实际工作时间超过轮班班次长度，则需要把额外加班工资率加到标准工资率上[①]。所有轮班班次的标准工资率和加班工资率相同时，本章使用合适的货币单位，使标准工资率数值为 1。额外加班工资率表示为 $\pi>0$，从而使加班期间总工资率为 $(1+\pi)>1$。

下面的两个小节研究这种薪酬结构如何影响公交机构的成本。这里以一个特殊场景产生的成本下界作为基准：在任何时间段内都可以以固定基本工资率"1"雇佣司机。这种支付方案产生了一个成本下界，允许公交机构以最低工资率覆盖每一个公交车班次，不浪费任何支付薪酬的时间。在基准工资率下，这个下界的值等于公交车班次的持续时间。与该下界的比较是有意义的，因为该特殊薪酬结构与本书规划章节中的假设是一致的。在这些章节中，假设公交机构的成本是公交车运营时间和工资率的乘积（就好像没有浪费一样）。

9.2 独立的班次

本节探讨在一个次优但简单的情况下，员工薪酬结构如何影响公交机构的成本。在这

---

① 工作的加班部分可以由被分配到该工作的员工完成，也可以由另一位愿意工作一小段时间的员工完成。这种情况很常见。许多公交机构（如香槟-厄巴纳公交公司）都有一批兼职的临时司机。他们的工作时间很灵活，工资率也较高。

种情况下,公交机构为每个公交车班次分别确定司机的工作和轮班。这个场景有讨论的必要,因为从它可以推导出普遍适用的结论。即,即使公交机构只能使用少数几种轮班的类型,成本也可以接近下界。

9.2.1 最不利的薪酬结构

首先,假设有一个任意持续时间为 S_r 的公交车班次,假定薪酬结构仅考虑一种轮班班次类型(例如,$w = 8$ h),并且不允许加班($\pi = \infty$)。这是最不利的情况,因为这种薪酬结构完全不灵活。注意,在这种极端情况下,提供服务的成本是 S_r 的阶跃函数,步长为 w,即成本由曲线 $w\lceil S_r/w \rceil$ 描述,其中半括号表示向上取整。成本下界是 S_r,是与成本曲线从底部相切的直线。因此,两条曲线之间的垂直间隔$\$_w$是成本差 $w\lceil S_r/w \rceil - S_r$,即图 9.3 中表示 S_r 函数的锯齿形状曲线。注意,当 S_r 是 w 的整数倍时,它的值取 0。因为工资率是 1,所以这条曲线也代表了司机不工作的时间,以及公交机构浪费的成本。

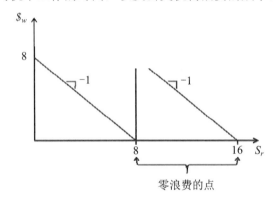

图 9.3 由于司机轮班而产生的额外成本;$w=8$ h 的示例

这个表达式如何影响必须覆盖多个班次的公交机构的成本。如图 9.3 所示,如果任意一个 S_r 略低于(或高于)w 的整倍数,则这个公交车班次的额外成本将是低(或高)的。该图还显示,在公交车班次的整个长度范围内,平均的额外成本为 $w/2$。可以预期公交机构所有公交车班次的平均额外成本与 $w/2$ 相当,因为设计公交车班次时通常不会考虑到 w,其持续时间可以位于时间轴上的任何位置。这一估计表明,在最不利的薪酬结构下,公交机构很可能会为每个公交车班次浪费约半个轮班长度的空闲时间。由于实际的公交车班次运行时间与轮班班次时间的 2 倍相比不会超过太多,很明显,在这种最不利的情况下,司机空闲的时间百分比应该在 20%左右。

通过两个经常使用的薪酬计划措施:加班和多类型轮班,可以大大减少这种浪费。接下来的两个小节研究这些改进措施的效果。

9.2.2 延时加班

假设薪酬计划允许的工作时间比轮班班次时间长,其中加班工资率较高,为($1+\pi$)(元/时间)。还假设该公交机构可以以此加班工资率完成非常短的工作(也许可以使用临时司机)。

为行文方便中，下面用 $s(x|y)$ 表示类似图 9.3 所示的，幅度和周期间隔均为 y 的锯齿函数。在该图中 $y = 8$ h。此函数的表达式为：

$$s(x|y) \equiv y\lceil x/y \rceil - x \tag{9.1}$$

使用此表示法，可以将上一节的额外成本写为 $\$_w = s(S_r|w)$。

公交机构应该如何利用其增加的工资率和雇佣的灵活性覆盖公交车班次持续时间 S_r。显然，如果 S_r 是 w 的整数倍，则解决方案是最简单的，因为这样 S_r/w 个轮班可以提供无浪费的覆盖，并且 $\$_w = 0$。因此，下面将重点放在更一般的情况上。

为了帮助设计这个问题的解决方案，不妨将一个公交车班次划分成两部分：一部分为一组不重叠的时间段，这些时间段由普通司机以基本工资率轮班覆盖，余下的时间部分由临时司机或加班司机以加班工资率覆盖。对于任何解决方案，用变量 t ($t \leqslant S_r$) 表示按基本工资率覆盖的工作（即正常工作）的时间总量，$S_r - t$ 表示以较高工资率覆盖的（即加班工作）总量。

首先，找出给定 t 条件下的最优机构成本。注意，对于任何给定的 t，当所有正常工作的时间是连续的时候（即所有轮班被安排一个在没有任何中断的单个时间段内发生），这部分的成本是最小的。另一方面，临时司机的工资不受工作开始时间和连续性的影响，只受总工作时长的影响。因此，对于任何给定的 t，如果连续完成正常工作（例如，在公交车班次最开始的时间段 $[0, t]$ 内），公交机构将实现最低成本。正常工作司机的成本是 $t + s(t|w)$，临时司机的成本是 $(S_r - t)(1 + \pi)$。给定 t 条件下的总成本是 $t + s(t|w) + (S_r - t)(1 + \pi) = S_r + s(t|w) + (S_r - t)\pi$。由于总成本的下界是 S_r，因此可以得出以 t 为条件的最优额外成本是 $s(t|w) + (S_r - t)\pi$。在这个表达式中，第一项对应浪费的空闲轮班时间，第二项对应由于临时司机或加班产生的额外费用。

为了完成优化，寻找 t 的值（满足 $t \leqslant S_r$），以将上述条件下的额外成本最小化。该值是通过求解以下问题得到的。

$$\min_t \{s(t|w) + (S_r - t)\pi: t \leqslant S_r\} \tag{9.2}$$

这个问题的最优值只能有两个：不超过 S_r 的 w 的最大整倍数，表示为 $t_1 \equiv w\lfloor S_r/w \rfloor$，或者是 $t_2 \equiv S_r$。相应的最优额外成本是：

$$\$_w(S_r) = \min\{s(S_r|w), [w - s(S_r|w)]\pi\} \tag{9.3}$$

证明：如果 S_r/w 是整数，则结果显然成立，因为在这种情况下，最优解仅为 $\{t_1 = S_r; \$_w = 0\}$，这与式（9.3）一致。现在考虑 S_r/w 不是整数的情况。注意，式（9.2）中的目标函数随 t 下降，除非 t 是 w 的整数倍。因此，最小值要么在 w 的整数倍处得到，要么满足 $t = S_r$。现在考虑第一种可能性，由于 t 是 w 的整数倍，所以 $s(t|w) = 0$，并且可以消除目标函数的第一项。因此，目标值是 $(S_r - t)\pi$，且随 t 而下降。最佳 t 必须是尽可能大的，即 $t_1 = w\lfloor S_r/w \rfloor$。用向上取整函数重写此项，以便使用式（9.1）。由于 S_r/w 不是整数，向上和向下取整的函数满足 $\lfloor S_r/w \rfloor = \lceil S_r/w \rceil - 1$。因此，$t_1 = w\lceil S_r/w \rceil - w$。注意，这与 $t_1 = S_r + s(S_r|w) - w$ 相同。然后，在目标函数中代入此值，并记住 $s(t_1|w) = 0$，可得到目标值：$[w - s(S_r|w)]\pi$。接下来分析第二种可能性，$t_2 = S_r$。在这种情况下，目标值是 $s(S_r|w)$。系统最优值为 $\$_w(S_r) = \min\{s(S_r|w), [w - s(S_r|w)]\pi\}$。

刚得到的解也可以用图形方式理解和求解，如图 9.4 所示。图 9.4 中的顶部曲线描绘了

目标函数的式（9.2）中的第一项，即$s(t|w)$。底部的曲线描绘了第二项的负值，$(t-S_r)\pi$。目标函数等于两条曲线之间的垂直间隔，由于只应考虑可行区间内的 t 值，该图仅描绘了 $t \in [0, S_r]$ 内的曲线。最优解出现在两条曲线之间的垂直间隔最小的地方；即将底部曲线向上平移直到它第一次接触顶部曲线时的那个接触点。图9.4清楚地表明只有两种可能的结果，并且接触点由底部曲线的斜率 π 确定。更具体地说，如果 π 较小，则接触首先发生在 P 点处，而其时间坐标为不超过 S_r（即 t_1）的 w 的最大整倍数；如果 π 较大，则接触首先发生在 Q 点，而其时间坐标为 S_r（即 t_2）。这与解析解一致。

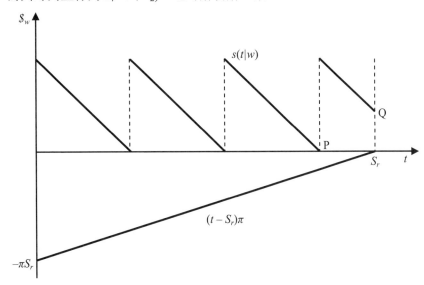

图9.4 浪费的轮班成本和加班成本表达为 t 的函数（$t \leq S_r$）

注意，式（9.3）右边的第一项是在基本工资率下，用尽可能少的轮班班次覆盖整个公交车班次。这与图 9.3 的最不利情况下的策略相同。在这种情况下，额外成本项代表浪费的班内空闲时间。如果连续用完整的轮班班次尽可能多地覆盖，并在剩余时间使用临时司机或加班司机，按加班工资率支付成本，式（9.3）右边的第二项就会出现。在这种情况下，该项是支付的额外成本（额外加班工资率）。图 9.5 将第二项标记为"加班曲线"并覆盖在图 9.3 中代表第一项的成本曲线上，实际成本是两条曲线的下包络线。虚线表示通过增加灵活性而被改进的旧曲线部分。

注意，从虚线和实线之间的垂直分隔可以看出，当公交车班次长度略微超过轮班班次长度的整数倍时，加班工作最能降低成本。除非该整倍数为 0，即公交车班次长度非常短（不太可能发生），否则可以通过延长最后一个轮班班次以加班的方式完成所需的工作。在这种情况下，除非司机非常不愿意加班，否则不必保持额外的临时司机队伍。

图 9.5 还揭示了额外的灵活性如何影响长度随机的公交车班次的最大成本和平均成本。最大的额外成本出现在下包络线的顶端，即那些使式（9.3）的两项相等的点上。求解 $s(S_r|w)$，在顶端点处 $s(S_r|w) = w[\pi/(1+\pi)]$。由于式（9.3）的两项相等，因此，该值也是最大的额外成本，而在之前它对应的值是 w。考虑之前相同的分析，多个公交车班次的平均额外成本应该也是最大值的 50% 左右。因此，加班作为选项出现，使公交机构每个公交车

班次的最大和平均成本降低为原值的 $\pi/(1+\pi)$。如果 π 小于 1，这个成本的减少可能是相当显著的。例如，如果 $\pi=1$ 且 $w=8$ h，则在最不利的情况下，每次公交车班次的平均浪费时间是 4 h，如果允许加班，则平均浪费为 2 h。如果公交车班次平均长度为 12 h，浪费的时间将从所需工作时间的 1/3 减少到 1/6。下一小节研究公交机构在基本工资率下使用两个（或更多）不同时长的轮班时，如何进一步减少这种浪费。9.4 节讨论司机如何在不获得更高的工资率的情况下，从不同时长的轮班中获益，这个结论可能不符合直觉。由于公交机构和司机都从这种类型的策略中受益，它们在实践中被普遍使用。

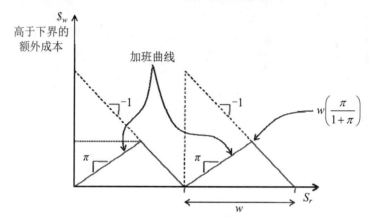

图 9.5　司机轮班和加班策略下的额外成本

9.2.3　多种轮班类型

假设公交机构可以使用多个不同时长（w_i, $i=1, 2, \cdots, I$）的轮班班次，而且轮班成本是其时长和某基本工资率的乘积。和前面一样，选择适当的货币单位，使这个基本工资率的数值是 1。

在开始之前，将公交车班次中由相同类型的轮班服务的一组时间段称为"一部分"。显然，一个运行中最多有 i 个部分，它们不能重叠。其中未包含在其任何部分内的时段集合的称为"剩余部分"，且必须由加班时间覆盖。由类型 i 的轮班覆盖的部分的总持续时间（即时间段长度的和）表示为 t_i。根据定义，$\sum_i t_i \leq S_r$，所以剩余部分的持续时间是 $S_r - \sum_i t_i$。

这个问题还可以继续简化，因为总是存在最小成本的解，其中每个部分仅包括一个时间区段。换而言之，同一类型的所有轮班都是连续的，其间没有间隙。这个结论是成立的，因为①任何具有多区段部分的解都有一个具有相同 $\{t_i\}$ 的对应解，而其每个部分都由单区段组成；以及②第二个解的成本不可能更大。陈述①为真，因为把各个单区段的部分从公交车班次开始时起连续放置，也不会超过总时长。陈述②也是正确的，因为任何轮班和加班的组合，如果可以覆盖一个多区段部分，那么也可以覆盖具有相同 t_i 的单区段部分，因为后者更紧凑。

考虑每个部分只包括单个区段是有意义的，因为与任何解 $\{t_i\}$ 相关的成本都已推导出公式。覆盖某个时间区段的最小成本是下界 t_i 加上 $s(t_i|w_i)$ 货币单位，而所有时间区段的总额

外成本是 $\sum_i s(t_i|w_i)$。由于用加班覆盖剩余部分的额外成本是 $\left(S_r-\sum_i t_i\right)\pi$，因此与所有时间区段相关的总额外成本是 $\sum_i s(t_i|w_i)+\left(S_r-\sum_i t_i\right)\pi$。因此，最优的时间区段集合和由此产生的超额成本 $\$_w(S_r)$ 可通过求解如下问题找到。

$$\$_w(S_r)=\min_{\{t_i,\forall i\}}\left\{\sum_i s(t_i|w_i)+\left(S_r-\sum_i t_i\right)\pi:\sum_i t_i\leqslant S_r\right\} \tag{9.4}$$

注意，在 $I=1$ 的特殊情况下，问题的式（9.4）退化到式（9.2）。还要注意，一旦获得最佳 $\{t_i\}$，就可以将每个时间区段视为时长为 t_i 的单个公交车班次，使用图 9.4 的方法给每个区段制订轮班计划。

给定一个公交车班次的时长和一组轮班时长，问题的式（9.4）可以通过数值求解；例如，如 2.3 节所讨论的，写出它的拉格朗日函数。也可以用基于次可加性函数概念的简单手算程序以图形方式解决此问题，见附录 9.A。按此步骤进行的分析表明，通过引入一个时长相对较短的额外轮班类型（尤其是如果它的时长不是较大轮班时长的整数约数），可以大大减少浪费。

这里用一个以启发式方法解决的例子说明这一点。该示例有两个轮班时长，$w_1=8$ h 和 $w_2=3$ h。以这种方式找到的解可被证明是最优的，因为用精确的图解法可得到同样的解（见附录 9.A）。首先，枚举所有可以用整数个轮班以 0 额外成本精确覆盖的公交车班次时长。因为这些特别的时长必须是整数，所以考虑 S_r 的每个整数值，看看它是否可以通过某种轮班组合覆盖。此方法快速揭示了以下的公交车班次时长的列表（每个等号后面的括号内数字表示轮班组合）：3=(3)、6=(3+3)、8=(8)、9=(3+3+3)、11=(8+3)、12=(4×3)、14=(8+3+3)、15=(5×3)，以及每个后续整数。

不在此列表中的公交车班次时长需要使用加班或空闲时间，且会导致一些额外的成本。如果时长刚刚超过列表中的某个时间，则如图 9.5 所示，加班是更好的选择；否则，轮班空闲时间更好。图 9.6 用实线绘出了比较这两个选项而获得的额外成本曲线 $\$_w(S_r)$。这个解恰好是最优的。虚曲线是图 9.5 里没有较短轮班类型时的额外成本曲线。注意成本的大幅降低。

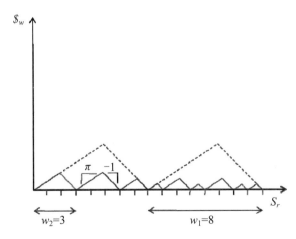

图 9.6　多种轮班类型的影响

所有公交车班次的平均额外成本 $E[\$_w]$ 是额外成本曲线以公交车班次时长加权的平均高度。如果使用 $F(x)$ 作为这些时长的累积分布函数，并假设一天有 24 h，则公式为：

$$E[\$_w] = \int_0^{24} \$_w(x) \mathrm{d}F(x) \qquad (9.5)$$

其中 $\$_w(x)$ 是由式（9.4）的解给出的额外成本曲线。图 9.6 为示例。

从图 9.6 中可以看出，如果公交车班次时长包含在 $S_r \in (8, 16)$ 内，则无论 $F(x)$ 如何，额外成本减少的幅度都很大。例如，如果 $F(x)$ 在 $(8, 16)$ 内是均匀的，平均额外成本就是 $(8, 16)$ 内的曲线下面积除以 8，即 $0.75\pi/(1+\pi)$ h。从数值上讲，如果 $\pi=1$，则得到 0.375 h；如果不允许加班，则得到 0.75 h。现在，如果公交车班次平均时长为 12 h，浪费的时间只有总工作时间的 0.375/12=3%。即使不允许加班，浪费的时间也只占工作时间的 0.75/12=6%。

这个简例说明，通过引入较短的轮班类型，几乎能完全消除浪费。因此，正如本书规划部分所示，将司机总成本表示为所需公交车总服务小时数的倍数是合理的。即便公交机构还没有允许某个司机工作跨越多个公交车班次，也出现了这样的有利结果。但这[①]是没有必要的，下一节将放松这一假设，把所有公交车班次放在一起处理，以进一步减少浪费。

9.3　多个公交车班次

在实践中，公交机构应该允许司机覆盖多于一个公交车班次。即使考虑到司机在班次间转换的成本，这种额外的灵活性也可以进一步减少浪费。这样做的好处来自汇集效应，就像在第 8 章中允许公交车班次覆盖多条公交路线时所做的那样。不过，正如第 8 章的情况，由于存在司机转换的相关成本，问题在变得更加复杂。因此，本节同时介绍两个部分，一是考虑问题所有复杂性的情况下获得实际解决方案的算法（9.3.1 节）；二是产生成本下界和一些定性见解的简化方法（9.3.2 节）。这个下界可以与上界的式（9.5）结合考虑，以在问题细节未知时粗略估计成本（例如，在探索未来可能的薪酬结构选项时）。

9.3.1　求解算法

求解过程包括图 9.1 中的两个步骤。首先，将公交车班次划分为不可拆分的司机任务，以 p 为索引。这些任务将被组合成司机工作，而这些司机工作又必须嵌入轮班班次中。为了获得最大的灵活性，应该在考虑公交机构实际约束条件的前提下使这些任务尽可能短。有些公交机构允许在公交线路沿线的任何地方更换司机，有些公交机构则要求在指定地点更换司机。在这两种情况下，这个划分过程都相当简单。由此得到的司机任务可以在甘特图中以图形方式显示，如第 8 章中对公交车任务所做的那样。图 9.7 给出一个示例。

问题的目标是将司机任务组合成可以有效执行的司机工作（即任务的一个集合）中，用尽可能少的轮班班次和加班。图 9.7 显示了一个无须加班即可覆盖的司机工作示例（任务 1、7 和 10）及相应的轮班班次。问题的数据包括甘特图上的信息，包括任务持续时间

---

① 编译者注：即不允许司机工作跨越多个公交车班次。

t_p，以及从任务 p 结束到任务 p' 开始之间的时间间隔 $t_{pp'}$。数据还包括薪酬计划的基本参数，包括每种轮班类型的时长 w_i、每种轮班类型基于工资的总成本 c_i（不再一定有相同的工资率）和加班工资率 r_i（以前为 $1+\pi$）。注意，可以在此框架中通过引入无穷小持续时间的轮班班次"0"为临时员工建模。还需要知道将司机从任务 p 移动到任务 p' 的非工资成本 $c_{pp'}$。如果该移动不能及时完成，或司机不能完成其中一个任务，则该移动不可行，且成本设为无穷大。否则，当 p 和 p' 属于不同的公交车班次时，该成本应该包括移动司机所需的任何交通成本。最后，还可以将各种轮班类型限制为在特定的时间窗口 $[w'_i, w''_i]$ 中开始。

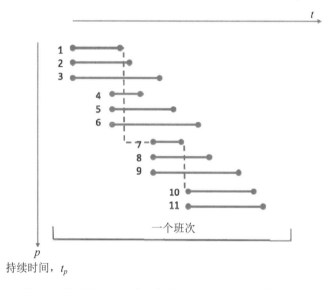

图 9.7 甘特图显示多个司机任务，一个司机工作和轮班

问题的决策变量是司机工作，以及与每个司机工作相关联的轮班类型和时间窗口。司机工作在其第一个任务开始时开始，在最后一个任务结束时终止。这项工作的时长可能需要加班，因此会产生额外的工资成本。如果司机工作覆盖不同的公交车班次，还可能产生额外的转换成本。目标是找到一组能以最低成本覆盖所有任务的司机工作和轮班班次。从这个设置可以看出，司机工作定义问题（job definition problem，JDP）与第 8 章的时刻表覆盖问题非常相似。而事实上，和后者一样，这是车辆路径问题（VRP）的一个特例。表 9.1 显示了这三个问题之间的关系。

表 9.1 时刻表覆盖、司机工作定义和车辆路径问题之间的关系

车辆路径问题（VRP）	时刻表覆盖问题（SCP）	司机工作定义问题（JDP）
客户 i,j	任务 k, k'	司机任务 p, p'
客户货物大小，d_i	任务持续时间，d_k	n/a
车库	车辆停保场	停保场
车辆类型，m	公交车类型 n	轮班类型 i
车辆容量	∞（除非公交车可用时间有限）	∞
交通费用，c_{ijm}	成本惩罚，$c_{kk'n}$（$c_{kk'n} = ∞$ 如果不可行）	移动司机的非工资成本，$c_{pp'}$（如果不可能，则 $c_{pp'} = ∞$）

续表

车辆路径问题（VRP）	时刻表覆盖问题（SCP）	司机工作定义问题（JDP）
车辆调度出发的固定成本，c_m	公交车调度出发的固定成本，c_n (usually =0)	类型 i 轮班的成本（工资），c_i
允许为客户提供服务的车辆类型	适合任务的公交车类型	n/a（员工能开任何公交车）
客户服务停留时间，t_i	n/a	t_p
客户间出行时间，t_{ij}	n/a	$t_{pp'}$
最大出行时间，T_m	n/a	轮班持续时间，w_i
调度出发时间窗 $[T'_m, T''_m]$	n/a	轮班开始时间窗，$[w'i, w''i]$
出行时间超出 T_m 部分成本率，c	n/a	加班工资率，r 或 $(1+\pi)$
车辆出行计划（客户服务顺序）	公交车班次（公交车覆盖的任务顺序）	司机工作（司机按顺序覆盖的任务）

由于 JDP 是 VRP 的特例，因此可以用附录 8.B 中描述的模拟退火（SA）方法对其进行近似优化。唯一需要改变的是为 SA 方法寻找一个好的初始解的过程。建议对单个公交车班次使用 9.2.3 节中描述的过程。为此，将为所有轮班定义共同的基本工资率和加班工资率（如平均工资率），然后求解问题的式（9.4）以便为每个公交车班次找到一组司机轮班班次。这一步可以通过数值求解或图形求解完成，虽然这个简化的问题使用了一些成本近似，但它并没有放松原问题的任何可行性要求。因此，以这种方式获得的整个司机工作集合应该是模拟退火算法的一个相当好的起点。

9.3.2 成本的下界

这一小节展示如何用图形方法获得最优成本的下界。该方法清楚地显示了浪费发生的位置和原因，以及使用不同时长的轮班可以产生的收益。它还建议如何通过改变公交车班次集合改善最终结果。公交机构可以利用这个深刻的认知调整服务时刻表。

该方法使用了两个简化假设：① 所有司机任务都是无穷小的；② 员工可以在没有任何延误或交通成本的情况下切换任务。虽然，这些假设中的每一个对于某些系统而言都是可以实际满足的，但是这两个假设通常并不兼容。第一个假设仅当很多司机更换点密布于每条线路时才被满足；第二个假设仅当所有线路都共用唯一的司机更换点时才被满足。因此，这个方法必然会产生偏乐观的结果。然而，这些假设带来的好处是，司机可以跨班次瞬间重新分配。因此，没有必要跟踪具体的司机工作及其包含的任务。可以忽略司机任务的空间分布，只寻找在时间上能覆盖公交车班次的司机轮班集合。可以从甘特图数据中提取在运行中的公交车班次随时间变化的曲线，如图 9.8（a）所示，用高度为一辆公交车、长度为 w 个时间单位的矩形条带（代表示轮班班次）覆盖曲线下的区域。

图 9.8（a）中的双峰曲线来自典型的早晚高峰服务模式。图中 D_1 是早高峰期间运行中公交车班次的最大值，D_2 是晚高峰期间运行中公交车班次的最大值。曲线的上升部分表示开始运行的公交车班次多于结束运行的公交车班次，而下降部分表示开始运行公交车班次少于结束运行的公交车班次。曲线下面的区域面积是需要完成的总工作量，以司机小时为

单位。

现在考虑如何使用单一轮班类型覆盖这些工作量,而且不允许加班。图 9.8(b)描述了一种可能的模式,这种模式由三条粗黑曲线给出,而这三条曲线标出各轮班开始的时间,可以看出,解决方案共使用了 D_1+D_2 次轮班,成本为 $(D_1+D_2)w$。因为条带有固定的长度 w,并且它们必须覆盖所有的工作,所以有些条带必须延伸到工作量曲线的下降部分之外。图中的阴影部分表示这些延伸总量,它们对应于浪费的空闲时间。注意,在工作量曲线的最右边部分的下面有一个小的弧形三角形,它不能用已有的两个轮班班次覆盖,因此似乎需要一个代表新的轮班的黑色上升曲线服务。该图没有引入这样的新轮班,因为在同一时间有空闲的司机可以被重新配置来覆盖这些任务;例如,那些与右边顶部较暗的曲线三角形对应的司机[①]。

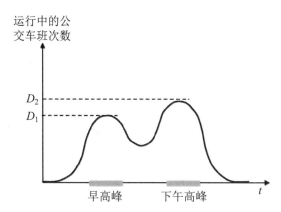

(a)随时间变化的运行中的公交车班次数量

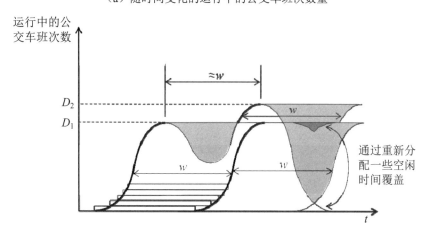

(b)用轮班班次覆盖工作

图 9.8 成本下界的图解法

公交公司面临的难题是,在大多数情况下,每天该曲线的两个峰值之间的时间间隔通

---

① 原则上,早高峰结束时的一些空闲时间也可以被重新分配以覆盖一些班次。然而,对于这里的数据模式,此操作只会推迟某些轮班班次的开始,而不会消除任何轮班班次。

常与轮班的时长相当，而这必然会导致浪费，因为在高峰期开始轮班的司机必然在大部分轮班时间内都是空闲的。正如在单公交车班次分析中看到的那样，时长较短的轮班班次可以改善这个问题。图 9.9 显示了引入时长为 50% ($w/2$) 的第二组轮班的好处。这些半班可以覆盖驼峰顶部那些公交车运行时长不到 $w/2$ 的部分，而每个轮班班次的浪费减少 $w/2$。注意，没有司机空闲时间超过 $w/2$ 个时间单位，即使大多数轮班班次是正常长度的。由于只需增加几个短班就可以节省很多成本，因此一些公交机构使用短班。这通常是通过"拆分"轮班班次实现的，即普通轮班班次被分成两部分，由空闲时段隔开。正如这个例子所表明的那样，不需要太多的拆分就能节省相当多的成本。公交机构可以用这些节省下来的钱提高司机的工资，并让偶尔的分班变得有吸引力。9.4.1.2 节将进一步探讨这一想法。

注意，如果考虑加班和灵活工作，节省的成本应该会更多。要进行此分析，应该考虑图 9.9 的每个水平切片，确定是否可以通过取消最后一个轮班并用加班代替它降低成本。这与图 9.5 中的取舍相同。作业练习题 9.1 进一步探究这个问题。

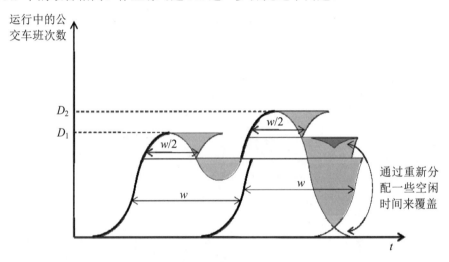

图 9.9　具有两种轮班类型的成本下界

9.4　员工配置

一旦公交机构确定了一周中每天需要工作的轮班班次，就需要用具体的司机完成这些轮班，同时，注意一周中各天的轮班需求可能不同。如果司机以服务外包的形式工作，按轮班支付工资，员工配置工作就很容易，因为公交机构只需通过外包服务选择每天所需的司机即可。

然而，在现实中，如果大多数司机是在编受薪员工，对公交机构来说会更便宜，对司机来说也更有保障。然而，这造成了一个复杂的问题，因为该机构必须找到一种方法，用固定的劳动力覆盖可变的轮班集合。另一个复杂性来自缺勤（如病假）。公交机构通常在预见到这个问题的情况下，每天计划额外员工，并使用临时外包人员（或优厚薪酬条件下的普通员工）弥补任何人力缺口。

本节的目的是说明公交机构如何使用在编受薪员工覆盖轮班需求（以及应雇用的员工数量）和如何处理缺勤问题。对这些方法背后的原则的理解不仅可以带来更好的员工配备计划，还可以揭示能使公交机构及司机都受益的薪酬结构。9.4.1 节展示如何组织在编受薪员工；9.4.2 节展示如何为缺勤作计划。

9.4.1 使用在编受薪员工完成轮班

本节假设所有司机都是在编受薪员工，因为这种情况是最困难的，并且最清楚地说明了问题。假设这些司机每周有固定的工作时数，保证有两个休息日，而且周薪是固定的，所以无论他们做什么，工资都是一样的。为了简单起见，将忽略假期，但是仅需略微的扩展就能让下面的思路适用有假期的情况①。

司机在一周内工作的轮班班次的集合称为"分配类型"。配置员工的过程首先定义包括有限个分配类型的菜单，其特征是一周中每天工作的轮班班次。然后需要为每个分配类型选择足够多的司机，以便分配给所有司机的轮班班次能够覆盖一周内需要完成的所有轮班班次。假设每个菜单项（分配类型）规定有 5 个工作日（不一定所有菜单项都有相同的工作日），而不同菜单项的工作日分布模式会变化。唯一的要求是，每个菜单项都必须符合司机合同中规定的所有条件。本节假设只有两种轮班类型，即每个工作日要么包括一个单时段的连续轮班（其时长符合合同要求），或两个分开但合计总时长相等的短班（"分班"）。这是相当普遍的做法。本节首先研究只有连续轮班的情况，再研究包括分班的情况。

9.4.1.1 单一的轮班类型

假设对于一周中的每一天 d（$d = 1, 2, \cdots, 7$）都求解了 JDP，并且解决方案适用于问题范围内的所有星期。因此，已经给定的是每个工作日需要工作的轮班数 N_d 和每个轮班班次的开始时间。

为了安排受薪司机，首先要定义分配类型菜单，每种分配类型只涵盖一周中的特定五天。分配类型由指标变量 δ_{md} 定义，如果分配类型 m 包括第 d 天，则 δ_{md} 为 1，否则为 0。显然，对于所有 m，$\sum_d \delta_{md} = 5$。目标是为每个分配类型选择要使用的司机数量，以便每个工作日可用的轮班班次尽可能覆盖所需的目标$\{N_d\}$。这组数字称为"员工配置计划"。菜单里的分配类型越多，员工配置计划的结果就越好。然而，定义这个菜单与其说是一门科学，不如说是一门艺术。菜单应该很小，但又灵活，对员工有吸引力。

员工配置计划由每个分配类型的员工数量 $\{a_m\}$，以及实际员工名册组成。其和 $\sum_m a_m \equiv A$ 是各分配类型的总数，因此也是需要雇用的总人数；它与公交机构所付的工资成本成正比。要找到 $\{a_m\}$，注意，$\sum_m a_m \delta_{md}$ 是为第 d 天提供的轮班班次数。由于该天所需的轮班班次数为 N_d，对于所有 d，$\{a_m\}$ 必须满足不等式 $\sum_m a_m \delta_{md} \geq N_d$。由于不等式形式的约束提供了灵活性，因此选择使公交机构的工资成本最小的 $\{a_m\}$，即最小化 $A \equiv \sum_m a_m$。

---

① 处理休假的方法是，雇佣比本节方法得到的数字更多的员工，然后鼓励所有员工错开休假，以便每天可用员工的数量保持在接近目标数字的水平。

换言之，最优员工配置计划是以下线性规划问题的解：

$$\min\left\{\sum_m a_m : \sum_m a_m \delta_{md} \geq N_d, \forall d; a_m \geq 0, \forall m\right\} \tag{9.6}$$

注意式（9.6）中，并不要求$\{a_m\}$严格为整数。这是因为公交机构通常每天必须配置数百个轮班班次，因此最优的a_m应该远大于1。[①]问题式（9.6）的解总是可以四舍五入，而不会对每周的成本产生太大影响。还要注意，式（9.6）总有一个可行解。

满足所有约束且没有任何松弛的解尤其好。注意，对于任意一个菜单$\{\delta_{md}\}$，所有约束的左侧的和等于目标函数的5倍。因为$\sum_d\left(\sum_m a_m \delta_{md}\right) = \sum_m\left(a_m \sum_d \delta_{md}\right) = \sum_m(a_m 5) = 5\left(\sum_m a_m\right)$。使这些约束成为等式的任何解/菜单的组合在所有可能的菜单中都具有最低的目标值。换句话说，这样的解不能通过使用其他菜单来改进，因为它没有任何松弛。有时，找到满足这个强大的条件的解比求解式（9.6）更方便。

上述情况出现的一个重要场景是一周只有两种日子：工作日每天需要N个轮班班次，周末每天需要$n \leq N$个轮班班次。利用简单的带连续休息日的分配类型的菜单就可以解决这种情况的问题。使用连续休息日是因为它对司机是有吸引力的。这种情况下的菜单包括七种分配类型，以第一个休息日为特征。用$m=1$表示星期六、$m=2$表示星期天、$m=3$表示星期一、…、$m=7$表示星期五。分配类型1是"普通"的，因为它给了人们正常的周末假期；其余的称为"特殊"的。注意，此菜单中的七个分配类型加在一起，总共为一周中的每一天（包括周末）产生5个轮班班次。因此，为每个分配类型提供$n/5$个员工在一周中的每一天生成n个轮班班次。这些轮班班次刚好覆盖了周末，没有任何松弛，而每个工作日还剩下$N-n \geq 0$个轮班班次需要覆盖。这些额外的工作日轮班可以通过$N-n$个普通分配类型覆盖。由此得到的员工配置计划没有松弛，这使其不仅是最优的，而且是完美的。

根据变量，员工配置计划由$N-n+n/5$个普通分配类型和$n/5$个特殊分配类型组成，即$\{a_1 = N - n + n/5$和$a_2 = a_3 = \cdots = a_7 = n/5\}$。例如，如果$N=800$，$n=350$，则将定义520个普通分配类型，以及每种70个特殊分配类型。

员工配置计划的讨论到此结束。下一步是"排班"，是细化计划$\{a_m\}$，以便它可以与实际员工联系起来。排班可以分两个子步骤制定。首先，对员工配置计划中共A个分配类型中的每一个，考虑到其类型，将其包括的轮班班次与JDP问题中的具体轮班班次相匹配，因而使员工配置计划中的每个轮班班次都有了具体的开始时间。完成这一步后，JDP中的轮班班次和A个分配类型包含的班次将有1:1匹配。由于这一步操作有相当大的灵活性，公交机构应该努力采用司机可能喜欢的匹配方式，例如，使每个分配类型中的轮班的开始时间尽可能地接近。此外，由于有些分配类型可能非常吸引人，而另一些则不吸引人，公交机构可以考虑将这些分配类型划分成互不重叠的组，每组c包含A_c个分配类型，而且所有的组整体上具有相似的吸引力。然后，司机可以与组相匹配，而不是与单个的分配类型相匹配，然后每隔A_c周轮换一次该组中的分配类型。

其次，现在每个分配类型（或组）都已完全定义，必须将每个分配类型（组）与每周负责完成固定（轮换）分配类型的具体司机（司机组）相匹配。由此产生的匹配就是排班。

[①] 见第3章3.1.4节中的讨论。

这个最终的匹配必须与劳动力资源决策相结合，并可以通过多种方式实现。可能的方法包括：抽签、拍卖、按功绩和/或资历优先选择，以及这些方法的组合。因为这些流程既不是技术问题的，也不是特属于公交系统的，所以不在此讨论。

9.4.1.2 两种轮班类型

本小节说明如何使用 JDP 的解配置具体司机。这个解包括正常轮班（如 8 h）和半班（如 4 h），而员工可以完成偶尔出现的分班。假设分配类型包括五个工作日和两个休息日，每个工作日有一个正常轮班或一个分班①。此外，为了确保一天中的所有半班都可以用分班覆盖，还假设 JDP 的解已经满足时间窗口的约束，以致在一天中产生相等数量的早半班和晚半班，而且每个早半班都在任意晚半班开始之前结束。如图 9.8 和图 9.9 所示，这样的半班在实践中应该运行良好。和以前一样，要先找到员工配置计划，再找排班计划。

要找到员工配置计划，首先要从 JDP 的解中提取一周中每一天所需的正常轮班和半班的数量（N_d 和 n_d）。然后定义分配类型的菜单，该菜单内的分配类型选项与源自一周内普通轮班和分班的位置和数量不同。这些分配类型现在由两组指标变量表征，δ_{md} 和 δ'_{md}。如果分配类型 m 包括第 d 天的一个正常轮班，则前者为 1，否则为 0。如果分配类型 m 包括第 d 天的一个分班，则后者为 1，否则为 0。现在要解决的问题是线性规划的式（9.6）的扩展版本，它还包括新约束集：$\{\sum_m a_m \delta'_{md} \geq 2n_d, \forall d\}$。右侧需要因子"2"，因为左侧计算的每个分班包含两个半班。该问题的解给出员工配置计划。

出于与上一小节相同的原因，如果一个解没有任何松弛地满足所有约束，则该解是"完美的"，因为它是所有可能的分配菜单中的最优解。不过可以再一次用有五个相同的工作日和两个相同的周末日的重要特例说明这种类型的简单解的存在。仅针对一种特殊的情况展示这一点，就足以说明想法。在这个特殊情况下，半班仅在工作日（而且少量地）使用。作业练习题 9.2 讨论其他情况。

对于这种特殊情况，可以用 N_R 和 N_H 分别表示工作日的正常轮班数和半班数，用 n 表示周末的（正常）轮班数。假设与 N_R 相比，N_H 和 n 都足够小，满足 $2N_H + n \leq N_R$。为了便于分析，可以按类别 q 定义分配类型 m，每个类别具有不同特点。对这个问题，要定义三个类别。

第一类别包括所有连续五天正常轮班和两个连续休息日的分配类型。有七种可能性，用符号 $\{(R, R, R, R, R, 0, 0)_7\}$ 进行概括。符号 R 表示正常的轮班，符号 0 表示休息。序列中的第一个位置对应星期一，最后一个位置对应星期日。圆括号表示旋转操作，将所有符号向右移动一个位置，而最后一个符号移动到第一个位置。下标 "7" 表示该操作进行 6 次，因此该类别包括七种分配类型。注意，当类别中的所有七种分配类型合并到一个组中时，它们为一周中的每一天（包括周末）产生 5 次正常轮班。第二类别是 $\{(R, R, R, R, S)_5, 0, 0\}$，其中符号 S 表示分班。注意，此类别包括五种周末休息的分配类型，并且类别中的所有分配类型加在一起，为每个工作日产生 4 个正常轮班和 2 个半班，而周末不产生任何轮班。第

---

① 编译者注：即 2 个半班。

三个类别是 $\{(R, R, R, R, R)_1, 0, 0\}$。它包括一种分配类型，在一周内每个工作日产生 1 个正常轮班，周末不产生任何轮班。

类型 q 的分配组是包括类别 q 中的每个成员恰好一次的一组分配类型。组中的类型数（组的大小）表示为 $\{s_q\}$。对于本示例，$\{s_1 = 7, s_2 = 5, s_3 = 1\}$。员工配置计划应根据分配组而不是单个分配类型进行定义，即按每个类别的组数 $\{b_q\}$ 而不是 $\{a_m\}$ 进行定义。注意，随后会得出计划中的分配数量，也由此得出员工数量。公式是：

$$A = \sum_q b_q s_q \tag{9.7}$$

选择这些类别的理由如下。第一类别旨在涵盖整个周末轮班，同时为每个工作日提供一些正常轮班。由于每个工作日仍有大量未覆盖的正常轮班，加上原来的半班数量，因此，第二类别和第三类别的设计能够覆盖所有这些需要，且不会影响周末。第二类别负责半班，第三类别清理剩余的正常班次。此逻辑说明了在具体情况下创建类别的思维过程。例如，如果半班更多，则定义诸如 $\{\{(R, R, S, R, S)_5, 0, 0\}$ 的类别可能是有用的；或者，如果半班也发生在周末，则定义诸如 $\{(R, R, R, R, S, 0, 0)_7\}$ 的类别可能是有用的。

现在为上面的具体问题寻找解决方案。由于来自类别 1 的分配组每天产生 5 个正常的轮班，可得出类别 1 的 $b_1 = n/5$ 个分配组每天产生 n 个轮班。因此，这些组完全满足了周末需求，而在每个工作日留下 N_R-n 和 N_H 个轮班尚未覆盖。由于类别 2 的分配组在每个工作日产生 4 个正常轮班和 2 个半班，由此得出，这种类别的 $b_2 = N_H/2$ 个组将在每个工作日覆盖 N_H 个半班，同时产生 $2N_H$ 个正常轮班。这使得每个工作日有 $N_R-n-2N_H \geqslant 0$ 个正常轮班需要由类别 3 的分配组覆盖。由于类别 3 每个分配组在每个工作日产生一个正常轮班，因此通过选择 $b_3 = N_R-n-2N_H$ 就可以覆盖所有剩余的轮班。例如，如果 $N_R = 700$、$N_H = 200$、$n = 250$，则解为：$\{b_1 = 50, b_2 = 100, b_3 = 50\}$。注意，式（9.7）中的 $A = 900$。

还要注意，该问题的通用解没有任何松弛，不能通过使用任何其他类别改进。这太完美了。这一示例证实了这一点，因为必须在一周内完成的正常轮班当量总数为 (800×5+(200/2)×5+250×2 = 4500)，与计划提供的当量(900×5 = 4500)相匹配。对员工配置计划的讨论到此结束。

排班过程同样包括两个步骤。第一步将每分配组中的轮班与 JDP 解中的具体轮班相匹配，这样可以为前者确定开始时间。就像对单一的轮班类型的讨论那样，正常轮班可以任意地与正常轮班 1:1 匹配。然而，分班必须与不重叠的成对半班相匹配。这可以通过只考虑两个成对的半班实现，而这两个半班包括 JDP 解的一个早半班和一个晚半班。这始终是可能的，因为 JDP 解包含的早晚半班的数量相等，并且可以预先成对。此外，为了确保每对中两个半班之间的时间间隔尽可能一致，并避免巨大间隔可能造成的过长的工作日，建议选择最早（尚未被选择）的早晚半班来成对。在任何情况下，一旦成对形成，就可以任何方式与分班 1:1 相匹配，就像对正常轮班所做的那样。

最后，将人员与分配类型匹配起来就完成了排班。这同样可以通过多种方式实现。如果公平是一个问题，可以将员工匹配到一组难度平衡的分配类型中。在上面的例子中，可以定义一个单独的集合，其中包括分配组 1 的 1 个分配组，组 2 的 2 个分配组，组 3 的 1 个分配组，共 7+10+1=18 个分配类型。它们可以在 18 个司机中轮换 18 个星期。50 个这样的集合（总共需要900个司机）就可以为该问题 A = 900 个分配类型的完整集合给出排班。当然，每种实际情况都是不同的，所以还需要仔细考虑细节。然而，这些细节在很大程度上与技术无关，不在本书讨论范围之内[①]。

9.4.2 应对缺勤[②]

以上分析假设雇佣的 A 个司机会可靠地出勤并完成工作。然而，这是不现实的，因为人类司机会生病并出现其他紧急情况。此外，由于这些事件是难以预料的、随机的，所以实际到班的司机数量每天不一样。这个数量取决于司机来上班的概率 f。本节说明公交机构的成本大约与 A/f 成比例；即，该成本可以表示为司机数量的固定倍数，就像本书的规划章节中假设的那样。

为了弥补缺勤人数，公交机构可以雇佣 U 名司机($U \geqslant A$)，并每天给他们所有人打电话。在 U 个司机中，A 个将分配轮班，额外的($U-A$)个司机被指定为备选，在需要时代替缺勤者[③]。这一策略在没有随机波动的理想世界（即每一天缺勤司机的数量等于期望）中很有效，因为这样设置的缓冲人数可以精确地对应每天的司机短缺，而公交机构就不必为闲置人员支付太多成本。然而，在现实中，波动是存在的。为了处理这个问题，公交机构可以增加缓冲人数。由于仍可能会出现短缺，还假设该机构可以在非常短的时间内召集更多的司机，并支付额外的费用。这些司机可以是愿意加班的受薪司机，也可以是外包司机。假设他们的工资率是标准薪金的 $r \equiv (1+\pi)$ 倍，但该机构只为他们实际工作的时间付工资[④]。此模型框架设置的唯一自由度是缓冲人数的大小。如果选择太小，支付给短期工人的额外工资可能会飙升。如果选得太大，固定工资的成本就会很高。下面展示一个令人满意的折中方案及对应的额外成本。假设工人以概率 f 独立出勤。这个问题可以确定性地或随机性地进行分析。下面说明这两种方法产生的成本估计非常相似。

首先，考虑简单的方法，其中忽略随机波动。也就是说，假设每天的缺勤人数等于它的期望。在这种情况下，将雇用 $U = \lceil A/f \rceil$ 受薪司机。缓冲人数是 $U - A = \lceil A/f \rceil - A$；例如，如果 $A=60$，且 $f=0.9$ 时，需要 $U = \lceil 60/0.9 \rceil = 67$ 名司机，缓冲人数是 7。如果用每日工资作为货币单位，这些表达式也代表了公交机构的日成本。这是简单、确定性的成本预测。

为了更准确地检查每日随机波动的影响，假设 P 是在任何给定的一天上班的司机的随机数量。根据假设，P 是具有 U 次试验和成功概率 f 的二项式随机变量。对于给定的 U，公交机构期望的日成本为：

$$E[\text{成本}] = U + rE_P[(A-P)^+] \tag{9.8}$$

对于较大的 U，二项随机变量 P 近似为正态分布，其均值为 Uf，方差为 $Uf(1-f)$。因此，

[①] 从商务角度的分析可以在 Coleman, R. M.（1995）中找到。
[②] 本节的大部分内容基于 Muñoz, J. C.（2002）。
[③] 备用人员应包括在员工配置计划和排班流程中。要做到这一点很容易，只需引入额外的"B"类型轮班，意思是"充当后备"，并在分配类型（或分配组）列表中包括它。使用 9.4.1 节的示例中提供的逻辑，可以很容易地推导员工配置计划的公式；见作业练习题 9.4。
[④] 引入符号"r"是为了避免与也出现在本节中的圆周率 $\pi \approx 3.14$ 混淆。

变量$(A-P)$本身近似于均值为$(A-Uf)$和方差为$Uf(1-f)$的正态分布。因为$(A-P)$是正态的，式（9.8）可以用标准正态的密度函数$\phi(z) \equiv \frac{1}{2}(2\pi)^{-\frac{1}{2}}\exp(-z^2/2)$表示。为此，用概率密度函数为$\phi(z)$的标准正态随机变量$Z$表示$(A-P)$，即$(A-P) = (A-Uf) + [Uf(1-f)]^{\frac{1}{2}}Z$，然后将该表达式带入式（9.8）的右侧。将期望值写成积分，得到[①]：

$$E[\text{成本}] = U + r\left[\int_{(Uf-A)/\sqrt{Uf(1-f)}}^{\infty}\left(A - Uf + z\sqrt{Uf(1-f)}\right)\phi(z)\mathrm{d}z\right] \quad (9.9)$$

可以用数值方法找到最小化式（9.9）的U值，计为U^*。然后，式（9.9）的最优值可以与简单的确定性预测$\lceil A/f \rceil$进行比较。

现在用前面的数值例子说明这一点。回想一下，$A=60$，$f=0.9$。如果假设临时司机的成本是$r=1.5$，使用式（9.9）搜索U^*会得到$U^*=65$。这低于在没有波动的确定性场景中将雇用的$\lceil A/f \rceil=67$个司机，但高于A。由此产生的成本为67.2工资单位，而在确定性场景中估计的成本为$\lceil A/f \rceil=67$个单位。因此，由随机波动引起的成本增量为0.2，不到确定性成本的0.3%。当然，如果司机人数较小用确定性方法会获得较差的结果，但大多数实际系统比示例中假设的人数要大得多。因此，确定性方法获得的结果应该更好。表9.2显示了一些代表性A、f和r数值下的相对误差[②]。这些百分比很小，表明为了规划目的，在随机缺勤的影响下可以使用以下确定性公式估计工资成本：

$$E[\text{成本}] \approx \lceil A/f \rceil \approx A/f \quad (9.10)$$

表9.2 随机方法与确定性方法的成本比较

输入			随机方法		确定性方法		%成本差
A	f	r	U^*	成本*	U_{det}	成本$_{det}$	
30	0.9	1.5	32	33.71	33	33	1.1%
30	0.9	2.5	33	34.40	33	33	3.2%
30	0.8	1.5	35	37.82	38	38	0.8%
30	0.8	2.5	37	38.95	38	38	3.9%
100	0.9	1.5	109	111.80	111	111	0.6%
100	0.9	2.5	111	113.06	111	111	1.8%
100	0.8	1.5	121	125.59	125	125	0.5%
100	0.8	2.5	124	127.66	125	125	2.1%
300	0.9	1.5	330	334.54	333	333	0.4%
300	0.9	2.5	333	336.71	333	333	1.0%
300	0.8	1.5	368	376.02	375	375	0.3%
300	0.8	2.5	373	379.61	375	375	1.2%

---

① 利用$\int z\phi(z)\mathrm{d}z = -\phi(z)$这一结果，式（9.9）中的积分可以用$\phi$及其累计概率分布函数，$\Phi$书写为闭合解析式并求解。但是结果比式（9.9）的右侧稍长，因此不在这里给出。得到的函数有一个唯一的最小值。

② 从表9.2中注意到，如果以A衡量的机构规模增加，而其他两个参数保持不变，则相对成本差减小。这可能是意料之中的，因为由大数定律可知，当$A\to\infty$时，随机波动与A相比应该变得微不足道，因此它们的影响也应该变得微不足道。还要注意，如果加班工资率r在其他参数不变的情况下降低，相对成本也会下降。这也应该是意料之中的，因为$r=1$（最低的有意义值）时的最佳策略是在确定性和随机性场景中对所有工作使用灵活的员工，因此场景之间不会有成本差异。

续表

输入			随机方法		确定性方法		%成本差
A	f	r	U*	成本*	U_{det}	成本$_{det}$	
1000	0.9	1.5	1104	1113.31	1111	1111	0.2%
1000	0.9	2.5	1110	1117.27	1111	1111	0.6%
1000	0.8	1.5	1238	1251.87	1250	1250	0.1%
1000	0.8	2.5	1246	1258.43	1250	1250	0.7%

参 考 文 献

[1] Coleman, R. M. (1995) "The 24-hour business." AMACOM, N.Y

[2] Muñoz, J. C. (2002) "Driver shift design for single-hub transit systems under uncertainty." Ph.D. Thesis, Department of Civil and Environmental Engineering, U.C. Berkeley, CA.

练 习 题

9.1 假设一家公交机构每天从早上 5 点到第二天凌晨 1 点提供公交服务。一天中不同时间运行的公交车班次数如下图所示。请估计并比较下面给出的三种情况下的司机成本下界。讨论可变的轮班时长和加班对成本的影响。

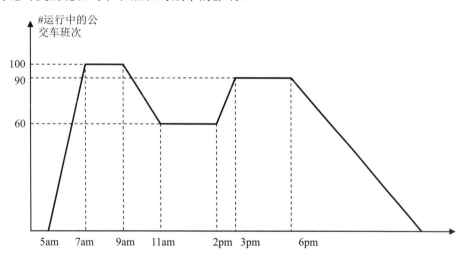

（1）所有司机每班工作 8 h，不得加班。
（2）司机可轮班工作 8 h 或 4 h，不得加班。
（3）司机可以轮班工作 8 h 或 4 h，也可以按工资率$(1+\pi)$=2.5 加班。

9.2 假设有一个拥有丰富足球文化的大学城，每周六下午交通需求都会激增。因此，一周内每天对 8 h 轮班和 4 h 轮班数目的要求是：工作日 36 班和 36 班，周六 24 班和 48 班，周日 24 班和 24 班。你应该如何安排每周工作 40 h 的带薪司机以覆盖所有轮班要求？你可能需要首先定义一些合理的轮班类型作为输入数据，然后求解一个数学规划问题。

9.3 讨论式（9.8）在以下情形中的变化，并使用以下参数值求解最优的 U^*: f=0.8 和 0.9，r=1.5 和 2.5。

（1）$(P-A)^+$ 个空闲司机可以从事其他工作或回家，同时收到等于他们工资的一半的回报。

（2）假设可以使用两种类型的候补司机：①现有的一批司机，其每人单位工资成本为 $r'=(1+\pi)$，或②另一批司机，如果雇用其中任何人，需要付固定合同成本 c_f，而每人单位工资成本为 r'（$r'<r$）。

9.4 *使用 9.4.1 节的线性规划方法优化考虑到缺勤的员工配置计划。要做到这一点，请定义固定备选司机和临时司机为额外的轮班类型。请合理定义所需参数和决策变量。假设缺勤人数没有随机波动，推导出员工配置计划和最终成本的公式。

小项目 3　车队和人员管理[①]

这个项目的目标是用公交车覆盖服务时刻表，设计公交车班次，用司机覆盖公交车班次，并设计司机任务/班次。AC 公交公司服务伯克利、奥克兰和许多周边地区，拥有近 200 条路线和 600 多辆公交车。伯克利西门旁边的区域是一个主要的交通枢纽，有一个地铁（BART）站和 15 条不同的公交路线通过该枢纽。

在本项目中，你将为经过该交通枢纽的三条公交路线确定公交车和司机分配的最佳方式。

路线特征

在这个小型项目中考察的三条线路是：线路 7，提供洛克里奇（Rockridge）和埃尔塞里托-德尔诺特（El Cerrito Del Norte）地铁站之间的服务；线路 18，服务于沙塔克走廊和奥克兰市中心；线路 52L，提供埃尔塞里托和加州大学伯克利分校之间的服务。它们在各自两端终点站及车辆停保场之间的运行时间如表 MP3.1 所示。这些线路的工作日时刻表如表 MP3.2~表 MP3.4 所示。

表 MP3.1　空驶时间

空驶时间	洛克里奇地铁站	德尔诺特地铁站	圣巴布罗/马林	莫拉加/梅道	班克罗夫特/电报街	埃尔塞里托地铁站	
洛克里奇地铁站	0:00:00	0:24:00	0:14:00	0:06:00	0:07:00	0:18:00	线路 7
德尔诺特地铁站	0:24:00	0:00:00	0:07:00	0:25:00	0:18:00	0:08:00	
圣巴布罗/马林	0:14:00	0:07:00	0:00:00	0:19:00	0:10:00	0:04:00	线路 18
莫拉加/梅道	0:06:00	0:25:00	0:19:00	0:00:00	0:12:00	0:19:00	
班克罗夫特/电报街	0:07:00	0:18:00	0:10:00	0:12:00	0:00:00	0:14:00	线路 52L
埃尔塞里托地铁站	0:18:00	0:08:00	0:04:00	0:19:00	0:14:00	0:00:00	
埃默里维尔停保场	0:08:00	0:16:00	0:09:00	0:16:00	0:11:00	0:13:00	停保场

[①] 由 Josh Pilachowsky 创作，并由 Michael Cassidy 提供帮助。读者可以从 https://www.worldscientific.com/workscibooks/10.1142/10553#t=suppl 下载相关数据。

表 MP3.2　线路 7 的服务时刻表

线路	北　行				南　行			
	洛克里奇地铁站	伯克利地铁站	埃尔塞里托-德尔诺特地铁站	公交#	埃尔塞里托-德尔诺特地铁站	伯克利地铁站	洛克里奇地铁站	公交#
7	6:22 AM	6:36 AM	7:08 AM		6:18 AM	6:52 AM	7:10 AM	
7	6:42 AM	6:56 AM	7:28 AM		6:36 AM	7:10 AM	7:28 AM	
7	7:05 AM	7:19 AM	7:51 AM		6:53 AM	7:28 AM	7:48 AM	
7	7:25 AM	7:41 AM	8:17 AM		7:14 AM	7:49 AM	8:09 AM	
7	7:45 AM	8:01 AM	8:37 AM		7:34 AM	8:09 AM	8:29 AM	
7	8:05 AM	8:21 AM	8:57 AM		7:57 AM	8:32 AM	8:52 AM	
7	8:24 AM	8:42 AM	9:19 AM		8:25 AM	9:00 AM	9:22 AM	
7	8:45 AM	9:03 AM	9:40 AM		8:55 AM	9:30 AM	9:52 AM	
7	9:05 AM	9:23 AM	10:00 AM		9:25 AM	10:00 AM	10:22 AM	
7	9:30 AM	9:48 AM	10:25 AM		9:54 AM	10:29 AM	10:51 AM	
7	10:00 AM	10:18 AM	10:55 AM		10:24 AM	10:59 AM	11:21 AM	
7	10:30 AM	10:48 AM	11:25 AM		10:54 AM	11:29 AM	11:51 AM	
7	11:00 AM	11:18 AM	11:55 AM		11:24 AM	11:59 AM	12:21 PM	
7	11:30 AM	11:48 AM	12:25 PM		11:54 AM	12:29 PM	12:51 PM	
7	12:00 PM	12:18 PM	12:55 PM		12:24 PM	12:59 PM	1:21 PM	
7	12:30 PM	12:48 PM	1:25 PM		12:54 PM	1:29 PM	1:51 PM	
7	1:00 PM	1:18 PM	1:55 PM		1:24 PM	1:59 PM	2:21 PM	
7	1:30 PM	1:48 PM	2:25 PM		1:53 PM	2:28 PM	2:50 PM	
7	1:57 PM	2:15 PM	2:52 PM		2:24 PM	2:59 PM	3:21 PM	
7	2:27 PM	2:45 PM	3:22 PM		2:50 PM	3:25 PM	3:47 PM	
7	2:56 PM	3:14 PM	3:51 PM		3:15 PM	3:50 PM	4:12 PM	
7	3:27 PM	3:45 PM	4:22 PM		3:37 PM	4:12 PM	4:34 PM	
7	3:58 PM	4:16 PM	4:53 PM		3:57 PM	4:32 PM	4:54 PM	
7	4:21 PM	4:39 PM	5:16 PM		4:19 PM	4:54 PM	5:14 PM	
7	4:46 PM	5:02 PM	5:38 PM		4:39 PM	5:14 PM	5:34 PM	
7	5:06 PM	5:22 PM	5:58 PM		4:59 PM	5:34 PM	5:54 PM	
7	5:26 PM	5:42 PM	6:18 PM		5:22 PM	5:57 PM	6:17 PM	
7	5:46 PM	6:02 PM	6:38 PM		5:44 PM	6:19 PM	6:39 PM	
7	6:06 PM	6:22 PM	6:58 PM		6:05 PM	6:40 PM	7:00 PM	
7	6:28 PM	6:44 PM	7:20 PM		6:35 PM	7:10 PM	7:30 PM	
7	6:55 PM	7:16 PM	7:52 PM		7:05 PM	7:43 PM	8:03 PM	
7	7:25 PM	7:46 PM	8:22 PM		7:35 PM	8:13 PM	8:33 PM	
7	7:55 PM	8:16 PM	8:52 PM		8:05 PM	8:43 PM	9:03 PM	

表 MP3.3 路线 18 的服务时刻表

线路	东 行				西 行			
	圣巴布罗大道和马林大道	伯克利地铁站	莫拉加大道/梅道街	公交	莫拉加大道/梅道街	伯克利地铁站	圣巴布罗大道和马林大道	公交
18	5:07 AM	5:28 AM	6:17 AM		5:29 AM	6:14 AM	6:29 AM	
18	5:38 AM	5:59 AM	6:48 AM		5:44 AM	6:29 AM	6:44 AM	
18	6:03 AM	6:26 AM	7:17 AM		5:59 AM	6:44 AM	6:59 AM	
18	6:19 AM	6:42 AM	7:33 AM		6:14 AM	6:59 AM	7:14 AM	
18	6:35 AM	6:58 AM	7:49 AM		6:29 AM	7:14 AM	7:29 AM	
18	6:50 AM	7:13 AM	8:04 AM		6:40 AM	7:30 AM	7:45 AM	
18	7:05 AM	7:28 AM	8:19 AM		6:55 AM	7:45 AM	8:00 AM	
18	7:20 AM	7:43 AM	8:37 AM		7:10 AM	8:00 AM	8:15 AM	
18	7:35 AM	7:58 AM	8:52 AM		7:21 AM	8:11 AM	8:26 AM	
18	7:50 AM	8:13 AM	9:07 AM		7:32 AM	8:28 AM	8:44 AM	
18	8:05 AM	8:28 AM	9:22 AM		7:48 AM	8:44 AM	9:00 AM	
18	8:20 AM	8:43 AM	9:37 AM		8:03 AM	8:59 AM	9:15 AM	
18	8:35 AM	8:58 AM	9:52 AM		8:18 AM	9:14 AM	9:30 AM	
18	8:46 AM	9:09 AM	10:03 AM		8:34 AM	9:30 AM	9:46 AM	
18	8:59 AM	9:22 AM	10:16 AM		8:51 AM	9:47 AM	10:03 AM	
18	9:17 AM	9:40 AM	10:34 AM		9:06 AM	10:02 AM	10:18 AM	
18	9:32 AM	9:55 AM	10:49 AM		9:21 AM	10:17 AM	10:33 AM	
18	9:47 AM	10:10 AM	11:04 AM		9:36 AM	10:30 AM	10:46 AM	
18	10:02 AM	10:25 AM	11:19 AM		9:51 AM	10:45 AM	11:01 AM	
18	10:17 AM	10:40 AM	11:34 AM		10:06 AM	11:00 AM	11:16 AM	
18	10:35 AM	10:58 AM	11:52 AM		10:15 AM	11:09 AM	11:25 AM	
18	10:50 AM	11:13 AM	12:07 PM		10:33 AM	11:27 AM	11:43 AM	
18	11:05 AM	11:28 AM	12:22 PM		10:48 AM	11:42 AM	11:58 AM	
18	11:20 AM	11:43 AM	12:37 PM		11:03 AM	11:57 AM	12:13 PM	
18	11:32 AM	11:56 AM	12:55 PM		11:18 AM	12:12 PM	12:28 PM	
18	11:47 AM	12:11 PM	1:10 PM		11:36 AM	12:30 PM	12:46 PM	
18	12:02 PM	12:26 PM	1:25 PM		11:51 AM	12:45 PM	1:01 PM	
18	12:17 PM	12:41 PM	1:40 PM		12:06 PM	1:00 PM	1:16 PM	
18	12:32 PM	12:56 PM	1:55 PM		12:21 PM	1:15 PM	1:31 PM	
18	12:47 PM	1:11 PM	2:10 PM		12:36 PM	1:30 PM	1:46 PM	
18	1:02 PM	1:26 PM	2:25 PM		12:53 PM	1:47 PM	2:03 PM	
18	1:17 PM	1:41 PM	2:40 PM		1:08 PM	2:02 PM	2:18 PM	
18	1:32 PM	1:56 PM	2:55 PM		1:23 PM	2:17 PM	2:33 PM	
18	1:47 PM	2:11 PM	3:10 PM		1:38 PM	2:32 PM	2:48 PM	

续表

线路	东 行				西 行			
	圣巴布罗大道和马林大道	伯克利地铁站	莫拉加大道/梅道街	公交	莫拉加大道/梅道街	伯克利地铁站	圣巴布罗大道和马林大道	公交
18	2:02 PM	2:26 PM	3:25 PM		1:53 PM	2:47 PM	3:03 PM	
18	2:17 PM	2:41 PM	3:42 PM		2:08 PM	3:02 PM	3:18 PM	
18	2:32 PM	2:56 PM	3:57 PM		2:23 PM	3:17 PM	3:33 PM	
18	2:47 PM	3:11 PM	4:12 PM		2:38 PM	3:32 PM	3:48 PM	
18	3:02 PM	3:26 PM	4:27 PM		2:53 PM	3:47 PM	4:03 PM	
18	3:17 PM	3:41 PM	4:42 PM		3:08 PM	4:02 PM	4:18 PM	
18	3:31 PM	3:55 PM	4:56 PM		3:23 PM	4:17 PM	4:33 PM	
18	3:51 PM	4:13 PM	5:10 PM		3:39 PM	4:34 PM	4:52 PM	
18	4:07 PM	4:29 PM	5:26 PM		3:54 PM	4:49 PM	5:07 PM	
18	4:23 PM	4:45 PM	5:42 PM		4:09 PM	5:04 PM	5:22 PM	
18	4:38 PM	5:00 PM	5:57 PM		4:24 PM	5:19 PM	5:37 PM	
18	4:53 PM	5:15 PM	6:12 PM		4:39 PM	5:34 PM	5:52 PM	
18	5:09 PM	5:31 PM	6:28 PM		4:55 PM	5:49 PM	6:07 PM	
18	5:25 PM	5:47 PM	6:44 PM		5:09 PM	6:03 PM	6:21 PM	
18	5:46 PM	6:08 PM	6:59 PM		5:25 PM	6:19 PM	6:37 PM	
18	6:04 PM	6:26 PM	7:17 PM		5:41 PM	6:33 PM	6:51 PM	
18	6:23 PM	6:45 PM	7:36 PM		5:56 PM	6:48 PM	7:06 PM	
18	6:41 PM	7:03 PM	7:54 PM		6:11 PM	7:01 PM	7:19 PM	
18	7:01 PM	7:23 PM	8:13 PM		6:27 PM	7:19 PM	7:37 PM	
18	7:20 PM	7:42 PM	8:32 PM		6:43 PM	7:29 PM	7:45 PM	
18	7:40 PM	8:02 PM	8:52 PM		6:58 PM	7:43 PM	7:58 PM	
18	8:00 PM	8:22 PM	9:12 PM		7:14 PM	7:59 PM	8:14 PM	
18	8:22 PM	8:44 PM	9:32 PM		7:33 PM	8:18 PM	8:33 PM	
18	8:42 PM	9:04 PM	9:52 PM		7:53 PM	8:37 PM	8:52 PM	
18	9:04 PM	9:26 PM	10:14 PM		8:12 PM	8:56 PM	9:11 PM	
18	9:24 PM	9:46 PM	10:34 PM		8:31 PM	9:15 PM	9:30 PM	
18	9:44 PM	10:06 PM	10:54 PM		8:51 PM	9:35 PM	9:50 PM	
18	10:04 PM	10:26 PM	11:14 PM		9:11 PM	9:55 PM	10:10 PM	
18	10:24 PM	10:46 PM	11:34 PM		9:31 PM	10:15 PM	10:30 PM	
					9:51 PM	10:35 PM	10:50 PM	
					10:13 PM	10:54 PM	11:09 PM	
					10:33 PM	11:14 PM	11:29 PM	
					10:53 PM	11:34 PM	11:49 PM	

表 MP3.4 线路 52 的服务时刻表

线路	北 行				南 行			
	班克罗夫特路和电报街	大学路和沙特克大道	埃尔塞里托广场地铁站	公交	埃尔塞里托广场地铁站	大学路和沙特克大道	班克罗夫特路和电报街	公交
52L	6:00 AM	6:12 AM	6:41 AM		5:42 AM	6:21 AM	6:32 AM	
52L	6:27 AM	6:39 AM	7:16 AM		6:37 AM	7:09 AM	7:20 AM	
52L	7:00 AM	7:12 AM	7:41 AM		6:55 AM	7:27 AM	7:38 AM	
52L	7:30 AM	7:42 AM	8:19 AM		7:03 AM	7:35 AM	7:46 AM	
52L	8:00 AM	8:12 AM	8:41 AM		7:24 AM	7:56 AM	8:07 AM	
52L	8:30 AM	8:42 AM	9:13 AM		7:38 AM	8:10 AM	8:21 AM	
52L	9:00 AM	9:12 AM	9:43 AM		7:48 AM	8:20 AM	8:31 AM	
52L	9:30 AM	9:42 AM	10:13 AM		7:58 AM	8:30 AM	8:41 AM	
52L	9:58 AM	10:10 AM	10:41 AM		8:08 AM	8:41 AM	8:52 AM	
52L	10:30 AM	10:42 AM	11:13 AM		8:18 AM	8:51 AM	9:02 AM	
52L	11:00 AM	11:12 AM	11:43 AM		8:29 AM	9:02 AM	9:13 AM	
52L	11:30 AM	11:42 AM	12:12 PM		8:40 AM	9:13 AM	9:24 AM	
52L	12:00 PM	12:12 PM	12:42 PM		8:51 AM	9:24 AM	9:35 AM	
52L	12:30 PM	12:42 PM	1:12 PM		9:02 AM	9:35 AM	9:46 AM	
52L	1:00 PM	1:12 PM	1:42 PM		9:13 AM	9:46 AM	9:57 AM	
52L	1:30 PM	1:42 PM	2:12 PM		9:25 AM	9:58 AM	10:09 AM	
52L	2:00 PM	2:12 PM	2:51 PM		9:37 AM	10:10 AM	10:21 AM	
52L	2:32 PM	2:44 PM	3:15 PM		10:08 AM	10:41 AM	10:52 AM	
52L	3:02 PM	3:14 PM	3:47 PM		10:38 AM	11:11 AM	11:22 AM	
52L	3:29 PM	3:41 PM	4:14 PM		11:08 AM	11:41 AM	11:52 AM	
52L	3:44 PM	3:56 PM	4:29 PM		11:38 AM	12:11 PM	12:22 PM	
52L	3:54 PM	4:06 PM	4:39 PM		12:08 PM	12:41 PM	12:52 PM	
52L	4:04 PM	4:17 PM	4:49 PM		12:37 PM	1:10 PM	1:21 PM	
52L	4:15 PM	4:28 PM	5:00 PM		1:07 PM	1:40 PM	1:51 PM	
52L	4:25 PM	4:38 PM	5:10 PM		1:35 PM	2:08 PM	2:19 PM	
52L	4:35 PM	4:48 PM	5:19 PM		2:05 PM	2:45 PM	2:56 PM	
52L	4:45 PM	4:58 PM	5:29 PM		2:32 PM	3:12 PM	3:23 PM	
52L	4:55 PM	5:08 PM	5:39 PM		3:04 PM	3:37 PM	3:48 PM	
52L	5:05 PM	5:18 PM	5:49 PM		3:35 PM	4:08 PM	4:19 PM	
52L	5:15 PM	5:28 PM	5:59 PM		4:05 PM	4:38 PM	4:49 PM	
52L	5:25 PM	5:38 PM	6:09 PM		4:35 PM	5:08 PM	5:19 PM	
52L	5:36 PM	5:49 PM	6:20 PM		5:06 PM	5:39 PM	5:50 PM	
52L	5:46 PM	5:59 PM	6:30 PM		5:35 PM	6:08 PM	6:19 PM	
52L	5:57 PM	6:10 PM	6:41 PM		6:05 PM	6:38 PM	6:49 PM	
52L	6:10 PM	6:23 PM	6:53 PM		6:35 PM	7:08 PM	7:19 PM	
52L	6:20 PM	6:33 PM	7:03 PM		7:01 PM	7:41 PM	7:52 PM	

续表

线路	北行				南行		
	班克罗夫特路和电报街	大学路和沙特克大道	埃尔塞里托广场地铁站	公交	埃尔塞里托广场地铁站	大学路和沙特克大道	班克罗夫特路和电报街	公交
52L	6:29 PM	6:42 PM	7:12 PM		7:34 PM	8:14 PM	8:25 PM	
52L	6:40 PM	6:53 PM	7:23 PM		8:01 PM	8:34 PM	8:45 PM	
52L	6:55 PM	7:08 PM	7:38 PM		8:27 PM	9:00 PM	9:11 PM	
52L	7:10 PM	7:23 PM	8:01 PM		8:56 PM	9:29 PM	9:40 PM	
52L	7:25 PM	7:38 PM	8:08 PM		9:26 PM	9:59 PM	10:10 PM	
52L	7:39 PM	7:52 PM	8:22 PM		9:56 PM	10:29 PM	10:40 PM	
52L	7:58 PM	8:11 PM	8:40 PM		10:26 PM	10:59 PM	11:10 PM	
52L	8:20 PM	8:32 PM	9:01 PM		10:58 PM	11:31 PM	11:42 PM	
52L	8:51 PM	9:03 PM	9:32 PM				
52L	9:25 PM	9:37 PM	10:06 PM				
52L	9:55 PM	10:07 PM	10:36 PM				
52L	10:27 PM	10:39 PM	11:08 PM				
52L	11:01 PM	11:13 PM	11:42 PM				

（1）对每条线路和方向，确定每天的公交服务总小时数。这个值在项目其余部分作为比较的下界。每条线路和方向的高峰服务时间是什么时候？每条路线每天的最大公交循环数（需要的最少公交车队数量）是多少？

（2）假设线路是独立配车的，如果允许终点站之间的空驶，确定覆盖线路所需的最小公交车队数量。使用贪婪算法确定覆盖每条线路的循环实际所需的公交车数量；确定每个公交车班次和花费的总公交车小时数，包括任何停保场外的停留时间。如有必要，公交车可以驶向线路的另一端以覆盖循环。将公交车小时数和公交车数量与第（1）部分中的下界进行比较。

（3）为减少公交车浪费的停站时间及公交车数量，上述 3 条路线使用同一个公交车队。如果所有终点站之间允许空驶，确定覆盖系统所需的最小公交车数量。编程并运行迭代覆盖算法，找到最优的公交车班次安排，最大限度地减少服务线路所需的公交车小时数。将公交车小时数和公交车数量与第（1）部分中的下界进行比较。

（4）为在第（3）部分得到的公交车班次配置司机。一种非对称分配类型包括 4 天的 9 h 轮班和 1 天的 4 h 轮班（这样每天 9 h 轮班与 4 h 轮班的比率为 4:1）。此外，加班工资是标准工资的两倍。为了避免雇佣不必要的司机，也可以使用 8 h 轮班。司机只能在停保场或伯克利地铁站被分配或更换到公交车上。确定所需的司机数量、每个司机的工作和浪费的司机小时数（当司机不在循环中时）。如果按 25 \$/h 的工资率计算，配置司机共需要多少钱？

（5）缺勤对公交机构来说可能是个严重问题。假设每个司机有 5% 的概率缺勤，确定该市必须雇用多少后备司机才可以完成任何轮班，以确保有 99% 的机会覆盖在第（4）部分得到的分配计划。

您必须提交一份正式的报告，描述任务和结果。可以在最多 3 人的小组中工作并按组提交报告。

附录 9.A 组合多个司机类型以覆盖公交车班次

本附录使用次可加函数的概念设计系统的求解过程，用于找能用多个司机类型覆盖公交车班次最佳方式。假设司机可以在任何位置更换。在符号系统中，类型 $i=0$ 的司机可以在任何时间以工资率 $(1+\pi)$ 工作，而类型 $i=1,2,\cdots$ 的司机工作时长为 w_i 的轮班，工资率为 1。公交车班次的长度 x 已经给定。寻找服务该公交车班次的最小成本 $F(x)$ 和分配给每个司机的任务。

定义：次可加函数。 如果 $f(x_1+x_2) \leqslant f(x_1)+f(x_2), \forall x_1, x_2 \geqslant 0$，则称定义在 $x \geqslant 0$ 的函数 $f(x)$ 是次可加的。

如果 $f(x)$ 表示生产数量 x 个某货物的的成本，次可加性意味着不能通过将待生产的一个批次拆分成多个批次来降低生产成本。另一种表达方式是：

$$f(x) \leqslant f(z)+f(x-z), \forall z \in [0, x]$$

在本附录中，函数的所有参数（如 x 和 z）都为非负。为了简明起见，在此省略上述定义中的非负性约束，例如 $x, z \geqslant 0$。

次可加性可以用图 9.A1 的简单几何设置检查。假设将笛卡儿轴和函数图复制到另一张纸上，并且将此复本（图 9.A1 的虚线）沿原始图形移动，保持复本的原点在原曲线上，而不旋转复本。然后，如果复制的曲线在任何点都不会低于原曲线，则该函数是次加性的。用这种方法可证明，凹增函数是次可加的，而凸函数不是次可加的。

图 9.A2 中所示的成本函数 f_i 是次加性的吗？这些成本来自使用单个司机类型 $i=0, 1$ 覆盖时长为 x 的任务。可以验证，通过将每条曲线沿自己移动，滑动中的曲线永远不会低于原曲线。因此，这两条曲线都是次可加的。这意味着，如果同一个司机类型覆盖两个（或更多）任务，则将它们合并为单个任务不会增加成本。

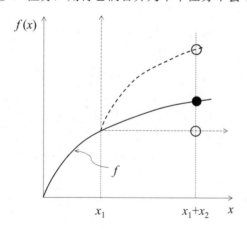

图 9.A1 次可加函数

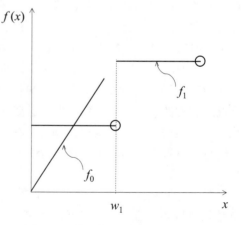

图 9.A2 使用单一司机类型的成本函数

如何用两种司机类型覆盖任务：假设现在有两种司机类型 i、j 可用于覆盖持续时长为 x 的任务。该问题的解是将任务划分为成本最小化的时段，每个时段由一种司机类型完成。由于单个时段的司机成本是次可加的，如果将对应于同种司机类型的所有时段合并为单个时段，那么总成本只会下降。这个结论很有用，因为只需找到每个司机类型完成工作的总时长 x_i。

因此，具有司机类型 i 和 j 的最优成本 $F_{ij}(x)$ 是以下单变量最小化问题的解。

$$F_{ij}(x) = \min_{x_i \leqslant x} \{f_i(x_i) + f_j(x - x_i)\} \tag{9.A1}$$

这个问题也可以用滑动法图解。这可以借助图 9.A3 分析。该图显示了 $i=1$ 和 $j=0$ 的情况（暂时忽略双线）。曲线 j 是从原点发出的直线，曲线 i 是所示的阶跃函数。在该图中，对应所示的自变量 x_1 和 x，函数的式（9.A1）的值是空心点的纵坐标。该空心点是在曲线 i 上滑动曲线 j，直到其原点到达 $(x_1, f_i(x_1))$ 时该曲线与在 x 处的垂线的交点。

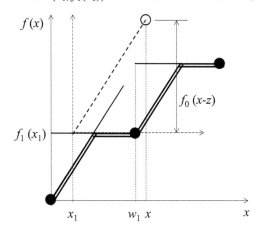

图 9.A3　同时使用两种司机类型

最小化这个函数，要在曲线 i 上连续滑动曲线 j，允许 x_1 扫过区间 $[0, x]$，同时跟踪横坐标 x 处的空心点的纵坐标。在这个过程中观察到的最低纵坐标就是式（9.A1）的解。换言之，$F_{ij}(x)$ 是所有被滑动的曲线的下包络线在 x 处的纵坐标。最优 x_1 来自相对应（即在 x 处通过下包络线）的被滑动曲线的坐标原点的位置。

注意，因为点 x 是任意的，所以下包络本身给出了对应所有 x 的 $F_{ij}(x)$ 的值。因此，$F_{ij}(x)$ 的求解方法相当简单：将曲线 j 滑过曲线 i，然后取所有被滑动曲线的下包络。这样操作的结果就是 $F_{ij}(x)$ 的图形解，如图 9.A3 中双线所示。注意，此解在某些 x 值的地方比 f_0 或 f_1 低，这说明组合司机类型可以降低成本。

注意，在图 9.A3 中，如果绘制函数表示组合司机类型后成本超出下界之上的额外部分（即 $[F_{01}(x) - x]$），则得到的曲线与本章 9.5 中的曲线应该完全相同。

更多司机类型：在此说明有两个以上司机类型时如何修改分析过程。

这个扩展的关键是认识到用式（9.A1）得到的函数 $F_{ij}(x)$ 本身是次可加的。读者可以用图 9.A3 中的曲线以图形方式验证这一点。下面给出一般的证明。

证明：考虑 $F_{ij}(y)+F_{ij}(z)$，以及两个时段的最优划分：$y'\leqslant y$ 和 $z'\leqslant z$。由于这两个划分是最优的，可以这样写：$F_{ij}(y) + F_{ij}(z) = f_i(y') + f_j(y-y') + f_i(z') + f_j(z-z')$。由于 f 函数是次可加的，可以把它们组合起来，写成：$f_i(y') + f_j(y-y') + f_i(z') + f_j(z-z') \geqslant f_i(y'+z') + f_j(z+y-z'-y')$。注意，$z'+y'\leqslant z+y$。因此，值$(z'+y')$是如下最小化问题中的可行解：

$$F_{ij}(y+z) = \min_{w\leqslant y+z}\left\{f_i(w) + f_j(y+z-w)\right\}$$

因此，此最小值不可能大于可行值：$f_i(y'+z') + f_j(z+y-z'-y')$。如下可知：$F_{ij}(y+z)\leqslant f_i(y'+z') + f_j(z+y-z'-y')\leqslant f_i(y') + f_j(y-y') + f_i(z') + f_j(z-z') = F_{ij}(y) + F_{ij}(z)$。

要组合三种司机类型$(i、j、k)$，因为 f 函数是次可加性的，只需求解：

$$F_{ijk}(x) = \min_{x_i+x_j+x_k\leqslant x}\left\{f_i(x_i) + f_j(x_j) + f_k(x_k)\right\}$$

这个最小化问题有两个自由度，所以要简化它。注意，最小化可以分两个步骤执行如下：

$$F_{ijk}(x) = \min_{x_i+x_j+x_k\leqslant x}\left\{f_i(x_i) + f_j(x_j) + f_k(x_k)\right\} = \min_{x_k\leqslant x}\left\{f_k(x_k) + \min_{x_i+x_j\leqslant x-x_k}\left\{f_i(x_i) + f_j(x_j)\right\}\right\}$$

并且里边的最小化问题刚好是 $F_{ij}(x-x_k)$ 的定义。因此，有：

$$F_{ijk}(x) = \min_{x_k\leqslant x}\left\{f_k(x_k) + F_{ij}(x-x_k)\right\} \tag{9.A2}$$

最小化问题的式（9.A2）有一个自由度。基于规则式（9.A1），该式表达了成本函数 F_{ij} 和 f_k 的组成。

这表明，要组合三种司机类型，可以先组合任意两种司机类型，然后再将结果与第三种司机类型组合。还可以根据需要迭代该过程以使用任意多的司机类型。在图形上，在每一步迭代都解决一个如图 9.A3 所示的问题，使用前面一步得到的下包络线，并在它上面滑动对应新司机类型的曲线。

【例 9.A1】现在用此方法解决本章图 9.6 相关的问题。在此，组合了三种司机类型：一种司机类型 $i=0$，具有灵活工时，另两种司机类型具有轮班时长：$w_1=8$ 和 $w_2=3$。首先组合后两种司机类型。为此，在 f_1（粗实线阶跃函数）上滑动曲线 f_2（图 9.A4 的细实线阶跃函数）。图 9.A4 仅显示了曲线 f_2 原点锚定在点 O、A 和 B 时的三个实例，因为从构造下包络线的角度来说，这些点支配了在它们左侧的任何点；因此后者（其他点）是多余的。这些锚定的曲线由细实线、虚线和点线分别表示。这三条曲线的下包络线是司机类型 1 和 2 的中间解：曲线 F_{12}。

为了找到最终解 $F_{012}(x)$，要将斜率为$(1+\pi)$的直射线（代表工作时间灵活的司机）沿着曲线 F_{12} 滑动，以确定新的下包络线。这是最终的解。滑动射线具有截断部分阶跃函数的效果，如图 9.A3 所示。为了保持图形"干净"，图 9.A4 中的 $F_{012}(x)$ 只画出了前两个阶跃部分。

使用此解得到超过成本下界的浪费时间为$[F_{012}(x)-x]$。注意，如果曲线 $F_{012}(x)$ 在任何点与斜率为 1 而通过原点的直线接触，此函数在这些点处就取 0 值，并且该函数在这些接触点之间是分两段线性的，就像图 9.6 中的函数一样。从图 9.A4 注意，$F_{012}(x)-x$ 的零点是：

在第一个 8 h 周期内的(3，6，8)；在第二个 8 h 周期内的(9，11，12，14，15，16)；和在第三个周期内的(17，18，19，20，21，22，23，24)。这与图 9.6 中的结果完全一致，因此如先前猜测的那样，它是最优的。

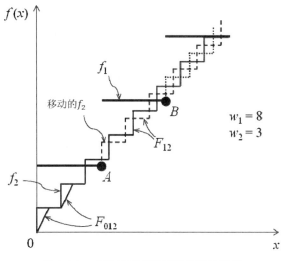

图 9.A4　求解具有三种司机类型的问题

第 10 章 运营——可靠的公交服务

前两章描述了如何规划部署公交机构的移动资产（车辆和司机）以覆盖时刻表。本章探讨即使在出现随机干扰的情况下（如交通拥堵、车辆故障、有特殊需求的乘客或仅仅是乘客需求陡增等），如何在短期内管理这些移动资产以提供可靠的服务。由于这些干扰是事先未知的，因此与第 8 章和第 9 章不同的是，本章的管理方法必须是实时自适应的。[①]

回顾第 1 章，可靠性是指车辆到达时间和车头时距的可预测性，并且我们在这本书中一直假设规划的车辆路线和行驶时间确实是可以实现的。本章将表明，确实有可能提供近似于这一理想情况的可靠公交服务。

提供可靠的服务是我们特别希望的，因为当公交用户列出他们对公交服务的不满时，可靠性通常位于首位。这应该不奇怪，当车辆运行偏离时刻表或提供的不规律的车头时距时，乘客往往会经历更长的等待时间。如果无法在合理的误差范围内预测门到门的出行时间，那么在目的地有约会的乘客将无法方便地乘坐公交赴约。

但是，现实世界中的干扰会严重影响可靠性。干扰迫使公交车辆偏离理想的时空轨迹。在本章的开头可以看到，如果不采取任何措施，这些偏差会随着时间的推移而自然增大，直到车辆最终成群或成对行驶，而导致公交服务中出现不理想的大间距，并严重损害可靠性。图 10.1 用仿真展示了一个闭环公交线路内出现的现象[②]，图中显示了四个不同时间（如小方框所示）的系统状态快照。闭环公交线上公交车（用大圆点表示）沿顺时针方向移动，从圆环向外发散的小线段是在车站等候的乘客数量。尽管最初公交车的间隔是均匀的，但随着时间的流逝，相等的间隔逐渐会被打乱，直到公交车出现串车。

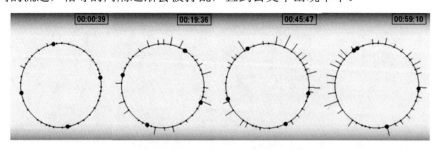

图 10.1 公交串车过程的仿真

对干扰进行修正具有挑战性，不仅因为干扰无处不在，而且因为干扰导致的上述偏差以加速的方式增长，并交互传播到其他车辆。加速增长的特点意味着应及早发现偏差，并通过某种形式的自适应控制迅速解决。交互传播的特点意味着在控制操作中应将运行中的

[①] 为了满足自适应的要求，本章必须使用一些控制理论的概念。这些概念有些偏于专业化，因此在第 2 章中没有讨论，而是在接下来的 10.2 节进行了介绍。此外，由于技术正在引起该领域的迅速变化，所以本章还尝试介绍最新的进展。由于上述这些原因，本章比以前几章更为复杂，可能只适合高年级学生或研究生。

[②] 完整的动画可在以下网址找到：https://www.worldscientific.com/worldscibooks/10.1142/10553#t=suppl。

多个车辆视为各部分相互影响的系统，而不是当成单独的个体去对待。显然，检测和控制都需要付出较大的努力。

尽管已经开发了控制算法，但检测仍然存在挑战。大多数公交机构都具有自动车辆定位（automatic vehicle location，AVL）和通信系统，使控制中心的调度员可以查看公交车的位置以及它们和时刻表相比是偏早还是偏晚。该系统支持调度员和司机之间的双向通信。但是典型的 AVL 系统每分钟或更长时间才刷新一次，信息是不连续的，无法实时向调度员提供准确的情况。此外，即使 AVL 的分辨率是完美的，但调度是人工实现的，且调度员人数有限，因而他们只能注意到较大的干扰。所以，非常及时的干扰检测不太现实。因此，不应该依赖调度员能成为检测过程的关键环节。

基于这个理念，一些 AVL 系统已通过向司机提供一些位置信息。例如，显示他们与时刻表的偏离（如果有时刻表）和/或他们与附近其他公交车的相对位置，直接将控制责任委托给了司机。前提是司机的经验丰富，知道如何根据这些信息采取行动。不过，这只适用于具有时刻表，并且由串车趋势引起的车辆交互作用较弱的系统（例如有完全分离的路权的轨道系统）。否则问题就太复杂了，而且传递的信息也太不完整，导致任何人都无法正确做出反应。这些 AVL 系统不合理地使司机承担了他们无法完成的任务。

其他现有系统将控制任务委派给控制点检查员，他们分布在公交线路沿线的控制点并与控制中心保持联系。控制点的检查员根据控制算法的建议，告诉司机是要马上离开还是要停留多长时间。这种控制体系结构效果更好，但需要更多的员工。一些公交公司需要部署和司机数量相当的检查员。这种方法之所以吸引人，是因为它将驾驶和考虑控制的任务分开，并且检查员还可以监管司机可能的随意违章行为。另一方面，控制点检查员的方法仍然有很强的人为因素，也存在无法及早检测的弊病。此外，它只能在人员驻扎的有限地点（通常偏差已经较大时）控制车辆，因此控制仍然比较粗糙。

如果使用智能车载设备全自动检测，并且通过这些设备向司机、调度员和检查员不断推荐控制措施，情况会有所改善。这种类型的自动车辆控制系统（automated vehicle control，AVC）已经成功进行了试点，但尚未普及。AVC 系统充当"公交车上的调度员"，可以持续、冷静地建议司机如何通过简单可行的操作平稳地应对不断发生的干扰，司机无须费力或无须调度员的指示就能够处理普通的干扰。调度员和检查员仅负责监视发生错误的司机并管理严重异常的情况。如果有一天自动驾驶公交车投入服务，则它们必须配备某种类型的 AVC 系统。

鉴于此，在本章中假定控制是通过地面检查员或 AVC 系统进行的，而且由于相关的控制问题困难且千差万别，本章仅从最基础的内容开始介绍基本的思想。出于这样的考虑，10.1 节在第 1 章定性讨论的基础上，量化服务不可靠性对乘客的影响；10.2 节介绍系统动力学分析工具的背景知识；10.3 节研究不受控制的公交系统动力学，包括公交串车现象。本章的其余部分讨论控制方法。10.4 节介绍对具有时刻表的系统较为有效的控制形式，每个车辆按照独立个体处理；10.5 节描述并评估了考虑车辆交互作用的更有效的策略；10.6 节讨论了更激进的补救措施，可用于处理已经出现的公交车串车现象。

10.1 不可靠性对公交用户的影响

本节量化在一条公交线路上,对于在终点有或无约会(希望到达的时间)的公交用户,因公交车的不可靠性带来的影响。这里的影响包括在起点增加的平均等待时间,以及等待时间和乘车时间的更大的不确定性。评估指标是乘客在公交服务完全可靠的情况下能节省下来的平均出行时间。评价结果取决于乘客是否在终点有约会,以及公交系统是否发布了时刻表。由于四种可能的组合情况下结果是非常不同的,因此将在四个单独的小节中对它们进行讨论。首先,从最简单的组合情况开始。

1. 乘客没有预约,公交服务无时刻表

如果没有公开的时刻表,或者服务非常频繁而使得乘客不关注时刻表,那么乘客的到达将是随机的,并且不受时刻表的影响。结果如图 10.1 所示,较长的车头时距比较短的车头时距按比例获得更多的到达乘客。这意味着,与停留在车站的观察员看到的车头时距分布相比,随机到达车站的乘客经历的车头时距分布带有"基于长度的偏见"。为了避免混淆这两个随机变量,将 h 用作观察员看到的车头时距,并将 h' 用作随机乘客经历的时距。分析表明,它们的概率密度函数必须满足 $f_{h'}(x) = x f_h(x/E[h])$。[①] 所以,$h$ 和 h' 的矩通过下式关联。

$$E[{h'}^k] = E[h^{k+1}]/E[h] \tag{10.1}$$

给定任意车头时距,在该时距内到达的乘客的等待时间的条件期望等于车头时距的一半;即 $E[$等待时间$|h'] = h'/2$。那么,乘客的无条件期望等待时间就是该表达式的平均值,可以利用式(10.1)求 $k=1$ 的平均值。即:

$$E[\text{等待时间}] = \frac{1}{2}E[h'] = \frac{1}{2}E[h^2]E[h] = \frac{1}{2}\left(E[h] + \text{Var}[h]/E[h]\right)$$

这与 2.2.3 节中使用不同方法获得的表达式相同。注意,表达式的最小值在 $\text{Var}[h]=0$ 时(即当服务完全规律可靠时)取得,等于其中的第一项 $\frac{1}{2}E[h]$。因此,第二项是由于不可靠而增加的等待时间。

$$E[\text{增加的等待时间}] = \frac{1}{2}\left(\text{Var}[h]/E[h]\right) \tag{10.2}$$

由于式(10.2)的右侧与车头时距的方差成正比,所以车头时距的标准差很高时,将车头时距标准差减小一个固定量的边际收益比标准差较小时的边际收益更大;即,改善发车间隔规律性的努力应该集中在表现最坏的路线上。

如果公交系统没有得到很好的控制,不可靠性还会增加平均行驶时间。这是因为,在

[①] 这是统计抽样理论中的一个基本定理。要想了解它,注意 $f_h(x)\mathrm{d}x$ 是观察者看到车头时距在 $x\sim(x+\mathrm{d}x)$ 范围内的概率,并且在该范围内的某车头时距内到达的乘客人数与 $x\, f_h(x)\mathrm{d}x$ 成比例。因此,一个随机到达的乘客看到车头时距落入该范围内的概率 $f_{h'}(x)\mathrm{d}x$ 等于 $xf_h(x)\mathrm{d}x / \int xf_h(x)\mathrm{d}x = xf_h(x)\mathrm{d}x/E(h)$。

没有控制时，跟在长车头时距后面的公交车需要服务更多的乘客，行驶更慢[①]。而且，由于乘客在长车头时距内到达比在短车头时距内到达的可能性更大，他们更可能乘坐较慢的公交车。接下来证明，增加的期望出行时间类似于式（10.2）。在考虑出行时间时，改善无控制线路规律性的努力仍应集中在表现最坏的路线上。

现在推导公交车不受控制时增加的乘车时间的公式。为了简化，假设所有车站均使用相似的均质系统。车头时距为 h 的公交车接上一个站点所有乘客的预期时间，与标准车头时距 $H \equiv E[h]$ 下的公交车的接上一个站点所有乘客的预期时长之差，可以近似表示为 $\beta[h-H]$，其中 $\beta \ll 1$ 是实验确定的无量纲常数[②]。参数 β 可以理解为每增加一单位的车头时距，公交车在连续站点之间必须增加的平均行驶时间。这种延误来自公交车必须要做的更多工作；例如，让在增加的车头时距内积累的额外乘客上车。

考虑到上述情况，如果乘客出行平均经过 S 个车站，并且车头时距 h' 在出行期间并没有太大变化，则其出行时间相对于标准车头时距下的出行时间的差异必须约为 $\beta S[h'-H]$[③]。现在将其与任何乘客平均等待时间的增加 $\frac{1}{2}[h'-H]$ 进行比较，发现两个表达式的区别仅在于 $[h'-H]$ 的系数。根据式（10.1），$\frac{1}{2}[h'-H]$ 对于这些乘客的平均值是 $\frac{1}{2}(\mathrm{Var}[h]/E[h])$，由此得出 $\beta S[h'-H]$ 的相应平均值是 $\beta S(\mathrm{Var}[h]/E[h])$。所以有：

$$E[\text{增加的乘车时间}] = \beta S(\mathrm{Var}[h]/E[h]) \quad (10.3)$$

最后，要表示因不可靠性而增加的总时间，将式（10.2）和式（10.3）相加。结果是：

$$E[\text{增加的出行总时间}] = \left(\frac{1}{2} + \beta S\right)(\mathrm{Var}[h]/E[h]) \quad (10.4)$$

第一种情况的讨论到此结束。

2. 乘客没有预约，公交服务有时刻表

现在考虑使用已公布的时刻表和固定的车头时距 H 的服务，仍然适用于在终点没有预约的乘客。假设公交车永远不会提前出发，只能晚点。因此，将进度与时刻表的偏差称为"迟到"，并用符号 ε 表示。将重点放在与 H 相比迟到时间很短的情况。否则，如果晚点很严重，乘客不再使用时刻表，那么就可以用式（10.4）了。还要注意，在服务完全可靠的理想情况下（$\varepsilon \equiv 0$）乘客可以消除所有等待；因此，对于现在研究的系统，由于不可靠性而增加的等待同时也是实际发生的等待。

对于乘客来说，好的（不一定是最优的）策略是在不会错过公交车的情况下，尽可能

[①] 该评论（以及随后的乘车时间公式）不适用于有良好控制的系统，因为公交机构拥有的主要控制手段以及所有控制算法的基础，都是使速度过快的公交车减速以使所有公交车（不管该车要做多少工作）的运营速度大致相等。本章稍后将介绍考虑这种系统性减速策略的不同受控系统的出行时间公式。然后将这些公式与式（10.2）一起用于优化控制。

[②] 该常数与规划章节中用来表示用户时间价值的参数 β 无关。

[③] 这是一个合理的保守估计。10.3 节显示，该乘客在其下游车站所经历的车头时距应大致按照几何级数增长，增长倍数为 $(1+\beta)$。因此出行 S 站之后经历的额外出行时间，更准确的表达式是 $[(1+\beta)^S-1][h'-H]$。但是，当 $\beta \ll 1$ 时，这个量近似等于 $\beta S[h'-H]$。

晚到达车站，也就是按时刻表到达[1]。这种行为下，等待时间与延误时间相同，因此平均（额外的）等待时间就是平均的延误时间，表示为 $\mu=E[\varepsilon|\varepsilon\geq 0]$。显然，不管线路的最初的可靠性如何，将 μ 减少一个单位，平均的出行时间会随之减少一个单位。因此，公交机构都应该对所有的线路给予相似的关注（无论其可靠性如何），并将精力放在最容易改进的线路上。

与没有时刻表的系统不同，此情况中服务的不可靠性不会导致预期的乘车时间增加。其原因是，如果安排了公交服务，并且大多数乘客都使用该时刻表，尽管公交车的到达时间有所不同，但他们将尽早到达车站以赶上公交车。所以，上车乘客的数量应不受公交车到达时间的影响，因而公交车的运营速度本身也不受过去延误的影响。那么，乘客的平均乘车时间显然不应该取决于迟到时间的分布（即不应该由于不可靠性而增加）。因此，假设大多数乘客都使用该时刻表，由于不可靠性而增加的总时间就是：

$$E[\text{增加的总时间}]=\mu \tag{10.5}$$

接下来，分析有希望按时到达[2]，但时间紧迫的乘客身上。对于这些人来说，可靠性是更重要的因素，因为他们不仅要考虑预期等待和乘车的时间，还要考虑事先无法预测的实际达到时间。这种不确定性显著延长了他们的出行时间。

3. 乘客有预约，公交服务没有时刻表

继续分析没有时刻表的公交服务。为了简化，要假设乘客的行为简单且合理：假设他们按照最坏的可能情况下估计出行时间，并按照能在最坏情况下仍能准时到达的方案出行。除非有特别的事情发生，否则乘客永远不会迟到，所以估计的出行时间基本上与实际的出行时间匹配，包括在终点等待的时间。

为了推导增加的出行时间的公式，在此做以下假设。当乘客预计会遇到最坏情况，即他们到达起点站的时间点是在一个较长的车头时距 H_c 的开始阶段，而且由于坏运气，H_c 是 h 的一个高百分位数。因此，他们在起点站等待 H_c 时间单位。乘客还从经验中认识到，对应这个车头时距，他们在车内经历的停站时间应为 βSH_c。预计整个行程的总停站的时间为 $(1+\beta S)H_c$。如果服务是完全可靠的，乘客仍然假设最坏的情况，则预计的总停站时间变为 $(1+\beta S)H$ 个时间单位。比较这两个表达式，我们发现，不可靠性使乘客对停站时间的最坏估计增加了 $(1+\beta S)[H_c-H]$。乘客还意识到，车站之间的公交车运行不受 H_c 或可靠性水平的影响，因此，上式也是在最坏情况下对增加的出行时间的估计。由于最坏情况下对出行时间的估计也等于实际出行时间（包括在终点的等待），因此，不可靠性给出行时间带来的实际增加也是 $(1+\beta S)[H_c-H]$。

为了简单地得到一个数量级上的估算，假设乘客选择 H_c 等于所经历的车头时距 h' 的均值加上两个标准差，并得出一个由 h' 的矩表达的公式。回想式（10.1）得到的

---

[1] 最佳到达时刻应平衡过早到达和错过公交车的成本；见 Turnquist（1978）。但是，可以证明（见作业题 10.1），如果迟到时间的 pdf，$f(x)$ 和 cdf，$F(x)$，对所有 $x>0$ 满足 $(H-x)f(x)>1-F(x)$，则按时到达是最佳的。注意，当 H 相对于典型的迟到时间较大时（即服务有一定的不可靠性时），这个不等式更容易成立。

[2] 编译者注：例如需要赶航班或火车。

$E[h'] = E[h^2]/H$ 和 $E[h'^2] = E[h^3]/H$。因此，$\text{Var}[h'] = \left(\dfrac{E[h^3]}{H} - \left(\dfrac{E[h^2]}{H} \right)^2 \right)$，并且 $H_c = \dfrac{E[h^2]}{H} +$

$2 \left(\dfrac{E[h^3]}{H} - \left(\dfrac{E[h^2]}{H} \right)^2 \right)^{1/2}$。将其代入总时间增量的表达式 $(1+\beta S)[H_c - H]$ 中，得到：

$$E[\text{增加的总时间}] = (1+\beta S) \left[\dfrac{E[h^2]}{H} - H + 2 \left(\dfrac{E[h^3]}{H} - \left(\dfrac{E[h^2]}{H} \right)^2 \right)^{1/2} \right] \quad (10.6)$$

尽管这个公式比较复杂，但将其应用于 h 的不同分布，并对比式（10.6）和式（10.4）式，可以揭示乘客有/没有预约情况的不同。作业题 10.2 对此进行了进一步的探讨，该练习题表明，有预约的乘客总是因不可靠的运营而遭受更大的损失。例如，考虑一个特殊情况，h 均值为 H 在范围 $\Delta \ll H$ 中均匀分布，式（10.4）简化为 $\left(\dfrac{1}{2} + \beta S \right) \left(\dfrac{\Delta^2}{12H} \right)$，而式（10.6）变为 $(1+\beta S) \left(\dfrac{\Delta^2}{12H} + \dfrac{\Delta}{\sqrt{3}} \right)$，后者比前者大至少一个数量级。

4．乘客有预约，公交服务有时刻表

在公交服务有时刻表的情况下，对于有预约的乘客来说，不可靠性变得没那么严重。发生这种情况的原因是，有预约的乘客按最坏情况规划出行时，只需要考虑到达终点时最大可能与时刻表的偏差，因为他们可以通过按时刻表到达起点站确保赶上任何选定的公交车。为了定量地讨论，首先考虑完全准时的服务。普通乘客在起点站不会等待，然后经历固定的乘车时间，在终点站经历等待时间 $A \in [0, H]$。最后这个等待时间等于能赶上预约的理想到达时刻与（较早）实际到达时刻之间的差。如果服务不可靠，则同一位乘客将考虑公交车在终点站的最大可能迟到时间，记为 μ_m（其中 μ_m 应该比 μ 大几倍但比 H 小），并将其纳入出行计划中。如果 $A > \mu_m$，则乘客将选择同一辆公交车，就好像服务是可靠的似的，并且在到达起点站与到达预约之间经历了相同的总时间。在这种情况下，不可靠性不会增加任何惩罚。另一方面，如果 $A < \mu_m$，则乘客将选择更早的一辆公交车，在早一个车头时距的时间从起点站出发。这将使乘客的平均出行时间增加 H 个时间单位。因为对于所有乘客，事件 $\{A < \mu_m\}$ 发生的概率为 μ_m/H，所以由于不可靠性导致的所有乘客的时间惩罚期望为 $H(\mu_m/H) = \mu_m$。在这种情况下：

$$E[\text{增加的总时间}] = \mu_m \approx 2\mu \sim 3\mu \quad (10.7)$$

注意，它比式（10.5）大几倍，但没有像无时刻表的情况那样，大出一个数量级。

对以上四种情况的讨论表明，（稍微不可靠的）公交服务为没有紧迫到达期限的乘客提供的服务最好。这表明这种服务在晚间通勤比早间通勤更方便；例如，人们可以在早上拼车上班，然后乘公交车回家，或者父母可以开车送孩子上学，然后让孩子乘公交车回家。上述公式还表明，当车头时距较长时，按时刻表的运营对乘客来说要好得多。在这种情况下，按时刻表的运营对公交运营机构来说也是更好的，因为公交车的轨迹受时刻表偏差的

影响较小，因此公交串车的趋势应该会较弱。

另一方面，如果公交服务是高频率的，则公交运营机构很难保证迟到时间与车头时距相比较小，因此无论系统是否有时刻表，该系统都像没有时刻表那样运行。在服务很频繁时，公交运营机构不必公布时刻表，只需公布服务频率。这对公交运营机构有好处，原因如下：① 公交车可以更灵活地投入和停止使用；② 该机构不必规划时刻表（时刻表很难根据未来的需求进行调整，并且无法预期施工作业区等临时干扰的出现）；③ 保持车头时距的平稳比确保时刻表准时更容易操作，因为前者无须后者即可实现。因此，理想情况是，当服务频繁时，应按车头时距运营；而当服务不频繁时，应按时刻表运营。本章的分析对这两种运营方式都有所涉及。

10.2 由若干系统组成的系统

本节介绍在本章中一直使用的建模框架。在此框架中，公交系统被视为一个"由若干系统组成的系统"（system of systems，SoS），它包括多个按照去中心化的个体行为规则产生相互影响的系统（称为智能体）所组成的系统。下面展示如何根据单个智能体的行为规则量化与交通相关的 SoS 的宏观行为。

控制某智能体（由 i 作为索引）的行为规则被允许依赖于这个该智能体当前（和过去）的状态 x_i、代表"世界"的外部因素，以及与该智能体相互影响的其他智能体的状态。图 10.2 以图形方式显示了由两个智能体组成系统的一般结构。智能体 1 在左侧，智能体 2 在右侧。箭头表示每个智能体规则的输入和输出。SoS 以体现这些规则的数学函数为特征。这些函数称为系统的"动力学方程"。

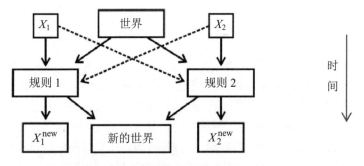

图 10.2　由两个智能体组成的系统进化中的一步

在交通运输应用中，通常会遇到轻度连接的系统，其中每个智能体仅通过相对简单的规则与有限数量的其他智能体进行相互作用。尽管如此，但整个系统的行为可能还是很复杂；这就是为什么需要对其进行研究。您能想到交通运输领域中的 SoS 实例，以及它们的智能体和规则是什么吗？例如，假设走廊系统中的公交车，交通流中的汽车，机场附近的飞机等。

由于 SoS 的行为表现可能很复杂，我们需要了解它们随着时间的变化。有关此行为表现的重要问题包括：如果世界固定在稳定的状态，那么 SoS 是否也具有平衡（即不会随时间变化）的状态吗？如果有，那么这个平衡状态是唯一的吗？它稳定吗？

如果相关的系统在初始状态 $x = (x_1, x_2, \cdots)$ 接近某平衡态时有趋向平衡态发展的趋势，则称该平衡状态为稳定状态。图 10.3 中以图形方式说明了这一概念。

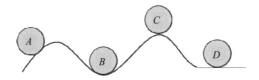

图 10.3 稳定和不稳定状态的图示

图 10.3 显示了在不平坦表面上球的四个可能位置。球和表面是 SoS，球沿 x 轴的位置为状态。相互作用的规则就是物理定律：重力和（轻微）摩擦。显然，球 A 不在平衡状态，因为它会从其当前位置向下和向左滑动。另一方面，球 B、C 和 D 处于平衡状态，因为除非受到外界干扰，否则它们的位置将保持不变，球 D 位于表面的水平部分。但是，只有球 B 处于稳定的平衡状态，因为如果将各个球沿任何方向稍微移动一点，它是唯一会返回其原始位置的球，球 C 会滚开，球 D 会保持原样。

存在性、唯一性和稳定性这三个问题通常可以通过三个步骤回答：① 识别定义状态的变量 x 并写出 SoS 动力学方程，该方程呈现了 x 变为 x^{new} 的规则；② 求解该方程以找到平衡状态（如果存在）；③ 确定在已找到的平衡状态中，哪些是稳定的？

回答问题②和③的难易程度取决于动力学方程的特征。如果动力学方程是线性的，则可以使用线性代数的规则轻松地对其进行分析。例如，由线性代数可知，如果一个问题具有多个平衡态，则它们必须形成一个凸集。而且因为凸集是单连通的，所以这些平衡态都不是稳定的。另一方面，如果问题不具有多个平衡态，那么平衡状态可能存在或不存在。如果问题确实具有平衡态，那么这个状态必须是唯一且孤立的，并且可能是稳定的。非线性情况更为复杂。非线性 SoS 可以具有多个孤立的平衡状态点，有些稳定而另一些则不稳定。SoS 也可能没有任何平衡点，系统状态以奇怪的混沌方式在状态空间中游走。本章主要讨论线性系统。

到目前为止，我们仅讨论了确定性系统，但是本章还将处理一些输入是随机变量的系统。在这种情况下，需要对平衡和稳定性的概念进行一般化。不过，概念上的改变是很小的。为了对这些概念及将要进行的分析类型有所了解，让我们研究一些示例，并从包含单个智能体的简单系统开始。

10.2.1 单智能体系统

【例 10.1】稳定的单智能体 SoS

周期性地检测具有固定输入流量的停车场，输入流是 $\lambda=1000$ 辆/周期，停车的时长满足如下条件：在每个周期开始时已经在停车场内的车辆，其中 10% 在该周期结束前离开。该停车场可以建模为一个单智能体 SoS。智能体是停车场，而整个世界是供应需求的实体。解决问题的三个步骤如下。

步骤1（识别状态并写出动力学方程）：系统的状态为任何时间周期 t 开始的时刻停车场内的车辆数量 $x(t)$。如果可以基于这个状态，可使用给定的世界和运营规则确定下一个状态，则这个状态的定义是合适的。由此得到的表示 $x(t)$ 如何变化的公式就是动力学方程。在此情况下，$x(t)$ 是一个合理的状态：在时间周期 $t+1$ 开始时停车场中停放的车辆数完全等于时间周期 t 开始时的车辆数，加上该时间周期内输入的车辆数，再减去离开的车辆数。因此，动力学方程为：

$$x(t+1) = x(t) + 1000 - 0.1x(t) \quad (10.8)$$

注意，该方程是非齐次的，因为它有一个常数项。

步骤2（确定所有可能的平衡）：处于平衡状态时，停车场的车辆数不会随时间变化。因此，可以通过设置 $x(t) = x(t+1) = x_{eq}$ 找到平衡解。

$$x_{eq} = x_{eq} + 1000 - 0.1x_{eq} \quad (10.9)$$

这是具有唯一解的线性方程，解为 $x_{eq} = 10\,000$。由于解是唯一的，因此可能是稳定的。

步骤3（稳定性分析）：要确定平衡是否稳定，应检查对于任何小的 ε 值，使 $x = x_{eq} + \varepsilon$ 会发生什么？如果 $x \to x_{eq} = 10\,000$，平衡就是稳定的。要以图形方式查看发生的情况，可以按照式（10.8）将时间 $t+1$ 处的系统状态绘制成时间 t 处的系统状态的函数，如图 10.4 中的黑实线所示。

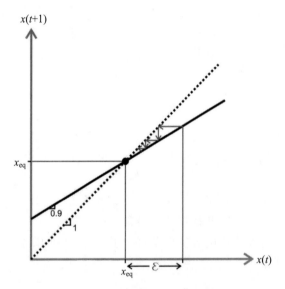

图 10.4 稳定系统的图形分析

平衡点是黑线上 $x(t+1)=x(t)$ 的点；即黑实线与虚点线 $x(t+1)=x(t)$ 相交的粗点。想象一下，现在系统从平衡状态开始受到一个值为 ε 的干扰，如图 10.4 所示。图 10.4 中的箭头显示了根据动力学方程，扰动的状态将如何演变，黑实线上第一点的横坐标是初始状态，纵坐标是第一步演变之后的最终状态；从该点开始依次出现的另外两个箭头标识了黑实线上的第二点，其初始状态等于第一步完成后的最终状态；这结束了第一步，然后对其进行迭代以获得一个点序列。

显然，点序列趋向于平衡点。可以证明，如果 $\varepsilon<0$，则该点序列依然趋于平衡点，并且这对于 ε 取任何值的情况都依然成立（请自己检验）。系统在经过任何微小的初始扰动后都会回到 x_{eq}，可得出结论，该平衡点是稳定的。

通过代数分析的方法执行相同的步骤也可以确定平衡点的稳定性。为此，定义 t 步演变之后的剩余扰动：$\varepsilon(t) \equiv x(t) - x_{eq}$。动力学方程可以通过从式（10.8）中减去式（10.9）改写为用 $\varepsilon(t)$ 表达的形式。得到的方程为：

$$\varepsilon(t+1) = 0.9\varepsilon(t) \tag{10.10}$$

以这种方式重新表达动力学方程的原因是，从式（10.8）中删除了独立常数后可以使动力学方程变为齐次且易于分析。这个标准的简化步骤是通用的。在特定情况下，它很容易揭示出 $\varepsilon(t) = 0.9^t \varepsilon(0)$，因此不管 $\varepsilon(0)$ 是多少，对于 $t \to \infty$ 来说，有 $\varepsilon(t) \to 0$；即平衡点是稳定的。

【例 10.2】不稳定的单智能体 SoS

假设有一个确定性的排队系统，其中客户服务时间随队列长度增加。例如，如果队列的存在干扰服务器从而降低其效率，则可能发生这种情况。在此例中，客户到达率是每个时间段 1000 位。服务器每个时间段最多可以处理 2000 个客户，但如果该时间段开始时队列中客户数量非 0，那么服务器得分处理能力按此数量的 10%下降。服务器尽可能快地工作；如果某个时间段的初始队列太短，使得服务器能够处理的客户数多于待处理的客户数，那么服务器将放慢处理速度到恰好留下一个空的队列。该 SoS 将类似例 10.1 进行建模，其中世界提供需求，而队列是唯一的智能体。

步骤 1（识别状态和动力学方程）：建议使用每个时间段 t 开始时队列中的客户数量 $x(t)$ 作为状态。它之所以可行，是因为可以利用问题的信息由 $x(t)$ 写出 $x(t+1)$。注意，在时间段 t 待处理的有效客户数量为 $x(t)+1000$，可服务的数量为 $2000-0.1x(t)$。由于服务器尽可能地工作，因此动力学方程为：

$$x(t+1) = \left[\left(x(t)+1000\right) - \left(2000 - 0.1x(t)\right)\right]^+ = \left[1.1x(t) - 1000\right]^+ \tag{10.11}$$

步骤 2（确定平衡点）：这一步总是以相同的方式进行。用 x_{eq} 替代 $x(t)$ 和 $x(t+1)$ 并求解得到的方程。可以证明，它有两个解：$x_{eq}=0$ 和 $x_{eq}=10\,000$。由于得到的方程通过截断运算 $[\ ]^+$ 后是非线性的，所以可能出现这种结果。图 10.5 使用与图 10.4 相同的方法显示了动力学方程和两个平衡点。

步骤 3（稳定性分析）：检查所有平衡点的稳定性。此方程是非线性的，因此考虑它的两个平衡点的邻域，而在这两个平衡点附近该方程近似为线性。对平衡点的稳定性分析可以通过两个子步骤完成：① 线性化动力学方程；② 执行与例 10.1 相同的线性分析。首先考虑 $x_{eq}=10\,000$，在该平衡点附近改写式（10.11）为近似有效的线性形式。从图 10.5 可以看出，本例不需要近似。可以忽略截断运算并写出：

$$x(t+1) = 1.1x(t) - 1000, \ \text{其中} \ x \approx 10\,000 \tag{10.12}$$

接下来，用获得式（10.10）一样的方法消除常数，并写出式（10.12）和它在由扰动 $\varepsilon(t) = x(t) - x_{eq}$ 表达的平衡方程（$x_{eq} = 1.1x_{eq} - 1000$,其中 $x_{eq} \approx 10\,000$）之间的差。结果是：

$$\varepsilon(t+1) = 1.1\varepsilon(t), \quad \text{其中} \ x \approx 10\,000 \tag{10.13}$$

在这种情况下，$\varepsilon(t) = 1.1^t \varepsilon(0)$。很明显，该平衡点附近的任何扰动都会被放大，并且系统将不断偏离平衡状态。因此，该平衡态是不稳定的。用类似图 10.4 的图形分析方法也证实了这一点，如图 10.5 所示。可以很容易地看出，较小的扰动使系统远离位于 $x_{eq}=10\,000$ 的平衡点。

对于 $x_{eq} = 0$ 应当重复相同的分析，但不在此详细讨论，因为该图清楚地表明，如果从 $x_{eq} = 0$ 的附近开始，系统将朝着 $x_{eq} = 0$ 的方向演变，所以这个平衡点是稳定的。

该示例中使用的线性化方法对于解决非线性问题来说是相当标准的方法。它可以帮助确定哪些平衡点稳定和哪些不稳定。但有一个需要特别注意的地方：与线性系统情况不同，如果扰动较大，则线性化后确定的稳定性不能保证非线性系统能够恢复到平衡状态。在示例中，图 10.5 清楚地表明，如果从 $x_{eq} = 0$ 点起的扰动超过 x_{eq}，则系统无法恢复到该稳定的平衡状态。

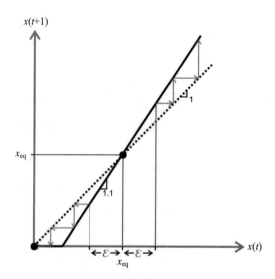

图 10.5　不稳定系统的图形分析

【例 10.3】带有随机扰动的单智能体 SoS

通过添加不确定的输入一般化前面的两个示例，这样生成的模型将在本章后面用到。考虑对示例动力学方程的以下一般化描述。

$$x(t+1) = v + \phi x(t) + \gamma(t) \tag{10.14}$$

其中，ϕ 是称为"增益"的固定系数，$\gamma(t)$ 是具有 0 均值和标准差 σ 的独立同分布（independent and identically distributed，IID）的随机扰动项。

即使问题的式（10.14）是随机的，解决步骤也是相似的。首先，使用不存在扰动的确定性系统的平衡点为基准，用状态偏差表达动力学方程消除这个独立的常数 v。通过忽略式（10.14）中的扰动项，用 x_{eq} 替换状态变量并求解所得方程，找到该平衡态。

$$x_{eq} = v + \phi x_{eq}$$

显然，当且仅当 $\phi \neq 1$，或者 $\phi = 1$ 且 $v = 0$ 时，确定性平衡点才存在。可以从式（10.14）

中减去该等式，并用与平衡点的偏差表示结果。结果是：

$$\varepsilon(t+1) = \phi\varepsilon(t) + \gamma(t) \tag{10.15}$$

除了随机扰动项外，这类似于前面示例的确定性系统对应的齐次方程。

如果要知道式（10.14）在 x_{eq} 处是否具有统计意义上稳定的随机平衡点；即如果式（10.15）从 $\varepsilon=0$ 开始迭代，则 $\varepsilon(t)$ 在统计上是否仍接近于 0。要使用的特定标准是 $\varepsilon(t)$ 应该具有 0 均值，且当 $t\to\infty$ 时方差有上界。

为了对这些矩进行评估，对式（10.15）两侧分别取期望和方差。然后，使用 $\mu_\varepsilon(t)$ 和 $\sigma_\varepsilon^2(t)$ 表示 $\varepsilon(t)$ 的均值和方差，可发现：

$$\mu_\varepsilon(t+1) = \phi\mu_\varepsilon(t), \tag{10.16a}$$

$$\sigma_\varepsilon^2(t+1) = \phi^2\sigma_\varepsilon^2(t) + \sigma^2 \tag{10.16b}$$

使用与 $\varepsilon=0$ 相对应的初始条件 $\mu_\varepsilon(0)=0$ 和 $\sigma_\varepsilon^2(0)=0$ 求解这些方程。显然，式（10.16a）的解是：

$$\mu_\varepsilon(t) = 0 \tag{10.17a}$$

式（10.16b）从 $\sigma_\varepsilon^2(0)=0$ 开始递归求解。注意，递归将产生以下结果：$\sigma_\varepsilon^2(1)=\sigma^2$、$\sigma_\varepsilon^2(2)=(1+\phi^2)\sigma^2$、$\sigma_\varepsilon^2(3)=(1+\phi^2+\phi^4)\sigma^2$、$\cdots$、$\sigma_\varepsilon^2(t)=(1+\phi^2+\phi^4+\cdots+\phi^{2t})\sigma^2$。由于 $\sigma_\varepsilon^2(t)$ 的一般表达式是具有共同的比率 ϕ^2 和初始值 σ^2 的几何级数的部分和，因此可以简化为：

$$\sigma_\varepsilon^2(t) = \sigma^2\left[\frac{1-\phi^{2t}}{1-\phi^2}\right], \text{如果} \phi\neq 1; \text{以及} \sigma_\varepsilon^2(t) = \sigma^2 t, \text{如果} \phi=1 \text{且} v=0 \tag{10.17b}$$

此外，从式（10.15）的线性特点注意到，如果 $\gamma(t)$ 是高斯分布的，则 $\varepsilon(t)$ 也是高斯分布的。

现在分析稳定性。事实证明，稳定性取决于增益 ϕ。如果 $\phi<1$，则像在示例 10.1 的稳定确定性系统中所发生的那样，式（10.17b）从下方收敛到有限值 $\sigma^2/(1-\phi^2)$。并且，由于 $\varepsilon(t)$ 的均值收敛到 0，因此该平衡点在统计上是稳定的。另一方面，如果 $\phi\geq1$，则像例 10.2 那样，式（10.17b）给出的方差向 $+\infty$ 增长。系统在统计上是不稳定的。

最后，该示例的稳定性并不取决于 σ；仅依赖于增益，并且这种依赖性与确定性情况具有相同的形式。换句话说，当且仅当在确定性情况下稳定时，系统在随机情况下是稳定的。

10.2.2 多智能体的系统

可以使用线性代数和控制理论将这三个示例中的想法扩展到多智能体的系统。因为本章仅使用单智能体模型，所以这里仅对此进行简要探讨。多智能体系统可以简化为单智能体系统，也可以使用更简单的定制方法进行处理。这并不是说多智能体系统的想法没用。例如，它可以阐明本章未讨论的某些情况，例如由几个公交车服务的环线公交系统。有兴趣的读者可以通过完成作业题 10.3、10.6 和 10.7 以体会它的用处。当然，也可以跳过本小节其余部分，而不会影响学习的连续性。

处理多智能体系统时，关键是通过变量（列）向量 $x(t)$ 表示系统状态，将系统动力学方程写为一个矩阵的等式，使用与前面示例完全相同的步骤对其进行操作。

在确定性情况下，遵循例 10.1 和例 10.2 的步骤。矩阵形式的方程为：

$$x(t+1) = Lx(t) + L_0$$

其中 L（方矩阵）和 L_0（列向量）是给出的且是恒定的。根据定义，平衡点必须满足 $x(t+1) = x(t) = x_{eq}$。因此，如果平衡点存在，则可以求解以下方程。

$$x_{eq} = Lx_{eq} + L_0$$

将两个方程在两侧分别相减，以相对平衡点时的扰动（向量）$\varepsilon(t) = x(t) - x_{eq}$ 改写动力学方程，新的表达式是：

$$\varepsilon(t+1) = L\varepsilon(t)$$

注意，此结果与式（10.10）和式（10.13）的相似性。与例 10.1 和例 10.2 一样，新的表达式是线性且齐次的，因此易于通过随时间的迭代求解。现在的解是：

$$\varepsilon(t) = L^t \varepsilon(0)$$

再次注意与前面示例的相似性。

如果不管初始条件如何，上述表达式中的 $\varepsilon(t)$ 趋于 0 向量，那么该系统被定义为稳定。对应该例子，系统稳定当且仅当在上面的表达式中 $\varepsilon(0)$ 的系数矩阵趋于 0 矩阵（即 $t \to \infty$ 时，$L^t \to 0$）。与以前的示例相比，这不太好验证，但也没有增加太多难度。线性代数告诉我们，如果矩阵 L 的所有特征值（可能是复数）的绝对值小于 1，那么这个条件成立。

在随机情况下，按照示例 10.3 的步骤进行操作。动力学方程写为 $x(t+1) = Lx(t) + L_0 + \gamma(t)$，其中 $\gamma(t)$ 是在各个时间片上独立的扰动矢量，并且具有固定的协方差矩阵和 0 均值。如示例中那样，通过考虑原始方程和确定性平衡方程之间的差异，该动力学方程首先被简化为 $\varepsilon(t+1) = L\varepsilon(t) + \gamma(t)$。然后，使用矩阵表达简化后的方程的均值和（协）方差，以获得式（10.16）。最后，一步步地随时间迭代以获取矩阵版本的表达式 $\sigma_\varepsilon^2(t) = (1 + \phi^2 + \phi^4 + \cdots + \phi^{2t})\sigma^2$。使用线性代数（若尔当标准形）简化级数表达式，并找到统计稳定性的条件。与确定性情况一样，如果 L 的每个特征值（实数或复数）的范数都小于 1，则该系统在统计上是稳定的。

10.3 未加控制的公交车运行

本节研究公交线路中的行为，此行为中司机定期出发，在没有时刻表或任何形式的外部控制的情况下，进行独立和尽可能快速的运营。使用上一节的概念可以看出，该系统的确定性平衡状态（即每个站点处的每辆公交车都具有均匀的车头时距）是不稳定的，因此系统无法保持在平衡点附近。相反，公交车有自然地串车的趋势。这就是需要外部辅助控制的原因。

10.3.1 理想的确定性运行

考虑图 10.6 所示的理想情况，三个公交车轨迹越过三个（没有激活的）控制点位置。为简单起见，公交的轨迹已被平滑，因此，它们在中间站处间断行驶的轨迹没有显示出来。这种情况是"理想的"，因为公交车的轨迹是等距且平行的，每辆公交车在行程中到处都能保持均匀的车头时距。没有外来的随机扰动。在图 10.6 中及本章的其余部分，公交车以 n 为索引，控制点以 s 为索引。

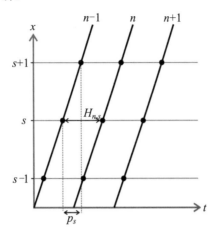

图 10.6　时空图中相邻公交车的理想轨迹

理想的确定性操作由在后续控制点的公交车到达时刻的集合 $\{t_{n,s}\}$ 定义。这些时刻通过以下等式相互关联。

$$t_{n,s+1} = t_{n,s} + p_s，\quad n,s = 0,1,2,\cdots \tag{10.18a}$$

$$t_{n,s+1} = t_{0,0} + nH + \sum_{i=0}^{s} p_i，\quad n,s = 0,1,2,\cdots \tag{10.18b}$$

H 是目标车头时距，p_i 是从第 i 个控制点至第 $i+1$ 个控制点（包括停站时间）的理想出行时间。式（10.18b）右侧的第一项是第 1 辆公交到达起点站控制点的时间。第二项是第 1 辆和第 n 辆公交车从起点站出发的时间间隔。最后一项是从起点站到第 $s+1$ 个控制点的公交车行驶时间。

公交机构使用类似式（10.18）的等式制定时刻表。为了通过本章稍后讨论的一个控制方式提高时刻表的可靠性，公交机构通常在 p_i 中包括一些"松弛"；也就是说，他们要求司机的运营比最快的可能情况要稍微慢一些。为避免混淆，可将使用 c_s 表示最快可能的行驶的时间（不含松弛），使用 $p_s = c_s + d_s$ 表示按照时刻表安排的行驶时间（包含松弛），其中 d_s 是松弛量。

但是，如果不实施控制，就没有必要加入松弛。这就是现在要研究的情况。没有控制的公交车可以在没有加入松弛的情况下按照时刻表运行吗？

10.3.2　未加控制的公交车运行

将公交车 n 看作智能体，将控制点 s 看作"时间"，将实际到达控制点的时间（记为 $a_{n,s}$）作为智能体的状态。试分析随着公交车的前行 $s \to \infty$，$a_{n,s}$ 是否保持在 $t_{n,s}$ 附近。

注意，公交车 n 在第 s 和 $s+1$ 控制点之间，在未加控制情况下的实际行驶时间 $u_{n,s} \equiv a_{n,s+1} - a_{n,s}$ 应满足：

$$u_{n,s} \equiv a_{n,s+1} - a_{n,s} = c_s + \beta_s(h_{n,s} - H) + \gamma_{n,s} = c_s + \beta_s(a_{n,s} - a_{n-1,s} - H) + \gamma_{n,s} \tag{10.19}$$

其中，$h_{n,s} \equiv a_{n,s} - a_{n-1,s}$ 是在控制点 s 处公交车 n 的前方车头时距，c_s 是所有公交车都准时情况下的平均最快可能出行时间（不包括松弛时间，但包括停站时间），β_s 是在 10.1 节引入的 β（实验确定的无量纲常数）对应具体车站 s 的值，$\gamma_{n,s}$ 是一个随机噪声扰动项，表示由于道路拥堵和上车乘客数量变化导致的公交车 n 平均行驶时间的变化。

噪声扰动项 $\gamma_{n,s}$ 的单位是时间，并被建模为具有 0 均值和标准差 σ 的独立同分布随机变量。回顾 10.1 节，常数 β_s 表示每增加一个单位车头时距，公交车从到达 s 至到达 $s+1$ 平均增加的行驶时间。如果控制点之间的距离是在 1 km 这个数量级上的，则 β_s 值通常在 0.01～0.1。

使用式（10.19）写出系统的动力学方程。由于车站序号同时也起着标记时间的作用，所以这些方程可以由公交车到达车站 s 的时间推出到达车站 $s+1$ 的时间。这确实是可能的，因为由式（10.19）的第二项和第四项可以得到：

$$a_{n,s+1} = a_{n,s} + c_s + \beta_s(a_{n,s} - a_{n-1,s} - H) + \gamma_{n,s}; n=1,2,\cdots; s=0,1,2,\cdots \quad (10.20a)$$

但是，需要为这些迭代方程定义初始条件，包括第一辆公交车($n=0$)的轨迹，以及所有公交车从 $s=0$ 出发的时间。第一辆公交车是确定的、理想的，没有任何延误，其余的公交车按车头时距 H 出发。因此，如果将时间起点放置在第一次发车的时刻，则初始条件变为：

$$a_{0,s+1} = a_{0,s} + c_s; \quad s=0,1,2,\cdots \quad (10.20b)$$

$$a_{n,0} = nH; \quad n=0,1,2,\cdots \quad (10.20c)$$

注意，如果没有噪声扰动，则动力学方程式（10.20）用 c_s 代替 p_s 再现了式（10.18）的确定性轨迹。因此，可以认为式（10.18）是式（10.20）的确定性均衡，这与单智能体示例 10.3 非常相似。但是，如果有噪声扰动，并且已知扰动项，则式（10.20）给出了具体某天公交车（有别于理想到达时间）的实际到达时间。此外，噪声扰动项每天都会变化，因此，公交车的轨迹也会变化。在此要确定实际的轨迹是否可以日复一日地保持在理想状态附近。

为了做到这一点，就像在例 10.3 中所做的那样，通过用确定性均衡式（10.18）减去式（10.20），并以与确定性理想系统$\{t_{n,s}\}$的偏差表示结果，从而消除式（10.20）的独立常数。与$\{t_{n,s}\}$的偏差表示为：$\varepsilon_{n,s} = a_{n,s} - t_{n,s}$。为了直观起见，图 10.7 显示了两条公交轨迹、相应确定性系统的理想轨迹和所涉及的变量。分析结果为：

$$\varepsilon_{n,s+1} = \varepsilon_{n,s} + \beta_s(\varepsilon_{n,s} - \varepsilon_{n-1,s}) + \gamma_{n,s} = (1+\beta_s)\varepsilon_{n,s} - \beta_s\varepsilon_{n-1,s} + \gamma_{n,s}, \quad n,s=0,1,2,\cdots \quad (10.21)$$

类似例 10.3，除了噪声扰动项，这组新的动力学方程非常接近齐次。$\beta_s\varepsilon_{n-1,s}$ 项在方程中代表了智能体之间的相互作用，它使分析变得复杂。但是，对于公交 $n=1$，因为初始条件给出 $\varepsilon_{0,s}=0$，所以 $\beta_s\varepsilon_{n-1,s}$ 的项消失了。因此，对于 $n=1$，式（10.21）具有与式（10.15）相同的形式，但增益为：$\phi = 1+\beta_s > 1$。因此，可发现公交车轨迹的不稳定性，并且它相对时刻表偏差的方差如式（10.17b）所示随 s 呈指数增长。

即使忽略噪声扰动，这种不稳定性仍然存在。然后，第一辆公交车服从：

$$\varepsilon_{n,s+1} = (1+\beta_s)\varepsilon_{n,s}，对于 n=1 且无扰动 \quad (10.22)$$

由于增益仍大于 1，该递归式在本质上与例 10.2 中的式子相同。显然，$\varepsilon_{n,s}$ 不会随着 s 的增加而趋于 0。因此，即使没有噪声扰动，系统也是不稳定的。

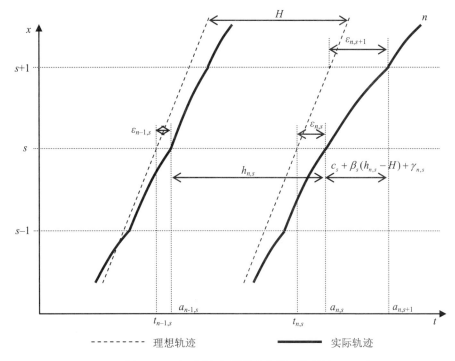

图 10.7 时空图中相邻公交车的可能轨迹

如何解释这种不稳定性？例 10.2 的动力学方程说明了它的物理原理。公交车作为智能体依照与时刻表的偏差控制工作速度（即在控制点之间的移动并服务乘客）。由于较大的正偏差意味着要为更多的乘客提供服务，因此工作速度较慢，而偏差会进一步增加。这就是为什么式（10.22）像例 10.2 一样显示"正反馈"。从物理和数学上都应注意，如果公交车最初运行早于时刻表，则该正反馈也同样会起作用。在这种情况下，公交车会越来越早于时刻表，直到赶上前车，成为一对。这个状态对应例 10.2 中在原点处的稳定平衡。

因为即使在非常好的无噪声扰动，以及理想化初始条件下也会发生串车，所以在现实世界中频繁发生串车现象也就不足为奇了。但我们必须采取一些措施应对审车问题，接下来的两小节探讨可能的补救措施。在实践中，这些措施都不是完美的，但可以缓解串车问题。

10.4 按时刻表实施控制

本节研究实践中用到的最简单的控制方法。因为它简单，便宜而且无须复杂的远程通信，所以该方法已经使用了很长时间。该方法仅需要向公众公布司机使用的时刻表。司机在特定的控制点应用控制。该控制规则将公交车看作独立的个体：司机应当尽早，但是也不应早于时刻表所示的时间，离开每个控制点，而不去管其他公交车正在做什么。

为此，时刻表必须合理设计，以使公交车大部分时间都能及时到达控制点。否则，如果公交车经常会晚点，这些公交车实际上会按照未加控制的方式运行，它们的车头时距可能会不受控制地增加，这将无法达到控制的目的。因此，应仔细考虑时刻表中加入的松弛量。以下小节描述了在时刻表控制下的系统动力学。然后，10.4.2 小节展示了选择松弛量和控制点的方法及其结果。

10.4.1 由时刻表控制的系统动态

回想一下，按照时刻表，相邻控制点之间的出行时间为 $p_s = c_s + d_s$，其中 d_s 是松弛量。此决策变量的值应该大于相邻控制点间公交车出行时间的典型扰动。例如，如果 $\gamma_{n,s} \sim N(0, \sigma_s)$，可以将 d_s 设置为 $4\sigma_s$，这样能使得公交车在 99% 的情况下不晚点。

要开始分析，需要改写公交车平衡出行时间式（10.18a），以显示松弛量。

$$t_{n,s+1} = t_{n,s} + c_s + d_s, \quad n,s = 0,1,2,\cdots \tag{10.23}$$

假设公交车可以在控制点之间自由运行，但可能在即将到达控制点之前滞留一段时间以避免提前到达。因此，公交车在如下两个时刻中较晚的那个到达控制点并开门：实际到达的时间（没有经过滞留）和计划到达时间（经过一些滞留）。图 10.8（a）说明了理想情况下的控制策略。①

这种控制策略下，动力学方程为：

$$a_{n,s+1} = \max\{t_{n,s+1}, a_{n,s} + u_{n,s}\}, \quad n,s = 0,1,2,\cdots \tag{10.24}$$

像推导式（10.21）那样，用相对时刻表的偏差来表示式（10.24）。为此，从式（10.24）中减去式（10.23）。结果是：

$$\varepsilon_{n,s+1} = \max\{0, \varepsilon_{n,s} + u_{n,s} - (c_s + d_s)\}, \quad n,s = 0,1,2,\cdots \tag{10.25}$$

将式（10.19）中的 $(a_{n,s} - a_{n-1,s} - H)$ 替换为其对应的偏差 $(\varepsilon_{n,s} - \varepsilon_{n-1,s})$，并用偏差表示 $u_{n,s}$，得到：

$$u_{n,s} = c_s + \beta_s(\varepsilon_{n,s} - \varepsilon_{n-1,s}) + \gamma_{n,s}, \quad n,s = 0,1,2,\cdots \tag{10.26}$$

接下来，将该表达式代入式（10.25）。结果是：

$$\varepsilon_{n,s+1} = \left[(1+\beta_s)\varepsilon_{n,s} - \beta_s\varepsilon_{n-1,s} + \gamma_{n,s} - d_s\right]^+, \quad n,s = 0,1,2,\cdots \tag{10.27}$$

如果把 $\gamma_{n,s}$ 和 $\varepsilon_{n-1,s}$ 当作来自"世界"的输入，这个表达式类似式（10.11）。可以通过相似的图形（见图 10.9）和平衡点位置证明，$\varepsilon_{n,s+1}$ 和 $\varepsilon_{n,s}$ 是非线性关系。现在，平衡点的坐标为：$\varepsilon_{n,eq} = 0$（稳定）和 $\varepsilon_{n,eq} = d_s/\beta_s > 0$（不稳定）。读者可以由式（10.27）进行代数验证。

现在考虑 $\varepsilon_{n,eq} = 0$ 处的稳定平衡，并从式（10.27）中注意到，即使允许与 d_s 相比较小的扰动 $\gamma_{n,s}$ 和 $\varepsilon_{n-1,s}$ 发生，如果 $\varepsilon_{n,s}$ 较小，则 $[\cdot]^+$ 项仍应等于 0。图 10.8（b）左侧的公交车轨迹说明了这一点。这意味着在小扰动下公交车 n 通过控制点后立即回归时刻表，这是一个很好的现象。

不过，正如在例 10.2 中所发生的那样，比 d_s/β_s 更大的扰动意味着麻烦，因为它们超过了不稳定平衡点来到了系统动力学方程的正反馈部分，如图 10.9 所示，并注意它与图 10.5

---

① 如果控制点是停车站，则可在公交车门打开时在停车站本身引入松弛。在这种情况下，公布的出发时间将是计划的到达时间加上预计的载客时间。如果每个车站都是一个控制点，则车站 s 的预期停站时间为 $\beta_s H$（反之亦然）；因此，公布的出发时间将为 $t_{n,s} + \beta_s H$。

的相似之处（图 10.5 描绘了类似的不稳定平衡）。图 10.8（b）右侧的公交车轨迹也说明了这个麻烦，该轨迹从接近理想轨迹的稳定区域脱离，并永远离开。像图中所示的公交车一样，任何由于大扰动而不能及时到达控制点的公交车将无法恢复，并且将进一步落后于时刻表。这种现象表明，常规的时刻表控制策略无法修正大扰动，例如，由公交车故障引起的扰动。这就是尽管公交部门尽了最大努力，但仍难以保证公交车按时到站的原因。所以需要有改进的控制方法。

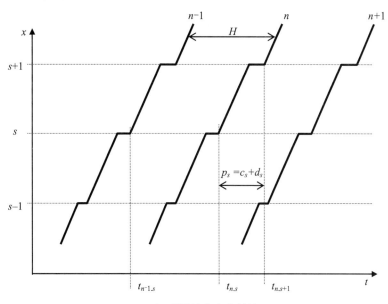

（a）理想的公交车轨迹

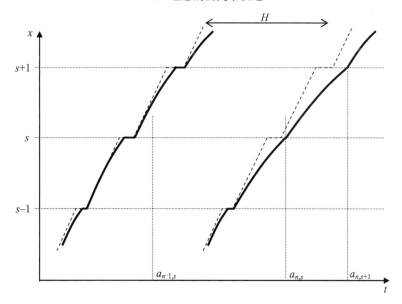

（b）现实世界中可能的公交车轨迹

图 10.8 具有内置松弛的车辆轨迹

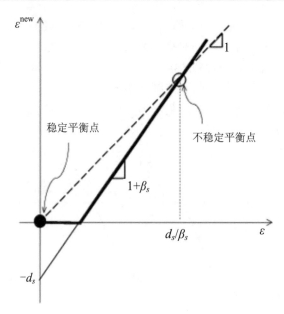

图 10.9 在时刻表控制下的两个平衡点

但是,在研究其他控制方法之前,首先要研究如何选择 d_s 和相邻控制点之间的间隔,以提高小扰动下的整体性能。

10.4.2 设置松弛量和控制点间距

为了让结果尽可能清晰,在这一节中考虑具有等间距控制点的同质线路。它们的间隔由相邻控制点间的车站数量 m 量化。目标是确定 m 值和在每个控制点使用的松弛时间 d,以在最大程度地提高服务水平的同时防止串车[①]。这个服务水平将用平均情况下的乘客的出行时间(包括等待时间)量化。接下来,首先为任意给定的 m 选择 d,然后优化 m。

为了防止串车,对于任何给定的 m 值,松弛 $d(m)$ 应确保司机在大多数时候可以早到控制点。因此,将 $d(m)$ 设置为出行时间噪声扰动的标准差的整倍数,噪声扰动的标准差表示为 $\sigma(m)$,则 $d(m)=k\sigma(m)$。参数 k 合理的取整范围为 2~4。较低的 k 值可以提高运营速度(这可以为公交机构节省资金,并对在车上的乘客有好处),但同时也增加了更多公交车不受控制行驶的风险。公交系统在部分公交车不受控制行驶时很复杂,并且取决于系统的细节特性,建议应通过反复实地试验选择 k 的值。接近 3 的值似乎是一个合理的初始选择。

要分析这个问题,首先推导平均情况下乘客乘车时间的表达式。如果平均情况下乘客乘车经过了 r 个站点,则其出行时间将为 rp,其中 p 是公交车经过一个车站并到达下一个车站需要的时间。注意,在控制点之间的计划行程时间是 mp,满足 $mp = mc + k\sigma(m)$,其中 c 是无控制情况下最快经过一个车站的时间,第二项是松弛时间。现在可以写出 p 的表达式。如果使用 σ^2 表示相邻车站之间行驶时间扰动的(已知)方差,并假设该扰动在车站

---

① 下标 s 未在本小节中使用,因为线路是同质的。

之间是独立的，那么 $\sigma(m) \approx \sigma\sqrt{m}$（当 m 较大而公交车开始串车时，扰动的独立性假设可能失效，但 Daganzo（2009）的仿真表明，只要 $m \leq 0.25/\beta$，那么该假设大体是合理的）。因此，表达式变为①：当 $m \leq 0.25/\beta$ 时，$p = c + k\sigma/\sqrt{m}$，可以写出：

$$\text{乘客乘车时间} = r(c + k\sigma/\sqrt{m})，\text{如果 } m \leq 0.25/\beta \tag{10.28}$$

现在考虑等待时间。等待时间取决于有多少乘客使用时刻表。假设车头时距足够短，以至于人们无视时刻表。作业题 10.4 探索了另一种情况。

不使用时刻表时，在站点的等待时间取决于车头时距。平均而言，它等于 $H/2$ 加上因不可靠性而导致的额外等待式（10.2）。在式（10.2）中出现的车头时距的方差应在控制点处接近 0，但在中间站点 $m'=1,2,\cdots,m-1$ 处较大。为了量化该方差，让 $\sigma_{m'}^2$ 表达到达公交车站 m' 的时间的方差，并注意 $\sigma_{m'}^2 \approx m'\sigma^2$。由于车头时距是两辆较独立的公交车的到站时间差，因此其方差应为 $2\sigma_{m'}^2 \approx 2m'\sigma^2$。所以公交车站 m' 的平均等候时间 $\bar{w}_{m'}$ 应该为：

$$\bar{w}_{m'} = H/2\left[1 + 2m'\sigma^2/H^2\right] \tag{10.29}$$

对所有 $m' \in [0, m-1]$ 取平均值，以获得总体平均等待时间 $\bar{w}$，结果是：

$$\bar{w} \approx H/2\left[1 + (m-1)\sigma^2/H^2\right] = H/2 + (m-1)\sigma^2/(2H) \tag{10.30}$$

将其与式（10.28）联立以获得总行程时间 T：

$$T = r\left(c + k\sigma/\sqrt{m}\right) + H/2 + (m-1)\sigma^2/(2H)，\text{其中 } m \leq 0.25/\beta \tag{10.31}$$

至此，我们几乎完成了推导，但在优化该式之前，必须引入第二个约束，以确保各辆公交车不会在中间站不期而遇。如果 m 大而 H 小，这是绝对有可能的。这种意外串车的最可能发生的地点是在控制点之前，因为这里车头时距方差最大：$2\sigma^2(m) \approx 2m\sigma^2$。为了确保意外的串车仅在非常罕见的情况下出现，使用约束 $4\sigma(m) \leq H$，将它关于 m 展开变成 $16m\sigma^2 \leq H^2$，即 $m \leq (H/\sigma)^2/16$。

求解由该约束条件和式（10.31）联立而成的数学规划问题。使用 H 作为时间单位简化该过程，从式子中消除 H。在此单位制中，将噪声扰动的标准差记为 $A \equiv \sigma/H$。使用 $z \equiv T/H - [rc + H/2]/H$，而不是使用 T/H 作为目标函数。这是（在理想/确定性条件下发生的）下界 $[rc + H/2]/H$ 之外的额外时间。经过一些简单的操作，数学规划问题可简化为：

$$z = \min(A/2)\{-A + 2kr/\sqrt{m} + Am\} \text{ s.t. } 1 \leq m \leq \min(1/(16A^2), 0.25/\beta)$$

该数学规划问题的解给出了控制段的最佳长度。可以验证无约束的解是 $m_u^* = (kr/A)^{2/3}$，而考虑约束的实际解是 $m^* = \text{middle}\left[1, \min\left\{\dfrac{1}{16A^2}, \dfrac{0.25}{\beta}\right\}, \left(\dfrac{kr}{A}\right)^{\frac{2}{3}}\right]$。

对于较小的 β，$k=4$，并且 $A=0.1$（中等噪声扰动）的情况，对于所有 r 都有 $m^*=6.25 \approx 6$，并且 z^* 的值是：当 $r=3$ 时是 0.5，当 $r=7$ 时是 1.2，当 $r=20$ 时是 3.3）。回想一下，时间单位为 H，所以对于合理的 r 值，该控制方法将使出行时间比理想情况下的值增加了 1 或 2

---

① 如果 $m > 0.25/\beta$，p 值会变大。

个车头时距。如果车头时距很长，这是完全不能接受的。但是回想一下，在分析中假设车头时距很短，因此该结果并不完全令人失望。另一方面，控制方法的效果取决于定期（每6个车站）应用控制；这需要资源和纪律。此外，该控制方法无法抵抗大的干扰，因此会偶尔失效，有时甚至会造成严重后果。因此，应寻求改进的控制方案。下一节将介绍这个方向上的一些思路。

10.5 多公交控制策略

时刻表控制是动态的和自适应的，但很死板；而公交车是单独控制的。应该直观地看到，如果允许公交车不仅对自己的时刻表偏离做出反应，还能对其他公交车的状态也产生更加灵活的响应，那么控制的效果有可能得到改善。例如，当公交车距离前一辆公交车太近或距离后一辆公交车太远时，让公交车在控制点额外停留一段时间。为了实现这种控制，必须投资远程通信设备和软件。不过，随着时间的变迁，信息技术的进步将减少相关的成本。截至本文撰写之时，多公交车的控制策略已经得到初步尝试，但并未得到广泛使用。我们相信这是未来的希望。因此，本节将讨论不同类型的多公交车控制算法、可发挥的作用、以及初步试验测试的结果。

本节的第一部分（10.5.1 节）讨论基本算法。这些算法很简单，可以以试错的方式实现，无须大量的现场人员或大量的远程通信设备投资。但是，这些基本算法无法抵抗较大的干扰。10.5.2 节专门介绍鲁棒控制。这些更高级的算法可确保应对干扰时具有韧性，并在整体上具有更好的性能，但是它们需要精准的通信系统提供低延误细粒度的信息。

10.5.1 基本算法

所有算法背后的思路都是相同的：公交车 n 从控制点 s 到控制点 $s+1$ 的行程被人为地延误一段时间 $D_{n,s}$，该时间长度动态确定，取决于公交车 n 到达 s 时的状态。公交车的状态通过公交车 n 与所有其他公交车之间的时间间隔量化；如果使用了时刻表，则也要根据这些车与时刻表的偏差 $\varepsilon_{n,s}$ 量化。例如，上一节时刻表控制的动态延误算法为 $D_{n,s-1}=(-\varepsilon_{n,s})^+$；即，如果 $\varepsilon_{n,s}$ 为负（公交车较早到达 s），则公交车在从 $s-1$ 到 s 的行程结束时，在车站多停留时间等于早到的时间量；否则公交车不多停留。从公交运营者的角度来看，这个方法很有吸引力，因为公交车不需要了解其他公交车的信息或确切的位置信息即可实施控制。因此，不需要大容量通信通道、地面人员或 GPS 跟踪，公交车可以自己独立完成控制。

本小节探讨更一般的控制法则，这些法则仍允许公交车自己完成控制[①]。这个方法将公交车前方的车头时距 $h_{n,s}$ 及（如果有使用时刻表）$\varepsilon_{n,s}$ 作为问题的输入；即这个控制法则

---

① 本小节和本章其余部分重点介绍简单的控制方法，这些方法易于扩展，需要的信息很少，并且在随机干扰存在的情况下仍可使用。也有大量的学术文献使用滚动优化方法选择滞留的时间。尽管这很有趣，但是这种方法需要对难以预测的事情（例如未来需求和司机行为）进行确定的预测。随着系统规模的增大，该方法的复杂度迅速增加。因此，这种方法不在本书研究的范围之内。

可表达为 $D_{n,s} = D_{n,s}(h_{n,s}, \varepsilon_{n,s})$。公交车可以自己完成控制，因为该停留时间的平均值为 $\beta_s h_{n,s}$，而安装在公交车上的计算机可以根据观察到的 s 处公交车的停留时间估计 $h_{n,s}$。在实践中，为了提高此估算方法的效率，可以使用在先前几个车站花费的平均时间，甚至可以更简单地使用这些车站之间经过的出行时间估计 $h_{n,s}$。

本小节仅考虑（截断的）线性控制法则，即形式为 $D_{n,s} \equiv [k_{0,s} + k_{1,s} h_{n,s} + k_{2,s} \varepsilon_{n,s}]^+$，因为可以用类似于已经描述过的方法研究它们的稳定性，仅当系数 $k_{1,s}$ 为负时，该控制法则对小扰动才是稳定的。这并不奇怪，因为当一辆公交车前向的车头时距偏小时应该延误它。只是该参数取负还意味着当某些异常情况（例如公交车故障、恶劣天气或异常交通）使某些公交车前向的车头时距增加了很多时，可能导致 $D_{n,s}=0$ 时，该控制法则就不起作用了。此时，如时刻表控制下所发生的那样，受影响的公交车不受控制地运行，并且随着车头时距的增加而出现从稳定区域脱离的问题。

以下小节研究了未使用时刻表的情况。这适用于高发车频率的公交线路，因为这样乘客就无须使用时刻表。取消时刻表对于公交机构也是有利的，因为①不必设计时刻表；②当情况突然改变时，公交车可以继续运行而无须调整时刻表；③不必守时（仅依赖车头时距）；④公交车可以更加灵活地加入和退出服务。

10.5.1.1 基于频率发车的系统

在此，执行以下操作：提出控制法则，推导其动力学方程，分析其稳定性，微调和评估算法的性能，并讨论一些实际应用的问题。

1. 控制法则

因为未使用时刻表，所以本小节将研究一个基于车头时距的控制法则。假定它有以下形式。

$$D_{n,s} \equiv [k_{0,s} + k_{1,s} h_{n,s}]^+ \tag{10.32}$$

其中，$k_{0,s}$ 和 $k_{1,s}$ 是可以自由选择的参数。文献 Daganzo（2009）提出了这种策略并给出了更多细节。本节建议 $k_{0,s}$ 和 $k_{1,s}$ 的合理值，并研究该法则的效果。

在具有许多车站的非闭环线路上对该控制法则进行估算。在上游端（第 0 站）以固定的时间间隔 H 发出公交车。目标是在下游站尽可能保持平稳的车头时距。尽管未使用时刻表，但为了分析，需要定义像式（10.18）那样的"虚拟"时刻表，但该时刻表不会被公布或在控制法则中使用，只是作为分析中的参考。

回顾 10.3 节，由于式（10.21）中的增益系数（$\varepsilon_{n,s}$ 的系数）大于 1，未加控制的公交车运行是不稳定的。这表明控制法则的目标应该定为消减增益系数中的常数 β_s，使增益系数降至 1 以下。

通过反向工作可以发现，下述的这个控制规则可以将增益系数从 $(1+\beta_s)$ 更改为 $(0,1)$ 中的任何理想值：

$$D_{n,s} = \left[d_s - (\beta_s + \alpha)(h_{n,s} - H) \right]^+, \text{ 其中 } d_s > 0 \text{ 且 } \alpha \in (0,1) \tag{10.33}$$

这对应于具有控制参数的式（10.32）：

$$k_{0,s} = d_s + (\beta_s + \alpha)H, \text{ 其中 } d_s > 0 \text{ 且 } \alpha \in (0,1) \tag{10.34a}$$

和 $\qquad k_{1,s} = -(\beta_s + \alpha)$,其中 $d_s > 0$ 且 $\alpha \in (0,1)$ (10.34b)

只要满足上述的约束条件,就可以随意选择出现在表达式中的常数 d_s 和 α。由于它们决定了控制法则的效果,所以称为"调整变量"。对于式(10.34),注意,实施此控制法则所需的先验数据仅包括 β_s 的值,是可以通过实验测量得到的。理想的车头时距 H 是被给定的。图 10.10 显示了控制法则如何影响公交车的行驶时间。细的上升线是没有控制情况下预期的行驶时间,粗虚线是在有控制的情况下的行驶时间;两条线之间的垂直间距是动态的滞留时间;注意,它随着车头时距的增大而线性减小,直至达到截断点变为 0。对于较大的车头时距,没有滞留时间。

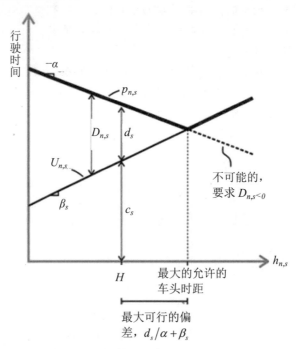

图 10.10 在向前看的战略下的控制法则

2. 动力学方程

验证该控制规则的线性部分是否会按期望降低增益系数。假设 d_s 足够大,以致式(10.33)几乎始终处于线性部分。假设没有截断,以线性形式研究系统的动力学方程。

在随后的内容(包括 10.6 节)中,假设从站 s 到站 $s+1$ 的公交车 n 的出行时间是滞留时间 $D_{n,s}$ 和未加控制的出行时间 $u_{n,s}$(由式(10.19)使用 s 处车头时距得到)的和,如图 10.10 所示。换句话说,假定该路段中的滞留时间不会影响该路段中不受控制影响的行驶时间。显然,要做到这一点,公交车的滞留时间必须发生在这部分路段的下游端。否则,这个路段车站的车头时距会改变,行驶时间也会改变①。

综上所述,只需在未加控制系统的动力学方程的基础上加入 $D_{n,s}$ 即可得到需要控制法

---

① 10.6 节讨论了其他的可能性及结果。

则下的动力学方程。注意，未加控制系统的动力学方程可以通过改写式（10.19）的第二和第三项得到其关于车头时距的表达式；即有：

$$a_{n,s+1} = a_{n,s} + c_s + \beta_s(h_{n,s} - H) + \gamma_{n,s} \quad （未加控制） \tag{10.35a}$$

因此，控制法则下的动力学方程为：

$$\begin{aligned}a_{n,s+1} &= a_{n,s} + c_s + \beta_s(h_{n,s} - H) + \gamma_{n,s} + D_{n,s}\\ &= a_{n,s} + c_s + \beta_s(h_{n,s} - H) + \left[d_s - (\beta_s + \alpha)(h_{n,s} - H)\right]^+ + \gamma_{n,s} \quad （控制）\end{aligned} \tag{10.35b}$$

忽略截断操作后，β 项会抵消，可得到受控系统的线性化方程。

$$a_{n,s+1} = a_{n,s} + c_s + d_s - \alpha(h_{n,s} - H) + \gamma_{n,s}, \quad n,s = 0,1,2,\cdots \tag{10.36}$$

通过用与时刻表的偏差表示上式，用 $(\varepsilon_{n,s} - \varepsilon_{n-1,s})$ 替换 $(h_{n,s} - H)$，结果是：

$$a_{n,s+1} = a_{n,s} + c_s + d_s - \alpha(\varepsilon_{n,s} - \varepsilon_{n-1,s}) + \gamma_{n,s}, \quad n,s = 0,1,2,\cdots \tag{10.37}$$

最后，根据式（10.23），虚拟的时刻表满足 $t_{n,s+1} = t_{n,s} + c_s + d_s$，可以用上面的公式减去这个等式得到要寻找的方程：

$$\varepsilon_{n,s+1} = (1-\alpha)\varepsilon_{n,s} + \alpha\varepsilon_{n-1,s} + \gamma_{n,s}, \quad 对\alpha\in(0,1) 和 n,s=0,1,2,\cdots \tag{10.38}$$

增益系数从 $(1+\beta_s)$ 变为可以取 $(0, 1)$ 中任何值的表达式 $(1-\alpha)$。

3．稳定性分析

接下来，进行稳定性分析。如果可以证明由式（10.38）给出的与时刻表的偏差有 0 均值和有界方差，那么车头时距也将有 0 均值和有界方差，分析就完成了。不过，可以证明（见 Daganzo，2009）时刻表偏差的方差无界。因此，还必须要单独分析车头时距。

通过仿真和量纲分析，而无须复杂的数学方式完成近似的分析，Daganzo（2009）给出了更严格的分析。假设噪声扰动项是高斯分布和独立同分布的。如式（10.28）之前的讨论，使用 σ^2 表示相邻车站之间相互独立的出行时间扰动（即噪声）的已知方差，m 是两个相邻控制点之间的车站数。因此，式(10.38)中噪声扰动项的标准差为 $\sigma(m) \approx \sigma\sqrt{m}$。从式(10.38)要得出的 $E[h_{n,s}]$ 和 $Var[h_{n,s}]$（其中 $h_{n,s} \equiv \varepsilon_{n,s} - \varepsilon_{n-1,s}$），就仅由两个参数（以时间为单位的 $\sigma(m)$ 和无量纲的 α）决定了。由于未知量分别具有[时间]和[时间^2]的单位，受 Buckingham π 定理（在第 2 章讨论过）的启发，均值和方差公式必须有以下形式：$E[h_{n,s}] = \sigma(m)g_{n,s}(\alpha)$ 和 $Var[h_{n,s}] = \sigma^2(m)f_{n,s}(\alpha)$。因此，可以通过对式（10.38）重复使用仿真（对任意固定 α 值，取 $\sigma(m)=1$）对所有 n 和 s 估算 $g_{n,s}(\alpha)$ 和 $f_{n,s}(\alpha)$。对应每个 (n, s)，仿真观察到的的车头时距的样本均值和样本方差可作为相应的 $E[h_{n,s}]$ 和 $Var[h_{n,s}]$ 的估计。对不同的 α 重复这样的操作，可以获得 $g_{n,s}(\alpha)$ 和 $f_{n,s}(\alpha)$ 的估计。对于较大的 n 和 s，仿真数值结果很符合表达式 $g_{n,s}(\alpha) = 0$ 和 $f_{n,s}(\alpha) \approx 1/[\alpha(1-\alpha)]$；即，如 Daganzo（2009）所发现的，$E[h_{n,s}] = 0$ 且：

$$Var(h_{n,s}) \approx \frac{\sigma^2(m)}{\alpha(1-\alpha)}, \quad 对于 \alpha \in (0,1)，当 n,s \to \infty 时 \tag{10.39}$$

4．微调和评估

如何选择两个微调变量 d_s 和 α 的取值呢？从图 10.10 中可发现，为了确保控制有效

（无截断）从而保证良好的性能，相对于时刻表可以允许的最大偏差应该为 $\dfrac{d_s}{\alpha+\beta_s}$。因为由式（10.39）得出车头时距标准差 σ_H 为 $\sigma(m)/\sqrt{\alpha(1-\alpha)}$，建议选择 d_s 和 α 值使不等式 $\dfrac{d_s}{\alpha+\beta_s} \geq 3\sigma_H = 3\sigma(m)/\sqrt{\alpha(1-\alpha)}$ 对所有 s 都成立。这确保了系统大部分时间都将保持在受控状态。因为 d_s 是每个控制路段乘客所经历的期望车内延误，所以希望它尽可能小，即 $d_s = \dfrac{(\alpha+\beta_s)3\sigma(m)}{\sqrt{\alpha(1-\alpha)}}$。这是合理的，因为 d_s 不影响车头时距方差，也不影响车外延误。

但参数 α 对两种类型的延误都有影响。对于很长的线路，控制点处的车头时距方差接近式（10.39），因此，使用式（10.2），可以大致估算出所有站点的平均等待时间：$\dfrac{H}{2}\left[1+\dfrac{\sigma^2(m)}{\sqrt{\alpha(1-\alpha)H^2}}\right]$，由于不可靠性而造成的额外等待是 $\dfrac{H}{2}\left[\dfrac{\sigma^2(m)}{\alpha(1-\alpha)H^2}\right] = m\sigma^2/(2\alpha(1-\alpha)H)$。此外，如果乘客平均出行 r 个车站或大约经过 r/m 个控制点，则平均乘车延误将约为 $\left(\dfrac{r}{m}\right)\left(\dfrac{(\alpha+\bar{\beta})3\sigma(m)}{\sqrt{\alpha(1-\alpha)}}\right) = \left(\dfrac{r}{\sqrt{m}}\right)\left(\dfrac{(\alpha+\bar{\beta})3\sigma}{\sqrt{\alpha(1-\alpha)}}\right)$，其中 $\bar{\beta}$ 是整个路线上 β_s 的平均值。这两个表达式的总和是乘客必须承受的额外延误总时间。下面应该选择 α 和 m 的值并将其最小化，还需满足 $0<\alpha<1$ 及 10.4.2 节中引入的 m 约束：$1 \leq m \leq \min\left\{\dfrac{H^2}{16\sigma^2}, \dfrac{0.25}{\bar{\beta}}\right\}$。数值算例表明该方法具有一定的应用前景。参见作业题 10.5。

5. 实际考虑

在将注意力转向其他控制方法之前，应该讨论两个实际问题：减少在各控制点滞留时间的不同，以及如何在给定公交车数量的情况下将它应用于闭环线路（即 H 是内生的）。

在此分析一下各个控制点的滞留时间的可变性。式（10.33）表明，即使公交车 n 的车头时距保持固定，该可变性可能也相当大。发生这种情况的原因是，d_s 和 β_s 在各个控制点都不同。如果从一个控制点到下一个控制点的滞留时间有很大变化，则司机可能会被要求在某些点而不是其他点停留，有时会交替出现。这可能会让司机混淆并令乘客烦恼，尤其是在控制点间距很近的情况下。因此可以将控制法则中的常数 d_s 和 β_s 替换为线路范围内的平均值，记为 d 和 β，并使用以下式子代替式（10.34）。

$$k_0 = d + (\beta+\alpha)H，其中 d>0 且 \alpha\in(0,1) \qquad (10.40a)$$

和

$$k_1 = -(\beta+\alpha)，其中 d>0 且 \alpha\in(0,1) \qquad (10.40b)$$

这个简化也减少了需要微调的变量数及控制法则所需的数据。这使公交操作员可以根据实地的运行表现对控制法则进行微调。这种类型的微调是非常需要的，不仅是因为对 β 的估计可能会包含错误，而且也可能因为无法保证所有司机都能按建议保持准确的速度，所以对任何可能的偏见的补偿都是明智的。为此，建议为需要微调的变量选择初始值（使用合理的 H 暂定值），然后在使用该控制法则一段时间后，在实际环境中花几周的时间对它们的值进行实验性微调，并检验系统表现是否得到提高。

闭环线路也需要特别提一下，因为系统使用固定数量 M 的公交车初始化系统，而不是使用初始车头时距 H，所以车头时距是内生的。因此，为确定式（10.40a）中 k_0 的初始值，建议先假设系统未受控但是是稳定的，使用在给定 M 和一个任选的 d 时可以预期的平均车头时距作为 H。见作业题 10.6。在这种情况下，微调更为重要，因为尚未对闭环上控制法则的表现进行系统的研究。[①]

10.5.1.2 有时刻表的系统

本小节研究使用公开时刻表（如式（10.18））的系统，可假定有长的车头时距。该时刻表假定已被给出并且包含一些松弛。控制的主要目标是让公交车遵守时刻表。

预期在下面即将提出的控制法则下，与时刻表的偏差很小而且其期望值为 0。这样，这些偏差可正可负，并且常常是负的。由于后者是不理想的（公交车提前发车使时刻表失去存在的意义），建议使用隐式的时刻表进行控制，该时刻表相对于公布的时刻表在时间上有所推迟。推迟的量取偏差的大约两个标准差就应能消除偏差取负的可能。由于本小节涉及控制，在此只使用隐藏的时刻表。因此本小节的后文中，将省略"隐藏"两字。

鉴于，有一个（隐藏的）时刻表，控制法则可能比式（10.32）更一般化。可使用以下形式。

$$D_{n,s} \equiv [k_{0,s} + k_{1,s}h_{n,s} + k_{2,s}\varepsilon_{n,s}]^+ \tag{10.41}$$

它使用三个控制参数，而一个动态项基于车头时距，另一个动态项基于延误。这两个动态变量仍然允许公交车能自己完成运行。下面将要说明的控制法则由 Xuan 等（2011）提出并加以分析。为了使用之前的概念对其进行快速分析。首先，介绍一些简单的条件以保证式（10.41）稳定，以及在这些条件下出现的性能公式。然后，把控制法则表达为式（10.41）满足这些条件的特例；接下来展示如何选择待调整变量的值；最后，是如何将控制法则推广到具有多个相互影响的线路的系统。

1. 稳定性和性能公式的充分条件

和以前一样，目标是选择控制参数的值，以将动力学方程的线性化版本简化为合适的形式。由于还有另一个控制参数，因此，要争取写出比式（10.38）更简单的形式，其中不包括和前方公交车交互影响的项；即：

$$\varepsilon_{n,s+1} = \varepsilon_{n,s}\alpha_0 + \gamma_{n,s}, \quad 其中 \alpha_0 \in [0,1] \quad 对于 n,s = 0,1,2,\cdots \tag{10.42}$$

通过去除涉及 $\varepsilon_{n-1,s}$ 的交互项，式（10.42）完全消除了前一辆公交车的影响。因此，只要偏差保持很小，受控公交车就可以独立于其余公交车运行，即没有任何串车的趋势。

还要注意，式（10.42）的形式为带着增益 $\phi = \alpha_0$ 的式（10.15）。因此，系统在统计上是稳定的，并且与时刻表的偏离的矩由式（10.17b）给出。在 $s = \infty$ 的极限下，矩是：

$$E[\varepsilon_{n,\infty}] = 0 \tag{10.43a}$$

[①] 开放和封闭线路之间的表现差异应随着车站和公交车的数量趋于无穷大而消失。因此，微调步骤对于公交车较少的系统最为重要。

和
$$Var[\varepsilon_{n,\infty}] = \frac{\sigma^2}{(1-\alpha_0^2)}, \quad \text{其中} \alpha_0 \in [0,1) \tag{10.43b}$$

回想一下，这个方差是任意 s 处方差的上界。

车头时距的标准差也很重要，因为它可用于定义时刻表中车头时距 H 的下界，以确保公交车很少出现串车。要评估此标准差，请记住 $Var[h_{n,s}] \equiv Var[\varepsilon_{n,s} - \varepsilon_{n-1,s} + H]$。而且由于公交车是在控制下独立运行的，所以此表达式中出现的两个延误是独立的。从而，$Var[h_{n,s}] = Var[\varepsilon_{n,s}] + Var[\varepsilon_{n-1,s}] = 2Var[\varepsilon_{n,s}]$。显然，在极限条件下，有：

$$Var[h_{n,\infty}] = \frac{2\sigma^2}{1-\alpha_0^2} \tag{10.44}$$

最后，从式（10.43b）和式（10.44）中可知 α_0 越小越好。但如果 α_0 太小，公交车更有可能进入控制法则的截断部分（滞留时间为 0），使式（10.44）不再适用，而公交车脱离稳定平衡的可能性很大。

2．控制法则

为了探索这些思路，在此要研究所得到的控制法则的式（10.42）。与前面小节的推导相似，该法则可写为：

$$D_{n,s} \equiv [d_s - \beta_s(h_{n,s} - H) + (\alpha_0 - 1)\varepsilon_{n,s}]^+, \quad \text{其中} \alpha_0 \in [0,1) \text{ 对于 } n, s = 0,1,2,\cdots \tag{10.45}$$

这对应有如下控制参数的式（10.41）：

$$k_{0,s} = d_s + \beta_s H; \quad k_{1,s} = -\beta_s; \quad \text{以及} \quad k_{2,s} = \alpha_0 - 1 \tag{10.46}$$

注意，前两个参数是固定的，第三个参数可以通过 α_0 进行调整。

为了使控制法则能够按照设计运行，并服从式（10.43）和式（10.44），规划的时刻表中的松弛 d_s 应足够大，以使式（10.45）很少被截断，即，通常应该满足 $[d_s \geqslant \beta_s(h_{n,s} - H) - (\alpha_0-1)\varepsilon_{n,s}]$。因为该不等式的右边具有 0 均值，如果记 σ_D 为右边项的标准差，当 $d_s \geqslant 3\sigma_D$ 时该不等式关系将得到满足。

为了使用此条件，用已知常数表达 σ_D。用与时刻表的偏差将右侧改写为 $\beta_s(\varepsilon_{n,s} - \varepsilon_{n-1,s}) - (\alpha_0-1)\varepsilon_{n,s}$。记住 $\varepsilon_{n,s}$ 和 $\varepsilon_{n-1,s}$ 是独立的，应用式（10.43b）可发现：

$$\sigma_D \geqslant \sigma\sqrt{\frac{(1+\beta_s-\alpha_0)^2 + \beta_s^2}{1-\alpha_0^2}} \tag{10.47}$$

因此，时刻表上的松弛应满足：

$$d_s \geqslant 3\sigma_D = 3\sigma\sqrt{\frac{(1+\beta_s-\alpha_0)^2 + \beta_s^2}{1-\alpha_0^2}} \tag{10.48}$$

综上，式（10.45）和式（10.48）中的条件可确保控制法则式（10.45）保持在线性状态部分，因此式（10.43）和式（10.44）是适用的。

3．微调和评估

对于 $\alpha_0=0$（使可靠性最大化的值），因为 β_s 通常比 1 小得多，式（10.48）中不等式的右侧为 $3\sigma_D \approx 3\sigma$。尽管典型的时刻表不包括这么多松弛，但式（10.48）通常可以通过增加

α_0 得到满足（而不必更改松弛量）。这对于较小的 β_s 特别有效。例如，如果 β_s=0.03，则式（10.48）右侧的值几乎是从 α_0=0 处的 3.1σ 线性减小到 α_0=0.95 处的最小值 0.82σ；如果 β_s=0.1，则右侧也从 α_0=0 处的 3.3σ 逐渐下降到 α_0=0.86 处的最小值 1.5σ。因此，如果提供的松弛量超出这些最小右侧值，则应该存在一个与式（10.48）一致的 α_0 的取值范围。当然，应该选择其中最小的一个，因为这将使式（10.43b）和式（10.44）最小；即使可靠性最大化。只是如果可用的松弛量小于这些最小的右侧值的话，就没有可行的 α_0 存在。这时，该控制策略无法按预期工作，并且脱离稳定平衡的问题将持续存在。

在实践中选择 α_0 时，应该认识到司机可能不会严格遵循指令，这会增加噪声扰动，并且其遵循指令的水平可能会受到高度波动的滞留时间带来的负面影响。因此，出现在式（10.48）中的参数 σ 应该包含司机错误。由于司机错误很难预测，建议使用真实观测，在几周的时间里微调 α_0 的值。10.7 节讨论在试点研究中如何处理这种情况。

控制法则式（10.45）在文献（Xuan 等，2011）中称为"简单控制"，并证明是相当有效的。该参考文献不仅研究了 α_0 的选择，还研究了规划层面上松弛量的选择。它采用由标准延误方差（即一个上界）$\widetilde{\sigma_\varepsilon^2}$ 量化的理想可靠性水平作为输入，寻找能达到标准的最小松弛量。该参考文献寻找以下问题的解：

$$\min_{\alpha_0}\left\{d=3\sigma\sqrt{\frac{(1+\beta-\alpha_0)^2+\beta^2}{1-\alpha_0^2}}:\frac{\sigma^2}{(1-\alpha_0^2)}\leqslant\widetilde{\sigma_\varepsilon^2}\right\} \quad (10.49)$$

其中，下标 s 已被省略，这是因为在实际应用中，会使用平均需求率。对于 $\beta\leqslant 0.1$ 和中等标准 $\widetilde{\sigma_\varepsilon^2}\leqslant 2\sigma_\varepsilon^2$ 的匀质问题，这个问题的解揭示了在所有情况下，松弛量都能降低到 d=1.7σ 以下（有时会大大低于这个值）。这与时刻表控制（α_0=0 的情况）下的松弛量大体相当；时刻表控制下得到 $d\geqslant 3\sigma$。

该参考文献还使用了包含等待和乘车时间的广义成本框架，用于评估简单控制可以提供的最优服务水平。研究发现，在时刻表偏差保持较小的情况下，更复杂的算法也无法比简单控制有显著的改善。

4. 多条线路的一般化情况

简单控制策略仅适用于单线路，但它可以被一般化。控制法则的式（10.41）有两个动态项：消除前方公交车影响的 $k_{1,s}h_{n,s}$ 项，以及补偿延误的 $k_{2,s}\varepsilon_{n,s}$ 项。这是可行的，因为消除项消除了其他公交车的影响，使得受控公交车的偏差可以得到相对独立的处理。Argote 等（2015）展示了这种消除和补偿的想法如何能被扩展到有共同站点的多个线路。注意，因为这种情况下，一些乘客可能愿意乘坐多条线路中任意一条的公交车，因此公交车可能会受到其他线路公交车的影响，公交车的停站时间不仅取决于该公交路线的车头时距，而是取决于可能与之交换乘客的其他线路公交车的时距。为了捕获这种效果，Argote 等（2015）建议将式（10.41）的消除项修改为 $\boldsymbol{k}_{1,s}\boldsymbol{h}_{n,s}$，其中，$\boldsymbol{h}_{n,s}$ 是相关线路公交车时距的列向量，$\boldsymbol{k}_{1,s}$ 是常数行向量。该参考文献讨论了如何选择相关的线路，以及如何估计常数。

简单控制的消除项还具有重要的附加好处。通过让公交车独立运行，它将有问题的公交车引起的错误限制在该公交车上，这样的特点能使系统具有一定的鲁棒性。另一方面，这个特点及到目前为止所有其他特点都假定了较小的扰动。如果较大的扰动带来较长的车头时距和较大的延误，则简单控制将返回 $D_{n,s}=0$（无控制），这将使脱离时刻表（稳定平衡）的问题继续存在。因此，应该寻求一种更鲁棒的控制形式。

下一节说明，如果控制法则还包括该公交车"向后的车头时距"，则可以在大扰动下实现稳定性。由于此信息无法通过公交车自身估计得到，因此需要与控制中心进行频繁的通信。所以，鲁棒的控制需要对远程通信设备进行投资，并（取决于远程通信的架构）可能需要对地面人员进行投资。

10.5.2 鲁棒控制[①]

这也许是公交系统运行中最紧迫的需求。今天，似乎没有任何系统的方法可用于恢复已经完全崩溃的公交系统（这种情况下时刻表不再有用）。恶劣的天气和交通拥堵经常使公交系统崩溃，但在时刻表存在较少松弛的情况下，需求突然激增、公交车故障，或是正常运作过程也可能会导致系统崩溃。因此，寻求具有鲁棒性的控制法则是当务之急。

由于时刻表并不总是有效，为了使运行更可靠，不应依据时刻表进行控制，而应关注车头时距。控制目标应该是规范车头时距，不管车头时距多么没有规律，也不管在一天的任何时候、任何地点运行的公交车是否发生变化。

能够依据车头时距行驶而不会脱离时刻表的控制对公交机构很有吸引力，不仅因为它提供的鲁棒性，还因为它提供了相当大的灵活性，它使该公交机构可以从线路任何地方而不是特定位置加入和移出公交车，这样就减少了跨线运营的公交车带来的无效的空驶千米数。该特性还使公交机构不必计划时刻表，这是因为随着需求的快速变化，时刻表可能会很快过时；而提供的鲁棒服务会自动适应需求。

不过，现实中，根据车头时距进行控制操作比较困难。调度员必须实时关注所有公交车，在没有时刻表指导的情况下决定要做什么，及时、连续地将决定告知司机。显然，通信越频繁、要求做出的调整越小，控制结果越好，但是这会给繁忙的调度员和司机带来巨大的负担。本书作者只知道一例在现有技术情况下尝试这种类型控制的实验，并且还无法让它正常发挥作用（美国加州阿拉米达县公交，AC Transit，2015）。我们不知道这种控制在有许多车站和公交车的公交线路上是否有过任何成功的实施[②]。我们需要的是一种控制算法，可产生供司机遵循的简单可行指令，以及远程通信架构，通过车载设备传送这些指令。该解决方案将避免仓促决策和调度员的经常干预。

据我们所知，尽管一个公交机构已成功在夏威夷（Honolulu）的瓦胡岛公交服务（Oahu transit services，OTS）中试点该系统（Via Analytics，2016），但目前尚无此类系统处于实际应用中。该测试使用了下面即将描述的控制算法。车载的智能平板电脑告诉司机在路线

[①] 本节中的叙述基于未发表和未引用的研究笔记（Daganzo，2017）。因此，有可能出错。但是，这些想法已被 Via Analytics 开发为 CAD/AVL 控制工具，该工具已在现场进行了测试。这个主题非常重要，即使它尚不完美，也应该被提出。

[②] 一些系统向司机显示他们相对于附近公交车的相对位置，然后将控制决策委托给司机。尽管这种方法可以减少通信流量，但系统是被动的，它们不告诉司机该做什么，也不让调度员知道司机在干什么，这会导致相反的效果。因此，这样的控制不能保证良好的效果，并且系统不能防止公交车脱离稳定平衡（时刻表）。

的站点可以滞留多长时间。在测试过程中，OTS 能够随意从测试线路中加入和移出公交车，而无须调度员进行任何后续跟踪。尽管有这些严重的干扰，系统依然达到了与使用时刻表相似的规律的车头时距。

虽然下面的数学推导是广义的，但暗示在每个车站都施加了控制。以下是在实践中应对每个车站施加控制的两个原因。首先，即将推导的滞留时间公式不包括在每次滞留时惩罚公交车效率的独立常数项。其次，频繁的滞留可以使控制法则以较小的调整及时补偿仍然较小的扰动，避免了对更强力的补救措施的需要。

我们的概述从控制法则开始，然后是稳定性分析，最后是对微调和评估方法的一些评论。

1. 控制法则

该算法的滞留时间表示的形式为：

$$D_{n,s} \equiv [k_{0,s} + k_{1,s}(h_{n,s} - H) + k_{2,s}(\eta_{n+1,s} - H)]^+ \tag{10.50}$$

其中，η_{n+1} 是当公交车 n 到达 s 时最新观测到的公交车 $n+1$（在 s 上游的某个站点）的车头时距；即公交车 n 最新观测到的"向后的车头时距"。虽然使用 h_{n+1} 代替式（10.50）中的 $\eta_{n+1,s}$ 在形式上更简单，但这实际上是不可能应用的，因为在计算上式时尚不知道 $h_{n+1,s}$[①]。

因为向后的车头时距信息有助于解决公交车脱离时刻表的问题，所以式（10.50）中包括了该信息。回想一下，公交车脱离时刻表的问题出现在车头时距过大导致公交车无法完成随后的乘客运载工作时。显然，要解决该问题，必须缩短车头时距，但由于跟驰公交车无法更快地行驶，因此只有在前面的公交车减速时才能实现。为了做到这一点，前面的公交车必须知道在它后方的情况。

由于控制法则的目的是提供鲁棒的控制，即无论扰动的大小是多少都要能减弱所有扰动，所以必须在不删除式（10.50）的截断操作的前提下评估该法则，因而需要充分认识其非线性特征。这很难做到，但有一线希望：由于可以在非线性区域内自由运行，因此在大多数情况下，不再需要约束 $D_{n,s}$ 大多数时间必须为正。结果，使用较小的 $k_{0,s}$，并可以从缩短的滞留时间中受益。

2. 稳定性分析

本部分内容研究大扰动情况下的稳定性，以及达到稳定时的参数值。公交车的车头时距越长，所需的滞留时间就越短（因此期望 $k_{1,s} < 0$）；相反，其向后车头时距越长，滞留时间就越长（因此 $k_{2,s} > 0$）。我们有充分的理由期待这些参数的选择可以避免脱离时刻表的发生。因为后一种类型的滞留时间没有上限，从理论上讲，可以尽量让某个较长车头时距的前车减速，以防止该车头时距进一步增长。确实，如作业题 10.8 所示，任何车站处的最长车头时距预计在下个时刻始终会减少。

$$k_{0,s} \geq 0 \text{ 和} -k_{1,s} = k_{2,s} \geq \beta_s > 0 \tag{10.51}$$

注意，在选择这些常数时，消除式（10.50）中的目标车头时距是非常理想的，因为该

[①] 另一方面，由于车头时距在公交系统中的变化是缓慢的，因此使用 h_{n+1} 而不是 $\eta_{n+1,s}$ 的简化版本应与式（10.50）的表现相似，所以分析该简化动力学方程也是有用的。

目标车头时距很难预测；[1]注意使用等式$-k_{1,s}=k_{2,s}$可以实现这个消除。因此，可使用能消除$k_{1,s}$的双参数法则：

$$D_{n,s} \equiv [k_{0,s} - k_{2,s}h_{n,s} + k_{2,s}\eta_{n+1,s}]^+, \text{其中} k_{0,s} \geq 0, \text{且} k_{2,s} \geq \beta_s > 0 \quad (10.52)$$

对一系列车头时距高度不均匀的场景进行的仿真试验证实了式（10.52）确实可以恢复运行秩序（Daganzo，2017；Anderson 和 Daganzo，2018）。

3. 微调和评估

还应注意，将独立常数设置得尽可能低是有利的，因为这样可以减少每次滞留的时间。因此，建议选择 $k_{0,s}=0$。OTS 试点的项目对所有控制点使用相同的参数：$k_{0,s}=0$ 和 $k_{2,s}=0.3>\beta_s\approx0.03$。

注意，控制法则的式（10.52）并未使用任何有关系统的信息：没有公交车的数量，没有时刻表，没有目标车头时距，没有线路的长度，没有任何其他信息。因此，即使在不可预测的情况发生时，仍可以继续使用这个规则，并且仍然可以达到预期的效果。唯一的要求是 $k_{2,s}$ 的绝对值应超过无量纲的需求参数，但这很容易确保和调整。下文说明，在所有情况下，将 $k_{0,s}=0$ 设置为 0 并将 $k_{2,s}$ 设置为 0.2 或 0.3 的效果很好。

Xuan 等（2011）测试了式（10.52）的线性化形式，使用了较大的 $k_{0,s}$ 值。它的表现几乎与使用时刻表的简单控制一样好，并且比基本的前向车头时距方法要好得多[2]。但是，此评估文献严重低估了鲁棒控制的真实价值，因为它没有针对 $k_{0,s}$ 取较小值的情况进行测试。

鲁棒控制可以使系统从干扰中很快恢复过来。参照 OTS 的 8 号线的需求和可变性，使用相似的线路条件（$\beta=0.03$ 和 $\sigma=0.25$min）对式（10.52）在 $k_{0,s}=0$ 和 $k_{2,s}=0.3$ 的情况进行了仿真（Daganzo，2017）。仿真追踪了一个规模为 100 辆公交车的车队，它们随机地从起始站（第 0 站）发车，平均时距 $H=5$ min。该线路包括 1000 个车站，目的是探索运营时间非常长的情况下会发生什么。

结果表明，即使最初的车头时距很乱，但在经过几次滞留后，运行的秩序先是迅速有了显著地改善，然后再缓慢地进一步改善。例如，当最初的车头时距具有较大的标准差（4 min），并且将近 20%的公交车成对发车时，控制下的系统仍不会出现脱离时刻表的问题。相反，在多次重复仿真之后，鲁棒控制在站点 1 总是能消除几乎所有的串车，并将时距标准差减小至 3 min（缩少的比率为 1.3）；在车站 10，控制系统无一例外地消除了所有的串车，并进一步将时距标准差减少到平均 2.0 min（缩少的比率为 2.0）。时距标准差继续减小，尽管减小的程度逐渐变得平缓，它在车站 40 处的标准差平均约为 1.5 min（缩少的比率为 2.7），在数百个车站之后标准差平均约为 0.7 min（缩少的比率为 5.7），接近稳态。当 H 和 σ 取其他值时也发现了相似的缩小比率。

---

[1] 对于闭环线路，车头时距不仅是内生的，而且容易受到不确定的交通拥堵和需求状况的影响。此外，随着公交车从任何类型的路线中加入和移出，理想的车头时距都会改变。必须重新计算理想的车头时距，这会带来额外的麻烦，并有可能出错。

[2] 这里需要对相关研究的历史给出注释。尽管本节中的思想是基于 Daganzo（2017）的，但还有更早的相关著作。Daganzo 和 Pilachowsky（2011）提出了一种基于空间的双向控制规则，该规则与（10.52）非常相似，它在控制公式中使用了空间距离而不是车头时距。该参考资料显示，与前向控制相比，该双向规则允许公交车行驶得更快，而车头时距更加有规律。Bartholdi 和 Eisenstein（2012）提出了与式（10.50）类似的规则，其中 $k_{1,s}=0$，并证明它解决了低出行需求下的脱离时刻表问题，但是该规则大大降低了公交车的平均速度。参见 Xuan 等（2011）。

同样重要的是，稳态下的运行统计数据是相当不错的。表 10.1 的第 2 列至第 4 列对此进行了展示，这些列是基于第 1 列所示 k_2 的值得到的[①]。当 k_2 的值较大至接近 1 和较小至接近 β 时，控制效果会下降。作为比较，最后三列显示了前向车头时距控制的相应运行统计数据，这些信息是通过将 10.5.1.1 节的公式应用于同一线路而获得的。

表 10.1 鲁棒控制与前向车头时距控制的仿真效果（Daganzo, 2017）

鲁棒控制（10.52）				前向车头时距控制（10.34）		
k_2	σ_H/σ	平均滞留时间$/\sigma$	最大滞留时间$/\sigma$	σ_H/σ	平均滞留时间$/\sigma$（即 d/σ）	最大滞留时间$/\sigma$
0.2	2.9	0.5	4.2	2.5	1.7	—
0.3	2.7	0.8	7.1			

注意，鲁棒控制可使车头时距达到大致相当的规律性，但同时将公交车的延误减少到 1/2 至 1/3。加快公交车速非常重要。例如，对于基本策略，如果每站的 $\sigma=15$ s，则 40 个站点（合理的线路长度）内的总滞留时间为 17 min，而对于鲁棒控制，则总滞留时间仅为 5 min 到 8 min。另外，鲁棒控制可防止脱离时刻表问题。

公平地说，表 10.1 中的结果是偏乐观的，因为它们没有考虑现实世界中的许多困难，例如，随时间变化的需求、司机的错误、测量误差和通信故障。但是在仿真试验中观察到的大幅度改进强烈暗示，使用智能算法和先进的远程通信技术具有很大的潜力。因此，如果公交机构拥有这些工具，那么任何基于车头时距运行的线路都应该始终加以某种形式的鲁棒控制。按时刻表运行的线路应使用"简单控制"，但应对其状态进行密切监视，以便当简单控制失效（或将要失效）时，可以迅速切换控制方法，放弃基于时刻表的控制，并在后续时间内使用预先确定的（不会失效的）鲁棒控制规则。

10.6 实际考虑

本节描述如何估算本章中控制策略所需的输入数据，以及如何修改以提高有效性。

在此需要输入正确的数据设置控制法则的 k 参数。从式（10.34）、式（10.46）和式（10.50）中可以看到，需要估算无量纲需求参数 β_s；并且在简单控制式（10.46）的情况下，时刻表中还要包含松弛时间 d_s 的估算。[②] 好在通过直接观察公交车运行可以非常准确地估计这些参数。

首先要考虑的是 β_s。对于每个车站 s，通过查看可以观测到各个公交车到达时的车头时距 $\{h_{n,s}; n=1,2,3\cdots\}$ 如何影响公交车穿过一个以车站为中心的路段的时间 $\{\tau_{n,s}; n=1,2,3\cdots\}$ 估算此参数，为了不错过停站造成的任何延误，这个路段应该足够长（如 100 m），以容纳

---

① 这些统计数据代表了稳定状态时的操作。因此，它们不会捕获较大的干扰（例如在不方便的位置加入和移出公交车）的影响。当车头时距受到干扰时，系统返回到稳定状态的过程中的运行性能会下降，而该过程可能需要一段时间才会完成。

② 注意，如果线路是使用固定数量的公交车运行的闭环，则出现在式（10.34a）中的平衡的车头时距 H 是内生的。然后应进行附加计算以对其进行估计。不需要很高的精度，因为 H 不会影响 $k_{1,s}$，从式（10.34a）中可以看到，只通过不等式 $k_{0,s}>(\beta_s+\alpha)H$ 对 $k_{0,s}$ 有所约束。

到达和离开车站时公交车的减速和加速轨迹，但也不能太长，以致车站附近的交通拥堵带来明显不必要的噪声干扰。回想一下，β_s 代表的是，在给定 $h_{n,s}$ 值的情况下，$\tau_{n,s}$ 的均值随 $h_{n,s}$ 的增加而增加的梯度。在这种关系近似线性的范围内（如模型假设的那样），可以将 β_s 作为对数据集 $\{(\tau_{n,s}, h_{n,s}); n = 1, 2, 3\cdots\}$ 做线性回归的斜率 $\widehat{\beta}_s$。注意，如果车载设备足够灵敏，就像前面提到的 OTS 试点测试的情况一样，那么车载设备就可以自动收集这些数据。因此，任何初始估计（应该持续一两个星期，以获取一天中和一周中不同时间参数值的准确估计）可以并且应该持续不断地自动更新。

现在考虑松弛时间，它可以使用以下定义进行估算：$d_s \equiv p_s - c_s$。计划的出行时间 p_s 由时刻表的式（10.18）给出，而最快可能的出行时间 c_s 可以根据观测到的公交车到达时刻按下述基于式（10.19）的方法进行估算。因为不能保证司机在控制模式下会以最快的速度驾驶（例如，被反复要求在车站滞留时），建议在系统尚未处于控制模式时收集这些观测值。要推导出估算的变量，使用式（10.19）的第一个和第三个式子求解 c_s，并写出：$c_s = u_{n,s} - \beta_s(h_{n,s} - H) - \gamma_{n,s}$。注意，除 $\gamma_{n,s}$ 外，此等式右边的每个变量和常量要么是可以通过观测得到的，要么是已知的。不过可以消除该噪声扰动项。原因是要使上述等式对 n 辆公交车中的每一个均成立，那么它对这 n 辆公交车的平均也必须成立，而后者不包括 $\gamma_{n,s}$；即以下式子是成立的：$c_s \approx \bar{u}_s - \beta_s(\bar{h}_s - H) \approx \bar{u}_s - \widehat{\beta}_s(\bar{h}_s - H)$。因此，对松弛时间的估计是：$\widehat{d}_s \approx p_s - \bar{u}_s + \widehat{\beta}_s(\bar{h}_s - H)$。

接下来，研究如何通过选择公交车滞留的位置增强控制。有三种可能性，公交车可在以下三个点滞留：① 在到达 $s+1$ 之前的最后一个车站载上所有乘客之后；② 从该车站前往 $s+1$ 的途中；或③ 在 $s+1$ 站即将装载乘客之前。这些选择各有利弊。

方法①很方便实施。乘客上车后让公交车滞留。为了使车上的乘客放松，司机可以保持车门开着，以避免给出即将离开的假象。另一方面，公交车在滞留期间占用了车站，这增加了干扰其他线路公交车的机会。该方法的效果应该接近动力学方程的预测。

方法②减少了干扰的机会，不让乘客轻易感觉到公交车有滞留。在这种情况下，动力学方程也是准确的。但是，该方法的实施更为复杂。它要求有低延误且敏感的车载设备，以便不断通知司机是否应该更慢地行驶。而且它需要更多的司机培训。该方法可以与①一起使用。例如，将巡航时的极限滞留时间设置为 10 或 15 s；如果需要滞留更长时间，就在车站完成剩余的滞留。在上述的试点研究中使用了类似的混合方法（Argote-Cabanero 等，2015）。

方法③也会像预期那样工作。尽管该方法可能会给乘客带来不便（除非控制点不位于车站），但它的吸引力来自它将滞留操作推迟到最后一刻，所以控制算法也可以将 $D_{n,s}$ 的计算推迟，并因此有机会测量噪声扰动。这为完全消除噪声扰动和提高控制的可靠性提供了可能。

关于消除噪声扰动的控制[①]如下。

为了清楚说明这一思路，需要假设一种能准确测量噪声扰动的极端情况。即当计算和

---

① 读者可以跳过此小节，而不会失去学习的连续性。

实施滞留时间时，已知 $\gamma_{n,s}$。因此，可以在 $D_{n,s}$ 的公式中引入噪声扰动。为此，将最初的控制法则记为 $D_{n,s}=[L_{n,s}]^+$，其中 L_n 是公式尚未取截断的部分，并且消除噪声扰动的法则为：$D_{n,s}=[L_{n,s}-\gamma_{n,s}]^+$。读者可以验证，此修改从线性化后的动力学方程（如式（10.38）和式（10.42））中完全消除了扰动项。这很有用，因为如果没有噪声扰动（$\sigma=0$），系统将变得完全可靠。

实际上完全消除噪声扰动是不可能的，因为任何扰动测量都肯定包含一些误差，例如来自人为的缺陷。但是，任何此类误差的标准差都应小于 σ，意味着更高的可靠性。记住，所有可靠性指标的标准差都与 σ 成正比。

尽管完全消除扰动的想法尚未得到实践，但它值得考虑。当即将应用控制时，在滞留时间公式 $D_{n,s}=[L_{n,s}-\gamma_{n,s}]^+$ 中，出现的扰动应该在公交车即将到达 $s+1$（即应用控制法则）之前立即进行估算。这可以通过求解系统动力学方程中的 $\gamma_{n,s}$ 项实现。例如，在式（10.35b）的情况下，$\gamma_{n,s}$ 的估算变量为：

$$\widehat{\gamma_{n,s}} = \widehat{a_{n,s+1}} - a_{n,s} - \widehat{c_s} - \widehat{\beta_s}(h_{n,s}-H) - \left[\widehat{d_s} - (\widehat{\beta_s}+\alpha)(h_{n,s}-H)\right]^+ \quad (10.53)$$

之所以可以这样进行估算，是因为在估算时，$\widehat{a_{n,s+1}}$ 的值是准确已知的，并且该方程（或其他控制方法的等效方程）右边的其他每一项也近似已知。注意，设计参数 H 和 α 已知；常数 $\widehat{c_s}$、$\widehat{d_s}$ 和 $\widehat{\beta_s}$ 已经被估算出来；动态变量 $h_{n,s}$ 和 $a_{n,s}$ 的值先前已经通过观测得到。

注意，如果公交车滞留实施在控制点 $s+1$ 上游的最后一个车站，则也可以应用消除噪声干扰的方法。唯一的变化是对 $\widehat{a_{n,s+1}}$ 和 $\widehat{\gamma_{n,s}}$ 的估算包含一些错误。但是，如果未将该控制应用于每个车站，那么在进行估算时只有部分扰动尚未实现，因而后者的偏差 $(\widehat{\gamma_{n,s}}-\gamma_{n,s})$ 应具有较小的标准差 $\sigma'<\sigma$。这点很有帮助，因为可靠性指标的标准差在理论上与 σ' 成比例。

10.7 实地研究与人为因素

到目前为止，我们已经研究了公交系统如何对控制做出响应，前提是假设司机忠实地遵循指令，并且操作误差很小。但是现实情况如何呢？由于迄今为止，司机不是机器人，因此应该如何传递控制指令以使信息尽可能清晰，以及应该对司机服从指令的程度抱有多高的期望是非常重要的。然后可以微调控制算法以补偿司机的行为，并且还可以估计相对于理论真正可以实现的性能改进。本节讨论目前对这些问题的理解。在此，提供来自两个试点项目的证据，而这些为期数月的项目测试了简单控制和鲁棒控制法则的效果。

10.7.1 简单控制：来自 Dbus 的证据（西班牙 San Sebastian）[①]

Via Analytics 公司在当地公交机构 Dbus 的合作下，在西班牙 San Sebastian 进行了首次试点研究。Dbus 以其出色的服务和不断采用新技术而享誉国际。实验地点是一条长的繁忙的公交走廊，由两条重叠的线路服务：一条具有均匀的 20 min 车头时距，另一条具有 6 min

---

① 本小节基于 Argote-Cabanero 等（2015）的内容。该文献包含其他详细信息。

和 8 min 不断交替的车头时距。

由于大部分客运量仅存在于公共走廊，Dbus 分析人员制定了精巧的时刻表，将两条线路交织在一起，以在走廊中提供较短的车头时距（4 min 和 6 min）。他们敏锐地意识到，要实现这些较短的有规律的车头时距，就必须严格按照时刻表运行公交车。他们与 Via Analytics 合作，尝试基于简单控制的解决方案。①

此解决方案称为 Tempo，在云端在线运行。车载设备将位置信息中继到云服务器。然后，此信息被输入到控制算法中，以更新每个司机的当前指令（就像调度员在公交车上一样）。该算法还为调度员和现场检查员实时刷新具有相关信息层的网络端地图。

Dbus 使用安装在公交车仪表板上的 Android 平板电脑（三星 Galaxy Tab 2）作为车载设备，而控制算法是简单控制。平板电脑显示两种类型的信息：车辆移动时的巡航指导图标；还有车辆滞留时的倒计时时钟，以显示剩余的滞留时间。通过与司机协作，我们优化了信息显示格式。像迷您百叶窗一样能向上和向下扩展的（明显的）彩色条带被用作巡航指导图标，如图 10.11 所示。它还提供了从+5（显示深红色时，表示需要减慢速度）至-5（显示深绿色时，表示可以在保持安全的情况下加速）。到达车站后，此显示将自动更改为较大的数字倒计时时钟，并在到点时自动变为大绿色箭头，表示应该"出发"。

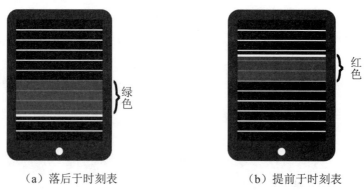

（a）落后于时刻表　　　　　　（b）提前于时刻表

图 10.11　用于巡航指导的车载设备界面

公用走廊的最后一站是发生最大的时刻表偏差的地方。所以为了对系统进行严格的压力测试，我们在最后一站对它的性能进行了评估。以该站点处，用时刻表偏差的均方根误差为基准。与标准差相比，该统计变量更好，因为它还捕获了可能存在的系统偏差。这些系统偏差可能来自理论模型中未能考虑到的因素。

系统测试对以下三种控制应用场景进行了比较。

（1）静态控制：当下使用的控制策略（仿真和实地试验）。这个场景捕获了 Dbus 原先利用静态时刻表进行控制的效果，并且公交车仅在终点站滞留。图 10.12 中的虚水平线显示了该基准（以秒为单位）。在假设司机完全遵循控制指令的前提下，对这种类型的控制也进行了仿真，结果如图 10.11 中实水平线所示。注意，在仿真中控制效果略有提高，大概是因为实际上司机没有完全遵循控制指令。这两条线的接近程度表明这个仿真试验是合理的。

---

① 在撰写本文时，Dbus 已采用了该解决方案并将其扩展到整个系统。

（2）简单控制：在每个车站进行控制（仿真试验）。这组仿真试验使用与之前相同的参数，但是在每个车站公交车都有按照式（10.41）和式（10.46）滞留。在该策略下，针对许多不同的 α_0 值进行了仿真试验，每次仿真持续 50 天。图 10.12 的深色实线显示了结果。最低点处，该曲线将最初的基准控制效果提高了 35%以上。曲线的形状也与式（10.43）吻合，表明减小 α_0，尤其是当 α_0 接近 1 的时候，（在理论上）是有利的。

（3）简单控制：在每个车站进行包含巡航指导的控制（仿真和现场试验）。这组试验的控制法则与上述场景相同，但包括了巡航指导。在实地和仿真试验中均对其进行了评估。在实地试验中，巡航指导栏得到改进以反映当前偏离时刻表的程度，$-\varepsilon_{n,s}$（以 min 为单位）。然后，分别观测 α_0 =0.5 和 0.9 时控制法则的表现。结果由图 10.12 中的正方形和三角形图标表示。另外，还用仿真试验了 α_0 取其他值时的表现。在这个过程中，根据若干星期的现场数据估计，司机被假定为对巡航指导做出线性响应。图 10.12 中的虚倾斜曲线显示了考虑此情况的仿真结果。新曲线比旧曲线要低，这并不奇怪。令人不解的是，该曲线与 $\alpha_0 = 0.5$ 的实地试验结果并不完全吻合。好消息是 α_0 =0.9 时实地观察到的表现（正方形）比原基准值高约 22%。而该正方形甚至低于深实线（没有巡航指导的情况），这表明巡航指导可以帮助现实中的司机，甚至能比无巡航指导的理想司机表现得更好。另一方面，$\alpha_0 = 0.5$ 的结果与仿真曲线不太接近。Argote 等（2015）将其归因于超长及变化更大的滞留时间，而这些因素的存在使司机更难以遵循指令，见随后有关人为因素的讨论。

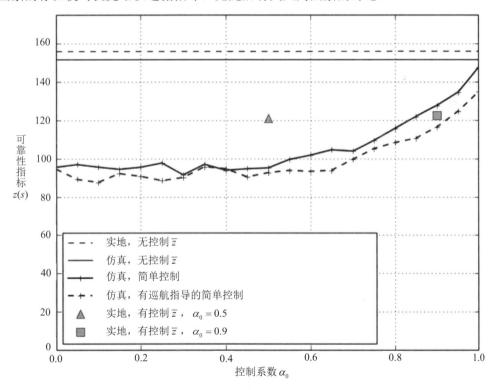

图 10.12　仿真和实地试验得到的简单控制的均方根误差

（资料来源：Argote-Cabanero 等，2015）

人为因素为：Dbus 的经验揭示了两方面的信息：司机对滞留指令的遵守行为和对巡航指导的适应，这些信息可用于培训和设计。

司机对滞留指令的服从性可在控制点直接观察到。Tempo 检测到公交车在每个控制点的离开时刻，并将这些时刻与司机倒计时时钟的相应时刻进行比较。倒计时期满之前的离开被标记为违规，以秒为单位进行测量，并与实际的司机相关联。

首先，评估 $\alpha_0 = 0.9$ 时司机的服从水平。数据集包括 355 名训练过的司机，他们在 5 个月内至少收到 100 条滞留指令。图 10.13（a）显示了结果。每个数据点代表一个司机。顶部的直方图显示出司机的表现各不相同，但总体上不错：中位司机仅违反了 13.8%的指令，而表现最差的司机违反了 26%。底部的散点图显示，司机的平均违规值范围为-6 s～-12 s 内，而不太服从指令的司机这个违规值更高。

然后，在 $\alpha_0 = 0.5$ 条件下，在持续三周的时间里对系统进行评估，而没有再次培训或重新通知司机。该数据集包括 224 个司机，每个司机至少收到 10 条滞留指令。如图 10.13（b）所示，司机服从水平明显降低。中位司机违反了 42.1%的停留指令，而表现最好的司机是 5%，表现最不好的司机是 80%。这些违规时间的平均值在-5～-32 s，平均为-15.8 s。服从性的大幅下降解释了图 10.12 的三角形为什么相对于理想驾驶仿真曲线出乎意料地高。图 10.13（a）和图 10.13（b）部分的显著差异还表明，司机倾向于违反变化很大的滞留时间指令。通过更多培训、严格监控、奖励制度的组合也许可以缓解此问题。当然，如果将来使用自动驾驶公交车，则根本不会出现这样的问题。

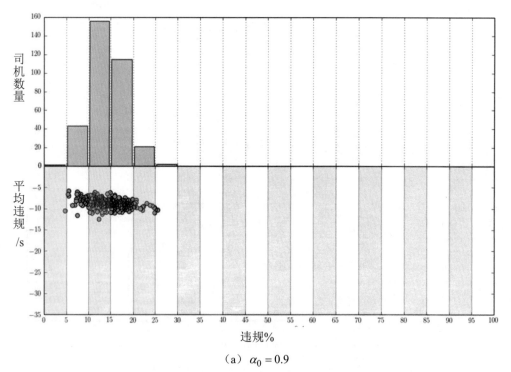

(a) $\alpha_0 = 0.9$

图 10.13 不同 α_0 情况下司机的服从性：每个数据点对应一个司机

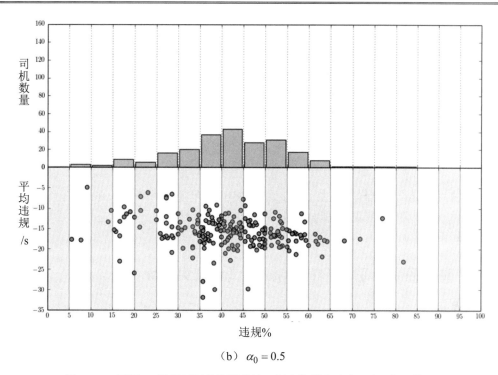

(b) $\alpha_0 = 0.5$

图 10.13 不同 α_0 情况下司机的服从性：每个数据点对应一个司机（续）

另一方面，司机似乎对巡航指导的反应很明显。这个结论来自将观察到的从出发到到达相邻站点的巡航时间 $c_{n,s}^o$ 与对司机的刺激 $-\varepsilon_{n,s}$ 相关联。这种关系非常依赖车辆的位置，这并不奇怪，因为某些街道段比其他街道段更便于司机节省时间。图 10.14 显示了两个依赖性强的街道段的散点图。较深色调表示较高的测量密度。该图显示，司机每迟到 1 min，在这些路段上的平均巡航时间减少约 5%。如 Argote-Cabanero 等（2015）的报道，即使许多街道段都没有显示出相关性，在整条路线上的效应还是很明显的。

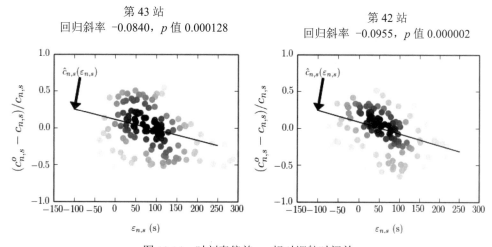

图 10.14 时刻表偏差 v.s. 相对巡航时间差

（资料来源：Argote-Cabanero 等，2015）

下面完成这一部分的讨论。这种刺激响应效应不仅在案例研究中（如图 10.12 的仿真曲线所示）可以提高可靠性，而且在一般情况下也可以。巡航指导改变了动力学方程式（10.19）、式（10.26）、式（10.37）中的行程时间，从一个常数 c_s 变为路段开始部分的时刻表偏差的函数，即 $c_s-\tau_s\varepsilon_{n,s}$（其中期望 $0 \leqslant \tau_s <<1$）。由于此改变，额外项 $-\tau_s\varepsilon_{n,s}$ 必须被添加到系统动力学方程的右侧。该添加项减小了 $\varepsilon_{n,s}$ 最初的系数，这对于稳定性很有利。例如，式（10.42）变为：

$$\varepsilon_{n,s+1} = (\alpha_0 - \tau_s)\varepsilon_{n,s} + \gamma_{n,s+1}, \quad 其中 \alpha - \tau_s \in (0,1) \tag{10.54}$$

注意，该表达式除了增益系数 $(\alpha_0 - \tau)$ 较小之外，与原动力学方程具有相同的结构。因此，可靠性得到提高。这样做的优点是，不用减小 α_0 即可减小增益，并且不会增加滞留时间的波动性（增加滞留时间的波动性会降低司机的服从性）。这表明应该尽量把巡航指导包含在控制系统中。

10.7.2 鲁棒控制：来自 OTS 的证据（夏威夷 Honolulu）[①]

在夏威夷进行了第二项试点研究。目标是消除瓦胡岛（Oahu）公交服务线路之一（第 8 号线路）上的时刻表，并研究是否可以通过基于车头时距的操作改善服务稳定性。事后还意外得到了其他收获。

8 号公交线路服务一条繁忙的走廊，其中包括 Ala Moana 购物中心和夏威夷的大部分海滨景点。线路很长，并且有许多公交车同时服务，因此该任务具有挑战性。因为 OTS 喜欢临时从 8 号线借用公交车填补附近其他线路的空缺，所以 OTS 对基于车头时距的运营感兴趣。如果成功，基于车头时距的运营将使 OTS 能够自适应，且高效地进行跨线调车，可随时从 8 号线服务中抽出任何公交车，并将它插回到任何地方，无须考虑任何车辆排序或调度问题。

该试点测试使用了与 10.7.1 节相同的基于平板电脑的 Tempo 系统及鲁棒控制法则。可惜，在严格评估车头时距规律性改善程度时遇到了两个技术难题：① 8 号路线经常使用从其他路线调来的未配备 Tempo 平板电脑的跨线公交车；② 过渡到基于车头时距的运营后，跨线调车操作的数量（以及未配备 Tempo 的公交车的百分比）大幅增加。

为了解决①，我们对控制算法进行了修改，使其包括一部分"幽灵"公交车。这些"幽灵"公交车代表未配备 Tempo 的公交车（因此无法观测到）。假设在两个配备 Tempo 的公交车之间的幽灵公交车，将这两个装备 Tempo 的公交车间的时距均匀地划分为多个相等的"幽灵"车头时距。然后将这些车头时距用于已装备 Tempo 的公交车的控制算法中。而这些幽灵公交车本身不受控制。可以想象，这种运营形式远非理想，因为未配备 Tempo 的公交车会串车，并可能误导对其余公交车的控制。

2015 年 8 月 16 日起，我们对公交系统进行了持续两个星期的测试，以获得运行性能基准指标。在此期间，OTS 照常运行 8 号线，进行时刻表控制，而且严重依赖调度员管理

[①] 本小节基于未发表的向 OTS 提交的最终报告和演示文稿（VIA Analytics，2016），以及与 OTS 工程师和管理层进行的大量私人交流。

大的干扰。之后，从 2015 年 9 月至 2015 年 11 月，进行了为期 12 周对基于车头时距鲁棒控制测试。在此期间，装备 Tempo 的车辆的百分比在约 70% 左右波动。

在整个测试期间，使用鲁棒控制的前后，都有收集车头时距数据。显然，在整个研究过程中只能测量配备 Tempo 的公交车之间的车头时距。记录显示，在系统过渡到鲁棒控制后，OTS 感兴趣的一个统计数字（"良好范围内的车头时距"）从 17% 增加到 25%；更普遍的是，车头时距的方差减少了将近 30%（从 72 减少到 50 min^2）。这种表现很好，但改善的幅度不如在没有幽灵公交的更受控的环境中所期望的那样大。

然而，也许该试验最关键的发现不是提高可靠性，而是证明在现实世界中，在长路线、有许多公交车，并且与其他路线有显著重叠的情况下，基于车头时距进行公交运营是可行的。控制算法也被证明能够有弹性地应对强加的跨线调车需求。据 OTS 称，它们具有这样做的能力后，能显著提高所使用的公交车的利用率，这也是最重要的底线。OTS 还报告说，尽管操作更为复杂，但调度员和司机均感到工作量有所减少。所有这些好处都是定性的，但也是实实在在的，应将它们与可靠性的改进一起考虑。

总而言之，OTS 的试验确定，基于车头时距的运营对很大的系统也是可行的，并且具有很好的弹性、经济性，并对员工友好。结果还表明，尽管尚不确定改善的具体程度，但鲁棒控制确实可以提高可靠性。

10.8 补救措施

本节讨论临时措施，这些措施在实践中经常使用，用于在基本控制机制未能防止服务出现较大缺口时对系统加以干涉补救。所有这些措施的重点是减小或填补这些缺口以减小其规模。以下的讨论将它们分为三组。第一组措施在起终点处应用；第二组措施致力于增加落后公交车的速度；第三组措施则采取更激进的补救行动。

10.8.1 起终点策略

这些策略利用了起/终点站的特点，可以在不影响乘客的情况下长时间滞留公交车。长时间滞留也可以使司机在公交车上得到更多的休息①。考虑到休息的重要性，我们的策略将在保证最短休息时间的同时最大程度地提高服务的有序性。

我们用特定符号强调起/终点站特殊的作用。由于唯一的控制点是起/终点，因此将省略表示控制点的下标索引 s。但是，公交车索引 n 将保留。在此，还引入 g_n 表示公交车 n 计划从起/终点站出发的时间（如果有时刻表），而 d_n 表示实际的出发时间，用 T_o 表示最小的保证休息时间，并用 $T>T_o$ 作为起/终点处的停留时间目标。两者的差 $T-T_o$ 是司机可以享受的额外休息时间。如果有时刻表，标明到达时刻为 t_n，则停留时间目标为 $T \equiv g_n - t_n$。如

---

① 休息时间也可以通过其他方式安排。例如，一种（OTS 设想的）轮换方法使用 X 个处于休息中的司机将休息时间与驻留时间解耦。它的工作方式如下：当公交车到达起/终点站时，司机将车交给休息最长时间的司机，然后刚到达的司机开始休息，在休息 X 个车头时距的时间后进行下一次交接。

果没有时刻表，则 T 是控制变量，实际到达时间将记为 a_n，而实际停留时间为 $R_n = d_n - a_n$。

1. 有时刻表的操作

现在，考虑有时刻表的情况。在这种情况下，应该在保证司机的休息了最小的保证时间后，而且不早于计划的出发时间，尽早发车；即把出发时间设为：

$$d_n = \max\{a_n + T_o, g_n\} \tag{10.55}$$

该规则之所以合理，是因为如果松弛足够大（也就是说，如果对所有 n 都有 $(T-T_o) > \varepsilon_n$），那么它将恢复完美的工作秩序（$d_n = g_n$）。要看到这一点，用 $(t_n + \varepsilon_n)$ 替换 a_n，并用式（10.55）中的 $(t_n + T)$ 替换 g_n，得到：$d_n = \max\{t_n + \varepsilon_n + T_o, t_n + T\} = (t_n + T_o) + \max\{\varepsilon_n, T - T_o\}$。如果对所有 n 来说都有 $(T - T_o) > \varepsilon_n$，则这一串等式的最后一步变为 $t_n + T \equiv g_n$。因此，$d_n = g_n$。

在公交规划过程中，应使用对这个结果的理解选择 T。取 $T \approx T_o + 2\sigma_\varepsilon$ 的值似乎合理，因为它在正常运营下应能恢复几乎完美的秩序；但是，也应该认真考虑选取更大的 T 值，因为它们可以防止意外情况发生。

2. 没有时刻表的运行

现在，考虑没有时刻表的运行。现在的目标是，通过使停留时间 R_n 围绕目标值 T 动态波动，同时满足 $R_n \geq T_o$，尽可能地规范出发的车头时距。建议的控制规则为：

$$d_n = a_n + R_n = a_n + T + \alpha(\eta_{n+1} - h_n) \tag{10.56}$$

假定计算和控制是在到达的时刻完成的。但如果能推迟计算以获得 η_{n+1} 的更新值可能效果更好[①]。无论如何，都期望 $\eta_{n+1} \approx h_{n+1}$，所以使用如下近似。

$$d_n \approx a_n + T + \alpha(h_{n+1} - h_n) \tag{10.57}$$

在这两个表达式中，最后一项是对休息时间目标的动态调整。这些调整必须足够小，以确保停留时间 $R_n = T + \alpha(\eta_{n+1} - h_n) \approx T + \alpha(h_{n+1} - h_n)$ 匹配或超过 T_o 的概率很高。由于此约束条件会自动强制 $d_n \geq a_n$ 成立，因此无须进行式（10.57）中的截断运算。

现在，得出停留时间的均值和方差。这些秩可为 T 设置一个合理的值。首先，考虑平均值。假设系统处于稳定状态，并且具有有限的车头时距（就像在鲁棒控制下一样）。那么，任意数量个连续公交车的动态项 $(h_{n+1} - h_n)$ 的总和，等于最后一辆公交车的向后车头时距与第一辆公交车的向前车头时距之差，这是与公交车数量无关的有界量。因此，随着公交车数量的增加，该值与公交车数量的比值（即车头时距差的平均值）趋于 0。因此，在稳态有 $E[h_{n+1} - h_n] = 0$；因此，$R_n \approx T + \alpha(h_{n+1} - h_n)$ 的期望为 $E[R_n] \approx T$。

现在考虑方差。由于 $R_n \approx T + \alpha(h_{n+1} - h_n)$，有：$Var[R_n] \approx \alpha^2 Var[h_{n+1} - h_n] = \alpha^2\{Var[h_{n+1}] + Var[h_n] - 2Cov(h_n, h_{n+1})\}$，其中 $Cov(h_n, h_{n+1})$ 是协方差。现在，如果使用 σ_H 表示车头时距的标准差，并使用 ρ 表示车头距序列的滞后一阶的自相关系数，则可以将以上内容重写为 $Var[R_n] \approx \alpha^2[(\sigma_H)^2 + (\sigma_H)^2 - 2\rho(\sigma_H)^2]$，即简化为：

$$Var[R_n] \approx 2\alpha^2(1-\rho)(\sigma_H)^2 \tag{10.58}$$

预期 ρ 为负，最有可能位于 $(-0.3, 0)$ 区间内。

[①] 例如，在公交车等待过程中，每当 η_{n+1} 变化时，可以重新评估 d_n，并在最新计算的 d_n 结束时立即发车出站。

如果 $T_o \leq E[R_n]-2\{Var[R_n]\}^{1/2} \approx T-[8\alpha^2(1-\rho)]^{1/2}\sigma_H$，则满足司机休息约束($T_o \leq R_n$)的概率较高。如果在这个表达式中使用 $\alpha \approx 1/3$（这个值被发现将最小化出站车头时距的方差），括号中的项在 ρ 取负值时在 0.94 到 1.33 的范围变化；而在 ρ 位于最有可能的(-0.3, 0)区间内时接近 1。休息约束简化为 $T_o \leq T-\sigma_H$，所以选择 $T = T_o + \sigma_H$ 是合理的。该公式表明，确保最小休息时间所需的松弛时间与车头时距的一个标准差相当。

检查出站车头时距 $h'_n \equiv d_n - d_{n-1}$。可发现控制策略保持了它的均值，并将其方差减小为 1/3。为了研究进站车头时距和出站车头时距的关系，可将式（10.57）对应 n 和 $n-1$ 的两个连续版本取差，式子左边就是要找的：$d_n - d_{n-1} \equiv h'_n$。取差的结果是 $h'_n \approx a_n - a_{n-1} + \alpha(h_{n+1} - 2h_n + h_{n-1})$，其中 $a_n - a_{n-1} \equiv h_n$。因此，有：

$$h'_n \approx (1-2\alpha)h_n + \alpha(h_{n+1} + h_{n-1}) \tag{10.59}$$

和以前一样，现在考虑系统达到稳定状态后的情况，并在式（10.59）的两边取均值和方差。

对于均值，可发现：

$$E[h'_n] \approx (1-2\alpha)E[h_n] + 2\alpha E[h_n] = E[h_n] \tag{10.60}$$

这表明控制策略大致保持了平均车头时距。

让 σ'_H 表示出站车头时距的稳定状态标准差，并在式（10.59）两侧同时取方差。在稳定状态，到站车头时距序列的滞后阶数大于 1 的自相关系数可以忽略不计。结果是：

$$(\sigma'_H)^2 \approx \left[(1-2\alpha)^2 + 2\alpha^2 + 2\alpha(1-2\alpha)\rho\right](\sigma_H)^2 \tag{10.61}$$

方括号中的因子在 $\alpha^* = (2-\rho)/(6-4\rho)$ 时达到最小，该 α^* 值对于所有 $\rho \in [-1, 0]$ 都非常接近 1/3。因此，对式（10.61）最小值的近似是取 $\alpha = 1/3$。可得到：

$$(\sigma'^*_H)^2 \approx [(3+2\rho)/9](\sigma_H)^2 \leq (\sigma_H)^2/3, \text{对于} \rho \in [-1, 0] \tag{10.62}$$

该表达式表明，在起/终点站，车头时距的稳态标准差可以降低到 $1/\sqrt{3}$ 倍或更小，而这在普通车站是不可能的。① 发生这种情况的原因是，起/终点站的目标松弛时间可以设置得非常大，因为这样不会给乘客或司机带来不便，而且这样做后，控制规则永远不会（像普通车站那样）来到失效的截断状态区。

3. 评论

所有的起/终点控制方法都会明显改变公交车的延误和车头时距，所以在计算任何其他站点需要的滞留时间时，如果要用到起/终点站的信息，都应该使用最新的信息。在使用鲁棒控制时就会出现这样的问题。在起/终点下游某个站点 s 处估计公交车 n 的后向车头时距时，有可能公交车 $n+1$ 仍在起/终点。在这种情况下，$\eta_{n+1,s}$ 通常由公交车 $n+1$ 到达时观察到的车头时距 h_{n+1} 定义。但是，在当前时刻，已经计算了 d_{n+1}，因此出发车头时距的估算 h'_{n+1} 已经存在。如果认为司机严格遵守指令是合理的，那么这一估算（表示为 $\hat{h}'_{n+1}$ 也是准确的。因此使用 $\eta_{n+1,s} = \hat{h}'_{n+1}$ 代替到站车头时距是合理的。当然，如果公交车 $n+1$ 已经离开起/终点

---

① 如果公交车到达数已达到长期平衡，则普通站点将保持相同的标准差。而且，如果标准差更大（例如，由于上游干扰），普通站点可以将其减小到 1.3 分之一，但这个减少并不是那么显著。

站，但还没有到达下一个控制点，就应该使用准确值 $\eta_{n+1,s} = h'_{n+1}$。虽然简单控制法则不会产生这个问题，但是这个想法可能与其他形式的时刻表控制相关。

要为带有起/终点场站的公交线路定义一个完整的控制策略，并预测会发生什么时，有必要将本节中的思路与 10.5 节中的思路一起使用。小项目 4 要求高年级学生尝试这一思路，在特定线路上应用简单控制和鲁棒控制。

10.8.2 加速个别公交车

如果出于某种原因，某些线路的公交车严重滞后于时刻表及其前车，并且对常规控制方法的响应不佳，则此时可能需要将响应升级。下面讨论三种常用的策略："拒绝载客""跳站"和"提前掉头"。

前两个目标的目的相似：减少甚至消除停站时间，以弥补先前延误损失的时间。第一个策略是最不激烈的。它拒绝乘客上车，但为车上的乘客提供正常服务。唯一的缺点是使无法上车的乘客的等待时间延长了一个车头时距。第二种策略既拒绝乘客上车，也拒绝乘客下车。因此，这也对希望到达被跳过的车站的车上乘客施加了惩罚，因为他们要么必须步行更长的距离，要么必须等待下一辆公交车。当使用这两种策略中的任何一种时，所有受影响的客户都应被告知预期的后果，即，（对于车上乘客）将跳过哪些车站，以及（对于在车外等候的乘客）预计下一班车何时到达。最起码，公交车应显示适当的标识，例如"请乘坐下一辆车"或"不在服务状态"。

当公交车处于拒载模式时，如果没有乘客要在某站下车，公交车将跳过该站，否则将在该站停车下客，但拒绝乘客上车。[①]这种操作模式消除了一些停站时间，并减少其他运营时间的长度。公交车处于跳站模式时，将跳过所有车站并消除所有相关的停靠时间。因此，甚至可以更快地运行。

控制中心通常根据调度员的经验开始和停止这两种操作模式。[②]他们的决定受两个因素驱动：需求和成本（对受影响的乘客而言）。相对时刻表的延误和/或向前的车头时距是需求的一个简单、易于可视化的代理变量。向后的车头时距是成本的一个很好的代理变量，因为该车头时距越小，对所跳过的乘客带来的成本就越低。这些策略应该在需求迫切且成本较低时被采用。

通过稍微修改 10.5 节和 10.6 节中讨论的控制规则，即可自动实现这些控制理念。为此，使用两个动态代理变量量化需求和成本，并为两者设置触发阈值。由于没有公交员工参与决策，所以需求的代理变量可以相对复杂。对于所有控制算法，使用截断前的滞留时间的计算值 $L_{n,s}$ 最为合理，因为此变量取负时表示有需求，而较大绝对值表示比较急迫的需求。可以通过向后的车头时距 $\eta_{n+1,s}$ 量化成本。然后可以定义这两个代理变量的临界阈值，用于开始和停止每种控制模式。因为各种控制模式下的系统动力学方程是非线性的，所以

[①] 有时在特定的站点（如中转站）会破例。
[②] 拒绝载客模式有时会因车上过于拥挤而自然触发。在这些系统中，长车头时距的公交车会满载。结果，他们拒绝乘客继续上车，因而可以更快运行。有点反常的是，在这种情况下，过度拥挤被证明对车头时距控制起到稳定的作用。

这些临界值的优化应通过仿真试验,而不是通过解析分析,并且最终应在实地试验中进行微调。据作者所知,自动触发机制尚未在实地进行过测试。

第三个策略,也是本节所讨论措施中最激进的一个,是"提前掉头"。它要求所有乘客在某站下车,然后公交车以"不在服务状态"模式走捷径,跳过终点站及附近的一些车站,如图 10.15 所示。提前掉头时,公交车在终点站上游的"a"站停靠,放下所有乘客,掉头并沿捷径到达附近相反方向(从终点站出来的方向)上的"b"站;然后在该站等待一段时间,为司机提供一些休息,同时使得该车的运行恢复到时刻表上来。

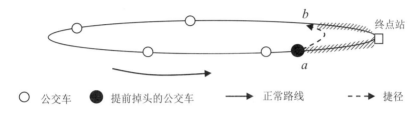

图 10.15 提前掉头操作

注意,提前掉头是跳站策略的一种特殊情况,其中被跳过的线路包括许多站点及终点站,唯一的区别是,被跳过的线路是在触发此操作时整体确定的,并且操作完成得非常快。由于该策略类似跳站,因此可以如上所述,评估对该操作的需求。该操作的成本也可以像以前讨论一样,通过向后的车头时距进行评估,但是现在成本与车头时距的比值更高,因为现在所有的车上乘客都受到了影响,并且大多数人会选择等待下一辆公交车,而不是花很长的时间步行到目的地。由此可见,仍可以通过与以前相同的方法触发提前掉头操作,但是为了降低触发它的可能性,可能会略微减小向后车头时距的成本代理变量值。

现在唯一还需要确定的是将被跳过的路段。建议设置一个(a, b)站点对的列表,然后在触发时选择一个合适的对。选择取决于需要节省的时间量。任何给定的选择最多可节省的时间等于:完成被跳过部分的行程所需的时间(包括在终点站的司机最小休息时间 T_0)与走捷径需要的时间(包括在站点 b 的最小休息时间)之间的差。(由于需要加快公交车的速度,因此在总站假设了最小的休息时间。)由于这两个休息时间相同,最大的节省只是被跳过部分的服务时长与走捷径的时长的差。这些节省出来的时间量可以很容易地被计算出来并与每个(a, b)对应,调度员可以根据需要轻松地从列表中做选择。

10.8.3 更加激进的策略

在此,只考虑涉及一辆以上公交车的三种自适应措施:"跨线调车""蛙跳跨越"和"车站分组"。

一辆公交车从一条线路空载行驶到另一条线路的行为称为跨线调车。这些行为通常是预先计划好的,是公交车工作的一部分,但是它也可以自适应地发生,以填补服务的缺口。例如,如果一条重要路线上的公交车落后于时刻表,并且车头时距很长,公交机构可以从相邻的"捐助者"线路借调一辆公交车,并在适当的时间和地点将该车插入这个长的车头时距中,从而纠正问题。这是自适应跨线调车。该策略通常在以下情况下使用:被调动的公交车效率低下（例如，是成对的公交车之一）和/或"捐助者"线路是次要的（10.7.2 节描述的 OTS 线路 8 被用作了一条"捐助者"线）。

为了成功，应将跨线调动的公交车插入滞后公交的前面，并在最优时刻启动服务。如果公交服务有使用时刻表，则可以按原时刻表启动服务，否则可以在车头时距的期望值过去之后启动服务。显然，在选择插入位置时，必须考虑公交车跨线空驶运行所需的时间，以确保该跨线调动是可行的；即，被调动的公交车能在开始服务之前到达。通常，应该尽早开始干预，因此应选择插入位置以让被调动的公交车最早开始服务。可以通过比较两个列表识别该车站位置（这两个列表均由车站号索引）：①如果公交车在站点 s 开始服务，应该启动服务的理想时间 $\{i_s\}$，以及②跨线调动的公交车能到达站点 s 的最早时间 $\{e_s\}$。然后，解决问题 $\min_s \{i_s | i_s \geq e_s\}$，以确定最好的站点。作业题 10.9 拓展了这一思路。

如果被替换的公交车是多余的（例如，为另一辆公交车紧随其后），则可以将其还给"捐助者"线路。可以要求所有乘客下车并登上下一辆公交车来立即实现这一目标，或者将公交车置于拒绝载客模式，直到所有乘客下车，以逐步实现这一目标。

许多公交机构保留了一小部分备用公交车，以进行自适应跨线调车。该策略有时称为"从备用车队调车"或"公交车替换"，其工作原理如上所述，只是跨线调动的公交车是从备用车队（而不是从相邻的线路）中抽出的。见 Petit 等（2018）中的分析。该策略之所以具有吸引力，是因为它简化了决策（无须寻找合适的公交车和"捐助者"线路），并且不会损害"捐助者"路线的运营。另一方面，由于备用车队固定在空间中，因此空驶距离可能会更长。如果公交机构服务较大的地理区域，这尤其令人担忧。在这些情况下，公交机构应考虑保留多个分散的备用车队，以便备用公交车可以在合理的时间内到达系统的每个关键地点。

第二种补救策略（蛙跳跨越）用于加快已经成对的公交车的速度，而不会尝试分开它们。例如，如果有第三辆公交车紧随该公交车对，则可以考虑该策略。该策略类似"跳过车站"，其工作原理如图 10.16 所示。两辆公交车相互跳过对方，交替停车和跳过部分车站。这一对车一起来为所有的车站服务，但每辆公交车仅服务一半的车站。结果，这对车的出行时间明显减少了。

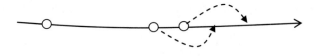

图 10.16　蛙跳跨越

注意，蛙跳跨越取决于公交车相互之间安全超车的能力。这可能并不总是可行的：例如在单轨铁路系统上；或如果使用一条单独的车道将公交车与其他车辆隔离，并且车站没有与该车道分离开。不过，在这些情况下，可以通过一种密切相关的策略（称为"车站分组"）实现类似的效果。该想法是将线路上的车站分成两个交替的组，每个公交车分别覆盖这两个组中的一个。要自适应地做到这一点，可以指示第一个公交车司机跳过第偶数个车站，而第二个公交车仅覆盖被跳过的那些车站，同时尽可能近距离地跟随前车。① 实施

---

① 纽约地铁使用了该策略的非自适应版本；Munoz 等（2013）和 Gu 等（2016）已经研究了这个静态站点分割策略（和其他版本）。

自适应车站分组的一个小困难是两个公交车之间会出现间隙,因此,当第二辆公交车的司机看不到前车时,需要提醒司机下面服务哪些站点。通过调度员或智能通信系统可以实现这一操作。

控制失败时,蛙跳跨越和车站分组是对基于车头时距的公交系统进行操作的好方法。这是为什么呢?如果控制失败并且未使用这些策略,则唯一稳定的平衡是单个公交车串,其中第一个公交车负责所有工作,其余公交车则紧随其后。实际的车头时距就是线路服务周期的时间,因为第一辆公交车运行缓慢,所以周期时间很长。因此,乘客会经历漫长的等待和缓慢的服务。如果实施了蛙跳跨越和车站分组策略,公交车仍会在稳定的平衡状态下以车串形式行驶,但它们会平均分配工作量,从而使整体的行驶速度更快。[1] 因此,乘客的等待和乘车时间都会减少。当然,更好的解决方案是使用控制。在这种情况下,公交车分担负载,而且以等同于蛙跳跨越的速度行驶。但现在所有车沿线路均匀分布,因此提供更短的车头时距,进一步减少乘客等待。作业题10.10定量地探讨了这些想法。

参 考 文 献

[1] Anderson, P.A. and Daganzo, C.F (2018) "Effect of transit signal priority on bus service reliability" arXiv:1806.09254 [math.OC]

[2] Argote-Cabanero, J., Daganzo, C.F., Lynn, J.W. (2015) "Dynamic control of complex transit systems." Transportation Research Part B, 81(1): 146-160.

[3] Barnett, A. (1974) On controlling randomness in transit operations. Transportation Science, 8(2): 102-116.

[4] Bartholdi, J.J. (III) and Eisenstein, D.D. (2012). A self-coordinating bus route to resist bus bunching. Transportation Research Part B, 46(4): 481-491.

[5] Daganzo, C.F. (1997) Schedule instability and control. In: Daganzo, C.F. Fundamentals of Transportation and Transportation Operations, Elsevier, New York, N.Y. pp. 304-309.

[6] Daganzo, C.F. (2009) A headway-based approach to eliminate bus bunching. Transportation Research Part B, 43(10), 913-921.

[7] Daganzo, C.F. (2017). Unpublished research notes, VIA Analytics. Berkeley, California.

[8] Daganzo, C.F. and Pilachowski, J. (2011) Reducing bus bunching with bus-to-bus cooperation. Transportation Research Part B, 45, 267-277.

[9] Eberlein, X.J., Wilson, N.H.M. and Bernstein, D. (2001) The holding problem with real-time information available. Transportation Science, 35(1): 1-18.

[10] Gu, W., Amini, Z., Cassidy, M.J. (2016) "Exploring alternative service schemes for busy transit corridors." Transportation Research Part B, 93(1): 126-145.

---

[1] 所有公交车以一个车串的方式行驶是一个稳定的平衡。这可以从医院等高层建筑的电梯系统的控制面板上实际观察到。这些系统总是显示出很强的成串和蛙跳跨越行为。

[11] Newell, G.F. and Potts, R. B. (1964) Maintaining a bus schedule. Proc. 2nd Australian Road Research Board, Vol. 2, pp. 388-393.

[12] Newell, G.F. (1977) Unstable Brownian motion of a bus trip. Statistical Mechanics and Statistical Methods in Theory and Applications (ed. U. Landman). Plenum Press, 645-667.

[13] Newell, G.F. (1974) Control of pairing of vehicles on a public transportation route, two vehicles, one control point. Transportation Science, 8(3): 248-264.

[14] Muñoz, J.C., Cortés, C.E., Giesen, R., Sáez, D., Delgado, F., Valencia, F., Cipriano, A. (2013) "Comparison of dynamic control strategies for transit operations." Transportation Research Part C, 28: 101-113.

[15] Petit, A., Ouyang, Y. and Lei, C. (2018). "Dynamic bus substitution strategy for bunching intervention." Transportation Research Part B, 115: 1-16.

[16] Turnquist M. (1978) "A model for investigating the effects of service frequency and reliability on bus passenger waiting times." Transportation Research Record, 663: 70-73.

[17] Via Analytics (2016) "Performance evaluation of headway-based control" Final report submitted to Oahu Transit Services (Honolulu, Hawaii), Berkeley, CA.

[18] Xuan, Y., Argote, J. and Daganzo, C.F. (2011) "Dynamic bus holding strategies for schedule reliability: Optimal linear control and performance analysis" Transportation Research Part B, 45: 1832-1845.

练 习 题

10.1 当公交线路发布了时刻表但表现出随机延误时，"理性的"乘客将权衡早到和错过公交车的成本，来选择到达站点的时刻。假设在一条这样的线路中两辆公交车在 $t = 0$ 和 $t = H > 0$ 连续到站。进一步假设实际的公交车延误是独立同分布的非负随机变量，其 pdf 是 $f(x)$，其 cdf 是 $F(x)$；即，公交车永远不会从车站提前出发。建立优化问题模型以找到希望搭乘 $t=0$ 公交车的乘客应该使用的最佳到站时间 τ。证明如果对于所有 $x>0$ 有 $(H-x)f(x)>1-F(x)$ 成立，则在 $\tau = 0$ 时到站是局部最优的。如果允许公交车提早出发，因此延误可能取负值，乘客应该怎么办？

10.2 证明与没有重要预约的乘客相比，在目的地有重要预约的乘客从不可靠运营中遭受的成本要高得多。（提示：参考 h 均匀分布在 $[H-\varepsilon/2, H+\varepsilon/2]$ 范围内的特例，而 $\varepsilon<<H$。在这种情况下式（10.4）可简化为 $(1/2 + \beta S)\left(\dfrac{\varepsilon^2}{12H}\right)$。式（10.6）成为 $(1+\beta S)\left(\dfrac{\varepsilon^2}{12H}+\dfrac{\varepsilon}{\sqrt{3}}\right)$，比前式大一个数量级以上。）

10.3 在本题中使用 10.2.2 节的概念确定多智能体 SoS 的稳定性。该 SoS 由两个队列串联组成，它们是智能体，如下图所示。上游需求 λ 是一个常量，智能体会尽可能努力地工作；如果没有足够的需求，可能出现一个空队列。它们的服务率依赖于两个队列的长度，如下：$\mu_1 = x_1 + \gamma(x_1 - x_2)$ 和 $\mu_2 = x_2 - \gamma(x_1 - x_2)$，其中 $\gamma > 0$。包括参数 γ 的项表示可用于处理工作的资源不断从较短队列移动到较长队列，大概是为了平衡两个队列长度。这种机制的一个例子是，机场工作人员在航空公司登记柜台和登机门之间来回移动。对于这样的 SoS，完成以下任务：

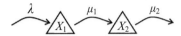

（1）定义状态变量并建立动力学方程。注意，由于非负截断操作，系统的动力学方程可能是非线性的。

（2）解出所有可能的平衡点，并评估每个平衡点的稳定性。使用与平衡点之间的偏差表示状态变量，消除系统动力学方程中单独的常数项。

（3）检查系统对于 $\gamma = \lambda = 1$ 是否是不稳定的。您能确定一系列的 λ 和 γ 值以使得系统稳定吗？（提示：回想 2×2 方阵的特征值是如何与矩阵元素相联系的。）

10.4 假设车头时距足够大，因而乘客使用时刻表。重新推导式（10.29），以得出平均情况下，乘客在两个控制点之间任意车站处的等待时间。

10.5 本题需要比较 10.4.2 节末尾的公式（时刻表控制的最佳性能）及式（10.32）（向前车头时距控制的最佳性能）。在考虑后者时，注意参数 α 和控制点间的站点数 m 会影响：平均额外等待时间 $m\sigma^2/(2\alpha(1-\alpha)H)$ 和包括 r 站的出行的平均乘车延误时间 $\left(\dfrac{r}{\sqrt{m}}\right)\left(\dfrac{(\alpha+\overline{\beta})3\sigma}{\sqrt{\alpha(1-\alpha)}}\right)$。为了优化控制性能，选择 α 和 m 的值以最小化这两个延误项的和。考虑本章中提到的约束条件，用数值方法求解。令 $r = 7$、$H = 20\,\text{min}$、$\overline{\beta} = 0.03$、$c_s = 5\,\text{min}$ 和 $\sigma = 1\,\text{min}$，比较分析结果与按时刻表控制的结果。讨论您的发现。

10.6 本题旨在巩固 10.2 节中的概念。研究由两辆公交车（$i = 1、2$）服务的单向闭环线路，线路长度为 $L=10$ 个距离单位。未加控制时，公交车 i 在时间段 $t=1,2,\cdots$ 的平均速度[即前进的距离，表示为 $y_i(t)$]随着该时间段开始时公交车与前车的空间距离（记为 $x_i(t)$）的增大而减小。假设这个关系可写为：$y_i(t) = 1 - x_i(t)/10 + \varepsilon_i(t)$，其中 $\varepsilon_i(t)$ 是随机扰动。还假设系统在 $t<0$ 时处于平衡状态；对所有 $t<0$ 和 $i = 1,2$，有 $\varepsilon_i(t) = 0$ 和 $x_i(t) = 5$。最后，假设当 $t=0$ 和 $i=1$ 时，$\varepsilon_i(t)=1$；此外，对于其他的 $t \geq 0$ 和 $i=1,2$，有 $\varepsilon_i(t) = 0$，使用此信息，执行以下操作：

（1）写出系统的动力学方程；即定义向量 $\boldsymbol{x}(t+1)$，并用其历史值[$\boldsymbol{x}(t), \boldsymbol{x}(t-1),\cdots$]和扰动的历史值[$\varepsilon(t), \varepsilon(t-1),\cdots$]表示。用尽可能简单的形式表达它们。从表达式中消除 y，并通过消除 x 变量将方程简化为标量形式。（提示：两个车前空间距离的总和始终等于闭环的长度。）

（2）从动力学方程中验证系统在 $t<0$ 时处于平衡状态。当 $t>0$ 会发生什么？两辆公交车行驶多久后会成对行驶？

（3）假设一辆公交车有另一辆公交车当前位置的信息。给出一个调整后的运行规则，以减轻正反馈问题。注意，这里有许多可能的答案。但只允许公交车放慢速度，不允许公交车加快速度。定性地证明您的建议，并通过上述噪声干扰数据展示其有效性。

（4）在（3）提出的控制策略在实地应用时是否难以实施？有什么技术要求？

（5）假设要研究一般的城市线路，满足关系式 $y_i(t) = a - bx_i(t) + \varepsilon_i(t)$，其中，$\varepsilon_i(t)$ 具有

0均值和标准差 c。对于该方程的所有变量，您将使用什么度量单位（或维度）？哪些现实因素会决定参数 a、b 和 c 的值？粗略估算与您所在城市中的一辆典型公交车有关的参数值。

  10.7 *本题使用 10.2.2 节中基于矩阵的方法分析一条有三辆公交车的闭环线路，并扩展 10.3 节中未加控制的公交车的概念。该线路有 $s=1, 2\cdots S$ 个控制点，由三辆公交车提供服务。这些公交车被顺序标记，$i=1, 2, 3$（公交车 1 跟随公交车 3）。当公交车 i 未受控制时，其在控制点 $s+1$ 的迟到仅取决于其自身在 s 点的迟到和前车的迟到；即系统动力学方程与式（10.21）相似，只是现在的方程是对于闭环线路的。为此，请做以下工作。

  （1）写出整个系统的动力学方程，正确定义所有状态向量和系数矩阵。用尽可能简单的形式表达。找到平衡点并证明它是不稳定的。（提示：假设 $\eta_{n+1,s}=h_{n+1,s}$，然后根据与虚拟时刻表的偏差写动力学方程。方程应有 $\boldsymbol{\varepsilon}(t+1) = \boldsymbol{L}\boldsymbol{\varepsilon}(t) + \boldsymbol{\gamma}(t)$ 的形式，如 10.2.2 小节最后解释的那样。）

  （2）设计具有式（10.52）形式的鲁棒控制法则，该法则具有消除不稳定性的潜力。写出控制法则和受控系统的动力学方程。找到平衡状态并证明该方程是稳定的。

  （3）选择恰当的参数进行数值仿真，以验证有控制和无控制情况下的系统稳定性结果。

  10.8 *分析大扰动下控制规则的式（10.50）的稳定性。假设其参数满足式（10.51），即 $k_{0,s} \geq 0$ 和 $-k_{1,s}=k_{2,s} \geq \beta_s > 0$。同时假设可以把式（10.50）中的 $\eta_{n+1,s}$ 替换成 $h_{n+1,s}$ 而不会产生大的误差。使用这种简化方法，写出系统的动力学方程，并展示随着时间的流逝，期望各车站处的最长车头时距会减小。通过仿真确认您的发现。

  10.9 城市街道形成一个非常密集的正交网格，相邻的平行街道的间距可忽略不计。一条东西向的公交线路贯穿起/终点站$(-a,0)$和$(a,0)$之间，其上每个方向另有 S 个中间车站，均匀分布；见下图的（a）。该公交机构在时间 $t=0$ 时决定使用跨线调车的策略帮助当时位于$(-a/2, 0)$点向东行驶的延误滞后公交车。为简单起见，假设该公交车不会进一步延误。跨线调来的公交车可以在东西方向的任何站点上插入服务，只要该站点要在滞后的公交车前方至少 1 个站间距。服务中的任何公交车，包括滞后的公交车，都具有运营速度 v。跨线空驶的公交车以更快的 $2v$ 速度运行。

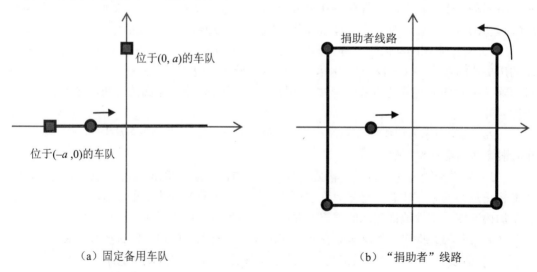

（a）固定备用车队   （b）"捐助者"线路

使用条件 $a = 10$ km、$S = 9$ 和 $v = 20$ km/h 回答以下问题。

（1）如果备用公交车队停泊在$(0, a)$，最早的公交车插入时间（及相应位置）是什么？如果在$(-a, 0)$还有另一个备用公交车队会怎样？

（2）考虑图（b）所示的稍微不同的情况。插入的公交车必须来自捐助者线路，而该线路包括四个公交车沿着一条方形闭合线路逆时针运行，该线路的四个角点分别为$(-a, -a)$、$(a, -a)$、(a, a)和$(-a, a)$。这些公交车大多数都是空的，因此可以随时被调用。在 $t = 0$ 时，这四辆公交车恰好在这四个角点上。公交车插入的最早可能的时间（及相应位置）是什么？

（3）假设该城市的交通拥堵会导致任意空驶公交车的随机行驶延误。为简单起见，假设在任何距离 $l > 0$ 上的出行时间均服从高斯分布，均值 $l/(2v)$，方差均值比为 $\gamma = 1/16$ [h]。随机延误可能会导致预期的跨线插入失败。考虑到这一点，为确保成功概率为 95%，从捐助者线路插入公交车的最早可能时间（及相应位置）是什么？运行仿真以验证您的结果。

10.10 假设有一条长度为 L 的单向闭环公交线路，类似图 10.1。该线路有 S 个均匀分布的站点。N 个公交车服务这条线路，没有时刻表。每个车站的乘客到达均服从参数 λ[乘客/时间]的独立泊松（Poisson）过程。乘客乘车的距离随机均匀地分布在 1 和 r 个站间距之间。公交车平均运营速度为 v，包括由于加速/减速和开/关门而在车站停留的时间。停留时间的其余部分与上下车乘客的总人数成比例，每人需 δ 时间单位。假设没有车头时距控制，考虑完全串车后可行的蛙跳跨越和车站分组策略。乘客以较低速度 v_w 步行。得出以下情况下的平均乘客等待、乘车和步行时间：① 所有公交车都串车在一起，没有采取任何措施（无控制）；② 蛙跳跨越；③ 车站分组；④ 基于车头时距的控制完全有效（作为比较的基准）。讨论您的发现，并通过一系列仿真确认结果。可以在仿真中使用合理的参数值（例如，$L = 10$ km、$S = 20$、$N = 6$、$\lambda = 5$ 乘客/h、$r = 10$、$v = 20$ km/h、$v_w = 3$ km/h、$\delta = 1$ s）。

小项目 4 为缓解公交串车设计控制策略[①]

尚佩恩-尔巴纳市公交局（Champaign-Urbana mass transit district，CUMTD）为尚佩恩-尔巴纳市镇和伊利诺伊大学校园提供近 20 条日间线路，形成中心辐射型网络。伊利尼线（Illini），即 22 号公交线，是一条常用的线路，可为 PAR/FAR（南部校园）和 W Killarney St.（北部 Urbana）之间的大部分校园区域提供服务，如图 MP4.1 所示。

这个小型项目的重点是该线路在公交广场（Transit Plaza，公交枢纽）和 PAR/FAR 之间的南部一段。众所周知，在这个区域公交车容易串车。这个小型项目将研究和比较各种策略，以提高现有公交线路的服务可靠性，应对随机干扰（例如，交通拥堵、信号延误过大、行人干扰和司机行为的变化无常）。

---

① 由 Antoine Petit 编写。

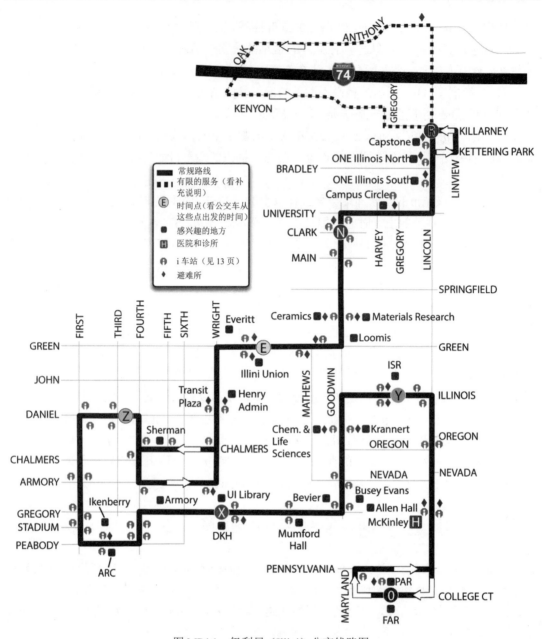

图 MP4.1 伊利尼（Illini）公交线路图

线路特征

我们感兴趣的线路段在每个方向上均为 6 km，车头时距为 10 min。其上有 23 站（包括 PAR 站和公交广场站）。每辆公交车的平均巡航速度为 20 km/h，但会受到干扰。从 PAR 站到公交广场站的预计总出行时间为 25 min。

（1）每个方向的上车需求密度都是恒定的，如表 MP4.1 所示。假设上下车同时进行，下车乘客的影响可以忽略。每位乘客的上车时间为 2 s。基于所有这些信息，构建一个可行的公交时刻表，描述所有站点的公交车到达时刻。

表 MP4.1　沿途乘客上车率（乘客/h）

车　　站	向南行驶	向北行驶
Transit Plaza	66	0
Wright & Chalmers/Armory & Wright	30	42
Fifth & Chalmers/Armory & Fourth	2	10
Fourth & Chalmers	2	6
Third & Daniel	22	10
First & Daniel	26	36
First & Armory	18	14
First & Gregory	1	10
First & Stadium	6	10
ARC	20	20
Fourth & Peabody	12	8
Fourth & Gregory	2	12
Gregory at Library	22	36
Gregory at Mumford Hall	1	2
Goodwin & Gregory	6	24
Goodwin & Nevada	0	20
Krannert Center	8	32
Illinois St. Residence Hall	2	28
Lincoln & Illinois	1	22
Lincoln & Oregon	1	8
LAR	2	54
Penn & Maryland	-	2
PAR/FAR	0	7

（2）从一个车站到下一车站的行驶时间包括随机噪声扰动项，该扰动项是由上述外源性干扰引起的。该项近似为平均值是 $\mu=0$ min/km 和标准差是 $\sigma=0.45$ min/km 的随机变量。写出公交车 n 实际到达站点 $s+1$ 的时刻的动力学方程。

（3）假设第一辆投入服务的公交车（0 号）严格按时刻表行驶，并且从线路起点开始发车的 1 号公交车在第 1 站出现意外的 30 s 延误。接下来的所有公交车都遵循（2）的动力学方程。就期望而言，前两辆公交车在多少时间后会串在一起（也就是说，车头时距达到 30 s 以下）？

CUMTD 实现了传统的基于时刻表的控制。当前的控制点在图 MP4.1 中用大写字母表示。该机构的目标是在选定一组控制点并增加松弛时间，以使系统中的准时到达率达到 99.7%。

（4）找到每个方向上的最佳控制点数，以及每个控制点应增加的最小松弛量。将最佳控制点数量与当前数量进行比较。估算在控制策略下乘客出行时间中增加的总停留时间，以及所有乘客在 1 h 内经历的总等待时间。

假设在 $s=0$ 站（Transit Plaza）和 $s=1$ 站（Wright & Chalmers）之间发生了一起小事故，

导致了 2 min 的额外行驶时间。回想本章内容，在大扰动的情况下，传统的基于时刻表的控制方法可能会失效；即公交车将串车。

（5）尽管实施了（4）的基于时刻表的控制方案，但仿真中描述的事故仍将导致公交车串车。

CUMTD 现在聘请您提出一种更好的策略处理公交串车。

（6）讨论设计基于车头时距的控制方案的好处。遵循前向看的策略，设计简单的控制规则，以确保沿公交线路时距的稳定。您所提出的方法能否缓解在车站 $s=0$ 和车站 $s=1$ 之间发生的事故的影响？在您的控制法则下，得出从 Transit Plaza 到 PAR/FAR 的乘客的预期等待时间和额外的停留时间。将结果与（4）部分的结果进行比较。

在实施您提出的前向车头时距的策略后，一项后续研究发现，由于终点站（PAR/FAR）是受欢迎的目的地，所以大多数公交用户仍然感到失望，并且乘客并不愿意在每个站点经历由于松弛而导致的额外滞留。此外，研究发现，使用前向看的方法仍无法平息大的干扰。

（7）设计一个优于（6）方案的更鲁棒的控制法则（例如基于双向看的策略），以防止公交串车。说明使用新策略而不是向前看的策略的好处。

实际上，CUMTD 的好几条公交线路上都正在出现串车现象。假设 CUMTD 愿意使用额外的公交车作为备用公交车。

（8）提出一种可能的策略，利用备用公交车防止在多条线路上出现串车。此策略必须具有潜力减轻例如（5）中提到的事故的影响。

您将提交一份正式报告，在报告中对任务进行描述并阐述您的发现。最多可以按 3 人为一组，并提交小组报告。

第 11 章 结语——经济和定价

尽管本书的重点在于研究规划、设计和运营，但解决这些问题并不足以建立和维护成功的公交系统。该系统还需要在经济上可持续并且在政治上可行。本书 3.3 节认为，如果某些假设得到满足，则可以将经济和政治问题与更具体的规划、设计和运营问题分隔开来。我们将后面这些问题统称为"设计"问题（本书的重点），而将前面的问题称为"定价"问题。先前我们看到，如果对定价结构的一些限制性假设得到满足，在任意给定用户需求的条件下，设计问题可以简化为一类基于"标准"的优化问题。然后，第 4～10 章专门讨论该问题的各种版本及其关键部分的建模和求解。但是我们还没有讨论经济和定价。

虽然经济和定价问题完全可以另外独立成书，但相关的一些想法对于公交系统的可行性非常重要，如果完全不提到这些想法的话，本书就会不完整。好在只需要用已经使用过的术语，就可以简略地描述这些想法，而这就是本结语章的目的。本章要做两件事。首先，回顾 3.3 节分解问题的思想，用稍微复杂一点的论证表明，对问题的分解简化适用于所有常用的定价系统，而不仅仅适用于 3.3 节中的特例。然后，在相同的建模框架下，我们将注意力转向经济学的问题，包括制定预算和价格。更具体地说，是要研究两种情况下的不同结果：公交运营机构由一个理想的非营利性机构（以社会效益为目标），以及现实中的机构（需要考虑它自身及其员工的利益）管理。然后，说明如何利用某些市场机制促使营利性机构像理想机构那样运作。

11.1 分　　解

本节扩展了 3.3 节的分解思想，并在更一般的条件下证明，通过解决"标准"类型的优化问题，仍可以对公交系统进行最优设计。分四个步骤进行。首先，对设计和定价的联合问题进行广义一般化，从而获取一般的可分解条件。其次，去除需求变量并定义新变量更有效地改写该问题。第三，放宽问题的一个约束，并证明所得到的问题具有与原始问题相同的最优决策变量，以此进一步简化该问题。最后，说明该问题的最终版本可以分解为基于"标准"的设计问题和定价问题。

本节对问题进行广义一般化。在 3.3 节中，完整的定价和设计问题建模如下。假设不同类别的用户数量 $\boldsymbol{a}$ 是内生的，也就是说，这些数量最终由供需平衡确定。（按 3.3 节的习惯，黑体字标识行向量。）除了 $\boldsymbol{a}$，还寻找最优的系统设计 $\boldsymbol{x}$，以及针对不同用户类别的票价集 $\boldsymbol{p}$。还引入与各用户类别相关的出行负效用 $\boldsymbol{\pi}$，它将票价 $\boldsymbol{p}$ 和用户经历的出行时间 $\boldsymbol{T}$ 相结合。$(\boldsymbol{a},\boldsymbol{p},\boldsymbol{\pi},\boldsymbol{T})$ 这些向量对于每类用户都包含一个元素，因此它们有相同的维度。向量 $\boldsymbol{x}$ 与它们无关。然后，带有内生需求的完整设计/定价问题可以初步表示为如下的设计问题。

(DP)　　　max $\{S(\boldsymbol{\pi},\boldsymbol{a}) - \$(\boldsymbol{x},\boldsymbol{a})\}$　　（社会福利减去运营机构成本）

s.t.　$T(\boldsymbol{x},\boldsymbol{a}) \leqslant T_0$　　（系统服务性能标准）

$$\alpha = D(\pi) \qquad \text{(内生需求函数)}$$
$$\pi = G(p, T) \qquad \text{(负效用函数)}$$

3.3 节中作了一个带有限制性的假设，即定价方案具有足够的灵活性，可以通过调整价格 p 产生任何所需的负效用 π。此假设适用于诸如旧金山湾区快轨（BART）等对每个 OD 对使用不同票价的系统，但它不适用于诸如旧金山公交（Muni）或 AC Transit 等 OD 对数量多于票价数量的系统。

现在去掉完全灵活定价的假设。这通过在设计问题上添加约束 $p\Delta=0$ 完成。其中 Δ 是定义价格结构的常数矩阵。例如，零矩阵允许任意票价；如果在主对角线中插入 1，并在主对角线下位置插入 -1，则各类用户的票价均相同。添加非负约束 $p \geqslant 0$，它在设计问题建模中被省略，但隐含地成立。

下面进一步进行一般化。添加预算约束条件，以规定运营机构的成本不能超过收入。该收入包括两个部分：票价收入（表示为 F）和补贴收入。如果用点号表示向量的内积，则票价收入为 $F = p \cdot \alpha$。还假设补贴收入不能超过某给定的上限（表示为 B）。预算约束为：
$$\$(x, \alpha) \leqslant B + F = B + p \cdot \alpha$$

第一步到此结束。在开始第二步之前，要介绍最后几个假设和符号约定。按照基本逻辑，假设 $\$$ 和 D 均为非负函数，两个函数对于 π 均不递增，并且 $\$$ 对于 α 不递减。为了易于处理且不失一般性，假设 $\$$ 和 T 与 α 无关。这些假设是合理的。对于给定的设计 x，需求 α 会影响 $\$$，因为它影响车辆和基础设施的磨损，但这显然是较小的二阶效应。需求仅在非常大以致系统变得拥挤和效率低下时才影响 T，但除此之外，该假设是合理的。这些假设可以在给定的运营机构成本和系统服务性能函数中消除参数 α，使它们写为 $\$(x)$ 和 $T(x)$。用货币单位表示系统服务性能 T，假定用户的负效用是用户的时间和票价的和；即，负效用函数为 $\pi = p + T(x)$。

第二步，从问题中消除需求变量 α 和约束 $\alpha = D(\pi)$。将 $D(\pi)$ 代入 α 出现的剩下两个地方：①目标函数中的收益函数，它变为 $S(\pi, D(\pi))$；和②预算约束，它变为 $\$(x) \leqslant B + p \cdot D(\pi)$。为了进一步简化，定义单参数函数：$S(\pi) \equiv S(\pi, D(\pi))$。因此，具有内生需求的广义设计/定价问题（generalized design/pricing problem with endogenous demand，GDP）变为：

(GDP) $\quad \max \{S(\pi) - \$(x)\} \qquad$ (社会福利减去运营机构成本)

$\qquad$ s.t. $T(x) \leqslant T_0 \qquad$ (系统服务性能的标准)

$\qquad \pi = p + T(x) \qquad$ (负效用函数)

$\qquad \$(x) \leqslant B + p \cdot D(\pi) \qquad$ (预算约束)

$\qquad p\Delta = 0 \qquad$ (定价结构)

$\qquad p \geqslant 0 \qquad$ (定价结构)

寻求 (x, p, π) 的最优值。注意，公交机构只需选择 p 和 x；向量 π 是从第二个约束导出的辅助变量。还要注意，根据先前对 $D(\pi)$ 和 $S(\pi, D(\pi))$ 的假设，目标函数里出现的新函数 $S(\pi)$ 对其所有参数都必须是非增的。

第三步。构造 GDP 的松弛版本，记为 GDP'，证明这两个问题具有相同的最优解集（最优解可能不唯一）$\{(p^*, x^*)\}$。通过用不等式约束 $\pi \geqslant p + T(x)$ 代替等式约束 $\pi = p + T(x)$ 实现该松弛，因此新问题是：

(GDP′)　　max$\{S(\pi) - \$(x)\}$　　（社会福利减去运营机构成本）

s.t.　$T(x) \leqslant T_0$　　（系统服务性能的标准）

　　　$\pi \geqslant p + T(x)$　　（负效用约束）

　　　$\$(x) \leqslant B + p \cdot D(\pi)$　　（预算约束）

　　　$p\Delta = 0$　　（定价结构）

　　　$p \geqslant 0$　　（定价结构）

新旧问题的等价性由以下命题确定。

命题 11.1　GDP 和 GDP′问题具有相同的最优解集 $\{(p^*, x^*)\}$。

证明：要证明该命题，只需证明对于 GDP′问题的任何最优解，如果 $\pi_i^* > p_i^* + T_i(x^*)$ 对某个 i 成立，那么相应的 GDP 问题有一个相同的最优解 (p^*, x^*) 并且满足 $\pi_i^{*\prime} = p_i^* + T_i(x^*)$。要想理解这个结论，首先注意，相应的 GDP 的解对 GDP′仍然可行。因为 D 非递增，所以当 π 下降到 π' 时，预算约束的右侧项不会减小。此外，由于 S 也是非递增的，因此与 π' 相关的目标值不会小于与 π 相关的目标值。所以，相应的 GDP 解对应 GDP′是可行的，并且等于最优目标值。因而正如我们所期待的那样，该解也是最优的。

第四步，也是最后一步，展示如何分解 GDP′。为此，请考虑 GDP′的条件版本，其中 π 和 p 固定为某些可行值，可将此版本问题记为 CDP（conditional version of generalized design/pricing problem with endogenous demand，在一定条件下的广义设计/定价问题）。目标函数中的收益项变为常数，因此可以将其删除。此外，最后两个约束条件是自动满足的，也可以删除。最后，第一个约束条件和第二个约束条件可以合并为：$T(x) \leqslant \min\{T_0, \pi - p\}$。因此，CDP 变成：

(CDP)　$\min_x \{\$(x)\}$　　（运营机构成本）

s.t.　$T(x) \leqslant \min\{T_0, \pi - p\}$　　（修改后的标准）

　　　$\$(x) \leqslant B + p \cdot D(\pi)$　　（预算约束）

证明如果这个问题可行，它的预算约束就是多余的，可以删掉。即转而解决以下问题。

(CDP′)　$\min_x \{\$(x)\}$　　（运营机构成本）

s.t.　$T(x) \leqslant \min\{T_0, \pi - p\}$　　（修订后的标准）

命题 11.2　如果 CDP 可行，则 CDP′的每个最优解都是 CDP 问题的解。

证明：注意，如果 CDP 可行，CDP′也可行，因为它是 CDP 的松弛版本。因此，CDP 和 CDP′都有最优解。假设 x^*是前者的最优解，并且 $x^{*\prime}$是后者的最优解。只需表明 $x^{*\prime}$是 CDP 的最优解；即① $x^{*\prime}$满足预算约束，并且② $\$(x^{*\prime}) \leqslant \$(x^*)$。不等式②成立，因为 CDP′是 CDP 的松弛版本，只需要证明①。然而，因为 $\$(x^*) \leqslant B + p \cdot D(\pi)$（$x^*$对于 CDP 是可行的），并且由②有 $\$(x^{*\prime}) \leqslant \$(x^*) \leqslant B + p \cdot D(\pi)$，所以①是成立的。

这个命题建立了解耦原理，因为 CDP′是基于标准的常规设计问题，其（修改后的）标准为 $T_0' \equiv \min\{T_0, \pi - p\}$。事实上，如果需求函数可逆（通常来说是成立的），$\pi = V(\alpha)$，则这些标准可以像在 3.3 节中按照需求和价格向量表示；即：$T_0' = \min\{T_0, V(\alpha) - p\}$。不论如何，对于任何给定的可行的负效用（或需求）和价格，都可以使用本书中基于标准的方法或拉格朗日方法处理该设计问题。

最终结果是一系列最优设计 $x^*(\pi, p)$，可用于解决定价问题。要求出最优价格，只需用函数 $x^*(\pi, p)$ 替换变量 x 后求解 GDP 即可。这可以通过解析或数值的方式实现。作业 11.1 用一个简单案例显示了该流程。但定价是一个复杂的问题，与经济预算和政治相关，因此简单地优化价格的模型并不实用。认识到这种复杂性，本结语现在讨论第二个主题：经济。

11.2 经济

本节介绍现实中公交运营机构的行为，并以此为基础比较一个理想化的运营机构的表现。该理想化的运营机构不仅选择价格，还选择其外部补贴，并且以社会的利益为目标。这显然是对社会最好的，因此是一个合理的基准。我们将首先研究这个基准，然后研究现实中公交运营机构的行为。

11.2.1 理想化的运营机构

首先展示，要最大程度地实现社会的净收益，应该发生两件事：① 补贴应是充足的，即 B 应足够大以确保预算约束不具有约束力；② 运营机构应提供免费公交，也就是说，选择 $p^*=0$。第一个条件应该很明显，因为任何时候只要放松约束，问题的可行域会扩大，并且最优目标值只会提高。第二个条件需要一些思考。为了证明公交服务应该是免费的，考虑 $B = \infty$ 并将 x 固定为任何可行值。这称为大补贴定价问题（Large-Subsidy Pricing Problem，LSPP）。我们将证明对每个 x，LSPP 的最优解都满足 $p^* = 0$；即条件②成立。

LSPP 只是没有预算限制（因为 $B = \infty$）的 GDP 简化版本，并且唯一的决策变量是 p（因为 x 是固定的）。在这种结构下，它可以进一步简化。首先，因为 x 固定在一个可行值，我们可以从目标函数中减去运营机构成本并消除标准约束；其次，用负效用函数约束的右侧替换目标函数中 S 函数的参数，就可以消除决策变量 π 和负效用函数约束。通过这些简化，LSPP 变为：

(LSPP)　　$\max_p \{S(p + T(x))\}$　　（社会的福利）
　　　　　s.t.　$p\Delta = 0$　　　　　　（定价结构）
　　　　　　　　$p \geq 0$　　　　　　　（定价结构）

现在很容易看到 $p^*=0$。由非负约束可知，每个可行 p 都满足 $p + T(x) \geq T(x)$。由于 S 对所有参数都不递增，可得出 $S(p+T(x)) \leq S(T(x))$；即每个可行 p 的目标值都小于上界 $S(T(x))$。显然，解 $p^* = 0$ 是最优的，因为它达到了该上界。另外注意，如果 S 是严格单调的（正如在大多数应用中预期的那样），只有 $p^*=0$ 时会达到上界；即 $p^* = 0$ 是唯一的最优解。

定性地讲，所有这些都意味着增加补贴限额和降低票价对社会来说没有弊端。这应该是直观的：票价和补贴是社会内部成员间的零和交易，不会改变社会的总利益；显然，预算越高，票价越低，从公交服务中受益的人数就越多。用经济学的话来说，增加补贴（降低票价）的边际收益是正的。

11.2.2 现实的机构

上文已表明，在理想化的世界中，应该充分补贴并提供免费公交服务。但现实并非如此。本小节探讨造成这种差异的原因，而下一小节探讨如何克服这种差异。

第一个原因是政府可能不愿意为免费公交服务提供大额补贴，因为通常其他例如教育、医疗保健和公共基础设施等对公共资金也有需求。此外，公交补贴意味着大量财富从非公交用户转移到公交用户。如果不使用公交的人没有意识到其他人使用公交给他们带来的外部性效益，那么这种财富转移在政治上可能不受欢迎。因此，对于大多数实际应用，预算约束应包括在问题描述中，并且在多数情况下该约束将产生约束力。在这种情况下，$p=0$ 的解不再是最优的。因此，现实中的正票价是合理的。若要进一步理解该想法，见作业题 11.2；它研究了一个简单场景，只有一个用户类型和一个设计变量。

第二个原因是非营利性公交运营机构可能远远不是理想的机构。归根结底，从人性的角度考虑，参与决策的各方（管理层和工会）都会自私地希望能最大程度地扩大自己的业务规模，而不是仅仅对社会福利感兴趣。这是合理的，因为大规模运营可以提供工作机会，还可以提高管理人员的地位。运营机构的总收入/支出可以代表其业务规模，记为 R。因此，为了改善目标函数的现实性，可以在其中添加一个与 R 成比例的项。

总收入/支出是票箱收入 $F = p \cdot D(p+T(x))$ 和实际补贴收入（用 I 表示）之和；即 $R \equiv I+F \equiv I+p \cdot D(p+T(x))$。应该强调的是，收入 I 是一个决策变量，与给定的补贴上限 B 不同，而两者之间有 $I \leq B$ 的关系。

假设一个完全自私的运营机构如果在目标函数中仅具有 R 的项，将如何对于给定的设计 x 选择 I 和 p。我们称其为自私机构定价问题（selfish-agency pricing problem，SPP）。根据定义，这样的运营机构会选择 I 和 p 以最大化 $R=I+F=I+p \cdot D(p+T(x))$，但要满足 $I \leq B$ 和 LSPP 的两个定价结构约束。

由此产生的问题可以简化。注意，目标函数随 I 增加，并且该变量仅出现在约束 $I \leq B$ 中。因此，可以得到 $I^* = B$；即运营机构选择可能的最大补贴。此结果能够从模型中消除变量 I，用 B 代替 I；并且消除约束 $I \leq B$。然后目标函数变为 $R = B + F$，其中 B 不影响优化，因而可以被删除。所以，SPP 可简化为：

(SPP) $\max_p \{F = p \cdot D(p + T(x))\}$ （票箱收入）

s.t. $p\Delta = 0$ （定价结构）

$p \geq 0$ （定价结构）

然而，对于这个问题，解决方案 $p=0$ 不仅不是最优的，而且是最差的，因为其目标值（0）是所有可行的 SPP 目标函数值的下界。这说明自私的行为会反过来推动解朝着与理想情况相反的方向发展。当然，这种评估可能过于悲观，因为公众的压力应该迫使决策者将服务水平也纳入目标函数中。但另一方面，忽略运营机构对增加票箱收入的渴望也是天真的。作业题 11.3 探索了不同的运营目标如何影响公众、运营机构和整个社会。下一节研究如何鼓励运营机构表现出更好的行为。

11.2.3 如何鼓励运营机构为公众利益服务

鉴于公共非营利组织的表现不佳，该怎么办呢？一个可能的答案是为运营机构提供符合社会意愿的经济激励措施。本小节探讨如何通过精心制定的合同，特许营利性机构进行整体经营（甚至可能包括定价），来做到这一点。[①]

特许经营过程将由政府主管机构精心设计和监督。这个主管机构将发布一份征求建议书（request for proposal，RFP），其中包含一个基于绩效基准的成本补偿公式，但保留一个由投标决定的附加常数 K。作为交换，运营机构应设计并运营该系统；通过应用程序编程接口（application programming interface，API）提供详细的操作数据；收集并保存所有票箱收入；并负担所有的成本。

为了了解具体的运作方式，要写出运营机构追求利益最大化的数学规划模型，并证明，如果以某种方式设计成本补偿公式，这个问题将与 GDP（一个理想的情况）相同。

首先，快速重写 GDP。当忽略预算约束时，使用 $W=S-\$$ 作为社会净收益，X 为决策变量 (x,p) 的可行域。那么 GDP 为：

$$(\text{GDP}) \quad \max_{x,p}\{W: \$ \leqslant (B+F); (x,p) \in X\}$$

集合 X 可以包含最早 GDP 模型中未包含的约束，因此这种简化模型甚至更加一般化。例如，如果不希望运营机构有设定票价的能力，仅需要指定票价 p_0 并包含约束 $p=p_0$。

接下来，以类似的形式写出特许经营的利润最大化问题（profit maximizing problem，PMP）。假设发布的 RFP 要求中标者满足 GDP 的所有约束（预算约束除外），否则将面临高额罚款；也就是说，RFP 强制执行 $(x,p) \in X$。用 P 表示运营机构的利润，它是运营机构的总收入 $R \equiv (I+F)$ 及其成本 $\$$ 的差（即 $P=R-\$$）。PMP 如下：

$$(\text{PMP}) \quad \max_{x,p}\{P: (x,p) \in X\}$$

接下来，探索如何设置成本补偿（即 I 的公式），以使 PMP 与 GDP 有相同的最优解。这样做很好，因为如果运营机构将利润最大化，它也将使社会收益最大化。首先，假设 $B=\infty$（补贴无上限），然后假设 $B<\infty$。

1. 无限补贴

如果 $B=\infty$，则 GDP 和 PMP 问题的可行域重合。因此，如果这两个问题的目标函数匹配，即它们的差仅是一个常数（即，如果 $P=W+K$，其中 K 是任意常数），则它们将具有相同的最优解。

可以通过调整成本补偿 I 实现此匹配。为推导公式，考虑 $P=R-\$=I+F-\$$ 和 $W=S-\$$。因此，如果 $I+F-\$=S-\$+K$（即，如果选择 $I=(S-F)+K$），那么 $P=W+K$ 就能够实现。这正是要找的公式。注意它不包含 $\$$。

成本补偿公式中的变量 K 是通过竞标确定的一个固定但任意的部分。括号中的量是基于绩效的调整，等于社会收益减去票箱收入。上级主管机构需要根据票价、行程时间和需求等透明且可观察得到的量尽可能准确地定义此调整量。例如，如果观察到出行时间 T 和

---

① 在这种安排中，工会的作用非常重要，应该得到认真的考虑。本章不再展开叙述。

票价 p，但没有观察到需求，则公式可以写为 $I=\underline{S}(p+T)-p\cdot\underline{D}(p+T)+K$，其中带下画线的符号是上级主管机构对总收益和需求函数的最精确的近似公式。如果可以得到可靠的乘客人数 α 的估计，则可以使用更加鲁棒的公式 $I=\underline{S}(p+T)-p\cdot\underline{\alpha}+K$。

在一种特殊情况下，结果甚至更加简单。如果主管机构希望像经济学书籍中经常提倡的那样，将 S 建模为消费者剩余 $C(p+T)$ 和票箱收入 F 的总和，那么成本补偿公式可以简化为 $I=(S-F)+K=(C+F-F)+K=C+K$。正如现在所展示的，成本补偿的可变部分 C 可被证明是票价和出行时间的线性组合。这个组合代表了用户广义出行成本的取负。这很直观：运营机构会竞标出价以获得名义上的固定补偿，但期待该补偿将随着用户（因为不够好的服务）增加的（广义）成本而下降。这个设计应能很好地发挥作用，因为它可以激励运营机构以低廉的价格提供优质的服务。

要了解为什么补偿的可变部分等于广义成本的负数，请回忆经济学中，C 的梯度为 $-\boldsymbol{D}$。这可以将 C 像现在显示的这样，近似地表示为票价和出行时间的线性函数。使用 $-\boldsymbol{\alpha}^*\equiv-\boldsymbol{D}(p^*+T^*)$ 表示最优点处 C 的梯度，$C(p+T)$ 在该点附近的一阶展开是：$C\approx C^*-(p-p^*)\cdot\boldsymbol{\alpha}^*-(T-T^*)\cdot\boldsymbol{\alpha}^*$，这可以改写为线性表达式：$C\approx K'-(p+T)\cdot\boldsymbol{\alpha}^*$，其中 K' 是常数 $(C^*+p^*\cdot\boldsymbol{\alpha}^*+T^*\cdot\boldsymbol{\alpha}^*)$。如果使用 C 的这个近似，成本补偿公式将变为：$I=C+K=[K+K']-(p+T)\cdot\underline{\boldsymbol{\alpha}}^*$，其中 $\underline{\boldsymbol{\alpha}}^*$ 是运营机构对最优解对应需求的估算。$[K+K']$ 是名义上的补偿部分，通过竞标确定，因此可以用单个常数 K 代替。使用该符号，可以将补偿公式写为 $I=K-(p+T)\cdot\underline{\boldsymbol{\alpha}}^*$。第二项（黑体显示）是基于服务水平的补偿调整。注意，它是对所有类别用户将观察到的负效用的加权求和，其中高需求类用户的权重更高。还要注意，这项的取负表示"总的广义用户成本"。

2. 有限补贴

本节分析在预算的约束下会发生什么。为了满足这一约束，RFP 的措词应与以前完全一样，以使 $P\equiv W$ 继续保持不变，但补偿应以 B（可能的最大补贴）为上限。如果竞标市场运作是有效的，则加上限的 RFP 产生的 PMP 等于受预算约束的 GDP。

加上限的 PMP 为：

$$(\text{CPMP}^{①}) \quad \max_{x,p}\{P\equiv W: I\leqslant B; (x,p)\in X\}$$

注意，预算约束条件与 GDP 约束条件 $\$\leqslant B+F$ 略有不同。但是，如果投标市场包括足够多的运营机构并且竞标效率高（即，使得 $P=0$），则 $P\equiv I+F-\$=0$；即 $I=\$-F$。可以将 CPMP 的预算约束表示为 $\$-F\leqslant B$；或等效为 GDP 的预算约束 $\$\leqslant B+F$。因此，在高效的市场条件下，CPMP≡GDP；即 RFP 结构会促使运营机构为社会造福。现实中，市场中的高质量运营机构的数量可能很少，因此可能无法达到理想的水平。但是，这种方法很有吸引力，因为它朝着正确的方向推动经营机构改变行为。

3. 考虑外部性的一般化情况

到目前为止，我们忽略了外部性，但是可以结合公交系统产生的正/负外部性扩展前述方法。公交最显著的正外部性来自从其他（更不理想的）出行模式吸引过来的那部分出行

---

① 编译者注：CPMP 即 capped profit maximizing problem，带有最大补贴限制的利润最大化问题。

的社会价值。像总收益 S 一样，该值应该是需求和公交广义负效用的函数；即其形式应为 $G(\alpha,\pi)$。公交最重要的负外部性是和运营操作相关的环境影响。其货币价值 $E \geqslant 0$ 应该是 x 的函数，通常可以将其近似为关键统计指标 $y(x)$ 的加权总和，例如，按车辆类型和专用车道计算的车辆公里数和小时数；即 $E \approx e \cdot y(x)$，其中 e 是正的权重向量。

当考虑外部性时，GDP 的目标函数必须根据(G–E)的值进行调整，那么它变为 $(S-\$)+(G-E)$；并且约束条件不变。如果也在 RFP 补偿公式中加上调整项(G–E)，GDP 和 CPMP 之间的等价关系将得以保留，成功的运营机构将继续为追求大众利益而工作。

例如，如果主管机构希望使用消费者剩余作为衡量用户利益的标准，并且将正外部性表达为与吸引到的总需求成正比 $G = g \cdot \alpha$，则 RFP 中的补偿公式应为：$I = K-(p+T) \cdot \underline{\alpha}^* + g \cdot (\alpha-\underline{\alpha}^*) - e \cdot y(x)$，其中，$\alpha$ 是被运营机构实现的实际需求。注意，请站在运营机构的立场上，理解这两种基于外部性的调整如何增加客流量并减少对环境的影响。

尽管基于激励的特许经营权模式很好，但是在现实世界中，并没有太多这样的应用。我们相信这是因为许多城市的行政组织是分散的，并且不适应这种形式的公交管理。如果潜在的特许经营者不使用工会劳工，工会也可能会发起抵制，但可以与工会协商并把达成的协议写入 RFP。另一个障碍是，计算服务性能指标所需的数据不易收集和维护。不过，如今的技术让大数据分析变得轻而易举。因此，在精通技术，并且交通运输功能集中在一个主管机构下的城市中，例如英国的伦敦，实现基于绩效的竞争性特许经营并没有难以克服的障碍。实际上，伦敦交通局（Transport for London）已经将公共交通特许经营了多年，并且最近开始引入基于服务绩效的激励措施。他们的这种模式值得仔细观察。

练 习 题

11.1 本练习考察一个无限长公交线路的经济性。它的乘客分为 n 个同质类别，即 $i=1,2,\cdots,n$，它的门到门出行距离是 $\{l_1, l_2, \cdots, l_n\}$（km），且出行生成率为 $\{\alpha_1, \alpha_2, \cdots, \alpha_n\}$（乘客/km·h）。对于每种类别的乘客，出行起点在时间和空间上都是均匀分布的。假设运营机构选择车站间距 s（km），车头时距 H（h），以及向第 i 类乘客收取票价为 p_i（$/乘客），$i=1,2,\cdots,n$。假设：① $s \ll l_1 < \cdots < l_n$，使得每个 l_i 大约是 s 的整倍数；② 车辆足够大；③ 车辆巡航速度 v（km/h），每站停留时间 t_s（h）和乘客行走速度 v_w（km/h）都是恒定的；④ 车头时距很短，因此没有公布时刻表；⑤ 乘客在目的地没有约会。没有重大的基础设施成本，而每日运营成本是所有公交车总运行距离与停站次数的线性组合。该线性函数的系数为 c_d（$/公交车·km）和 c_s（$/公交站）。第 i 类乘客的负效用 π_i 是票价 p_i 和该类乘客平均门到门出行时间（用 T_i 表示）的总和。每类乘客的出行需求随其负效用值的增加而呈指数下降；即对于某已知 $D_i > 0$，$\alpha_i = D_i \exp(-\pi_i)$。考虑所有这些信息，请完成以下问题：

（1）写出运营机构的人均运营成本和乘客平均出行时间 T_i 的表达式。

（2）假设消费者剩余代表了乘客的福利，而外部性可以忽略，则写出社会福利的公式。（这必须包括运营机构的一部分。）

（3）假设有限的预算为 B（$/km·h），写出 11.1 节的服务设计问题 DP、GDP 和 CDP′。

使用以下参数，用数值的方式解决这些问题：$n=2$、$l_1=3$、$l_2=10$、$D_1=D_2=1$、$c_d=1$、$c_s=0.01$、$v=30$、$t_s=0.01$、$v_w=3$、$B=3$、$\boldsymbol{T_0}=(0.4,0.8)$。是否能通过 DP 和 GDP 获得相同的设计？如果将 $\boldsymbol{\pi}^*$ 代入 CDP′，会得到什么设计？（提示：可以使用任何现有的非线性优化求解器。）

（4）现在针对以下两种情况重复（3）：① 统一票价，使得 $p_1=p_2$；② 基于距离的票价，使得 $p_1/l_1=p_2/l_2$。讨论定价策略对最优系统设计、乘客数量和社会效益的影响。

（5）（额外问题）如果 $n\to\infty$，且乘客的出行距离均匀地分布在一个有限的区间内，您将如何建模和解决该设计问题？

11.2 考虑一个服务同类人群的摆渡班车。在服务时段中，预计乘客以恒定的到达率 α（乘客/h）到达，α 的大小取决于服务质量。运营机构可以确定服务频率 x（公共汽车/h）和票价 p（\$/乘客）。每辆车的发车成本为 c_f（\$）。乘客在目的地有约会，但公交服务是规则的，而且很频繁，以至于乘客不使用时刻表，因此，起点和终点的平均等待时间均为 $1/x$。需求到达率 α 取决于负效用 $\pi=p+\beta/x$，如下所示：对于 $\pi\in[0,D]$ 有 $\alpha=(D-\pi)/k$，以及对于 $\pi>D$（\$）有 $\alpha=0$，其中 β（\$/h）是乘客的时间价值，k（\$·h/乘客）是一个正的常数。该机构通过票箱收入和不能超过限制 B（\$/h）的补贴 I（\$/h）覆盖成本。

（1）假设没有外部性，写出包括乘客和运营机构在内的社会福利函数表达式。证明该表达式不会随着乘客负效用的增加而增加。

（2）证明如果没有补贴限制，并且运营机构是理想的（即它会选择 GDP 解决方案），那么它将提供免费公交服务。

（3）现在假设 B 太低，以至于 $I=B$ 且 $B<c_f x$。证明 GDP 的最优解必然满足 $p^*>0$。

11.3 再考虑 11.2 问题中的摆渡车问题。找到频率 x 和票价 p 的组合，以及相关的补贴 I（如果适用），将下面三个指标最大化。找到闭合解析解是可能的，但很烦琐，因此可以使用以下参数用数值的方法解决问题：$\beta=20$ \$/h、$c_f=200$ \$、$k=2$ \$·h/乘客、$D=100$ \$、$B=2000$ \$/h。此外，请写出由此产生的社会收益、票箱收入和乘客等待时间。

（1）社会总收益减去全系统成本。

（2）票箱收入。

（3）乘客数量。

比较结果并讨论您的发现。